李庆明 中国社会科学院国际法研究所助理研究员。1983年生，江西上饶人。2000年9月至2009年6就读于武汉大学法学院，先后获法学学士、硕士、博士学位。2010—2011年度哥伦比亚大学法学院访问学者。曾经在《法律时报》（日本）、《国际私法研究》（韩国）、《月旦民商法杂志》、《政治与法律》、《法学》、《中国国际私法与比较法年刊》、《武大国际法评论》等国内外杂志上发表论文十余篇。

武汉大学国际法博士文库

Series of Doctoral Thesis on
International Law
of Wuhan University

美国《外国人侵权请求法》研究

A Study of the
Alien Tort Claims Act of U.S.A

李庆明 / 著

WUHAN UNIVERSITY PRESS
武汉大学出版社

图书在版编目(CIP)数据

美国《外国人侵权请求法》研究/李庆明著. —武汉：武汉大学出版社，
2010.11
武汉大学国际法博士文库
ISBN 978-7-307-08203-8

Ⅰ.美…　Ⅱ.李…　Ⅲ.外国人—侵权行为—民法—研究—美国
Ⅳ.D971.23

中国版本图书馆 CIP 数据核字(2010)第 183747 号

责任编辑:张　欣　　责任校对:黄添生　　版式设计:马　佳

出版发行:**武汉大学出版社**　　(430072　武昌　珞珈山)
(电子邮件：cbs22@ whu.edu.cn　网址：www.wdp.com.cn)
印刷:湖北省荆州市今印印务有限公司
开本:720×1000　1/16　　印张:20　字数:353 千字　插页:2
版次:2010 年 11 月第 1 版　　2010 年 11 月第 1 次印刷
ISBN 978-7-307-08203-8/D・1041　　　定价:38.00 元

A Study of the *Alien Tort Claims Act* of U. S. A.

By

LI Qingming

序

美国《外国人侵权请求法》(*Alien Tort Claim Act*)允许外国人以被告违反国际法或者美国缔结的条约为由提起侵权民事诉讼,并且授予联邦地方法院管辖权。由于许多外国人在美国据此提起民事诉讼,而很多诉讼在政治上涉及一些敏感性问题,在理论上涉及国内法院对违反国际法的侵权诉讼管辖权的行使、国际法规范的执行等很有争议的问题。因此,美国联邦法院的司法实践不但在美国国内受到广泛关注,引起激烈争议,也越来越受到世界其他国家的关注。鉴于此,作者以美国《外国人侵权请求法》为对象,写作了本书。

作者曾经担任武汉大学图书馆助理管理员、Westlaw International 数据库驻武汉大学学生代表,对于文献检索比较熟悉。在写作中,作者充分利用各个图书馆和各种网络资源,广泛收集了大量的外文资料,阅读了大量的案例,借鉴了国外众多学者的成果。在此基础上,作者对《外国人侵权请求法》的历史演进、内涵、诉讼中的管辖权、法律选择、抗辩与障碍、其他国家关于违反国际法的侵权诉讼的实践进行论述。

作者在本书中提出了一些独特的观点。作者认为,虽然有了《外国人侵权请求法》,权利的域外保护形式更加多元化,但是《外国人侵权请求法》诉讼还面临着包括主权豁免、国家行为理论等在内的诸多障碍,实际作用大打折扣。此外,以违反国际法为由追究被告的侵权民事责任、行使所谓的普遍民事管辖权,在美国之外的其他国家并没有得到普遍认可;美国的外国人侵权请求诉讼的繁荣,根源于美国独特的法律制度,难以为其他国家所移植、复制和借鉴。当然,对于作者上述观点是否成立,读者自有判断。

本书贯穿大量案例分析、各国相关立法和制度的比较研究,其中既涉及国际法问题,也包括国际私法问题。总的来看,作者思路宽广而清晰、文献阅读比较广泛、案例收集丰富、论证和评述比较得当、所提观点有自己的理由和根据。因此,本书具有一定的学术价值,有助于学术界对美国《外国人侵权请求法》及相关国际法、国际私法制度的了解。同时,美国《外国人侵权请求法》与实践紧密相联,本书也可以为我国实务部门提供一定的参考。

　　本书是在作者的同名博士论文基础上修改完成的。当初作者在博士论文选题征求我意见时，我曾经担心作者难以驾驭。后来，作者以他的实际行动打消了我的顾虑。他的博士论文完稿后，我曾经让他作进一步的修改完善。答辩时，答辩委员会的各位老师提出了一些修改意见，总体上对作者进行了肯定，并一致同意将作者的论文评为优秀，希望作者能修改完善后出版。

　　本书作者是一位刚刚步入学术殿堂的年轻学者，资历和学力尚浅，毋庸置疑，囿于各种因素，本书难免有一些疏漏与不足，希望读者批评指正。作者在武汉大学法学院攻读硕士和博士学位期间，我曾担任他的导师，在本书即将付梓之际，我欣喜地写上数言，是为序，并期待他在未来的学术之旅中自强不息，有所作为。

黄　进

2009 年 10 月 4 日

内 容 摘 要

《外国人侵权请求法》根源于 1789 年《司法法》第 9 条，经过几次修订后，目前编纂在《美国法典》第 1350 条，规定："对外国人仅基于所实施的违反万国法或者美国缔结的条约提起的任何侵权民事诉讼，联邦地方法院具有初始管辖权。"该条款制定出来后基本上处于沉寂状态，直到 1980 年。美国第二巡回上诉法院在 *Filartiga v. Pena-Irala* 案中的判决让《外国人侵权请求法》走上了复兴之路，同时也在学术界掀起了对于《外国人侵权请求法》的出台背景与立法目的的争论。目前，一般认为，《外国人侵权请求法》的通过，直接原因是回应 Marbois 事件等外交危机，避免因"拒绝司法"而陷联邦政府于不利地位。最终，在宪政体制上，联邦主义占据主导，联邦法院成了审理涉及外国人的案件的主要司法机关。

在长期的实践中，面对各界的争议以及社会不断变迁的现实，《外国人侵权请求法》也在变迁，势力范围不断扩张。《外国人侵权请求法》在 20 世纪 80 年代的复兴，与美国国内的民权运动的高涨以及国际民事诉讼的爆炸密不可分。

要理解《外国人侵权请求法》的内涵，必须把握住什么是违反万国法或美国缔结的条约的侵权以及诉讼主体资格。关于什么是违反万国法的侵权，美国联邦法院一般认定只有那些国际强制规范才为受害人提供了诉因。至于违反美国缔结的条约的侵权，美国联邦法院是不大愿意以被告违反美国的条约为由而让被告承担责任的，而是经常将美国缔结的国际条约作为国际习惯法的证明，从而将条约作为被告违反万国法的证据。关于当事人的诉讼主体资格问题，要求原告必须是外国人，即不具有美国国籍；至于被告的身份，起初都是针对外国政府及其官员，后来针对美国政府及其官员以及跨国公司、个人的诉讼案件在增加。随着原告开始针对公司提起民事诉讼，对于《外国人侵权请求法》是否应适用于公司的实践产生了争议。为了让受害人得到救济，避免公司逃避人权责任，针对公司的诉讼将会增加。

在弄清了《外国人侵权请求法》的内涵后，联邦法院要行使管辖权，必须满足对人管辖权和事项管辖权的要求。在《外国人侵权请求法》诉讼中，对人管辖权的基础是被告在法院出庭或者同意法院的管辖权，或者被告与法院地具有某种持续的联系，至少要满足"最低限度的联系"的要求，并且符合"正当程序"条款的限制，不会有违传统的公平审判和实质正义。《外国人侵权请求法》中的管辖权并不是普遍民事管辖权，而是根据美国国内法律来行使的，而且案件实际上是与美国相关的。

通过行使管辖权，《外国人侵权请求法》发挥着重要的影响和作用，让行为人承担责任、有助于威慑潜在的行为人、救济受害人，并且为人权法的发展作出贡献。因此，没有必要修改或限制《外国人侵权请求法》。

在裁决涉及《外国人侵权请求法》的诉讼时必然要面对法律选择问题，然而，《外国人侵权请求法》本身又没有规定法律选择规则以及可适用的法律。对于法律选择问题，虽然各个巡回法院之间存在很大的分歧，不过总体上仍然是受《裁判规则法》与《第二次冲突法重述》的指引。对于所诉行为的合法性，法院一般适用国际法和侵权行为地法，而对于赔偿金额和诉讼时效问题则适用美国国内法，包括联邦普通法。

原告根据《外国人侵权请求法》提起民事诉讼后，被告可以提出不方便法院、用尽当地救济、国家豁免、国家行为理论、国际礼让、政治行为理论等抗辩，许多案件都因此被撤销了。

与美国类似，其他国家也曾经遇到违反国际法的侵权诉讼案件。从英国的 *Al-Adsani* 案、*Jones* 案、加拿大的 *Bouzari* 案、意大利的 *Ferrini* 案和希腊的 *Voiotia* 案可以看出，以违反国际法为由追究被告的侵权民事责任，在美国之外的其他国家并没有得到普遍认可。美国的外国人侵权请求诉讼的繁荣，根源于美国独特的法律制度，难以为其他国家所移植、复制和借鉴。

关键词：《外国人侵权请求法》　万国法　侵权　民事诉讼　管辖权

ABSTRACT

The *Alien Tort Claims Act* (hereinafter referred to as ATCA) originated from article 9 of *Judiciary Act of* 1789, being codified as 28 U. S. C. § 1350 (2000), after several times' modification, which now provides that "The district courts shall have original jurisdiction of any civil action by an alien for a tort only, committed in violation of the law of nations or a treaty of the United States. " The ATCA is nearly dormant after being enacted until 1980. In *Filartiga v. Pena-Irala*, the U. S. Court of Appeals for the Second Circuit made the ATCA on the road to renaissance. It also gave rise the controversy on the background and legislative purpose of the ATCA in the academic community. At present, it is generally viewed that the direct cause of the passage of the ATCA is a response to diplomatic crisis, such as Marbois event, and to avoid the federal government being in a disadvantaged position due to "denial of justice". Finally, federalism is dominant in the constitutional system, and the federal court is the principal judicial organ to hear cases involving foreigners.

In the long-term practice, in the face of the deabte of all walks of life and the reality of social change, the ATCA is also changing constantly and its sphere of influence is expanded. The revival of the ATCA in 1980s is closely related to the upsurge of the civil rights movement in the United States, as well as the explosion of the international civil litigation.

To understand the connotations of the Alien Tort Claims Act, it is necessary to grasp what is tort in violation of the law of nations or a treaty of the United States and the standing. As to what is tort in violation of law of nations, the Federal Courts of U. S. generally find that only those international peremptory norms which proviedes cause of action for the victims. As regards the tort in violation of a treaty of the United States, the Federal Courts of U. S. are not willing to make the defendants take responsibility on the grounds of their in violation of a treaty of the United States, but often take the international treaties concluded by the United

States as evidence of customary international law, so that the treaties are regarded as the evidence of the defendants in violation of the law of nations. As to the standing, it is required that the plaintiff to be a foreigner, that is, without U. S. citizenship; as for the identity of the defendant, the actions are initially directed at foreign governments and their officials, and later the actions against the United States government and its officials, as well as multinational companies, individuals are increasing. As the plaintiff started to bring civil action against the company, there are disagreements on whether the ATCA ought to be applied to private company. In order to provide relief to victims and avoid the companies from evading responsibility for human rights, litigation against the company will increase.

After the connotation of the ATCA being clarified, the requirements of personal jurisdiction and subject-matter jurisdiction must be met for, then the federal court can exercise jurisdiction. In the ATCA cases, the basis of personal jurisdiction is the defendant' appearance in the court or agreement to the jurisdiction of the court, or there is some continuous connection between the defendant and the court, at least to meet the "minimum contact" test, and in line with the "due process" clause and will not be contrary to the traditional fair play and substantial justice. The jurisdiction of the ATCA is not the universal civil jurisdiction, but exerciesed according to the domestic law of the United States, and the cases are actually associated with the United States.

Through the exercise of jurisdiction, the ATCA plays an important influence and role in making the perpetrator shoulder responsibility, help to deter potential perpetrators, relieve the victims, and contribute to the development of human rights law. Therefore, there is no need to modify or limit the ATCA.

In ruling the litigation involving the ATCA, the choice of law issues is inevitably confronted with, but the ATCA itself has no choice of law rules or provisions of applicable law. Although there are many differences on the choice of law issues between the various circuit courts, on the whole they are still subjected to the guide of *the Rules of Decision Act* and *Restatement (Second) of Conflict of Laws*. The court applied the international law and the law of the place of the tort to judge the legality of the conduct in question; as to the amount of compensation and the issue of statutes of limitation, they are governed by domestic law of the United States, including the federal common law.

After the plaintiffs bring the civil action according to the ATCA, the defendant may put forward many defenses such as *forum non conveniens*, exhaustion of local remedy, the state immunities, acts of state doctrine, international comity, the political question doctrine, and thus many cases are dismissed.

Like the United States, other countries were once confronted with tort litigation arising from in violation of international law. From the *Al-Adsani* case and *Jones* case in United Kingdom, *Bouzari* case in Canada, *Ferrini* case in Italy and *Voiotia* case in Greece, it can be seen that to make the defendants shoulder responsibility on account of their conduct in violation of international law has not been generally recognized by nations except the United States. The prosperity of the litigation of the alien tort in United States is rooted in the United States' unique legal system, and it is difficult for other countries to transplant, copy and use for reference.

Key Words: The *Alien Tort Claims Act*, Law of Nations, Tort, Civil Action, Jurisdiction

目　　录

引　言

一、选题的意义和价值

（一）研究对象的基本情况

本书以美国《外国人侵权请求法》(*The Alien Tort Claims Act*，简称ATCA) 为研究对象。《外国人侵权请求法》就是目前的《美国法典》第1350 条，该条规定："对外国人仅基于所实施的违反万国法或者美国缔结的条约提起的任何侵权民事诉讼，联邦地方法院具有初始管辖权。"① 《外国

---

① 英文原文是：The district courts shall have original jurisdiction of any civil action by an alien for a tort only, committed in violation of the law of nations or a treaty of the United States. 28 U. S. C. § 1350 (2000). 如果将 only 一词作假设理解，则该条款也可以翻译为："若所实施的侵权行为违反万国法或者美国缔结的条约，联邦地方法院对外国人据此提出的任何民事诉讼即有一审管辖权。"从该条款的历史来看，"only"一词还是修饰"tort"的，所以本书还是将该条款翻译为"对外国人仅基于所实施的违反万国法或者美国缔结的条约提起的任何侵权民事诉讼，联邦地方法院具有初始管辖权"。该条款有时被称为《外国人侵权法》(Alien Tort Statute，简称为 ATS)。See, e. g., *Argentine Republic v. Amerada Hess Shipping Corp.*, 488 U. S. 428, 432 (1989). 有时又被称为《外国人侵权请求法》(Alien Tort Claims Act, 简称为 ATCA), see, e. g., H. R. Rep. No. 367, 102d Cong., 2d Sess. 3-4 (1991), reprinted in 4 U. S. C. C. A. N. 84, 86 (1992); *Benjamins v. Brit. Eur. Airways*, 572 F. 2d 913, 916 (2d Cir. 1978), cert. denied, 439 U. S. 1114 (1979). 甚至还被直接称为《外国人侵权法》(Alien Tort Act (ATA)), see, e. g., *Aldana v. Del Monte Fresh Produce, N. A., Inc.*, 416 F. 3d 1242, 18 Fla. L. Weekly Fed. C 696 (11th Cir. (Fla.) Jul 08, 2005) (NO. 04-10234). 有学者认为，如果认为第 1350 条并没有创设诉因，那么 Alien Tort Statute 就比 Alien Tort Claims Act 更准确。See Curtis A. Bradley, *The Alien Tort Statute and Article III*, 42 Va. J. Int'l L. 587 (2002). 自从 2004 年后，使用 ATS 这一称谓的学者更多了。为了全文统一的需要，本书使用《外国人侵权请求法》(ATCA) 来论述。另外，考虑到"law of nations"一词在历史上的特殊含义，所以本书统一翻译为"万国法"而非"国际法"或"国际公法"。关于"万国法"的含义，参见本书第二章第一节的论述。

人侵权请求法》根源于 1789 年《司法法》(*The Judiciary Act of 1789*)① 第 9 条，经过几次修订后成了现在的版本。在 18 世纪晚期，曾经有两个案例涉及该条款，即 1793 年的 *Moxon v. Fanny* 案② 和 1795 年的 *Bolchos v. Darrel* 案。③ 然而，令人奇怪的是，该条款一直沉寂了将近两个世纪，直到 20 世纪才重新有了零星的案例。从 1789 年到 1980 年，总共才 20 余个案例，④ 而且影响一直都很小。另外，在总检察长出具的意见中，曾经提及或者援引过该条款。⑤

事情在 1980 年出现了重大转机，《外国人侵权请求法》终于不再沉睡。

---

①　该法的正式名称是 "An Act to Establish the Judicial Courts of the United States"，翻译为《司法机关法》也是可以的，只是考虑到学界的惯常译法，本书也翻译为《司法法》。对该法的更多解说，可以参见美国国会图书馆的说明，http：//www. loc. gov/rr/program/bib/ourdocs/judiciary. html（last visited May 6, 2009）.

②　*Moxon v. The Fanny*, 17 F. Cas. 942（D. Pa. 1793）（No. 9, 895）.

③　*Bolchos v. Darrell*, 3 F. Cas. 810（D. S. C. 1795）（No. 1, 607）.

④　See *O'Reilly de Camara v. Brooke*, 209 U. S. 45（1908）; *Huynh Thu Anh v. Levi*, 586 F. 2d 625（6th Cir. 1978）; *Benjamins v. British European Airways*, 572 F. 2d 913（2d Cir. 1978）, cert. denied, 439 U. S. 1114（1979）; *Dreyfus v. von Finck*, 534 F. 2d 24（2d Cir. ）, cert. denied, 429 U. S. 835（1976）; *IIT v. Vencap, Ltd.*, 519 F. 2d 1001（2d Cir. 1975）; *Abiodun v. Martin Oil Serv., Inc.*, 475 F. 2d 142（7th Cir. ）, cert. denied, 414 U. S. 866（1973）; *Seth v. British Overseas Airways Corp.*, 329 F. 2d 302（1st Cir. ）, cert. denied, 379 U. S. 858（1964）; *Khedivial Line, S. A. E. v. Seafarers' Int'l Union*, 278 F. 2d 49（2d Cir. 1960）; *Soultanoglou v. Liberty Transp. Co.*, No. 75 Civ. 2259（S. D. N. Y. June 13, 1980）; *Cohen v. Hartman*, 490 F. Supp. 517（S. D. Fla. 1980）, aff'd, 634 F. 2d 318（5th Cir. 1981）; *Akbar v. New York Magazine Co.*, 490 F. Supp. 60（D. D. C. 1980）; *Papageorgiou v. Lloyds of London*, 436 F. Supp. 701（E. D. Pa. 1977）; *Canadian Transp. Co. v. United States*, 430 F. Supp. 1168（D. D. C. 1977）, aff'd in part and rev'd in part, 663 F. 2d 1081（D. C. Cir. 1980）; *Valanga v. Metropolitan Life Ins. Co.*, 259 F. Supp. 324（E. D. Pa. 1966）; *Damaskinos v. Societa Navigacion Interamerica, S. A. Panama*, 255 F. Supp. 919（S. D. N. Y. 1966）; *Upper Lakes Shipping, Ltd. v. Int'l Longshoremen's Ass'n*, 33 F. R. D. 348（S. D. N. Y. 1964）; *Lopes v. Reederei Richard Schroeder*, 225 F. Supp. 292（E. D. Pa. 1963）; *Adra v. Clift*, 195 F. Supp. 857（D. Md. 1961）; *Pauling v. McElroy*, 164 F. Supp. 390（D. D. C. 1958）, aff'd, 278 F. 2d 252（D. C. Cir. ）, cert. denied, 364 U. S. 835（1960）; *Bolchos v. Darrell*, 3 F. Cas. 810（D. S. C. 1795）; *Moxon v. The Brigantine Fanny*, 17 F. Cas. 942（D. Pa. 1793）; see also *Nguyen Da Yen v. Kissinger*, 528 F. 2d 1194（9th Cir. 1975）.

⑤　See, e. g., 1 Op. Att'y Gen. 57（1795）; 1 Op. Att'y Gen. 141（1804）; 26 Op. Att'y Gen. 250（1907）.

在 *Filartiga v. Pena-Irala* 案中，① 第二巡回法院认定 Pena-Irala 警官的酷刑行为构成了违反国际法的侵权，虽然本案行为发生在巴拉圭，而且 Pena-Irala 以及受害人均为巴拉圭国民，美国与案件没有任何实质性的联系，但是美国联邦法院仍然可以根据《外国人侵权请求法》行使管辖权，并且判决 Pena-Irala 承担民事赔偿责任。此判决一出，部分学者和律师非常惊喜，认为利用法律来执行人权规范的时机到了。② 此后，一些当事人援引该条款在美国联邦法院提起诉讼。

之后，在 1984 年的 *Tel-Oren v. Libyan Arab Republic* 案中，③《外国人侵权请求法》再次成了焦点。在该案中，虽然美国联邦哥伦比亚特区巡回法院裁定驳回诉讼，但在判决理由上，法官内部发生了巨大的分歧，并存意见及反对意见竟然有 52 页的篇幅，而判决书的命令部分才 4 页。其中，Bork 法官的意见尤为详细，也最受非议，他认为《外国人侵权请求法》并没有授予诉因、本案存在政治问题，所以应驳回诉讼。对于 Bork 法官的意见，美国法律界有很多评论。④

进入 20 世纪 90 年代，《外国人侵权请求法》的实践走向纵深。在 1995 年的 *Kadic v. Karadzic* 案中，第二巡回法院对作出判决，认为受害人可以根据《外国人侵权请求法》对被告提起诉讼，被告的行为违反了《外国人侵权请求法》上的万国法，法院具有管辖权，从而将美国联邦法院的管辖权扩张至对非国家行动者（non-state actor）的诉讼。此判决一出，有不少学者

---

① 630 F. 2d 876 (2d Cir. 1980).

② See e. g., Jeffrey M. Blum & Ralph G. Steinhardt, *Federal Jurisdiction over International Human Rights Claims: The Alien Tort Claims Act after Filartiga v. Pena-Irala*, 22 Harv. Int'l L. J.. 53 (1981).

③ *Tel-Oren v. Libyan Arab Republic*, 726 F. 2d 774 (D. C. Cir. 1984), cert. denied, 105 S. Ct. 1354 (1985). 该案是以色列公民对巴勒斯坦解放组织以及其他与发生在以色列的公汽爆炸有关的国家和组织提起诉讼。更进一步的了解，参见本书第一章第三节第二部分的相关论述。

④ See, e. g., Michael J. Glennon, *Raising The Paquete Habana: Is Violation of Customary International Law by the Executive Unconstitutional?*, 80 Nw. U. L. Rev. 321 (1985); Louis Henkin, *The President and International Law*, 80 Am. J. Int'l L. 930 (1986).

进行了专门的探讨。① 不管是支持还是反对，该案的判决让受害人寻求民事救济的热情再次燃起。既然针对其他被告的诉讼的判决难以得到承认与执行，而第二巡回法院的这个判决认定可以对非国家行动者提起诉讼，所以受害人就纷纷转而对颇具经济实力的跨国公司提起诉讼。

随着更多的人利用《外国人侵权请求法》来对各国公务员、公司提起诉讼，并且不少诉讼请求都得到了美国法院的支持，围绕《外国人侵权请求法》的争议更多了。美国联邦法院的司法实践不但在美国国内受到广泛关注，引起激烈争议，也越来越受到世界上其他国家的关注。鉴于《外国人侵权请求法》的广泛影响与各个法院之间的分歧，美国联邦最高法院发布调卷令，审理 *Sosa v. Alvarez-Machain* 案（以下简称 Sosa 案），② 第一次对《外国人侵权请求法》表明立场。在该案中，作为法庭之友而提交意见的除了代表支持各方当事人的各种各样的团体之外，还包括美国政府、③ 澳大利亚、瑞士等国政府以及欧洲委员会，美国联邦最高法院虽然在判决中澄清了一些问题，然而就《外国人侵权请求法》的历史、性质、范围、诉因、合法性、合理性、管辖权、法律选择、跨国公司的人权责任等问题，仍然没有给出一个明确的结论。

（二）选题的理论意义

研究《外国人侵权请求法》，在理论上可以更进一步地了解美国的相关法律制度。在我国，目前虽然有了很多关于美国民事诉讼法、管辖权、司法制度等的著作与文章，但一般只限于论述一般的对人管辖权制度、联邦问题

---

① See, e.g., David S. Bloch, *Dangers of Righteousness: Unintended Consequences of Kadic v. Karadzic*, 4 Tulsa J. Comp. & Int'l L. 35 (1996); Pamala Brondos, *International Law—The Use of the Torture Victim Protection Act as an Enforcement Mechanism*, 32 Land & Water L. Rev. 221 (1997); Amy E. Eckert, *Kadic v. Karadzic: Whose International Law?*, 25 Denv. J. Int'l L. & Pol'y 173 (1996); Alan Frederick Enslen, *Filartiga's Offspring: The Second Circuit Significantly Expands the Scope of the Alien Tort Claim Act with Its Decision in Kadic v. Karadzic*, 48 Ala. L. Rev. 695 (1997); Justin Lu, *Jurisdiction over Non-State Activity under the Alien Tort Claims Act*, 35 Colum. J. Transnat'l L. 531 (1997).

② *Sosa v. Alvarez-Machain*, 124 S. Ct. 2739 (2004).

③ 在英文原文中，administration 和 government 是有区别的，前者仅指行政部门，后者则是包括立法、行政和司法在内的政府。然而，在中文文献中，已经将总统名称后所跟的 administration 翻译为某某政府。因此，本书也遵从习惯，将英文文献中的 administration 翻译成政府。当然，如果可能，我还是尽量翻译为行政部门。幸好我们已经习惯了"小布什政府"这样的用法了，本书的用词应该也不会造成太大的混乱和理解上的问题。

管辖权制度、外籍管辖权（Alienage Jurisdiction）制度、不方便法院制度、案件移送制度，对同样涉及美国管辖权制度的《外国人侵权请求法》并没有介绍。

《外国人侵权请求法》诉讼已经突破了很多传统的理论和实践，例如一国是否可以单方面地行使所谓的普遍民事管辖权（universal civil jurisdiction），即不论所涉行为发生在哪里，法院都可以对外国人提起的民事诉讼进行管辖？公务员是否应承担国际法上的民事赔偿责任？跨国公司是否要承担国际人权责任？跨国人权民事诉讼中如何适用法律？国际法是否可以成为可适用的法律？侵犯人权、恐怖主义是否构成了国家豁免的例外？国家豁免（state immunity）与国家免除处罚（state impunity）①的关系如何？判决作出后，如何能得到承认与执行，让当事人真正获得救济，而不是仅拿到一张胜诉的"法律白条"。② 面对这些新问题，我们的理论是否作好了充分的准备？是否已经足够完善？

人权的国际保护已经是学术界的热点，如何具体地执行人权标准和规范，传统上都是侧重于联合国体系、区域体系（以欧洲人权法院为代表）等，对于人权的私法救济则关注较少。《外国人侵权请求法》则是通过国际民事诉讼来执行国际法，尤其是国际人权法，这是一个值得关注的新动向，国际私法理论如何评价、应对这种实践？因此，我们还需要更好地反思和完善传统的理论以回应现实的挑战，而这正是研究《外国人侵权请求法》所具有的学术价值和理论意义。

（三）选题的实践意义

虽然对美国的《外国人侵权请求法》存在很多争论，但在一定程度上可以认为美国这样的做法就是在单边行使普遍民事管辖权。而且，值得注意的是，虽然民事领域的普遍管辖权尚没有得到国际社会的公认，但在英国、加拿大、意大利和希腊等国家，都出现了与《外国人侵权请求法》诉讼类似的案件，都是个人对涉嫌违反国际法的政府及官员提起诉讼，而且有的案件认定被告要承担责任。因此，我们需要关注以《外国人侵权请求法》为代表的单边行使普遍民事管辖权的相关立法和实践。

---

① state impunity, 一些国际文件翻译为"有罪不罚"，例如联合国人权理事会的一些报告，http://www.unhcr.org/cgi-bin/texis/vtx/refworld/rwmain/opendocpdf.pdf?reldoc=y&docid=4785d91b2（last visited May 6, 2009）.

② See Edward A. Amley, Jr., *Sue and Be Recognized: Collecting § 1350 Judgments Abroad*, 107 Yale L. J. 2177（1998）.

随着普遍刑事管辖权的扩张及其司法实践的增加,要承担刑事责任的被告必然是在不断增加的,以德国、法国为代表的大陆法系国家通过刑事附带民事诉讼的机制事实上也在行使一定的普遍民事管辖权。相信未来普遍管辖权会在争议中发展,而普遍民事管辖权也会得到更多的承认和重视。因此,我们现在研究这些问题,至少还是不会落后于国际实践的。

随着全球化进程的加快,各国的联系越来越紧密,牵扯到美国的诉讼也越来越多,中国也不例外。中国政府及相关的领导人、公务员、国民等都主动或者被动地卷入过一些《外国人侵权请求法》诉讼中,而我国政府也主动或者被动地作出了一些应对,但在有些案件中仍然败诉了。因此,研究《外国人侵权请求法》,也具有实践意义,有助于我国政府和国民、团体更好地防范和化解法律风险,维护自身的合法权益。

二、国内外研究现状

(一)中文文献综述

关于《外国人侵权请求法》,国内最早研究的是林欣,他认为美国法院根据《外国人侵权请求法》作出判决是具有很强的"人权外交"背景的,是力图推行"国际人权司法"以与"人权外交"相呼应。[①] 之后,学者们更多地是从跨国公司的责任的角度来介绍、论述《外国人侵权请求法》及相关的案例。[②] 陈弘毅等人则从国际刑法和国际人权法的角度介绍过《外国人侵权请求法》的案例,[③] 王炎在论述美国的"虐囚"事件时附带性地对

---

① 参见林欣:《论酷刑案件与美国国际人权司法》,载《外国法译评》1994年第1期,第77~80页。

② 参见刘满达:《跨国公司的人权责任》,载《法学》2003年第9期;丁晓阳:《论跨国公司环境侵权责任的承担与追究》,武汉大学2004年硕士学位论文,第37~42页;徐涛、张晨曦:《论跨国公司保护人权的社会责任》,载《政治与法律》2005年第2期;宋永新、夏桂英:《跨国公司的国际人权责任》,载《浙江大学学报(人文社会科学版)》2006年第6期;朱伟一:《吾道无穷,吾愿无穷——谈公司社会责任》,http://business.sohu.com/49/41/article206204149.shtml,2007年10月20日访问;中国农民工维权网上还有一篇翻译文章,《美国法院的跨国劳动者诉讼》,http://www.zgnmg.org/zhi/dybg/bg006_1.htm,2007年10月20日访问。

③ 参见陈弘毅:《"从皮诺切特案"看国际刑法和国际人权法的发展》,载赵秉志、陈弘毅主编:《国际刑法与国际犯罪专题探索》,中国人民公安大学出版社2003年版,第39~44页。胡城军:《评海盗罪的确立对普遍管辖制度的作用》,载《湖南社会科学》2007年第2期;管建强:《中国民间战争受害者对日索偿的法律基础》,华东政法学院2005年博士学位论文,第320~322页。

《外国人侵权请求法》提出了批评，认为《外国人侵权请求法》是"美国对外干涉的有力武器"。① 此外，在一些翻译资料中对《外国人侵权请求法》也有所涉及。② 至于专著，国内尚没有人专门研究《外国人侵权请求法》。③而关于普遍管辖权，目前国内关注的也只是刑事方面而已，并不涉及民事方面。总之，从目前国内学者的论述来看，对《外国人侵权请求法》的研究基本上只是简单的介绍，并没有形成系统性的研究或者专题。

（二）外文文献综述

1. 概览

与中文文献的缺乏不同，国外文献则比较多，尤其是美国学者的论述更多。Westlaw 数据库将《外国人侵权请求法》作为与《外国主权豁免法》并列的主题，有专门的栏目索引。截至本书初稿完成的 2009 年 1 月 2 日21：40（美国中部时间），共有 4643 个文件提到《外国人侵权请求法》，④其中二手文献 2290 篇。

就目前收集到的资料来看，专著也不少。就 *Filartiga v Pena Irala* 案，William J. Aceves 通过访谈该案的相关诉讼参与人、收集相应的档案，分析该案之后的《酷刑受害人保护法》（*the Torture Victim Protection Act*，简称TVPA）、《反恐法》（*the Anti-Terrorism Act*）之后的案例进展，作者对该案进行了全面深入的研究，认为应从一定的历史环境中研究法律，承认在追求正义和责任的过程中强调法律的价值。⑤ Beth Stephens 和 Michael Ratner 合著的《美国法院的国际人权民事诉讼》一书是比较全面的专著，论述了《外国人侵权请求法》的历史、管辖权、法律选择、程序障碍等问题。⑥ Scott 教

---

① 参见王炎：《从"虐俘"谈"帝国"内部的矛盾》，http：//www. xschina. org/show. php？id＝2945，2007 年 10 月 20 日访问。

② 参见路易斯·亨金：《国际法：政治与价值》，张乃根等译，中国政法大学出版社 2005 年版，第 322～323 页；西蒙 C. 西蒙尼德斯：《2002 年美国冲突法司法实践述评》，王莉、李梦圆译，载《中国国际私法与比较法年刊》（第 7 卷），法律出版社 2005年版，第 564～568 页；［美］M. 谢里夫·巴西奥尼：《国际刑法导论》，赵秉志、王文华等译，法律出版社 2006 年版，第 618～621 页。

③ 对《外国人侵权请求法》有简单介绍的著作，参见张茂：《美国国际民事诉讼法》，中国政法大学出版社 1999 年版，第 40～44 页。

④ See KeyCite_ 28_ USCA_ S_ 1350_ 2_ 1_ 09_ 2140.

⑤ See William J. Aceves, *The Anatomy of Torture*：*A Documentary History of Filartiga v Pena Irala*, Martinus Nijhoff, 2007.

⑥ See Beth Stephens & Michael Ratner, *International Human Rights Litigation in US Courts*, Transnational Publishers Inc. , 1996. 2008 年，该书出了修订版。See Beth Stephens, Judith Chomsky, Jennifer Green, Paul Hoffman, Michael Ratner, *International Human Rights Litigation in US Courts*, Martinus Nijhoff Publishers, 2008.

授作出了类似的贡献，主编了《作为酷刑的侵权》一书，对以《外国人侵权请求法》为代表的跨国人权诉讼的实践作了比较研究。① Jeffrey Davis 在 2008 年出版的专著中从追究责任和正义的角度研究了《外国人侵权请求法》，认为《外国人侵权请求法》是追求正义、促进人权的重要手段。② Ralph G. Steinhardt 和 Anthony D'Amato 合作编辑了《〈外国人侵权请求法〉文选》，将 1980—1999 年对《外国人侵权请求法》研究比较深入的 11 篇论文编辑出版，主题是《外国人侵权请求法》的合法性依据，视角包括历史分析、宪法文本分析、国际法在美国的法律地位、《外国人侵权请求法》诉讼的损害赔偿及其未来。Ralph G. Steinhardt 认为《外国人侵权请求法》诉讼是国内法国际化的一个重要环节，对其评价比较高。③ 英国学者 Chandra Lekha Sriram 出版专著，认为以《外国人侵权请求法》为代表的司法实践是行使普遍民事管辖权，是让正义内化。④ 与上面几位作者相反，Gary Clyde Hufbauer 和 Nicholas K. Mitrokostas 则对《外国人侵权请求法》提出了尖锐的批评，认为《外国人侵权请求法》会影响美国的对外贸易和投资，并且对其他国家的经济发展也会造成损害，建议各界采取措施来限制《外国人侵权请求法》诉讼。⑤ 此外，Linda A Willett 等学者对《外国人侵权请求法》对跨国公司的影响进行了评价。⑥

另一方面，一些学位论文专门以《外国人侵权请求法》为研究对象。1984 年有学生在硕士论文中专门研究了《外国人侵权请求法》诉讼中的法

---

① See Craig Scott (eds.), *Torture as Tort: Comparative Perspectives on the Development of Transnational Human Rights Litigation*, Hart Publishing, 2001.

② See Jeffrey Davis, *Justice across Borders: the Struggle for Human Rights in U. S. Courts*, Cambridge University Press, 2008.

③ See Ralph G. Steinhardt & Anthony D'Amato (eds.), *The Alien Tort Claims Act: An Analytical Anthology*, Transnational Publishers, 1999.

④ See Chandra Lekha Sriram, *Globalizing Justice for Mass Atrocities*, Routledge, 2005.

⑤ See Gary Clyde Hufbauer & Nicholas K. Mitrokostas, *Awakening Monster: the Alien Tort Statute of 1789*, Institute for International Economics, 2003; Gary Clyde Hufbauer & Nicholos K. Mitrokostas, *International Implications of the Alien Tort Statute*, 16 St. Thomas L. Rev. 607 (2004).

⑥ See Linda A Willett, Michele S Suggs, M Alexis Pennotti, *The Alien Tort Statute and Its Implications for Multinational Corporations*, Washington, D. C. : National Legal Center for the Public Interest, 2003.

律选择问题。① 美国学者 Kenneth C Randall 在 1985 年就撰写了《外国人侵权请求法》的硕士论文。② 美国德堡尔大学的 Charlie Seten 在其硕士论文中研究了《外国人侵权请求法》与全球的人权进展。③ 美国科罗拉多大学的 Katrina R Quinn 在其硕士论文中研究了《外国人侵权请求法》对公司责任的影响。④ 英国埃塞克斯大学的 Shahriyor Khodjaev 研究了根据《外国人侵权请求法》对跨国公司提起诉讼的程序和实体上的障碍。⑤ 新西兰惠灵顿大学的 Ruth Nicholls 撰写了一篇学士学位论文，对根据《外国人侵权请求法》而提起的 Texaco 诉讼进行了简单评析。⑥ 德国不来梅大学 2006 年的一篇博士论文花了很大篇幅来论述美国的《外国人侵权请求法》、《酷刑受害人保护法》及其与欧洲国家实践的比较，认为美国的《外国人侵权请求法》并没有违反国际法，相反有助于为人权受到侵犯的受害人提供救济，有助于阻止侵犯人权行为的发生和人权法的执行。⑦ 南非有一篇博士学位论文研究侵犯人权的刑事和民事救济的，其第三编论述了《外国人侵权请求法》以及其他国家的类似实践，⑧ 不过只是简单介绍，缺乏深入分析，没有多少参考

---

① See James Paul George, *Choice of Law for International Human Rights Cases in United States Courts under the Alien Tort Statute* (Jan. 26, 1984) (unpublished L. L. M. thesis, Columbia University) (on file with Arthur W. Diamond Law Library, Columbia Law School).

② See Kenneth C Randall, *Federal Jurisdiction and Adjudication of International Law Claims: Inquiries into the Alien Tort Statute*, Thesis (LL. M.) — Columbia University, 1985.

③ See Charlie Seten, *The Alien Tort Statute and Global Human Rights Advocacy*, DePaul University, 2006.

④ See Katrina R Quinn, *Corporate Accountability in the Global Economy: the Role of the Alien Tort claims Act in Mitigating Human Rights Abuses within the Context of Economic Development*, Thesis (M. A.) — University of Colorado at Denver and Health Sciences Center, 2005.

⑤ See Shahriyor Khodjaev, *Suing Multinational Companies under the Alien Tort Claims Act: Procedural and Substantive Barriers*, Thesis (LL. M.), International Human Rights Law, Dept. of Law — University of Essex, 2004.

⑥ See Ruth Nicholls, *The Texaco Litigation Highlights Flaws in the System of Holding Multinational Corporations Accountable outside of the Country Where the Offence Occurred: in the Absence of an International Body or Internationally Enforceable Code, Is the Alien Tort Claims Act an Adequate Tool to Address the Grievances of the Oriente People?*, Research Paper (LL. B. (Hons.)) — Victoria University of Wellington, 2002.

⑦ See Eric Engle, *Private Law Remedies for Extraterritorial Human Rights Violations*, Inauguraldissertation, zur Erlangung der Doktorwürde, der Fakultät für Rechtswissenschaft, der Universität Bremen, 2006.

⑧ See Sascha Dominik Oliver Bachmann, *Liability for Gross Human Rights Violations: from Criminal to Civil Remedies*, http://etd. uj. ac. za/theses/available/etd-04232007-103518 (last visited August 16, 2008).

价值。另外，德文文献中也有专门研究美国《外国人侵权请求法》制度的博士硕士论文和专著。①

除了专门性研究，英国、② 新西兰③等国也有学者发表了相关的《外国人侵权请求法》论文。④ 他们主要是从国际法的角度来研究国家豁免与人权保护，要求突破传统国际法的限制，允许私人对国家及公务员的行为提起民事诉讼，寻求民事救济。在研究对"二战"期间发生的大屠杀进行索赔时，有学者对在美国进行的针对德国、瑞士银行等的《外国人侵权请求法》诉讼进行了评析。⑤ 我国台湾地区的学者 Ying-Jen Lo 在讨论美国法院的国际人权诉讼时，也附带性地研究了《外国人侵权请求法》诉讼，他主要是以1980 年至 2004 年的相关案例为研究对象。⑥

2. 总结性评论

对于《外国人侵权请求法》的研究大致可以划分为如下几个阶段。第一阶段是 20 世纪 80 年代，主要争辩《外国人侵权请求法》的基本问题。由于 1980 年的 Filartiga v. Pena-Irala 案复兴了《外国人侵权请求法》以及在 1984 年的

---

① See Alfried Heidbrink, *Der Alien Tort Claims Act* (28 *U. S. C.* [*Paragraph*] *1350*)*: Schadensersatzklagen vor US-amerikanischen Gerichten wegen Verletzungen des Vo lkerrechts*, Munchen : VVF, 1989; Alexander Abel, *Der Alien Tort Statute nach der Entscheidung des US-Supreme Court in der Sache Sosa v. Alvarez-Machain ein US-amerikanischer Weg zum Schutz der Menschenrechte*, Aachen Shaker 2006. 此外，还有学者在专门研究《外国人侵权请求法》上的公司责任。See *Max-Planck-Institut für ausl ndisches ffentliches Recht und V lkerrecht T tigkeitsbericht für die Jahre 2004 und 2005*, pp. 51-52, http: //www. mpil. de/shared/data/pdf/jahresbericht200405_ internet. pdf (last visited August 16, 2008)。在找到这些德文文献后，曾经就其中的内容请教了湖南师范大学教师王葆莳博士。在此，我要特别向王博士表示感谢。

② See, e. g., Xiaodong Yang, *State Immunity in the European Court of Human Rights: Reaffirmations and Misconceptions*, 74 BYBIL 333 (2003); Craig Forcese, *De-Immunizing Torture: Reconciling Human Rights and State Immunity*, 52 McGill L. J. 127 (2007).

③ See, e. g., Hugh King, *Sosa v Alvarez-Machain and the Alien Tort Claims Act*, 37 Vict. U. Wellington L. Rev. 1 (2006).

④ See, e. g., John M. Walker, Jr., *Domestic Adjudication of International Human Rights Violations under the Alien Tort Statute*, 41 St. Louis U. L. J. 539, 539 (1997).

⑤ See, e. g., Michael J Bazyler & Roger P Alford, *Holocaust Restitution: Perspectives on the Litigation and Its Legacy*, New York University Press, 2006; Jeremy Sarkin, *Reparations for Historical Human Rights Violations: The International and Historical Dimensions of the Alien Torts Claims Act Genocide Case of the Herero of Namibia*, 9 Human Rights Review 331 (2008).

⑥ See Ying-Jen Lo, *Human Rights Litigation Promoting International Law in U. S. Courts*, LFB Scholarly Pub. , 2005, pp. 31-50.

Tel-Oren v. Libyan Arab Republic 案中所引发的巨大分歧，学者们争论的主题主要是联邦法院是否拥有《外国人侵权请求法》上的管辖权、《外国人侵权请求法》的立法目的到底是什么、政治行为理论是否应在《外国人侵权请求法》诉讼中适用、《外国人侵权请求法》是否为当事人提供了诉因。①

第二阶段是 20 世纪 90 年代，随着美国司法实践的进展，学界的研究在深入，但分歧也在扩大。除了对这一时期的案例进行述评外，学者还争辩《外国人侵权请求法》是否扩大适用，即公司等其他主体是否应承担《外国人侵权请求法》上的责任，还对什么是万国法、法律选择以及美国法院、法律人的作用等展开辩论。②

第三阶段是 21 世纪初，要求限制《外国人侵权请求法》的呼声增多，尤其以跨国公司为代表的企业界，更是大力游说国会和总统采取措施来保护他们的利益。③ 小布什政府上台后，美国国务院、司法部积极介入《外国人侵权请求法》诉讼，通过利益声明、法庭之友等方式主张限制《外国人侵权请求法》诉讼。④ 因此，支持和反对《外国人侵权请求法》的学者发表

---

① See, e. g. , Jeffrey M. Blum & Ralph G. Steinhardt, *Federal Jurisdiction over International Human Rights Claims: The Alien Tort Claims Act after Filartiga v. Peña-Irala*, 22 Harv. Int'l L. J. 53 (1981); Michael J. Glennon, *Raising The Paquete Habana: Is Violation of Customary International Law by the Executive Unconstitutional?*, 80 Nw. U. L. Rev. 321 (1985).

② See generally, Beth Stephens, *Corporate Liability: Enforcing Human Rights Litigation through Domestic Litigation*, 24 Hastings Int'l & Comp. L. Rev. 401 (2001); Beth Stephens, *Translating Filartiga: A Comparative and International Law Analysis of Domestic Remedies for International Human Rights Violations*, 27 Yale J. Int'l L. 1 (2002); Curtis A. Bradley, *The Costs of International Human Rights Litigation*, 2 Chi. J. Int'l L. 457 (2001); Curtis A. Bradley, *Universal Jurisdiction and U. S. Law*, 2001 U. Chi. Legal F. 323 (2001); Michael D. Ramsey, *Multinational Corporate Liability under the Alien Tort Claims Act: Some Structural Concerns*, 24 Hastings Int'l & Comp. L. Rev. 361 (2001); Caleb Nelson, *Sovereign Immunity as a Doctrine of Personal Jurisdiction*, 115 Harvard L. Rev. 1559 (2002); Symeon C. Symeonides, *Choice of Law in the American Courts in 2002: Sixteenth Annual Survey*, 51 Am. J. Comp. L. 1, 47 (2003).

③ See generally, Ralph G. Steinhardt, *Laying One Bankrupt Critique to Rest: Sosa v. Alvarez-Machain and the Future of International Human Rights Litigation in U. S. Courts*, 57 Vand. L. Rev. 2241 (2004); Thomas H. Lee, *The Safe-Conduct Theory of the Alien Tort Statute*, 106 Colum. L. Rev. 830 (2006); Harold Hongju Koh, *International Law as Part of Our Law*, 98 Am. J. Int'l L. 43 (2004).

④ See Beth Stephens, *Upsetting Checks and Balances: The Bush Administration's Efforts to Limit Human Rights Litigation*, 17 Harv. Hum. Rts. J. 169 (2004).

了大量的文章来为自己的立场辩护。2004 年的 *Sosa* 案后，学者们重新开始了对《外国人侵权请求法》的性质、诉因、管辖权、法律选择、承担责任的主体等问题的争论。

综合来看，目前学者的论述主要集中在以下几个方面：（1）结合美国联邦法院所作出的各种判决，讨论《外国人侵权请求法》的历史、① 性质和范围②以及与《酷刑受害人保护法》等的关系；③（2）《外国人侵权请求

---

① See, e. g., Anne-Marie Burley, *The Alien Tort Statute and the Judiciary Act of 1789 ：A Badge of Honor*, 83 Am. J. Int'l L. 461 (1989); William R. Casto, *The Federal Courts' Protective Jurisdiction Over Torts Committed in Violation of the Law of Nations*, 18 Conn. L. Rev. 467 (1986); David Cole, Jules Lobel & Harold Hongju Koh, *Interpreting the Alien Tort Statue ：Amicus Curiae Memorandum of International Law Scholars and Practitioners in Trajano v. Marcos*, 12 Hastings Int'l & Comp. L. Rev. 1 (1988); Anthony D'Amato, *The Alien Tort Statute and the Founding of the Constitution*, 82 Am. J. Int'l L. 62 (1988); Anthony D'Amato, *Judge Bork's Concept of the Law of Nations is Seriously Mistaken*, 79 Am. J. Int'l L. 92 (1985); Joan Fitzpatrick, *The Future of the Alien Tort Claims Act of 1789 ：Lessons from In re Marcos Human Rights Litigation*, 67 St. John's L. Rev. 491 (1993); Harold Hongju Koh, *Transnational Public Law Litigation*, 100 Yale L. J. 2347 (1991).

② 目前对于《外国人侵权请求法》范围争论最激烈的是能否根据《外国人侵权请求法》起诉公司，让公司承担违反万国法或美国缔结的条约的侵权责任。See, e. g., Beth Stephens, *The Amorality of Profit ：Transnational Corporations and Human Rights*, 20 Berkeley J. Int'l L. 45 (2002); Curtis A. Bradley & Jack L. Goldsmith, *Federal Courts and the Incorporation of International Law*, 111 Harv. L. Rev. 2260 (1998); Ivan Poullaos, *The Nature of the Beast ：Using the Alien Tort Claims Act to Combat International Human Rights Violations*, 80 Wash. U. L. Q. 327 (2002); Courtney Shaw, *Uncertain Justice ：Liability of Multinationals under the Alien Tort Claims Act*, 54 Stan. L. Rev. 1359 (2002).

③ 支持宽泛解释《外国人侵权请求法》的文献如下：see e. g., Beth Stephens, *Corporate Liability ：Enforcing Human Rights Litigation through Domestic Litigation*, 24 Hastings Int'l & Comp. L. Rev. 401 (2001); Beth Van Schaak, *The Civil Enforcement of Human Rights Norms in Domestic Courts*, 6 ILSA J. Int'l & Comp. L. 295 (2000). 对宽泛解释《外国人侵权请求法》提出批评的文章如下：see e. g., Jack Goldsmith & Curtis A. Bradley, *The Current Illegitimacy of International Human Rights Litigation*, 66 Fordham L. Rev. 319 (1997); Donald J. Kochan, *Constitutional Structure as a Limitation on the Scope of the "Law of Nations" in the Alien Tort Claims Act*, 31 Cornell Int'l L. J. 153 (1998); Michael D. Ramsey, *Multinational Corporate Liability under the Alien Tort Claims Act ：Some Structural Concerns*, 24 Hastings Int'l & Comp. L. Rev. 361 (2001).

法》诉讼的法律适用、程序障碍、① 影响②与未来。

总之，目前美国学者的研究已经比较深入，涉及的文献也是汗牛充栋，然而由于司法实践中各个法院的判决存在诸多分歧，美国最高法院在2004年的 *Sosa* 案中的判决留下的问题比解决的问题要多得多。③ 在《外国人侵权请求法》的历史、管辖权、国家豁免与人权保护、非国家主体的国际法上的民事责任等方面，学者们并没有取得一致，分歧依然存在，争论仍在继续。

三、研究方法与本书结构

（一）研究方法

1. 案例分析法

由于《外国人侵权请求法》条文很短，为了更好地展开分析论证，有必要通过大量的案例来提炼观点，展开论证。同时，美国、英国、意大利等国家的法院公布了大量的裁判文书，里面很多案例都涉及《外国人侵权请求法》问题，这为我们提供了丰富的素材，让案例分析法成为可能。因此，

---

① 从国家行为理论、国家豁免等角度研究《外国人侵权请求法》的障碍的文献，See, e. g., Gregory H. Fox, *Reexamining the Act of State Doctrine: An Integrated Conflicts Analysis*, 33 Harv. Int'l L. J. 521 (1992); Beth Gammie, *Human Rights Implications of the Export of Banned Pesticides*, 25 Seton Hall L. Rev. 558 (1994); Michael J. Glennon, *Raising The Paquete Habana: Is Violation of Customary International Law by the Executive Unconstitutional?*, 80 Nw. U. L. Rev. 321 (1985); Ved P. Nanda, *Human Rights and Sovereign and Individual Immunities (Sovereign Immunity, Act of State, Head of State Immunity and Diplomatic Immunity) — Some Reflections*, 5 ILSA Journal of International & Comparative Law 467 (1999).

② 在研究《外国人侵权请求法》的影响时，一些学者从比较分析的角度来论述《外国人侵权请求法》与其他国家相关制度和实践的异同。See, e. g., Anne Bayefsky & Joan Fitzpatrick, *International Human Rights Law in United States Courts: A Comparative Perspective*, 14 Mich. J. Int'l L. 1 (1992); Jorge Cicero, *The Alien Tort Statute of 1789 as a Remedy for Injuries to Foreign Nationals Hosted by the United States*, 23 Colum. Hum. Rts. L. Rev. 315 (1992); Clyde H. Crockett, *The Role of Federal Common Law in Alien Tort Statute Cases*, 14 B. C. Int'l & Comp. L. Rev. 29 (1991); Martin S. Flaherty, *Human Rights Violations against Defense Lawyers: The Case of Northern Ireland*, 7 Harv. Hum. Rts. J. 87 (1994).

③ See e. g., Igor Fuks, *Sosa v. Alvarez-Machain and the Future of ATCA Litigation: Examining Bonded Labor Claims and Corporate Responsibility*, 106 Colum. L. Rev. 112 (2006).

本书将结合具体的案例，通过案例分析方法来探讨相关的问题。至于案例资料，主要来源于 Westlaw 数据库。

2. 比较分析法

除了要对以《外国人侵权请求法》为代表的立法及相关的案例进行注释、分析外，还要结合其他国家的相关立法与制度进行比较分析，了解各国的实践与现状。除了对各国实践的比较外，本书还将比较各个学者之间的学说与观点，找出学者之间的异同。

比较法作为法律方法的指导原则是功能性原则，也即透过繁复的各国法律，找到解决共同问题的不同方法。在研究外国问题时，可以借鉴提升本国解决问题的方法，抑或使得本国解决问题的方法变得更敏锐。在对各国立法和司法实践以及各种学者的观点进行比较分析的基础上，希望可以发现各国立法及相关制度为何会如此的原因、适应了怎样的国情、对其他国家有何可资借鉴之处。

3. 历史分析法

《外国人侵权请求法》诉讼虽然是近 30 来年才比较活跃，但其根源于 1789 年的《司法法》，上承美国宪法的相关制度。要对《外国人侵权请求法》的来龙去脉、历史进程及其解释有比较详细深入的了解，那么就离不开对历史资料的收集和分析。本书将根据美国大陆会议、制宪会议等的资料，从历史的角度对《外国人侵权请求法》制度的流变来进行论述。

（二）本书结构

除引言和结语外，本书分为六章。

本书的第一章，论述《外国人侵权请求法》的历史发展。结合史料和案例，从美国宪政的角度来分析，认为《外国人侵权请求法》的出现与复兴是美国主流社会回应外交事件、执行外交政策的产物。

本书的第二章，论述《外国人侵权请求法》的内涵，主要包括如何理解万国法、美国缔结的条约、侵权的含义、《外国人侵权请求法》诉讼的诉讼主体资格。对此，主要是结合美国的司法实践，并根据美国学者的评论来对《外国人侵权请求法》进行规范分析。

本书的第三章，论述《外国人侵权请求法》的管辖权问题，分别从对人管辖权、事项管辖权和普遍民事管辖权的角度来展开。最后，论述了《外国人侵权请求法》及其实践的影响与作用。

本书的第四章，论述《外国人侵权请求法》诉讼中的法律选择问题。《外国人侵权请求法》诉讼涉及的是侵权问题，所以传统冲突法理论中侵权的法律适用规则仍然是发挥着重要的作用，不同的是国际法和外国公法在

《外国人侵权请求法》诉讼中的影响比较大。另外，损害赔偿和诉讼时效的法律适用也是一个值得讨论的问题。

本书的第五章，论述《外国人侵权请求法》诉讼中的抗辩与障碍。由于美国商业界、政府以及外国政府对《外国人侵权请求法》诉讼的干预的不断加大，《外国人侵权请求法》所面临的限制也在增加。对此，将从不方便法院原则、用尽当地救济、国家豁免、国家行为理论、国际礼让、政治行为理论来进行论述。虽然有些原告在《外国人侵权请求法》诉讼中胜诉了，但却面临着执行难的问题，如何面对这个问题值得研究。

本书的第六章，论述英国、加拿大、意大利等国家和欧洲人权法院的类似实践以及与美国实践的比较。《外国人侵权请求法》在国际上的影响在扩大，英国等国在类似的判决中也援引过《外国人侵权请求法》作为参考，然而此类案件毕竟还不如美国多，个中缘由耐人寻味，值得探讨。

结语部分涉及对《外国人侵权请求法》的评价，利用国际民事诉讼来执行国际法规范已经是一个不争的事实，我们要理性地看待《外国人侵权请求法》及其实践。

第一章　《外国人侵权请求法》的历史发展

《外国人侵权请求法》原本只是《司法法》的一个条款，在一百多年的美国法律史上默默无闻，却在 20 世纪中后期又重新进入人们的视野，随着相关诉讼的增多，如今的影响已经遍及世界。不管人们对《外国人侵权请求法》持什么样的态度和立场，褒贬如何，都必须直接面对它，而不能避开它。下面，我们穿过历史的长廊，从故纸堆中寻找美国的国父们制定《外国人侵权请求法》的背景与目的，然后结合案例对这么多年来的《外国人侵权请求法》诉讼作一个简单概述，最终探讨《外国人侵权请求法》的复兴缘由。

第一节　《外国人侵权请求法》条文的历史演变

一、《外国人侵权请求法》条文的历次修订

《外国人侵权请求法》本来是《司法法》第 9 条的一部分，规定"对外国人仅基于所实施的违反万国法或者美国缔结的条约提起的所有侵权诉讼，地方法院应根据情况与几个州或者巡回法院平行审理"。① 在 1878 年联邦法的编纂中，《外国人侵权请求法》在形式上独立出来；内容上修改为"地方法院应管辖外国人'仅'基于违反万国法或者美国缔结的条约提起的所有侵权诉讼"。② 从英文本来看，修改的地方主要有四处。第一处是将原来的"审理（cognizance）"修改为"管辖（jurisdiction）"；第二处是在"仅（only）"上加了个单引号；第三处是没有提及"应根据情况与几个州或者巡回法院平行（concurrent with the courts of the several States, or the circuit

---

① 英文原文是："the district courts... shall also have cognizance, concurrent with the courts of the several States, or the circuit courts, as the case may be, of all causes where an alien sues for a tort only in violation of the law of nations or a treaty of the United States."

② 英文原文是："The district courts shall have jurisdiction ... [o]f all suits brought by any alien for a tort 'only' in violation of the law of nations, or of a treaty of the United States."

courts, as the case may be)"。对于第三处修改，有学者认为，不能因此就剥夺了州法院的平行管辖权而授予地方法院专属管辖权。① 第四处是在"law of nations"之后加了个逗号，并且在"treaty"之前加了个介词"of"。总体上来看，《外国人侵权请求法》的内容并没有作什么实质性的修改。

1911 年联邦司法机关重组时，《外国人侵权请求法》被重新编为第 563 条第 17 款，并且有一点修改，修改后的版本规定"地方法院应管辖外国人仅基于违反万国法或者美国缔结的条约提起的所有侵权诉讼"。② 英文修改之处是将"仅"这个词上的单引号去掉了，并且在"仅"和"违反"之间加上了一个逗号。从内容上来看，1911 年的版本并没有任何改变。

1948 年对 1911 年的版本进行了修订，成了现在通行的版本，规定为"对外国人仅基于所实施的违反万国法或者美国缔结的条约提起的任何侵权民事诉讼，联邦地方法院具有初始管辖权"。③ 与 1911 年的版本相比，1948 年的版本一共有三处修改。第一处修改是为了与《联邦民事程序规则》第 2 条规则相一致，将"所有诉讼（any suits）"修改为"任何民事诉讼（any civil action）"；第二处修改是将"任何外国人（any alien）"修改为"外国人（an alien）"；第三处修改是在"违反万国法（in violation of the law of nations）"前加上了"所实施的（committed）"一词。

二、《酷刑受害人保护法》的通过

由于《外国人侵权请求法》只规定了外国人对于违反万国法或美国缔结的条约的诉权，没有规定美国人的诉权。所以，在各界的呼吁下，尤其是在美国律师协会、纽约市律师协会等的游说下，同时也是为了履行《联合国禁止酷刑公约》等国际条约的义务，④ 美国国会通过了《酷刑受害人保护法》。⑤ 该法总共 3 条，第 1 条规定："本法可以被援引为《1991 年酷刑

---

① William R. Casto, *The Federal Courts' Protective Jurisdiction Over Torts Committed in Violation of the Law of Nations*, 18 Conn. L. Rev. 467（1986）.

② *Act of March 3d, 1911*, ch. 231, § 24, 36 Stat. 1087, 1093. 英文原文是："The district courts shall have jurisdiction ... [o]f all suits brought by any alien for a tort only, in violation of the law of nations, or of a treaty of the United States."

③ 62 Stat. 934（1948）. 英文原文是："The district courts shall have original jurisdiction of any civil action by an alien for a tort only, committed in violation of the law of nations or a treaty of the United States."

④ Pub. L. No. 102-256, 106 Stat. 73, 73（1992）.

⑤ *Torture Victim Protection Act*, Pub. L. No. 102-256, 106 Stat. 73（1992）（codified as amended at 28 U. S. C. § 1350（2000））.

受害人保护法》"；第 2 条规定了民事诉讼的确立，禁止官方酷刑和法外处决，并且规定了诉因：

（a）责任——外国个人在任何外国国家的实际或者表面授权或者法律名义下——（1）将个人施以酷刑，应在民事诉讼中对该个人承担损害赔偿责任；或者（2）将个人法外处决，应在民事诉讼中对该个人的法律人格代表者或者非法致死诉讼中的任何请求人承担损害赔偿责任。

（b）用尽救济——根据本款，如果请求人尚未用尽产生请求的行为的发生地的充分的、可以获得的救济，法院应拒绝审理请求人的请求。

（c）诉讼时效——根据本款，不应主张任何诉讼，除非其是在诉因发生后 10 年内提起。①

《酷刑受害人保护法》第 3 条界定了酷刑和法外处决的含义。总之，《酷刑受害人保护法》并没有改变《外国人侵权请求法》的内容，它的立法历史表明它并没有取代《外国人侵权请求法》，后者仍然具有"其他重要用途"，② 这一点也为最高法院所认同。③ 此外，《酷刑受害人保护法》并非限制而是扩大了《外国人侵权请求法》的规定，④ 说明国会承认并赞成将《外国人侵权请求法》用做执行人权的工具。⑤ 《酷刑受害人保护法》更广

---

① 英文原文是：SEC. 2. ESTABLISHMENT OF CIVIL ACTION.

（a）LIABILITY- An individual who, under actual or apparent authority, or color of law, of any foreign nation— （1）subjects an individual to torture shall, in a civil action, be liable for damages to that individual; or

（2）subjects an individual to extrajudicial killing shall, in a civil action, be liable for damages to the individual's legal representative, or to any person who may be a claimant in an action for wrongful death.

（b）EXHAUSTION OF REMEDIES- A court shall decline to hear a claim under this section if the claimant has not exhausted adequate and available remedies in the place in which the conduct giving rise to the claim occurred.

（c）STATUTE OF LIMITATIONS- No action shall be maintained under this section unless it is commenced within 10 years after the cause of action arose.

② S. Rep. No. 102-249, 4 (1991); H. R. Rep. No. 102-367, 86 (1991).

③ *Sosa v. Alvarez-Machain*, 124 S. Ct. 2734, 2763 (2004).

④ See *Cabiri v. Assasie-Gyimah*, 921 F. Supp. 1189, 1194-97 (S. D. N. Y. 1996).

⑤ See *Wiwa v. Royal Dutch Petroleum Co.* 226 F. 3d 88 (2d Cir. 2000), cert denied 532 U. S. 941 (2001). See also, Winston P. Nagan & Lucie Atkins, *The International Law of Torture: From Universal Proscription to Effective Application and Enforcement*, 14 Harv. Hum. Rts. J. 87 (2001).

泛的地方在于适用于美国公民，为美国公民所遭遇的酷刑和法外处决提供救济。另一方面，《酷刑受害人保护法》比《外国人侵权请求法》更狭隘之处在于：第一，《酷刑受害人保护法》仅适用于酷刑和法外处决；第二，《酷刑受害人保护法》仅指向得到外国实际或者表面授权的个人。

当然，目前有一个值得注意的问题，在 *Enahoro v. Abubakar* 案中，第七巡回法院否定了之前认为《外国人侵权请求法》和《酷刑受害人保护法》两者是相互补充的关系的观点，认为《酷刑受害人保护法》已经完全占据了主导地位，在酷刑和法外处决等方面，即使是外国人提起的《外国人侵权请求法》诉讼也必须符合《酷刑受害人保护法》的要求。① 这样一来，对外国人的起诉就施加了用尽当地救济等的限制。② 因此，未来《外国人侵权请求法》和《酷刑受害人保护法》之间的关系将如何演化值得进一步关注和跟踪。③

三、对《外国人侵权请求法》的限制

"9·11"事件后，小布什政府认为《日内瓦第三公约》第 3 条④不适用于关押的基地组织成员。在 *Rasul v. Bush* 案中，联邦最高法院认为美国联邦地方法院有权审理相关的案件。⑤ 结果，国会于 2005 年通过了《被拘

---

① 408 F. 3d 877, 884-85 (7th Cir. 2005), cert. denied, 546 U. S. 1175 (2006).

② 关于用尽当地救济问题，参见本书第五章第二节的论述。

③ See Philip Mariani, *Assessing the Proper Relationship Between the Alien Tort Statute and the Torture Victim Protection Act*, 156 U. Pa. L. Rev. 1383 (2008).

④ 即《1949 年 8 月 12 日关于战俘待遇之日内瓦公约》，其第 3 条规定：

在一缔约国之领土内发生非国际性的武装冲突之场合，冲突之各方最低限度应遵守下列规定：

（一）不实际参加战事之人员，包括放下武器之武装部队人员及因病、伤、拘留、或其他原因而失去战斗力之人员在内，在一切情况下应予以人道待遇，不得基于种族、肤色、宗教或信仰、性别、出身或财力或其他类似标准而有所歧视。

因此，对于上述人员，不论何时何地，不得有下列行为：

①对生命与人身施以暴力，特别如各种谋杀、残伤肢体、虐待及酷刑；

②作为人质；

③损害个人尊严，特别如侮辱与降低身份的待遇；

④未经具有文明人类所认为必需之司法保障的正规组织之法庭之宣判，而遽行判罪及执行死刑。

（二）伤者、病者应予收集与照顾。

公正的人道主义团体，如红十字国际委员会，得向冲突之各方提供服务。

冲突之各方应进而努力，以特别协定之方式，使本公约之其他规定得全部或部分发生效力。

上述规定之适用不影响冲突各方之法律地位。

⑤ *Rasul v. Bush*, 542 U. S. 466 (2004).

禁人待遇法》(*Detainee Treatment Act of 2005*) 作为回应，剥夺了法院的管辖权。然而，在 *Hamdan v. Rumsfeld* 案中，① 联邦最高法院否定了美国政府对《日内瓦第三公约》第 3 条的解释，以没有溯及力为由不承认《被拘禁人待遇法》对最高法院管辖权的剥夺，对政府建立的军事法庭的合法性提出了挑战。联邦最高法院认为，虽然国会通过立法授权建立军事法庭，但是政府并没有遵守国会所设定的条件，因而这些军事法庭违反了《日内瓦第三公约》第 3 条。判决作出后，国会通过了《军事委员会法》(*the Military Commissions Act of 2006*)② 作为回应。不管人们是否同意该法的内容，③ 国会确实规定了一些违反《日内瓦第三公约》第 3 条的行为，其中包括酷刑、残忍、不人道的待遇、从事生物实验、谋杀、强奸、性攻击或侵犯、劫持人质。④ 因此，国会剥夺了联邦法院认定哪些行为违反《日内瓦第三公约》第 3 条的权力。另外，2006 年的《军事委员会法》禁止联邦法院审理在"9·11"事件后被拘禁的外国人对美国军方提起诉讼，实质上限制了《外国人侵权请求法》。然而，在 *Boumediene v. Bush* 案中，⑤ 美国联邦最高法院于 2008 年 6 月 12 日作出判决，认为《军事委员会法》禁止"敌方战斗人员"(enemy combatants) 申请人身保护令 (writ of habeas corpus) 是违宪的。因此，对于"敌方战斗人员"的人身保护令以及民事诉权的问题，还应继续关注美国国内立法、判例的变化。

第二节　《外国人侵权请求法》诉讼简史

一、早期案件概览

《外国人侵权请求法》通过后不久，就有两个案件涉及《外国人侵权请

---

① 126 S. Ct. 2749 (2006).

② Pub. L. No. 109-366, 120 Stat. 2600 (codified at 10 U. S. C. §§ 948a to 950w & 42 U. S. C. § 2000dd-0).

③ See Amnesty International, *United States of America, Military Commissions Act of 2006-Turning Bad Policy Into Bad Law*, http:// web. amnesty. org/library/index/ ENGAMR511542006 (last visited April 19, 2008).

④ *Military Commissions Act of 2006*, Pub. L. No. 109-366, 120 Stat. 2600, 2633- 2634, §6 (b).

⑤ *Boumediene v. Bush*, 128 S. Ct. 2229 (2008).

求法》，即 1793 年的 *Moxon v. Fanny* 案①和 1795 年的 *Bolchos v. Darrel* 案。②
非常有意思的是，在这两个案件后，整个 19 世纪都没有一起援引《外国人
侵权请求法》的侵权诉讼。③

（一）*Moxon v. The Fanny* 案

在 *Moxon v. The Fanny* 案中，背景是英法战争期间，美国保持中立，而
法国船捕获了英国船，英国船东认为法国船东的行为侵犯了美国的管辖权以
及自己的权利，所以提起诉讼，要求返还该船舶及其装载的货物并且获得损
害赔偿金。原告认为，地方法院有权审理其"海事海商管辖权"下的案件，
而且因为法院"特别地得到法律授权审理外国人以违反万国法而提起的侵
权诉讼——而本案正符合该规定"。宾夕法尼亚区地方法院认为，声称扣押
的船舶违反了万国法而要求返还的诉讼可以根据《外国人侵权请求法》提
起，法院具有管辖权。然而，在实体问题上，法院主张：

> "要求归还财产的这起诉讼看上去既不包括在《外国人侵权请求
> 法》中仅基于违反万国法或美国缔结的条约提起的侵权中……原告寻
> 求的是财产以及对侵扰（trespass）的损害赔偿，也不能称为是一起单
> 纯的侵权诉讼。"④

这样，法院将将立法中的"only"解释为是对"侵权"的限制，认为原
告只能提起侵权之诉，只能要求侵权救济，而不能有其他要求，驳回了原告
的诉讼请求。

（二）*Bolchos v. Darrell* 案

在 1795 年的 *Bolchos v. Darrell* 案中，一艘西班牙船舶上装载着由英国公
民抵押给西班牙公民的奴隶，结果该船被一艘法国私掠船作为捕获品
（prize）捕获。一进入美国港口，抵押权人（mortgagee）的代理人就没收并
出售了这批奴隶，而法国私掠船对该代理人提起诉讼，认为出售奴隶的收益
属于自己，要求返还被作为捕获品捕获的该西班牙船上的三名奴隶。原告认
为，捕获交战船上的中立的外国人的财产违反了万国法。南加利福尼亚区地

① *Moxon v. The Fanny*, 17 F. Cas. 942（D. Pa. 1793）（No. 9,895）.
② *Bolchos v. Darrell*, 3 F. Cas. 810（D. S. C. 1795）（No. 1,607）.
③ Bruce A. Barenblat, *Torture as a Violation of the Law of Nations: An Analysis of 28 U. S. C. § 1350*, 16 Tex. Int'l L. J. 117, 124（1981）.
④ *Moxon v. The Fanny*, 17. F. Cas. 942（D. Pa. 1793）（No. 9,895）.

方法院认为，该诉讼属于"海事管辖权"。在判决书中，法院指出：

> "此外，因为《司法法》第9条……授予本法院与美国其他州法院和巡回法院共同管辖外国人提起的违反万国法或者美国缔结的条约的侵权诉讼，本院不同意任何对管辖权的怀疑。"①

最终，法院判决支持法国私掠船，因为美国与法国之间的条约规定捕获品上的中立财产属于捕获人。在本案中，对于在公海上捕获敌船上的奴隶引起的诉讼，《外国人侵权请求法》提供了一个选择性的管辖依据。值得注意的是，虽然本案涉及条约义务，个人被告事实上却被认为违反了万国法，只是美国与法国的条约取代了万国法，所以才判决支持原告。

二、20 世纪及之后的案件

（一）20 世纪 80 年代前的案件

在沉寂 100 多年后，1908 年的 *O'Reilly de Camara v. Brooke* 案②再次涉及《外国人侵权请求法》诉讼，该案处理的是当时美国驻古巴的军事长官在古巴强占一些财产权的问题。原告是西班牙人，声称根据世袭，其拥有在哈瓦那市屠宰牲畜的权利，并要求对该权利的赔偿。根据原告所诉，其不可剥夺的权利是源于哈瓦那行政司法长官办公室，而该办公室 1878 年被取消，但根据规定应该给予原告补偿。然而，原告没有获得补偿。1899 年 5 月 20 日，在美国军事占领下的古巴哈瓦那市市长发布命令，宣布 O'Reilly 家族及其被许可人对城市屠宰服务的权利终止并且不再有效，此后由市政府接手来提供服务。因此，原告向被告提出异议，遭到拒绝。之后，美国又颁布法令，规定"美国在占领古巴期间的所有行为都被批准，是有效的，而因此获得的所有合法权利都应得到维持和保护"。为此，原告提起诉讼，结果法院裁定原告失去了所有权利。原告不服，提起上诉，遭到了最高法院的驳回。代表最高法院发布意见的霍姆斯（Holmes）法官认为，在美国军事长官取消了西班牙在古巴的主权后，本案中的财产权随之消灭，所以，应驳回原告的起诉。当然，美国官员在其他情形下在外国不当地没收外国人的财产可能在《外国人侵权请求法》的范围内，然而当行政部门、国会和缔约权都批准了某行为时，其就不能被视为是"违反了万国法或者美国缔结的条

---

① 3 F. Cas. 810, 811 (D. S. C. 1795) (No. 1607).
② *O'Reilly de Camara v. Brooke*, 209 U. S. 45 (1908).

约的侵权行为"，就不应承担侵权责任。

在 1958 年的 *Pauling v. McElroy* 案中，① 居住在马歇尔岛上的外国人和美国公民对美国原子能委员会主任和国防部长提起诉讼，要求法院发布初步禁令，禁止美国在该岛进行核试验，而被告则要求法院驳回原告的起诉。法院认为，原告的请求不是侵权请求，而且国际法并没有规定私人的诉因，是否具有《外国人侵权请求法》上的诉因是值得怀疑的，原告也没有证明自己具有法律利益来提起诉讼，主体资格也不适格，从而驳回了原告的起诉。之后，原告不服，提起上诉，不过上诉被驳回，理由也是一样的。②

在 1960 年的 *Khedivial Line, S. A. E. v. Seafarers' International Union* 案中，作为船舶所有人的原告对被告提起民事诉讼，认为被告的行为导致原告不能正常装卸货物，遭受了无法恢复的损失，故根据《外国人侵权请求法》向美国纽约南区地方法院申请禁令救济，结果遭到了拒绝。为此，原告上诉至第二巡回法院。第二巡回法院指出，原告既没有证明原告所在的国家与美国签订了允许自由通行的条约，也不能证明万国法授权允许船舶自由进入别国港口，"对于外国船舶自由通过一国港口，万国法并没有强制要求该国应允许，而最多只是一种礼让"，而且考虑到正在进行的阿拉伯石油禁运，本案中没有礼让也是可以理解的。③ 因此，驳回了原告的上诉。

在 1961 年的 *Abdul-Rahman Omar Adra v. Clift* 案中，④ 原告 Abdul-Rahman Omar Adra 是黎巴嫩人，第一被告 Nesrine Adeeb（Adibe）Clift 是伊拉克人，是原告的前妻，与原告离婚后与第二被告 Virgil A. Clift 结婚。原告诉称，其与第一被告离婚后，黎巴嫩法院判决他们所生的女儿在 9 岁后归原告抚养，然而第一被告却隐瞒了女儿的黎巴嫩国籍而用伊拉克护照将女儿带到欧亚各国，最后与第二被告结婚，然后一起进入美国。之后，原告提起民事诉讼，认为被告的行为违反了万国法，要求监护自己的女儿，而被告提起反诉，要求原告支付所花费的抚养费用。法院认为，隐瞒孩子的真实国籍并不当地把姓名加在他人的护照上违反了万国法，不过，最后又以儿童最大利益（best interests of the child）原则驳回了原告的诉讼请求和被告的反诉。

在 1963 的 *Lopes v. Reederei Richard Schroeder* 案中，⑤ 原告是一名港口工

① *Pauling v. McElroy*, 164 F. Supp. 390（D. D. C. 1958）.
② *Pauling v. McElroy*, 278 F. 2d 252（D. C. Cir. Apr 12, 1960）.
③ *Khedivial Line, S. A. E. v. Seafarers' Intern. Union*, 278 F. 2d 49（2d Cir. 1960）.
④ 195 F. Supp. 857（D. Md. 1961）.
⑤ 225 F. Supp. 292（E. D. Pa. 1963）.

人，受雇于被告，认为被告存在疏忽、船舶的不适航造成了原告的人身伤害，违反了《外国人侵权请求法》，故此提起民事诉讼。宾夕法尼亚东区地方法院认为，不适航理论是美国特有的原则而不是万国法的一部分，因此船舶的不适航不是《外国人侵权请求法》意义上的侵权。法院认为，在考察"万国法"时，必须考虑到其含义判例法上的演化，关于本案的管辖权，"违反万国法"是指至少违反这些标准、规则或习惯的的一项或者一项以上："（a）影响各国之间或者个人与外国之间的相互关系，和（b）各国为了共同利益和/或在处理相互之间利益所用的这些标准、规则或者习惯。"因此，原告的请求不符合这个标准，不是违反"万国法"的侵权请求，法院不能行使联邦管辖权。该案确立的"违反万国法"的标准在 1966 的 *Valanga v. Metropolitan Life Insurance Co.* 案和 *Damaskinos v. Societa Navigacion Interamericana*, *S. A.*, *Panama* 案①等很多其他案件中得到明确遵从。

在 1966 年的 *Valanga v. Metropolitan Life Insurance Co.* 案中，② 原告是一名俄罗斯人，是被告保险公司签发的一张人寿保单上所载明的受益人，但后来被告却拒绝向原告支付该保险收益，故原告在美国法院提起民事诉讼。法院重申了在 Lopes 案中首次确立的标准，认为"违反万国法意味着违反各国在处理相互关系时所遵循的这些标准"，所以认定被告的行为并不违反《外国人侵权请求法》上的万国法。另外，法院认为，立陶宛与美国之间的关税协定也并没有授予原告起诉的权利，原告也不能通过援引与自己无关的条约来证明法院具有管辖权。因此，最终驳回了原告的起诉。

在 1966 年的 *Damaskinos v. Societa Navigacion Interamericana*, *S. A.*, *Panama* 案中，③ 原告是一名希腊海员，以工作地点不安全和船舶不适航为由对被告提起人身损害赔偿诉讼，纽约南区地方法院认为，被告在为海员提供安全的工作地点上存在疏忽、船舶在这点上的不适航，然而这并不能满足《外国人侵权请求法》上的违反万国法的要求。另外，法院认为，美国与希腊之间的条约规定给予对方国民以国民待遇和最惠国待遇，但这并不表示授予希腊国民在美国法院提起任何不存在合理基础的诉讼的权利。因此，法院驳回了原告的起诉。

在 1973 的 *Abiodun v. Martin Oil Service*, *Inc.* 案中，原告是尼日利亚公民，与被告签订了在美国作为管理人员培训的合同，而后却被通知作为服务

---

① 255 F. Supp. 919（S. D. N. Y. 1966）.

② *Valanga v. Metropolitan Life Insurance Co.*, 259 F. Supp. 324（E. D. Pa. 1966）.

③ 255 F. Supp. 919（S. D. N. Y. 1966）.

站员工而非管理人员培训，就认为被告存在欺诈行为，对被告提起民事诉讼。伊利诺伊北区地方法院同意了被告要求作出即时判决的提议，驳回了原告的起诉。原告不服，上诉至第七巡回法院。第七巡回法院认为，被告的行为不是《外国人侵权请求法》上的违反万国法的侵权行为，驳回了原告的起诉。①

在 1975 的 *IIT v. Vencap, ltd.* 案中，② 一家卢森堡投资基金对一巴哈马公司和其他被告提起民事诉讼，理由是被告存在欺诈、强占财产等不当行为。法院认为，为了与美国《宪法》第 3 条保持一致，在解释万国法时就应狭义解释，虽然禁止盗窃至少可以追溯到《八戒》（the Eight Commandment），但并没有像原告所提出的这是万国法的一部分，尽管每个文明国家无疑地将其作为法制的一部分，只有违反了影响各国之间或者个人与外国之间的相互关系、各国为了共同利益在用这些标准、规则或者习惯处理相互之间的利益时，才能认为违反了万国法。因此，法院驳回了原告的诉讼请求。

在 20 世纪 70 年代中晚期，对于儿童抚养是否在《外国人侵权请求法》的范围内，第六巡回法院和第九巡回法院对两个案情类似的案件作出了不同的判决。在 1975 年的 *Nguyen Da Yen v. Kissinger* 案中，原告代表那些失散的越南孤儿对被告提起集团诉讼，以寻求与家人的团聚。法院认为："在外国发生的违反外国人意志的非法扣押、驱逐和拘禁看上去是侵权……而且可能是违反万国法的侵权。"③ 因此，地方法院作出判决，要求被告提供资料以协助儿童监护。之后，该判决得到第九巡回法院的维持。

然而，第六巡回法院在 1978 年的 *Huynh Thi Anh v. Levi* 案中表达了相反的意见，④ 该案涉及的是一位越南祖母和叔叔提起民事诉讼，要求获得被错误地空运走的孩子的监护权，密西根东区地方法院驳回了原告的起诉，原告不服，上诉至第六巡回法院。第六巡回法院维持了一审判决，认为：

> 1789 年《司法法》的"万国法""不应解释成授予联邦法院对于外国人请求行使管辖权，当'万国法'的唯一效果是表明在联邦内各州的法律中找到可以适用的标准时"……不能证明……"在没有权衡

① *Abiodun v. Martin Oil Serv., Inc.*, 475 F. 2d 142 (7th Cir., 1973).
② *IIT v. Vencap, Ltd.*, 519 F. 2d 1001 (2d Cir. 1975).
③ *Nguyen Da Yen v. Kissinger*, 528 F. 2d 1194, 1201 n. 13 (9th Cir. 1975).
④ *Huynh Thi Anh v. Levi*, 586 F. 2d 625 (6th Cir. 1978).

儿童的期望与其他可以获得的替代方案时，在'万国法'的传统渊源中或者国际私法、普遍接受或者公认的实体规则或原则中存在将儿童监护权授予祖母而不是养母的规定。"①

同时，第六巡回法院还指出，原告援引了一系列条约，但是这些条约本身并未授予外国原告在美国联邦法院的私人诉权（private right of action）。另外，即使是适用越南法，原告也没有任何依据要求法院根据《外国人侵权请求法》来行使管辖权。

在1976年的 *Dreyfus v. Von Fink* 案中，② 原告本来是德国籍的犹太人，于1938年被迫逃离德国至瑞士，当时被告以低于市场价强迫购买原告的财产。"二战"结束后，原告要求被告支付补偿金。1948年，双方达成和解协议，不过被告一直不肯执行该协议。后来，原告又寻求了其他途径的救济，不过没有成功。1973年，原告在纽约南区地方法院提起民事诉讼，要求被告承担责任，遭到了法院的拒绝。原告不服，上诉至第二巡回法院，第二巡回法院认为，被告的行为并没有违反万国法：

"万国法主要调整国家之间而非个人之间的关系已经基本得到公认了。之所以被称为万国法或者国际法，是因为它与各国或者政治社会相关，而不一定与个人相关，尽管地球上的公民或者臣民受其很大影响。"③

第二巡回法院进一步指出，"当受损害方当事人是行为国的国民时并不存在违反万国法的情形"，在原告所诉行为发生的当时，原告是德国人，而且不能证明被告在德国政府的决策中起着任何作用，被告的行为可能是侵权性的，但是并不违反作为调整国家之间关系的万国法。因此，原告的起诉是没有根据的，最终，第二巡回法院维持了一审法院的判决，驳回了原告的起诉。

在1978年的 *Benjamins v. British European Airways* 案中，④ 原告是一名居住在加利福尼亚州的荷兰人，被告是一家国际航空承运人，被告的飞机失

① *Huynh Thi Anh v. Levi*, 586 F. 2d 625, 630 (6th Cir. 1978).
② *Dreyfus v. Van Fink*, 534 F. 2d 24 (2d Cir. 1976).
③ *Dreyfus v. Van Fink*, 534 F. 2d 24, 30-31 (2d Cir. 1976).
④ *Benjamins v. British European Airways*, 572 F. 2d 913 (2d Cir. 1978).

事，导致原告的妻子身亡、随身行李也毁损，故原告根据《外国人侵权请求法》对被告提起侵权诉讼。一审中，纽约东区地方法院认为，《华沙公约》没有为原告创立诉因，法院没有联邦管辖权，故驳回起诉。原告不服，上诉至第二巡回法院。第二巡回法院驳回了原告的请求，认为根据在 *Lopes v. Schroder* 案①中确立的标准，作为侵权的飞机失事并不在《外国人侵权请求法》的范围之内，美国联邦法院没有管辖权。

总体来看，在 1980 年之前，《外国人侵权请求法》诉讼案件不多，原告胜诉的案件更少，其中最大的障碍是对"违反万国法"的解释，因为当时对"万国法"的理解比较狭隘，尤其是联合国和国际法院成立后，美国法院更是不愿意认定基于实体国际法的请求了。② 有学者认为，《外国人侵权请求法》的制定者不希望该法这样用，而是在绝对必要的少数情形下才能发挥作用。③

（二）20 世纪 80 年代后的案件

1. 标志性的 *Filartiga v. Pena-Irala* 案④

如果按照原有逻辑继续演化，《外国人侵权请求法》应该还是偶尔会被人提及。然而，一个案例的发生使得原有的轨道改变了，即 1980 年的 *Filartiga v. Pena Irala* 案，该案是目前涉及《外国人侵权请求法》的解释的最标志性的案件，也让《外国人侵权请求法》真正走上历史前台。⑤ 该案被告 Pena Irala 是一名巴拉圭警官，原告是巴拉圭人 Joelito Filartiga 的家人，被告于 1976 年在巴拉圭对 17 岁的 Joelito Filartiga 施以酷刑并致其死亡。1978 年，Pena Irala 持旅游签证进入美国。在发现 Pena Irala 居住在纽约市后，在宪法权利中心（the Center for Constitutional Rights）的援助下，被害人的家人在美国纽约东区地方法院对 Pena Irala 提起了诉讼，Eugene H.

---

① 225 F. Supp. 292 (E. D. Pa. 1963).

② Ivan Poullaos, *The Nature of the Beast : Using the Alien Tort Claims Act to Combat International Human Rights Violations*, 80 Wash. U. L. Q. 327, 333 (2003).

③ Russell G. Donaldson, *Construction and Application of Alien Tort Statute*, *Providing for Federal Jurisdiction over Alien's Action for Tort Committed in Violation of Law of Nations or Treaty of the United States*, 116 A. L. R. Fed. 387 (2003).

④ 630 F. 2d 876 (2d Cir. 1980).

⑤ 有学者对该案的前因后果作了详细描述。See Richard Pierre Claude, *The Case of Joelito Filártiga and the Clinic of Hope*, 5 Hum. Rts. Q. 275 (1983). 该案判决作出后，曾经有专栏评论该案。See, e. g., Symposium: *Federal Jurisdiction, Human Rights and the Law of Nations: Essays on Filartiga v. Pena-Irala*, 11 GA. J. INT'L & COMP. L. 305 (1981).

Nickerson 法官认为，一国如何对待自己国民属于一国内政，美国法院无权干涉，所以以没有事项管辖权为由撤销了诉讼。判决作出后，原告不服，上诉到第二巡回上诉法院，Irving R. Kaufman 法官推翻了一审判决，并将案件发回。

第二巡回法院认为，《外国人侵权请求法》授权联邦法院对于包括酷刑在内的侵犯公认的国际法所规定的人权的诉讼进行管辖，不管原告或者被告事实上是否与美国存在联系，该法仍然适用，只要法院对被告具有属人管辖权。而且，"就民事责任而言，实施酷刑的人已经成了类似于海盗和奴隶贸易商一样的人类公敌"。第二巡回法院分析了联邦最高法院在 *Paqueta Habana* 案①和 *Erie* 案②的判决，而且确立了《外国人侵权请求法》上的万国法的四个特征：

> 第一，万国法是联邦普通法的一部分，因而由万国法引起的案件也根据美国《宪法》第 3 条所要求的美国法所产生；第二，万国法"可以通过公法学家的著作或者各国的惯例与实践或者承认与执行该法的司法判决来确定"；第三，规范要成为万国法的一部分"必须得到文明各国的公认"，而且"世界各国已经表明这种不当行为是共同的而不仅是少数的关注，而且通过明确的国际一致表明公认的不当行为成了《外国人侵权请求法》意义上的对国际法的违反"；第四，万国法应该这样来解释，"不是按其在 1789 年，而是已经演变而且在当前世界各国存在的样子来解释"。③

在接到第二巡回法院的发回判决后，纽约东区地方法院于 1984 年对案件作出了实体判决，要求被告向原告 Dolly M. E. Filartiga 支付赔偿金 5,175,000 美元、向原告 Joel 支付赔偿金 5,210,364 美元。两项赔偿金相加，被告要支付 10,385,364 美元的赔偿金。④

2. 引发争议的 *Tel-Oren v. Libyan Arab Republic* 案⑤

---

① 175 U. S. 677, 700 (1900).

② See *Erie R. R. v. Tompkins*, 304 U. S. 64 (1938).

③ 630 F. 2d 876 (2d Cir. 1980). 这一点，法院吸取了美国政府的意见。See *Memorandum for the United States as Amicus Curiae*, *Filártiga v. Peña-Irala*, 630 F. 2d 876 (2d Cir. 1980) (No. 79-6090), 1980 WL 340146.

④ *Filartiga v. Pena-Irala*, 577 F. Supp. 860 (E. D. N. Y. 1984).

⑤ *Tel-Oren v. Libyan Arab Republic*, 726 F. 2d 774, 776 (D. C. Cir. 1984).

在 1984 年哥伦比亚特区巡回上诉法院处理的 *Tel-Oren v. Libyan Arab Republic* 案中，涉及的是巴以冲突中的恐怖主义行为的民事救济。为了要挟以色列释放关押在以色列的巴勒斯坦解放组织成员，巴勒斯坦解放组织从黎巴嫩出发，在从巴勒斯坦的海法市（Haifa）到以色列的特拉维夫（Tel Aviv）的交通要道上劫持了 2 辆公共汽车、1 辆出租车和 1 辆民用轿车，在此过程中，巴勒斯坦解放组织成员杀害、折磨人质，致使 63 名成人和 14 名儿童人质受到严重伤害，并造成了 22 名成人和 12 名儿童的死亡。为此，原告代表受害人对巴勒斯坦解放组织、利比亚阿拉伯共和国、巴勒斯坦情报局（Palestine Information Office）、美国阿拉伯全国协会（the National Association of Arab Americans）和巴勒斯坦北美大会（the Palestine Congress of North America）提起诉讼，地方法院以没有事项管辖权及诉讼时效消灭为由撤销了诉讼。上诉法院维持了地方法院的裁决，但 Edwards、Bork、和 Robb 法官附加了独立的并存意见（concurring opinions）。也就是说，除了在判决结果上存在共识，法官在判决理由上分歧很大。①

Bork 法官的意见依据如下三点：第一，条约并没有为原告提供诉因；第二，适用于条约的理由推演至国际习惯法，类似的也没有提供诉因；第三，除了条约和习惯，万国法几乎不存在提供了诉因的例外，因为随着边沁对国际法中的公、私概念的严格区分，几乎所有的国际法规则面向的是国家而不是个人。②

与 Bork 法官的意见相反，Edwards 法官认为，*Filartiga* 案中所确立的原则是正确的，但认为国际法并没有要求非国家行动者承担酷刑责任，③ 因为巴勒斯坦解放组织不是一个国家，其成员不能以国家法律的名义行为。

与前两位法官不同，Robb 法官的意见并没有详细讨论《外国人侵权请求法》，而仅依靠"政治问题"理论以法院对 *Tel-Oren* 案缺乏事项管辖权为

---

① 详细地分析，see Anthony D'Amato, *What Does Tel-Oren Tell Lawyers? Judge Bork's Concept of the Law of Nations is Seriously Mistaken*, 79 Am. J. Int'l L. 92 (1985). See also Ralph G. Steinhardt & Anthony D'Amato（eds.），*The Alien Tort Claims Act: An Analytical Anthology*, Transnational Publishers, 1999, pp. 105-118.

② 有人对 Bork 法官的意见深表赞同。See Virginia A. Melvin, *Tel-Oren v. Libyan Arab Republic: Redefining the Alien Tort Claims Act*, 70 Minn. L. Rev. 211 (1985).

③ *Tel-Oren v. Libyan Arab Republic*, 726 F. 2d 774, 779（D. C. Cir. 1984）（Edwards, J., concurring）.

由而撤销诉讼。①

3. 其他案件

在 1983 年的 *Zapata v. Quinn* 案中，② 原告 Zapata 在纽约游玩时，中了 273,178 美元的彩票。根据纽约州的相关规定，超过 25 万美元的奖项只一次性支付 5 万美元的现金，余额分 10 年支付。对此，原告根据《外国人侵权请求法》和《美国法典》第 1983 条提起诉讼，认为纽约州的做法是未经正当程序剥夺其财产。纽约南区地方法院驳回了原告的起诉，认为法院没有《外国人侵权请求法》上的管辖权，因为该法仅仅适用于像酷刑这样严重违反普遍公认的国际法原则的行为，而原告提出的请求并没有满足这个要求。原告不服，上诉至第二巡回法院，而第二巡回法院以同样的理由维持了一审判决，驳回了原告的起诉，认为原告的起诉是毫无道理的。

在 1985 年的 *Sanchez-Espinoza v. Reagan* 案中，③ 原告是一些国会议员、尼加拉瓜公民、福罗里达州居民，根据《外国人侵权请求法》对美国总统里根及其他联邦官员提起诉讼，声称原告及其所代表的人的人权受到尼加拉瓜反对派的侵害，而美国却支持这些反对派，要求被告支付损害赔偿金。美国哥伦比亚特区地方法院撤销了案件，主要依据就是美国联邦最高法院在 *Baker v. Carr* 案④中确立的政治问题理论。哥伦比亚特区上诉法院维持了一审判决，不过主要是从事项管辖权的角度来论述《外国人侵权请求法》上的管辖权。代表法院撰写判决书的 Scalia 法官指出：

> "当所涉的活动是由私人所实施时，我们知道没有条约认定其为非法。至于万国法——源于'文明各国习惯和惯常做法'的所谓的'国际习惯法'，我们认为，这也不能根据 Edwards 法官在 *Tel-Oren v. Libyan Arab Republic* 案中的理由来认定这种私人的、非国家的行为为非法。"⑤

最终，上诉法院认为法院没有管辖权，维持了一审判决，驳回了原告的起诉。

---

① *Tel-Oren v. Libyan Arab Republic*, 726 F. 2d 774, 823 (D. C. Cir. 1984) (Robb, J., concurring).

② *Zapata v. Quinn*, 707 F. 2d 691 (2d Cir. 1983).

③ *Sanchez-Espinoza v. Reagan*, 770 F. 2d 202 (D. C. Cir. 1985).

④ 369 U. S. 186, 217 (1962).

⑤ *Sanchez-Espinoza v. Reagan*, 770 F. 2d 202, 206-207 (D. C. Cir. 1985).

在 1987 年的 *Forti v. Suarez-Mason* 案中,① 原告是居住在美国的阿根廷公民,被告是阿根廷的前将军,原告认为被告控制下的警察和军队实施了包括酷刑、谋杀在内的不法行为,要求被告承担损害赔偿责任。加利福尼亚北区地方法院认为,《外国人侵权请求法》不但规定了管辖权,而且通过承认国际侵权而规定了联邦诉因;根据《外国人侵权请求法》,被告实施酷刑行为,要承担法律责任。至于被告提出的国家行为理论等抗辩,没有得到法院的支持。

在 1989 年的 *Argentine Republic v. Amerada Hess Shipping Corp.* 案中,② 原告的船舶在英阿马岛战争中被阿根廷战机攻击,遭受了巨大损失,但是在阿根廷却得不到任何救济,所以就在纽约南区地方法院起诉阿根廷政府。地方法院认为,根据《外国主权豁免法》,法院没有事项管辖权,驳回了原告的起诉。原告不服,上诉至第二巡回法院。第二巡回法院认为,虽然《外国主权豁免法》并没有授予地方法院以管辖权,但是《外国人侵权请求法》却授予了。判决作出后,阿根廷政府不服,要求最高法院发布调卷令,重新审理此案。最高法院发布了调卷令,认为《外国主权豁免法》是美国联邦法院对外国政府行使管辖权的唯一依据,不存在任何例外,《外国人侵权请求法》也不是《外国主权豁免法》上的例外,联邦法院没有管辖权,推翻了第二巡回法院的判决,驳回了原告的起诉。

在 1992 年的 *In re Estate of Ferdinand E. Marcos Human Rights Litigation*(*Marcos I*)案中,菲律宾公民 Agapita Trajano 对菲律宾前总统马科斯的女儿 Imee Marcos-Manotoc 提起民事诉讼,认为被告对其儿子实施了酷刑,导致其儿子身亡。由于被告没有出庭,美国夏威夷区地方法院作出了缺席判决,认为根据《外国人侵权请求法》,被告的行为违反了万国法,法院具有管辖权。判决作出后,被告不服,上诉至第九巡回法院。第九巡回法院认为,地方法院具有管辖权,被告应承担责任,所以驳回了上诉,维持了一审判决。③

在 1993 的 *Paul v. Avril* 案中,④ 原告是 6 名海地人,居住在佛罗里达

---

① *Forti v. Suarez-Mason*, 672 F. Supp. 1531 (N. D. Cal. 1987). Reconsideration Granted in Part by *Forti v. Suarez-Mason*, 694 F. Supp. 707 (N. D. Cal. Jul 06, 1988).

② *Argentine Republic v. Amerada Hess Shipping Corp.*, 488 U. S. 428 (1989).

③ *In re Estate of Ferdinand E. Marcos Human Rights Litigation* (*Marcos I*), 978 F. 2d 493, 502 (9th Cir. 1992), cert. denied, 508 U. S. 972, 113 S. Ct. 2960, 125 L. Ed. 2d 661 (1993).

④ *Paul v. Avril*, 812 F. Supp. 207, 211 (S. D. Fla. 1993).

州，被告 Avril 是海地前军队领导人。原告对被告提起诉讼，认为被告实施了酷刑等违反国际习惯法的行为，要求被告承担民事责任。佛罗里达南区地方法院认为，《外国人侵权请求法》规定了地方法院对外国人提起的违反万国法或者美国缔结的条约的任何民事诉讼具有初始管辖权，所以对被告进行管辖是合法的。最终，法院判决被告要对酷刑承担责任，向遭受酷刑的原告支付损害赔偿金。

在 1995 年的 *Xuncax v. Gramajo* 案中，原告是 9 名流亡的危地马拉人和 1 名美国人，以酷刑、非法监禁等为由对危地马拉前国防部长提起诉讼，要求法院判决被告承担损害赔偿责任，被告没有出庭。马赛诸塞区地方法院遵循了首先在 *Lopes* 案提出之后又在 *Filartiga* 案确立的标准，认为：

> "世界各国已经表明，这种不当行为是共同的而不仅是少数的关注，而且通过明确的国际共识表明，公认的不当行为成了《外国人侵权请求法》意义上的对国际法的违反。"①

最终，法院判决认为，根据《外国人侵权请求法》、《酷刑受害人保护法》和《外国主权豁免法》等的规定，法院具有管辖权，而且可以根据《外国人侵权请求法》对被告作出补偿性和惩罚性赔偿。

在 1995 年的 *Kadic v. Karadzic* 案中，② 原告是波黑的波斯尼亚和克罗地亚公民，被告是自封的波黑共和国总统卡拉季奇（Radovan Karadzic）。原告声称，被告指挥下的军事和准军事组织实施了种族灭绝、强奸、强迫卖淫和怀孕、酷刑和其他残忍或不人道或有辱人格的待遇、人身攻击和殴打、性别与种族歧视、草率处决和非法致死等行为，而原告正是其中的受害人及代表，被告的这些行为违反了国际法。纽约南区地方法院认为，"非国家行动者所为的行为并没有违反国际法"，③ 而被告卡拉季奇不是国家行动者，而且波黑塞尔维亚共和国是一个没有得到承认的国家，很像 *Tel-Oren* 案中的巴勒斯坦解放组织。所以法院认定自己没有管辖权，驳回了原告的起诉。对此，原告不服，上诉至第二巡回法院。同时，一些人权组织也纷纷发表意见，甚至向第二巡回法院提交法庭之友意见，希望第二巡回法院撤销地方法院的判决，美国政府也提出了相同的主张。经过审理之后，第二巡回法院撤

---

① *Xuncax v. Gramajo*, 886 F. Supp. 162, 180 (D. Mass. 1995).

② *Kadic v. Karadzic*, 70 F. 3d 232, 237 (2d Cir. 1995).

③ *Doe v. Karadzic*, 866 F. Supp. 734, 739 (S. D. N. Y. 1994).

销了地方法院的判决，否定了地方法院提出的国际法仅适用于国家而不适用
于个人的论断，认为个人也应承担国际法上的义务，国际法禁止个人实施种
族灭绝和战争罪。具体到本案，第二巡回法院认为，"一些在国家支持下或
者仅作为个人实施的行为违反了国际法"，所以《外国人侵权请求法》允许
对非国家行动者提出请求。至于被告所提出的美国与联合国之间缔结的总部
协定规定，只有经过秘书长的同意，才能在联合国总部所在的区内进行送
达，第二巡回法院认为，对于被告的送达并不是在总部协定之内，所以联邦
法院可以行使管辖权。对于被告提出的"政治问题理论"应适用于涉及侵
犯人权的案件以及不可裁判的问题应留给政府的政治部门的要求，第二巡回
法院法院并不赞同。援引了在 *Baker v. Carr* 案中确立的政治问题理论的解
释，第二巡回法院警告说，"不是'涉及对外关系'的案件都是不可裁判
的"。① 事实上，虽然涉及"政治问题"以及外交政策事项，但第二巡回法
院在本案中行使了管辖权，因为美国的行政部门、司法部副部长和国务院法
律顾问明确声明，该诉讼并没有提出任何不可裁判的政治问题，相反还支持
诉讼的继续进行。② 在本案中，法院首次认为《外国人侵权请求法》适用
于私人的违反国际法的行为，对于此后的跨国公司为代表的私人的人权责任
产生了极大的影响，是 20 世纪末的标志性案件。③ 当然，对第二巡回法院
将占领一定地域的军事组织视为事实上的国家、认定原告的部分请求中不需
要国家行为要求的意见，也有学者提出了批评。④

在 1996 年的 *Mushikiwabo v. Barayagwiza* 案中，⑤ 原告是卢旺达大屠杀
中的幸存者，根据《外国人侵权请求法》等对被告提起民事诉讼。纽约南
区地方法院认为，虽然被告巴瑞亚瓦茨（Barayagwiza）⑥ 本身并非政府官
员，但作为卢旺达胡图族的"保卫共和国联盟"（Coalition pour la Defense de
la Republique，简称 CDR）的领导，与卢旺达政府军一起实施了大屠杀。另

---

① *Kadic v. Karadzic*, 70 F. 3d 232, 237（2d Cir. 1995）.

② *Kadic v. Karadzic*, 70 F. 3d 232, 250（2d Cir. 1995）.

③ See William J. Aceves, *Affirming the Law of Nations in U. S. Courts: the Karadzic Litigation and the Yugoslav Conflict*, 14 Berkeley J. Int'l L. 137, 166-168（1996）.

④ Peter Schuyler Black, *Kadic v. Karadzic: Misinterpreting the Alien Tort Claims Act*, 31 Ga. L. Rev. 281（1996）.

⑤ *Mushikiwabo v. Barayagwiza*, Not Reported in F. Supp., 1996 WL 164496（S. D. N. Y., 1996）.

⑥ 后来，巴瑞亚瓦茨被卢旺达问题国际刑事法庭判处监禁，详细资料参见 http://www.ictr.org/ENGLISH/cases/Barayagwiza/index.htm（last visited June 29, 2008）.

外，被告也是千山自由广播电台的拥有人和董事会成员，该电台宣传对图西族人的仇恨，鼓励对图西族人实施暴力。援引了 *Kadic v. Karadzic* 案，法院认为自己毫无疑问地具有管辖权，而且被告应对原告的损害承担责任。最终，要求被告分别向 5 名原告给予赔偿，即原告 Louise Mushikiwabo 获得 35,204,577 美元赔偿、Louis Rutare 获得 10,736,227 美元赔偿、Rangira Beatrice Gallimore 获得 16,746,291 美元赔偿、Julie Mukandinda Mugemanshuro 获得 20,215,869 美元赔偿、Faustin Semuhungu 获得 22,364,970 美元赔偿。

在 1996 年的 *Abebe-Jira v. Negewo* 案中，原告是曾经在埃塞尔比亚监狱服刑的囚犯，认为被告实施了违反《外国人侵权请求法》的酷刑和其他行为，要求被告承担责任。佐治亚北区地方法院判决可以行使管辖权，要求被告向被告支付赔偿金，被告不服，上诉至第十一巡回法院，遭到了驳回。第十一巡回法院认为，《外国人侵权请求法》允许行使管辖权，也规定了诉因和私人诉权，政治问题理论不能阻止《外国人侵权请求法》上的请求，因为处理对于前囚犯的酷刑行为并不等于不可裁判的政治问题，"假定涉及对外关系的每个案件或者争议不在司法审理范围内是错误的"。①

在 1996 年的 *Cabiri v. Assasie-Gyimah* 案中，② 原告是加纳的商人，被告是加纳的安全官员，原告认为被告实施的酷刑行为违反了《外国人侵权请求法》和《酷刑受害人保护法》，要求被告承担责任，而被告则要求纽约南区地方法院驳回起诉。最终，法院认为，被告的行为违反了国际法，法院具有管辖权，拒绝了被告的要求。

在 1996 年的 *Hilao v. Estate of Marcos* 案中，③ 菲律宾公民对前总统马科斯提起集团诉讼，要求损害赔偿金。在诉讼过程中，被告死亡，其遗产作为人格代表者继续参与诉讼。美国夏威夷区地方法院认为，法院具有管辖权，被告应向原告支付总额近 20 亿美元的赔偿金。被告不服，提起上诉，第九巡回法院维持了一审判决。

在 1999 年的 *Beanal v. Freeport-McMoran, Inc.* 案中，④ 原告是印度尼西亚人，被告是一家在印度尼西亚从事采矿业务的公司，原告以被告实施了文化灭绝、破坏环境等违反国际法的行为为由提起诉讼。路易斯安那东区地方

---

① *Abebe-Jira v. Negewo*, 72 F. 3d 844 (11th Cir. 1996).
② *Cabiri v. Assasie-Gyimah*, 921 F. Supp. 1189 (S. D. N. Y. 1996).
③ *Hilao v. Estate of Marcos*, 103 F. 3d 767 (9th Cir. 1996).
④ *Beanal v. Freeport-McMoran, Inc.*, 197 F. 3d 161, 167 (5th Cir. 1999).

法院同意了被告提出的撤销诉讼的要求。原告不服,上诉至第五巡回法院。第五巡回法院驳回了上诉,维持了原判。第五巡回法院认为,原告没有根据《外国人侵权请求法》和《酷刑受害人保护法》充分地主张违反国际人权和种族灭绝的行为;国际条约和协定中没有明确指出环境标准,这不足以构成《外国人侵权请求法》上的国际环境法请求。

（三）2000 年后的案件

在 2000 年的 *Wiwa v. Royal Dutch Petroleum Co.* 案中,① 原告是尼日利亚人,根据《外国人侵权请求法》和其他法律,起诉一家荷兰公司和一家英国公司,声称这被告参与针对自己的侵犯人权的行为,以报复自己反对被告在尼日利亚开采石油。被告要求撤销案件,驳回原告的起诉。纽约南区地方法院认定,虽然存在对人管辖权,但基于不方便法院原则认为英国是充分替代法院,撤销了案件。原被告都不服,分别提起上诉。第二巡回法院认为,地方法院对不方便法院原则的考虑有问题,推翻了一审判决,要求地方法院重新审理。

在 2001 年的 *Mendonca v. Tidewater, Inc.* 案中,② 原告以被告存在种族歧视为由提起民事诉讼,认为被告的行为违反了《外国人侵权请求法》。路易斯安那东区地方法院认为,《外国人侵权请求法》"仅适用于极端违反普遍公认的国际法原则的行为",而原告所诉的行为不是,所以驳回了原告根据《外国人侵权请求法》提出的请求。

在 2002 年的 *Tachiona v. Mugabe* 案中,③ 原告是津巴布韦公民,被告是津巴布韦执政党党魁和总统穆加贝,原告声称津巴布韦执政党违反国际法规范,对反对党成员施以酷刑以及谋杀,要求地方法院根据《外国人侵权请求法》对其请求行使事项管辖权。纽约南区地方法院认为,一些非法行为如果违反了公认的规范、违反了国际法,根据《外国人侵权请求法》,就产生了诉权,法院也因此可以行使联邦管辖权来审理相关的诉讼。不过,该案最后以豁免为由撤销了诉讼。

在 2003 年的 *Flores v. Southern Peru Copper Corp.* 案中,④ 也是涉及跨国公司侵犯人权的行为,原告是秘鲁公民,被告是一家美国矿业公司,原告认为被告的排污行为污染了当地的环境,引发了大量的癌症,所以根据《外

---

① *Wiwa v. Royal Dutch Petroleum Co.*, 226 F. 3d 88 (2d Cir. 2000).
② *Mendonca v. Tidewater, Inc.*, 159 F. Supp. 2d 299, 302 (E. D. La. 2001).
③ *Tachiona v. Mugabe*, 234 F. Supp. 2d 401, 410 (S. D. N. Y. 2002).
④ *Flores v. S. Peru Copper Corp.*, 343 F. 3d 140, 152-154 (2d Cir. 2003).

国人侵权请求法》提起诉讼,要求被告承担民事责任。纽约南区地方法院以没有管辖权为由驳回了原告的起诉,原告不服,上诉至第二巡回法院。第二巡回法院认为,虽然《外国人侵权请求法》允许外国人对于违反美国的条约和万国法的侵权行为主张诉因,但是本案中原告提出的生命权和健康权不足以构成《外国人侵权请求法》上的事项管辖权,毕竟相关的国际法规范并没有足以明确地具有约束力,而且禁止污染的规则并没有成为国际习惯法。因此,第二巡回法院维持了一审判决,驳回了原告的起诉。

1997 年至 2004 年进行的 *Doe v. Unocal Corp.* 案,① 加剧了对《外国人侵权请求法》诉讼的激烈反对与争议。② 在此之前,虽然《外国人侵权请求法》诉讼在学术界争议很大,但在整个 20 世纪 90 年代并没有引起行政部门或者立法部门的认真注意,③ 因为基本上是外国人对外国被告提起诉讼,④ 而 Unocal 案是第一次全面、综合性地涉及跨国公司在《外国人侵权请求法》上的责任,商业团体的卷入,让本已聚讼纷纭的《外国人侵权请求法》陷入更多的口水仗。

在 Unocal 案中,原告是缅甸公民,声称被告 Unocal 公司在缅甸建设 Yadana 管道期间有侵犯人权的暴行。1997 年,美国加利福尼亚中区地方法院主张对该案行使管辖权,但是以没有存在实质性的证据证明存在强迫劳动、谋杀和强奸为由而支持了被告 Unocal。⑤ 2002 年,第九巡回上诉法院

---

① 963 F. Supp. 880 (C. D. Cal. 1997), aff'd in part and rev'd in part, 395 F. 3d 932 (9th Cir. 2002), vacated, reh'g granted en banc, 395 F. 3d 978 (9th Cir. 2003) . 2004 年, 当事人和解了。See Marc Lifsher, *Unocal Settles Human Rights Lawsuit over Alleged Abuses at Myanmar Pipeline*, Los Angeles Times, March 22, 2005, available at http://www.globalpolicy.org/intljustice/atca/2005/0322unocalsettle.htm (last visited August 19, 2008).

② See Kenny Bruno, *De-Globalizing Justice: The Corporate Campaign to Strip Foreign Victims of Corporate-Induced Human Rights Violations of the Right to Sue in U. S. Courts*, Multinational Monitor (March 2003), available at http://www.globalpolicy.org/socecon/tncs/2003/03justice.htm (last visited August 19, 2008).

③ See Julian G. Ku, *The Third Wave: The Alien Tort Statute and the War on Terrorism*, 19 Emory Int'l L. Rev. 105, 108 (2005). See generally Anthony D'Amato, *What Does Tel-Oren Tell Lawyers? Judge Bork's Concept of the Law of Nations is Seriously Mistaken*, 79 Am. J. Int'l. L. 92 (1985).

④ See Beth Stevens, *Sosa v. Alvarez-Machain "The Door is Still Ajar" For Human Rights Litigation in U. S. Courts*, 70 Brooklyn L. Rev. 533, 537 (2004).

⑤ 963 F. Supp. 880, 891 (C. D. Cal. 1997).

审查了地方法院作出的倾向于 Unocal 的判决。① 三名法官组成的审判庭认定，有充分的证据支持原告要求 Unocal 承担责任的主张，接受了原告的观点，即 Unocal 帮助并教唆了缅甸政府和军方实施的谋杀、强奸和强迫劳动。② 遵从 Kadic v. Karadzic 案，认定国家行为要求并不适用于那些严重侵犯人权的行为，包括原告所主张的本案被告实施的那些行为，认为"强迫劳动受到如此广泛的谴责以至于构成了违反强行法"。因此，法院具有管辖权。

关于帮助和教唆的责任，巡回法院审判庭不同意地方法院的意见。地方法院认为，为了让被告根据《外国人侵权请求法》承担责任，原告必须证明被告直接参与缅甸军队所实施的侵犯人权的行为。相反，巡回法院审判庭认为，《外国人侵权请求法》上的帮助与教唆责任的合理标准是"对犯罪具有实质影响的实际协助或者鼓励"。根据国际习惯法理论，认定公司对于侵犯人权的行为承担责任，法院的判决扩大了《外国人侵权请求法》的范围，而且为未来对私人公司的诉讼提供了基础。③

Unocal 案的判决在法律上要求跨国公司为其海外行为负责，④ 意义重大，因为它表明根据《外国人侵权请求法》，不止是个人，跨国公司也可能要对其海外的行为承担责任。可惜的是第九巡回法院三名法官组成的审判庭作出的判决被第九巡回法院全体法官组成的审判庭终止了，而且由于后来当

---

① See *Doe v. Unocal Corp.*, 110 F. Supp. 2d 1294, 1305-1310（C. D. Cal. 2000）.

② See *Doe v. Unocal Corp.*, 395 F. 3d 932, 952（9th Cir. 2002）.

③ See e. g. *Aguinda v. Texaco, Inc.*, 303 F. 3d 470（2d Cir. 2002）; *Presbyterian Church of Sudan v. Talisman Energy, Inc.*, 244 F. Supp. 2d 289（S. D. N. Y. 2003）; *Sinaltrainal v. Coca-Cola Co.*, 256 F. Supp. 2d 1345（S. D. Fla. 2003）; *Estate of Rodriquez v. Drummond Co.*, 256 F. Supp. 2d 1250（N. D. Ala. 2003）; *Mujica v. Occidental Petroleum Corp.*, 381 F. Supp. 2d 1164（C. D. Cal. 2005）; *Doe v. Exxon Mobil Corp*, 393 F. Supp. 2d 20（D. D. C. 2005）. See also International Chamber of Commerce, *Extra-territorial Application of National Laws*, available at http: //www. iccwbo. org/id506/index. html（last visited August 19, 2008）.

④ See Beth Stevens, *Sosa v. Alvarez-Machain "The Door is Still Ajar" For Human Rights Litigation in U. S. Courts*, 70 Brooklyn L. Rev. 533, 537（2004）; see also Joshua Kurlantzick, *Taking Multinationals to Court: How the Alien Tort Act Promotes Human Rights*, 21 World Pol. J. 1（2004）, available at http: // www. worldpolicy. org/journal/articles/wpj04-1/ kurlantzick. htm（last visited August 19, 2008）; Jonathan Birchall, *The Questions over Aiding and Abetting: Alien Tort Statute, An Oil Company's Fight with the Human Rights Lobby Tests an 18th Century Law*, http: // www. globalpolicy. org/intljustice/atca/2004/0802alien. htm（last visited August 19, 2008）.

事人和解了，2005 年 4 月 13 日，第九巡回法院发布命令，同意当事人提出的撤销原告请求的动议，① 所以由该三名法官组成的审判庭作出的判决不能作为先例被引用。尽管如此，人们更加重视跨国公司的人权责任问题，正如有学者所指出的，跨国公司应尊重普遍的商业道德，保护并促进人权，而非压制、妨碍人权。②

关于《外国人侵权请求法》级别最高的判决是 Sosa 案，该案已由美国联邦最高法院在 2004 年作出判决。③ 该案比较起因是一名美国麻醉品管制局（Drug Enforcement Administration）员工在墨西哥被杀，美国麻醉品管制局认为墨西哥国民 Alvarez-Machain（即本案原告）具有重大嫌疑，就雇佣墨西哥国民 Sosa 将 Alvarez-Machain 从墨西哥绑架到美国，并开始刑事追诉程序。后来，法院判决 Alvarez-Machain 无罪释放，为此 Alvarez-Machain 根据《联邦侵权请求法》(Federal Tort Claims Act，简称 FTCA) 对美国的非法逮捕提起诉讼，④ 并根据《外国人侵权请求法》对 Sosa 提起违反万国法的诉讼。

原告认为，根据《世界人权宣言》和《公民权利和政治权利国际公约》的规定，"任意拘禁"违反了"万国法"，但法院认为这种请求是没意义的。法院认为，《世界人权宣言》没有苛以国际法上的义务；至于《公民权利和政治权利国际公约》，美国是将其作为非自动执行条约而批准的，没有为美国法院创设可以执行的义务。此外，原告援引 Paquete Habana 案，⑤ 希望通过证明侵权行为是"文明各国的习惯和惯例"所普遍禁止的来确认"万国法"。为了表明"任意拘禁"取得了具有约束力的国际习惯法的地位，原告辩称《公民权利和政治权利国际公约》明确禁止非法逮捕和拘禁，并进一

---

① 403 F. 3d 708 (2005).

② Edward J. Schoen, Joseph S. Falchek & Margaret M. Hogan, *The Alien Tort Claims Act of 1789: Globalization of Business Requires Globalization of Law and Ethics*, 62 Journal of Business Ethics 41 (2005).

③ *Sosa v. Alvarez-Machain*, 541 U. S. 930, 124 S. Ct. 1627, 158 L. Ed. 2d 263, 72 USLW 3597 (U. S. Mar 19, 2004) (NO. 03-339). See generally, D'Amore, *Sosa v. Alvarez-Machain and the Alien Tort Statute: How Wide Has the Door to Human Rights Litigation Been Left Open?*, 39 Akron L. Rev. 593 (2006); Igor Fuks, *Sosa v. Alvarez-Machain and the Future of ATCA Litigation: Examining Bonded Labor Claims and Corporate Responsibility*, 106 Colum. L. Rev. 112 (2006); David Caron & Brad Roth, *International Decision: Scope of Alien Tort Statute-Arbitrary Arrest and Detention as Violations of Custom*, 98 Am. J. Int'l. L. 798 (2004).

④ *U. S. v. Alvarez-Machain*, 541 U. S. 930, 124 S. Ct. 1627, 158 L. Ed. 2d 263, 72 USLW 3597 (U. S. Mar 19, 2004) (NO. 03-485).

⑤ *The Paquete Habana*, 175 U. S. 677 (1900).

步提交了证据，即一篇学术论文，该文调查了各国宪法，并且简要提到了任意拘禁的国际法院的案例。法院认为，不管原告对于《公民权利和政治权利国际公约》的解读是否正确，实际上是不存在任何权威论述能支持将这样宽泛的规则认定为具有约束力的国际习惯法，而且将一个非法拘禁不到一天的行为认定为违反"万国法"，后果就是打开了无尽的恼人诉讼（endless and frivolous litigation）的水闸。

总而言之，对于原告提出的主张，即禁止任意逮捕已经获得了有约束力的国际习惯法的地位，联邦最高法院毫不犹豫地予以否定。法院认为，万一批准了原告的请求，则是危险的，这将为对任何违反第四修正案的抓捕的外国人创造了诉因，而且对官员越权的逮捕创设了联邦诉讼。① 虽然这个裁决并没有推翻 *Filartiga* 案，但联邦最高法院在解释《外国人侵权请求法》语境下的万国法时非常谨慎。根据法院的意见，"对于违反内容不确定、不为文明世界各国接受的《外国人侵权请求法》制定时所熟悉的 18 世纪范式的国际法规范，联邦法院不应承认联邦普通法下的请求"。法院警告说，在大多数情形下，创设私权诉讼的决定留给立法来判断会更好。

美国联邦最高法院的观点看起来是有点矛盾的，一方面，法院认为《外国人侵权请求法》是一部管辖权性质的立法，并没有创设诉因，另一方面又认为《外国人侵权请求法》授予联邦法院管辖权，使联邦法院能审理违反万国法的实体请求。所以，根据法院的意见，这并没有导致《外国人侵权请求法》死产，因为：

> "基于普通法将会为当时违反万国法而承担个人责任的行为（侵犯安全通行权、侵犯大使的权利和海盗）提供诉因的理解，从历史和实践中可以合理推断《外国人侵权请求法》自其通过起就具有实际效力。"②

在案件审理过程中，美国行政部门和一些跨国公司提交了法庭之友意见，希望法院限制解释《外国人侵权请求法》，③ 联邦最高法院也强调了在

---

① *Sosa v. Alvarez-Machain*, 124 S. Ct. 2734, 2768（2004）.

② *Sosa v. Alvarez-Machain*, 124 S. Ct. 2734, 2743-2744（2004）.

③ Richard Hermar & Martyn Day, *Helping Bush Bushwhack Justice*, The Guardian, Apr. 4, 2004, available at http://www.guardian.co.uk/world/2004/apr/27/usa.humanrights（last visited May 13, 2008）.

承认违反国际法的诉因时会对美国外交关系产生潜在影响，要求法院"特别谨慎以免侵犯了立法机关和行政机关在处理外交事务时的自由裁量权"。最终，法院并没有发现"国会要求挑出并界定新的有争议的违反万国法的情形，而且国会对于司法部门在此问题上的角色的理解并没有鼓励更多的司法活动"。

针对《外国人侵权请求法》在联邦法院的适用问题，Scalia 法官在其并存意见中批评了多数法官的意见，① 表示不赞同多数法官对国际习惯法在联邦认可的理解，认为法院应保持克制和谨慎，因为司法机关并没有创设违反国际习惯法的私人联邦诉因（private federal causes of action）。回顾之前涉及《外国人侵权请求法》的判例，Scalia 法官预计联邦法院必然会与政治部门之间产生直接的冲突，并表达了对《外国人侵权请求法》诉讼会威胁民主原则、侵犯国会和外交关系的关切。

总体上看，Sosa 案的判决仍然支持将《外国人侵权请求法》作为重要的司法工具，以方便受害人起诉在国外实施侵犯人权行为的公共行动者和私人行动者。② 然而，美国联邦最高法院对于利用《外国人侵权请求法》施加了一些限制，防止《外国人侵权请求法》请求的膨胀。

有学者认为，虽然 Sosa 案的影响并不明显，《外国人侵权请求法》诉讼仍然是支持国际人权的重要工具，人权诉讼的大门依然是半开着的（ajar），③ 而且短期内看似不会被取代。当然，也有学者认为虽然大门依然是半开着的，但是由于限制过多，实际上没有留下任何东西。④

从《外国人侵权请求法》诉讼支持者和反对者均赞同 Sosa 案的判决来

---

① 542 U. S. 692, 739-751 （2004）（Scalia, J., concurring）.

② See David Caron & Brad Roth, *International Decision: Scope of Alien Tort Statute - Arbitrary Arrest and Detention as Violations of Custom*, 98 Am. J. Int'l. L. 798, 803 （2004）.

③ See, e. g., Harold Hongju Koh, *The Ninth Annual John W. Hager Lecture, The 2004 Term: The Supreme Court Meets International Law*, 12 Tulsa J. Comp. & Int'l L. 1 （2004）; Beth Stephens, *Sosa v. Alvarez-Machain: "The Door is Still Ajar" for Human Rights Litigation in U. S. Courts*, 70 Brooklyn L. Rev. 533 （2004）.

④ See, e. g., Ehren J. Brav, *Opening the Courtroom Doors to Non-Citizens: Cautiously Affirming Filartiga for the Alien Tort Statute*, 46 Harv. Int'l L. J. 265 （2005）; Benjamin Berkowitz, *Sosa v. Alvarez-Machain: United States Courts as Forums for Human Rights Cases and the New Incorporation Debate*, 40 Harv. C. R. -C. L. L. Rev. 289 （2005）; Eugene Kontorovich, *Implementing Sosa v. Alvarez-Machain: What Piracy Reveals About the Limits of the Alien Tort Statute*, 80 Notre Dame L. Rev. 111 （2004）.

看，其多数意见观点的模糊和折中方法是很明显的。① 因此，有学者认为，*Sosa* 案的裁决是非常令人失望的，因为它没有为未来审理《外国人侵权请求法》诉讼提供明确和简练的框架。②

实际上，*Sosa* 案之后，《外国人侵权请求法》诉讼仍然在继续进行，甚至在公司责任等方面还有所发展。③ 也许，正如有学者所指出的，虽然最高法院在 *Sosa* 案中要求司法限制（judicial restraint），但是其实际认定以及所采用的测试标准则预示着对在联邦法院中适用国际习惯法和联邦普通法的更少限制。④

（四）简评

总之，在迄今为止所裁决的《外国人侵权请求法》诉讼中，⑤ 结合《美国对外关系法（第三次）重述》的规定，⑥ 美国法院认定如下行为违反了万国法：（1）非法扣押船舶并将其作为捕获品处置；（2）扣押交战国船舶上的中立财产；（3）隐瞒孩子的真实国籍并不当地将其放入另一人的护照上；（4）严重侵犯人权，例如草率处决（summary execution）、失踪（disappearance）、酷刑（torture）、残忍或不人道或有辱人格的待遇（cruel, inhuman, or degrading treatment）、延长的任意拘禁（prolonged arbitrary detention）、种族灭绝（genocide）、战争罪（war crimes）以及强迫劳动

---

① See Jacqueline Koch, *Not in Their Backyard*, Corp Watch（July 14, 2004）, available at http：// www. globalpolicy. org/intljustice/atca/2004/0714backyard. htm（last visited August 18, 2008）.

② See Donald J. Kochan, *No Longer Little Known But Now a Door Ajar: An Overview of the Evolving and Dangerous Role of the Alien Tort Statute in Human Rights and International Law Jurisprudence*, 8 Chap. L. Rev. 103, 21（2005）.

③ See Jeffrey Davis, *Human Rights in US Courts: Alien Tort Claims Act Litigation after Sosa v. Alvarez-Machain*, 8 Human Rights Review 341（2007）.

④ See Pamela J. Stephens, *Spinning Sosa: Federal Common Law, the Alien Tort Statute, and Judicial Restraint*, 25 B. U. Int'l L. J. 1（2007）.

⑤ 对于 *Sosa* 案之后的案例，此处不再一一简述，有兴趣的可以根据本书附录中的案例目录去寻找相关的案例。

⑥ *Restatement（Third）of Foreign Relations Law of the U. S.* § 702（1987）. 另外，第404条规定了私人在什么情况下可能要承担责任。例如，对于海盗、贩卖奴隶、劫持航空器等行为，个人也要承担国际法上的责任。

(forced labor)。①

然而，法院已经拒绝承认如下的行为是违反了万国法的侵权行为：拒绝向外国人支付人寿保单的收益；飞机失事；欺诈与欺骗；以低价从买方处非法购买财产并废弃之后相关的和解协议；以欺诈、强占财产和公司浪费的形式的盗窃；拒绝将儿童交给血亲而是交给养父母监护；文化灭绝（cultural genocide）；污染环境（environmental abuses）；限制言论自由；价格固定（price fixing）；诸如诽谤、欺诈、违反信托义务、挪用资金之类的普通侵权；没有延长的任意逮捕。此外，"没有法院已经裁定经济、社会或者文化权利是可以根据《外国人侵权请求法》起诉的"。②

总的趋势来看，对于《外国人侵权请求法》的利用在不断增加，利用《外国人侵权请求法》对于跨国公司在美国领土外的行为提起诉讼尤为醒目，《外国人侵权请求法》上的公司责任问题如何演化，值得关注。③

第三节　《外国人侵权请求法》起源的学理解说

自从第二巡回法院在 *Filartiga v. Pena-Irala* 案中的划时代判决后，④越来越多的外国人根据《外国人侵权请求法》提起诉讼，而联邦法院也为此作出了许多影响很大的判决，⑤《外国人侵权请求法》也因此成了美

① See Jennifer K. Elsea, *The Alien Tort Statute: Legislative History and Executive Branch Views*, CRS Report for Congress, Order Code RL32118, http://digital. library. unt. edu/govdocs/crs/permalink/meta-crs-8433: 1 (last visited August 18, 2008); see also, Joel Slawotsky, *Doing Business around the World: Corporate Liability under the Alien Tort Claims Act*, 2005 Mich. St. L. Rev 1065, 1088-1098 (2005).

② Harvard Law Review Association, *Developments in the Law—International Criminal Law: Corporate Liability for Violations of International Human Rights Law*, 114 Harv. L. Rev. 2025 (2001). 在当期的专题研讨中，专门论述了公司的人权责任。

③ 关于公司责任问题，可以参见本书第二章第四节的详细论述。

④ 630 F. 2d 876 (2d Cir. 1980).

⑤ See, e. g., *Abebe-Jira v. Negewo*, 72 F. 3d 844 (11th Cir. 1996); *Kadic v. Karadzic*, 70 F. 3d 232 (2d Cir. 1995); *Hilao v. Estate of Marcos*, 25 F. 3d 1467 (9th Cir. 1994), cert. denied, 115 S. Ct. 934 (1995); *Trajano v. Marcos*, 978 F. 2d 493 (9th Cir. 1992), cert. denied, 113 S. Ct. 2960 (1993); *Tel-Oren v. Libyan Arab Republic*, 726 F. 2d 774 (D. C. Cir. 1984), cert. denied, 470 U. S. 1003 (1985); *Xuncax v. Gramajo*, 886 F. Supp. 162 (D. Mass. 1995); *Paul v. Avril*, 812 F. Supp. 207 (S. D. Fla. 1993); *Forti v. Suarez-Mason*, 672 F. Supp. 1531 (N. D. Cal. 1987). 更详细的案例，参见本书附录中的案件目录。

国现代国际法中讨论非常广泛的条款。① 然而，对《外国人侵权请求法》的起源，仍然是聚讼纷纭。弗兰德利（Friendly）法官曾经指出，"《外国人侵权请求法》……貌似没人知道它来自哪里"。② 目前，一般认为《外国人侵权请求法》的主要起草人是奥利佛·埃尔斯沃思（Oliver Ellsworth），③ 他是 1781 年大陆会议的代表和康涅狄格州立法机关的代表，而美国国家档案馆收藏的《外国人侵权请求法》法案原件，看上去是埃尔斯沃思的手迹。④ 然而，由于该条款没有"立法史"，⑤ 很难准确地确定埃尔斯沃思和第一届国会希望达到什么目的。下面，我们也只能结合学者们的论述来简单评析、探讨。

---

① See, e. g., Jeffrey M. Blum & Ralph G. Steinhardt, *Federal Jurisdiction Over International Human Rights Claims: The Alien Tort Claims Act after Filartiga v. Pena-Irala*, 22 Harv. Int'l L. J. 53（1981）; Anne-Marie Burley, *The Alien Tort Statute and the Judiciary Act of 1789: A Badge of Honor*, 83 Am. J. Int'l L. 461（1989）. 另外，可以参见本书参考文献中的列举。

② *IIT v. Vencap, Ltd.*, 519 F. 2d 1001, 1015（2d Cir. 1975）. See also, Note, *A Legal Lohengrin: Federal Jurisdiction under the Alien Tort Claims Act of 1789*, 14 U. S. F. L. Rev. 105（1979）.

③ See Charles Warren, *New Light on the History of the Federal Judiciary Act of 1789*, 37 Harv. L. Rev. 49, 50（1923）. 该文是对 1789 年《司法法》研究比较透彻、权威的论文，引用率也比较高。另外，还参见美国国会图书馆对《司法法》本身的介绍以及相关的参考资料，http://www.loc.gov/rr/program/bib/ourdocs/judiciary.html（last visited May 6, 2009）.

④ William R. Casto, *The Federal Courts' Protective Jurisdiction over Torts Committed in Violation of the Law of Nations*, 18 Conn. L. Rev. 467, 498（1986）.

⑤ 对于《外国人侵权请求法》的立法史与起源问题，美国学者之间的分歧还是比较大的。See William R. Casto, *The Federal Courts' Protective Jurisdiction over Torts Committed in Violation of the Law of Nations*, 18 Conn. L. Rev. 467（1986）; Anthony D'Amato, *The Alien Tort Statute and the Founding of the Constitution*, 82 Am. J. Int'l L. 62（1988）; William S. Dodge, *The Historical Origins of the Alien Tort Statute: A Response to the "Originalists,"* 19 Hastings Int'l & Comp. L. Rev. 221（1996）; Joan Fitzpatrick, *The Future of the Alien Tort Claims Act of 1789: Lessons From In re Marcos Human Rights Litigation*, 67 St. John's L. Rev. 491（1993）; Kenneth C. Randall, *Further Inquiries into the Alien Tort Statute and a Recommendation*, 18 N. Y. U. J. Int'l L. & Pol. 473（1986）; Kenneth C. Randall, *Federal Jurisdiction over International Law Claims: Inquiries into the Alien Tort Statute*, 18 N. Y. U. J. Int'l L. & Pol. 1（1985）; Joseph M. Sweeney, *A Tort Only in Violation of the Law of Nations*, 18 Hastings Int'l & Comp. L. Rev. 445（1995）.

一、对《外国人侵权请求法》初始目的与历史起源的争论

（一）学者的解释

关于《外国人侵权请求法》的初始目的与历史起源，主要有两种解释路径。① 第一种就是根据 18 世纪对国际法的理解来解释《外国人侵权请求法》的文本与起源；第二种就是根据《外国人侵权请求法》制定之前发生的历史事件来解释《外国人侵权请求法》的文本与起源。相应地，对《外国人侵权请求法》的历史起源的解释主要有四种观点。②

第一种观点认为，《外国人侵权请求法》的目的是挽救联邦政府以免陷入国际尴尬，这种观点将《外国人侵权请求法》的目的限制于为保护外国大使的权利而提供法律基础，③ 认为国会通过《外国人侵权请求法》是对 1784 年 5 月的 Marbois 事件的回应。④ 这个事件之后，国会促请各州立法来解决此类事项，而且在制宪会议（the Constitutional Convention）期间，与会代表对于万国法的不充分实施表示了关切。

事实上，在制宪会议期间，一名纽约市治安官（constable）重提了

① 2003 年 12 月 2 日，美国国会研究服务中心发布过一个报告，专门讲述《外国人侵权请求法》立法史的。See Jennifer K. Elsea, *The Alien Tort Statute: Legislative History and Executive Branch Views*, CRS Report for Congress, Order Code RL32118, http://digital. library. unt. edu/govdocs/crs/permalink/meta-crs-8433: 1（last visited August 18, 2008）.

② Beth Stephens & Michael Ratner, *International Human Rights Litigation in US Courts*, Transnational Publishers Inc., 1996, pp. 14-17. 有学者概括为三种观点：拒绝司法理论、外交安全理论、国际义务理论。See Ryan Micallef, *Liability Laundering and Denial of Justice Conflicts between the Alien Tort Statute and the Government Contractor Defense*, 71 Brook. L. Rev. 1375, 1382（2006）. 还有学者概括的类型更多，甚至还提到了《外国人侵权请求法》的制定是出于鼓励移民和投资、促进经济发展的目的。Lucien J. Dhooge, *The Alien Tort Claims Act and the Modern Transnational Enterprise: Deconstructing the Mythology of Judicial Activism*, 35 Geo. J. Int'l L. 3, 11-12（2003）.

③ See, e. g., Jeffrey Rabkin, *Universal Justice: The Role of Federal Courts in International Civil Litigation*, 95 Colum. L. Rev. 2120, 2125-26（1995）; William R. Casto, *The Federal Courts' Protective Jurisdiction over Torts Committed in Violation of the Law of Nations*, 18 Conn. L. Rev. 467, 499（1986）.

④ Sonia Jimenez, *The Alien Tort Claims Act: A Tool for Repairing Ethically Challenged U. S. Corporations*, 16 St. Thomas L. Rev. 721, 733-734（2004）. See also, Michael D. Pettyjohn, "*Bring Me Your Tired, Your Poor, Your Egregious Torts Yearning to See Green.*" *The Alien Tort Statute*, 10 Tulsa J. Comp. & Int'l L. 513, 515（2003）.

Marbois 事件，而且秘书杰伊（Secretary Jay）向国会报告了荷兰大使提出的抗议——"联邦政府看上去并没有被赋予审理并判决这样案件的司法权"。① 法国全权公使（The French minister plenipotentiary）提交了一份正式的抗议函，并且威胁说离开宾夕法尼亚直到 Marbois 事件的解决让他"完全满意"。当时的国会仅有通过决议的权力，因此，国会通过了一份批准州法院诉讼的决议，而且通过的另外一份决议要求美国外交部长向 De Marbois 先生致歉，并解释"因邦联的性质而可能引起的困难"，希望路易十六的代表"多多谅解"年轻的国家。

此后，立法者的反应体现在美国《宪法》第 3 条第 2 款第 1 项中，该项授予联邦最高法院对于"影响大使、其他官员和领事的所有案件"的初始管辖权。同时，国会制定了《司法法》，② 在第 9 条规定了如今被称为《外国人侵权请求法》的条款，在第 11 条创设了外籍管辖权（Alienage Jurisdiction），在第 13 条补充了法院对于外交人员提起的诉讼的初始管辖权。③ 正是这样，有学者提出，通过《外国人侵权请求法》的主要考虑是将外交关系的处理权集中于联邦政府，让美国在对外事务中以同一个声音说话。④

第二种观点认为，《司法法》的制定是为了履行美国的国家责任，避免与其他国家在外国人待遇上的冲突，⑤ 继而在美国立国之初提供国家安全，在与其他国家的外交关系中寻求立足点。因此，这些学者认为，《外国人侵

---

① William R. Casto, *The Federal Courts' Protective Jurisdiction over Torts Committed in Violation of the Law of Nations*, 18 Conn. L. Rev. 467, 494 (1986). 关于 Marbois 事件，后面还会专门介绍。

② See *Federal Judiciary Act*, ch. 20, § 13, 1 Stat. 67, 80-81 (1789) (codified as amended at 28 U.S.C. § 1251 (2000)). 关于《司法法》的起源与联邦法院系统的设立，有学者的论述比较全面。See Charles Warren, *New Light on the History of the Federal Judiciary Act of 1789*, 37 Harv. L. Rev. 49, 83 (1923); Akhil Reed Amar, *The Two-Tiered Structure of the Judiciary Act of 1789*, 138 U. Penn. L. Rev. 1499 (1990); Daniel J. Meltzer, *The History and Structure of Article III*, 138 U. Penn L. Rev. 1569 (1990).

③ See Kenneth G. Randall, *Federal Jurisdiction over International Law Claims: Inquiries into the Alien Tort Statute*, 18 N.Y.U. J. Int'l L. & Pol. 1, 19-22 (1985).

④ Kathryn L. Pryor, *Does the Torture Victim Protection Act Signal the Imminent Demise of the Alien Tort Claims Act?*, 29 Va. J. Int'l L. 969, 971 (1989).

⑤ Anne-Marie Burley, *The Alien Tort Statute and the Judiciary Act of 1789: A Badge of Honor*, 83 Am. J. Int'l L. 461, 465 (1989).

权请求法》"是 1789 年国家安全利益的重要一环",① 国会通过《外国人侵权请求法》是授权联邦政府有能力消除外国对美国宣战的潜在理由,因为如果由于政府无权提供救济而导致外国人在美国得不到救济,这可能是该外国对美国宣战的理由。

对于第二种观点,有学者概括为"拒绝司法理论"（denial of justice theory）,认为该法的主要目的是"立法者期望避免因美国虐待外国公民而卷入与外国的冲突",② 因为侵犯外国的表现之一就是对于在美国诉讼的外国人拒绝司法。联邦党人认为,对于在州法院诉讼的外国人而言,这种威胁更为严重,因为与联邦法官的国家取向相反,州法官的狭隘情绪比较重。③ 既然现有规定并没有为在美国的外国人起诉其他外国人提供充分的保护,在此背景下制定《外国人侵权请求法》是有必要的。根据《司法法》第 11 条的规定,外国人只有在诉讼标的超过 500 美元时才能在美国联邦法院起诉。在当时,这个数额是巨大的,而且外国人之间的绝大多数争议从来都达不到这个数额。④

第三种观点认为,⑤ 通过《外国人侵权请求法》只是对在当时已经承认的违反国际法的三种行为规定管辖权:（1）侵犯大使;（2）侵犯安全通行权（safe conducts）;（3）海盗。有学者认为,《外国人侵权请求法》是用来为侵犯"通行许可证"提供救济的。这种静态的观点没有得到任何法院的支持,而且备受国际法学者的批评。

---

① Anthony D'Amato, *What Does Tel-Oren Tell Lawyers?: Judge Bork's Concept of the Law of Nations is Seriously Mistaken*, 79 Am. J. Int'l L. 92, 95 (1985).

② Anne-Marie Burley, *The Alien Tort Statute and the Judiciary Act of 1789: A Badge of Honor*, 83 Am. J. Int'l L. 461, 465 (1989). See also William R. Casto, *The Federal Courts' Protective Jurisdiction over Torts Committed in Violation of the Law of Nations*, 18 Conn. L. Rev. 467, 489-498 (1986); Kenneth G. Randall, *Federal Jurisdiction over International Law Claims: Inquiries into the Alien Tort Statute*, 18 N. Y. U. J. Int'l L. & Pol. 1, 5 n.17 (1985); John M. Rogers, *The Alien Tort Statute and How Individuals "Violate" International Law*, 21 Vand. J. Transnat'l L. 47, 48 (1988).

③ Anne-Marie Burley, *The Alien Tort Statute and the Judiciary Act of 1789: A Badge of Honor*, 83 Am. J. Int'l L. 461, 465 (1989).

④ William R. Casto, *The Federal Courts' Protective Jurisdiction over Torts Committed in Violation of the Law of Nations*, 18 Conn. L. Rev. 467, 497 (1986).

⑤ See Beth Stephens & Michael Ratner, *International Human Rights Litigation in US Courts*, Transnational Publishers Inc. , 1996, p.17.

第四种观点认为,《外国人侵权请求法》是将国际法并入美国的宏伟蓝图的一环。① 在 Marbois 事件发生时,各州的普通法无疑涵盖了违反万国法的侵权诉因。② 问题不是在各州不能获得诉因,而是联邦政府不能保证每一州维护受到侵犯的外国人的正当权益,不能为他们提供有效救济,而《外国人侵权请求法》显然是为了确保外国人能在法院执行诉因。③ 这种观点与第二种观点基本上是一致的,只是侧重点和出发点有所不同。第二种观点强调的是国家和政府,而第四种观点则强调的是个人和救济。

此外,还有一些非主流观点,例如有学者认为《外国人侵权请求法》的通过是为了阻止海盗、④ 甚至是为了向文明各国证明美国的尊严与荣誉、⑤ 促进国际法本身的发展与执行,⑥ 这些观点的理想主义、英雄主义色彩比较浓厚。

尽管存在着各种各样的学说,事实是不存在任何相关的国会讨论记录,国会的真正意图到底是什么仍然是一个未解之谜。

(二)美国联邦最高法院的解释

在 Sosa 案中,美国联邦最高法院认为:⑦

"国会并不想要《外国人侵权请求法》束之高阁,直到未来可能作出进一步的立法。"《外国人侵权请求法》应该感激美国开国者的先见之明和意志,他们强调"荣誉"、"美德"以及尊重万国法以有助于新

---

① See, e. g., William S. Dodge, *The Historical Origins of the Alien Tort Statute: A Response to the "Originalists,"* 19 Hastings Int'l & Comp. L. Rev. 221, 239-240 (1996).

② See William R. Casto, *The Federal Courts' Protective Jurisdiction over Torts Committed in Violation of the Law of Nations*, 18 Conn. L. Rev. 467, 489-490 (1986); G. Edward White, *A Customary International Law of Torts*, available at http: //law. bepress. com/uvalwps/uva_ publiclaw/art34 (last visited September 3, 2008).

③ See, e. g., William R. Casto, *The Federal Courts' Protective Jurisdiction over Torts Committed in Violation of the Law of Nations*, 18 Conn. L. Rev. 467, 471-472 & n. 32 (1986).

④ Peter Waldman & Timothy Mapes, *A Global Journal Report: Administration Sets New Hurdles for Human-Rights Cases*, WALL ST. J., Aug. 7, 2002, at B1.

⑤ See, e. g., Anne-Marie Burley, *The Alien Tort Statute and the Judiciary Act of 1789: A Badge of Honor*, 83 Am. J. Int'l L. 461, 464 (1989).

⑥ See Julian G. Ku & John Choon Yoo, *Beyond Formalism in Foreign Affairs: A Functional Approach to the Alien Tort Statute*, 2004 Sup. Ct. Rev. 153 (2004).

⑦ *Sosa v. Alvarez-Machain*, 124 S. Ct. 2739 (2004).

建的脆弱的美国在与其他国家的外交中赢得尊重……①法院的拒绝或者颠倒司法或者以其他任何形式的做法在当时都是战争的合法理由……在《外国人侵权请求法》之前,外国人仅可以在州法院提出请求,而且之前的案件已经证明,州法院并没有充分认识到万国法的重要性和约束力,州法院的狭隘对于美国与其他国家的经贸关系是极大的损害……英国债权人在 1783 年收回债权中遇到的困难说明了州法院对于外国人请求的敌视,而且引发了基于万国法而提出的侵权诉讼的类似敌意的害怕,② 这导致詹姆士·麦迪逊(James Madison)为美国《宪法》所授予的外籍管辖权辩护时所作出的如下言论:"先生,我们充分地知道外国人不能在这些州法院得到正义,而这已经阻碍了很多富有的绅士与我们的贸易或者居住在我们之中。"③

从最高法院的判决意见可以看出,最高法院似乎是赞同将第一种和第二种观点折中的。

二、《外国人侵权请求法》制定前的历史事件

不管美国学者和联邦最高法院对于《外国人侵权请求法》的起源是如何解释的,我们都有必要回到起草和通过《外国人侵权请求法》的那个时代。毕竟,事物的发展总是存在着一定的因果联系。《外国人侵权请求法》的出现并不是心血来潮,从天而降,而是有一定的原因的。对于《外国人侵权请求法》出现的原因,回顾历史背景即使不能帮助我们找到正确的答案,但是对于我们的理解总是有帮助的。

(一)大陆会议的决议

在美国,大陆会议早在 1781 年就关注如何矫正违反万国法的个人。会

---

① Anne-Marie Burley, *The Alien Tort Statute and the Judiciary Act of 1789: A Badge of Honor*, 83 Am. J. Int'l L. 461, 464 (1989).

② See William R. Casto, *The First Congress's Understanding of its Authority over the Federal Courts' Jurisdiction*, 26 B. C. L. Rev. 1101, 1114 (1985); Kevin R. Johnson, *Why Alienage Jurisdiction? Historical Foundations and Modern Justifications for Federal Jurisdiction over Disputes Involving Noncitizens*, 21 Yale J. Int'l L. 1, 6-8 (1996).

③ William S. Dodge, *The Historical Origins of the Alien Tort Statue: A Response to the "Originalists,"* 19 Hastings Int'l & Comp. L. Rev. 221 (1996).

议本身无权惩罚这样的行为，因此，通过了一项决议，① 促请州立法机关对于"违反万国法或者美国作为当事方的条约的犯罪……规定迅速的、惩戒性的和充分的惩罚"，特别要求各州惩罚如下行为：（1）违反大陆会议战时授予外国臣民的安全通行权；（2）破坏与美国友好、休战或者同盟；（3）侵犯大使和其他公共官员豁免权；（4）违反美国是当事方的公约和条约。②

前三类行为与布莱克斯通（William Blackstone）的论述非常接近以至于不用怀疑它们的渊源。③ 大陆会议在布莱克斯通的列表上增加了违反条约，但取消了海盗，很可能是因为大陆会议本身有权委令法院审判海盗行为。另外，大陆会议建议，"在每一州建立一个裁判庭或者授权已经存在的裁判庭审理前面所未列举的违反万国法的犯罪"，④ 这说明上面的列举并不是穷尽的，而是示范性的。

大陆会议还建议，各州"授权受害人提起损害赔偿之诉以及美国在为这些侵权人向受害人或外国代为支付赔偿金后追偿的诉讼"。⑤ 该决议因

---

①　该决议是由 Edmund Randolph，James Duane，John Witherspoon 三人组成的委员会起草的，全文参见 http：//press-pubs. uchicago. edu/founders/documents/a1_ 8_ 10s1. html（last visited May 11，2009）。

②　原文如下：That it be recommended to the legislatures of the several states to provide expeditious，exemplary and adequate punishment：

First. For the violation of safe conducts or passports，expressly granted under the authority of Congress to the subjects of a foreign power in time of war：

Secondly. For the commission of acts of hostility against such as are in amity，league or truce with the United States，or who are within the same，under a general implied safe conduct：

Thirdly. For the infractions of the immunities of ambassadors and other public ministers，authorised and received as such by the United States in Congress assembled，by animadverting on violence offered to their persons，houses，carriages and property，under the limitations allowed by the usages of nations；and on disturbance given to the free exercise of their religion：by annulling all writs and processes，at any time sued forth against an ambassador，or other public minister，or against their goods and chattels，or against their domestic servants，whereby his person may be arrested：and，

Fourthly. For infractions of treaties and conventions to which the United States are a party.

③　另外参见本书第二章第一节对于布莱克斯通理论的介绍。

④　原文如下：Resolved，That it be farther recommended to the several states to erect a tribunal in each State，or to vest one already existing with power to decide on offenses against the law of nations，not contained in the foregoing enumeration，under convenient restrictions.

⑤　原文如下：Resolved，That it be farther recommended to authorise suits to be instituted for damages by the party injured，and for compensation to the United States for damage sustained by them from an injury done to a foreign power by a citizen.

而规定了在州法院的两种民事诉讼：（1）受害当事人对侵权行为人提起的侵权诉讼；（2）美国向受害人补偿后对侵权行为人提起的追偿诉讼。

第一种诉讼扩及所有违反万国法的民事责任，不限于侵犯安全通行权的行为，这种允许受害当事人提起民事诉讼的做法是《外国人侵权请求法》的"直接先驱"。① 正如 Slaughter 教授所指出的，"民事责任是刑事制裁的逻辑附加"。② 有两种方法来矫正违反万国法的犯罪：惩罚犯罪人以及让受害人得到救济。刑事制裁指向前者，而民事损害赔偿则指向后者。

1781 年决议建议的第二种诉讼只限于美国为了快速地解决国际事件而支付赔偿后所要求的追偿。由于美国仅在自己的国民造成损害时才有直接支付赔偿的动机，决议提及损害是"由公民"造成的，决议的语句结构表明，这个要求仅适用于第二种诉讼。③

尽管有 1781 年决议，但是不确定的是有多少州一丝不苟地执行。1782 年，康涅狄格州制定了一部"防止违反万国法的立法"，将违反具体的万国法的行为以及"任何其他侵犯或者违反文明各国法律中接受并确立的犯罪行为"犯罪化。④ 康涅狄格州的立法对于侵犯外国或者其臣民的侵权也规定了广泛的救济，而不考虑这些侵权是否违反万国法。其他州并没有遵循康涅狄格州的做法，正如 Edmund Randolph 在 1787 年抱怨的，"如果我们观察宪法和几个州的法律，立刻会发现，在很多情况下万国法并没有规定制裁措施，这深深地影响了公众的尊严和公共的正义"。⑤

（二）Marbois 事件与 Van Berckel 事件

不管有多少州是否落实了 1781 年的决议，1784 年在费城对法国总领事

---

① Anne-Marie Burley, *The Alien Tort Statute and the Judiciary Act of 1789: A Badge of Honor*, 83 Am. J. Int'l L. 461, 477 (1989); William R. Casto, *The Federal Courts' Protective Jurisdiction over Torts Committed in Violation of the Law of Nations*, 18 Conn. L. Rev. 467, 490-491 (1986); Scott A. Rosenberg, *The Theory of Protective Jurisdiction*, 57 N. Y. U. L. Rev. 933, 1017 (1982).

② Anne-Marie Burley, *The Alien Tort Statute and the Judiciary Act of 1789: A Badge of Honor*, 83 Am. J. Int'l L. 461, 477 (1989).

③ William R. Casto, *The Federal Courts' Protective Jurisdiction over Torts Committed in Violation of the Law of Nations*, 18 Conn. L. Rev. 467, 499 n. 179 (1986).

④ William R. Casto, *Correspondence*, 83 Am. J. Int'l L. 901, 903 (1989).

⑤ William S. Dodge, *The Historical Origins of the Alien Tort Statue: A Response to the "Originalists,"* 19 Hastings Int'l & Comp. L. Rev. 221 (1996).

的袭击更说明这个问题的急迫性。① 1784 年 5 月 17 日，法国公民 Chevalier De Longchamps 在法国大使的家里威胁法国总领事 Francis Barbe Marbois。② 两天后，De Longchamps 在费城的街道上袭击了 Marbois。此事发生后，备受关注。③ 大陆会议提供了一笔经费，以使 De Longchamps "因其所实施的违反万国法和美国法的行为被绳之以法"，而且在一接到对其逮捕的通知后，会议"非常赞同"宾夕法尼亚的行动。除此之外，政府几乎什么都不能做。在政府被迫在第二年向 Marbois 解释时，指出其权力限于"联邦的性质规定了各州保留了在明确授权国会之外的其他事项的绝对主权，对这些没有授权的事项政府只有建议的权力"。④ 最后，De Longchamps 被宾夕法尼亚州最高法院审判并被宣告有罪，理由是违反了作为宾夕法尼亚普通法一部分的万国法。⑤ 紧随 Marbois 事件，大陆会议建议各州"通过法律来惩罚未来可能发生的使用暴力或者侮辱手段来攻击官员所代表的主权的尊严的人"。此外，大陆会议指令负责外交事务的 John Jay 起草"一部推荐给各州立法机关的法案来惩罚违反万国法的行为，确保外国官员的特权与豁免"。⑥

Marbois 事件并不是孤立的，之后又发生了 Van Berckel 事件。1787 年，一位纽约治安官（constable）未经许可闯入荷兰驻美国大使 Van Berckel 的房间，并逮捕了他的一名仆人，引起了广泛的关注以及外交抗议。⑦ 后来，州法院以违反万国法为由判决这位治安官 3 个月的监禁。⑧ 最终，州法院拒

---

① See Kenneth C. Randall, *Federal Jurisdiction over International Law Claims: Inquiries into the Alien Tort Statute*, 18 N. Y. U. J. Int'l L. & Pol. 1, 24-26 (1985); William R. Casto, *The Federal Courts' Protective Jurisdiction over Torts Committed in Violation of the Law of Nations*, 18 Conn. L. Rev. 467, 490-491 (1986).

② *Respublica v. De Longchamps*, 1 U. S. (1 Dall.) 111 (1784).

③ 根据 Casto 教授的研究，当时很多杰出的政治家在相互通信时经常讨论 Marbois 事件。See William R. Casto, *The Federal Courts' Protective Jurisdiction over Torts Committed in Violation of the Law of Nations*, 18 Conn. L. Rev. 467, 492 n. 143 (1986).

④ See Aric K. Short, *Is the Alien Tort Statute Sacrosanct? Retaining Forum Non Conveniens in Human Rights Litigation*, 33 N. Y. U. J. Int'l L. & Pol. 1001, 1008-1011 (2001).

⑤ *Respublica v. De Longchamps*, 1 U. S. (1 Dall.) 111, 116 (1784).

⑥ William R. Casto, *The Federal Courts' Protective Jurisdiction over Torts Committed in Violation of the Law of Nations*, 18 Conn. L. Rev. 467, 492 n. 144 (1986).

⑦ William R. Casto, *The Federal Courts' Protective Jurisdiction over Torts Committed in Violation of the Law of Nations*, 18 Conn. L. Rev. 467, 494 (1986).

⑧ William R. Casto, *The Federal Courts' Protective Jurisdiction over Torts Committed in Violation of the Law of Nations*, 18 Conn. L. Rev. 467, 494 (1986).

绝执行授予外国人权利的国际条约的行为深深地印在了联邦党人的脑海中。① Jay 抱怨说:"联邦政府看似……并没有获得审理并判决此类案件的司法权。"当然,也有学者认为,这起事件与《外国人侵权请求法》没有任何关系。②

没有记录表明对 Marbois 事件或者 Van Berckel 事件中的行为人提起了任何民事诉讼。③ 然而,这两名刑事被告都实施了本来被承认为侵权的行为,而且都违反了万国法。Marbois 事件尤其构成 1781 年决议所承认的违反万国法的侵权的著名案件,但是对于 Marbois 没有任何联邦救济,这种情形是第一届国会需要迅速解决的。

为了理解《外国人侵权请求法》如何为外国受害人提供救济,我们必须理解该条款的普通法背景、埃尔斯沃斯及其同时代人如何看待法院处理万国法和外国人的请求。因此,下面我们将论述这些问题。

三、《外国人侵权请求法》与普通法的关系

理解《外国人侵权请求法》与普通法的关系是重要的,因为这种关系解释了在缺乏明确的诉因时,外国人如何对违反万国法的侵权行为提起诉讼。布莱克斯通曾经指出,"万国法完全地为普通法所吸收,而且被认为是本国法的一部分",而且美国学者"通常认为万国法是美国各州及其国民政府的法律的一部分"。④

在当时,一般认为违反万国法是普通法上的犯罪。De Longchamps 因袭击 Marbois 被起诉并被宣告为违反万国法的普通法犯罪,宾夕法尼亚最高法院在该案中宣布"万国法完全是本州法律的一部分"。⑤ 在 18 世纪 90 年代

---

① Jorge Cicero, *The Alien Tort Statute of 1789 as a Remedy for Injuries to Foreign Nationals Hosted by the United States*, 23 Colum. Hum. Rts. L. Rev. 315, 336 (1992).

② See Curtis Bradley, *The Alien Tort Statute and Article III*, 42 Va J. Int'L L. 586, 641-42 (2002).

③ Anne-Marie Burley, *The Alien Tort Statute and the Judiciary Act of 1789: A Badge of Honor*, 83 Am. J. Int'l L. 461 (1989).

④ Stewart Jay, *The Status of the Law of Nations in Early American Law*, 42 Vand. L. Rev. 819, 825 (1989).

⑤ *Respublica v. De Longchamps*, 1 U. S. (1 Dall.) 111, 116 (1784).

以违反中立起诉被告与普通法上的控告是同样的。① 侵权是犯罪的民事对应物，② 而且《外国人侵权请求法》承认所有违反万国法的犯罪都要承担侵权责任。从 1781 年的决议中可以看出，"违反万国法的侵权"是涵盖"违反万国法的犯罪"的。此外，《外国人侵权请求法》明确地将管辖权扩及"所有外国人提起的违反万国法或者美国缔结的条约的侵权诉讼"，在 1789 年，由于违反万国法的侵权或者犯罪在普通法上都是可以审理的，无须以存在相关的制定法为前提。

在 18 世纪晚期，虽然"侵权法不是一个高度发展的领域"，但是布莱克斯通将许多普通法上的行为列为我们现在会承认的"侵权"："侵害之诉（actions for trespasses）、攻击（assaults）。很明显，如果实施了违反万国法的行为，则常常是存在侵权诉讼的：侵犯安全通行权通常涉及侵害之诉；侵犯大使的权利涉及攻击，或者侵害之诉和非法拘禁；海盗行为会涉及攻击、侵害和非法拘禁；③ 违反条约会涉及很多侵权，但是很明显违反美国中立的攻击行为也违反了美国的条约；④ 在海上的非法捕获案件中，可能涉及侵害之诉和非法拘禁之诉。⑤

在 18 世纪 90 年代，联邦党人和共和党人之间就中央政府的权力有过激烈的争论，而对普通法犯罪的联邦管辖权是其中的议题之一。⑥ 最终，在 *United States v. Hudson* 案中，联邦法院丧失了对此类犯罪的管辖权。⑦ 然而，对于违反万国法的普通法侵权则不是如此，正如 Jay 教授所指出的，"在美国早期司法史中的相对长的一个时期内，联邦法院自由地对民事案件

① See Stewart Jay, *The Status of the Law of Nations in Early American Law*, 42 Vand. L. Rev. 819, 842-849 (1989); Stewart Jay, *Origins of Federal Common Law: Part One*, 133 U. Pa. L. Rev. 1003, 1042-53 (1985).

② Anne-Marie Burley, *The Alien Tort Statute and the Judiciary Act of 1789: A Badge of Honor*, 83 Am. J. Int'l L. 461, 479 (1989).

③ See Edwin D. Dickinson, *Is the Crime of Piracy Obsolete?*, 38 Harv. L. Rev. 334 (1925).

④ See Kenneth C. Randall, *Federal Jurisdiction over International Law Claims: Inquiries into the Alien Tort Statute*, 18 N. Y. U. J. Int'l L. & Pol. 1 (1985).

⑤ See Joseph Modeste Sweeney, *A Tort Only in Violation of the Law of Nations*, 18 Hastings Int'l & Comp. L. Rev. 445, 465-475 (1995).

⑥ See Stewart Jay, *The Status of the Law of Nations in Early American Law*, 42 Vand. L. Rev. 819, 842-849 (1989); Stewart Jay, *Origins of Federal Common Law: Part One*, 133 U. Pa. L. Rev. 1003, 1039-1111 (1985).

⑦ 11 U. S. (7 Cranch) 32 (1812).

发展普通法……不会激怒在 Hudson 案中提出的强烈反对意见"。①

简言之,《外国人侵权请求法》制定时的美国主流观点认为,万国法是美国普通法的一部分,而且违反万国法的侵权在普通法上可以与任何其他侵权一样审理。考虑到外国人会主张不仅是侵权,而且是违反万国法的侵权,从而在联邦法院而不是州法院提起诉讼,《外国人侵权请求法》只是规定了对这些普通法侵权的联邦管辖权。

四、《外国人侵权请求法》与州法院的关系

如果万国法是普通法的一部分,而且违反万国法的侵权是普通法的侵权,那么这样的侵权在一些州法院可以审理,而 1781 年的决议则表明了对这个问题的担忧。《外国人侵权请求法》的通过,看上去部分是为了保证外国人可以不顾州法律的反复无常而对违反万国法的侵权提起诉讼,但是至少还有 2 个因素推动了第一届国会让联邦法院审理外国人提起的侵权诉讼:②期望统一解释万国法以及害怕州法院敌视外国人的请求。

在《联邦党人文集》(The Federalist)中,John Jay 表明了开国者对统一解释万国法的期望:

> 在国民政府下,条约……以及万国法总是在一定程度上被解释……而在 13 个州对同样问题与要点的裁判……并不总是一致的……由国民政府委令的法院来负责管辖和审理这样的问题是值得赞扬的。③

当然,《外国人侵权请求法》并不保证在解释万国法上的统一,因为它仅授予外国人在联邦法院提起侵权请求的选择权。如果州法律允许,外国人

---

① Stewart Jay, *Origins of Federal Common Law*: *Part Two*, 133 U. Pa. L. Rev. 1231, 1276 (1985).

② 有学者曾经对 1789 年《司法法》与联邦法院的创立背景、埃尔斯沃斯提出的方案、弗吉尼亚方案以及各方的妥协等都有详细研究,比较有参考价值。See Wythe Holt, "*To Establish Justice*": *Politics, the Judiciary Act of 1789, and the Invention of the Federal Courts*, 1989 Duke L. J. 1421 (1989).

③ *The Federalist* No. 3 (John Jay), http://thomas. loc. gov/home/histdox/fedpaper. txt (last visited December 4, 2008).

仍然可以在州法院提起类似请求。① 然而，《外国人侵权请求法》的通过意味着至少在理论上，有机会让联邦司法机关来裁判外国人提出的请求。②

　　同时，害怕州法院可能敌视外国人的请求也是推动第一届国会通过《外国人侵权请求法》的原因。正如詹姆士·麦迪逊（James Madison）在为美国《宪法》所授予的外籍管辖权辩护时所指出的："先生，我们充分地知道外国人不能在这些州法院得到正义，而这已经阻碍了很多富有的绅士与我们的贸易或者居住在我们之中。"③亚历山大·汉弥尔顿（Alexander Hamilton）更是直白地指出，法院通过判刑以及其他方式而拒绝司法或者颠倒正义是正义战争的理由，因此联邦司法机关应该审理与其他国家公民相关的所有案件。④

　　英国债权人在1783年收回债权中遇到很多困难，使麦迪逊和汉弥尔顿有理由害怕州法院敌视外国人的请求，⑤ 而且没有理由认为这种对外国人请求的敌视在侵权诉讼中会更少。⑥

　　没有《外国人侵权请求法》，像 Marbois 这样的受害人将被迫在州法院提起民事诉讼，除非它们能满足外籍管辖权的要求。⑦ 即使州法允许此类诉

---

① See Anne-Marie Burley, *The Alien Tort Statute and the Judiciary Act of 1789: A Badge of Honor*, 83 Am. J. Int'l L. 461, 479 (1989).

② See William S. Dodge, *Congressional Control of Supreme Court Appellate Jurisdiction: Why the Original Jurisdiction Clause Suggests an "Essential Role,"* 100 Yale L. J. 1013, 1017 n. 19 (1991).

③ William S. Dodge, *The Historical Origins of the Alien Tort Statue: A Response to the "Originalists,"* 19 Hastings Int'l & Comp. L. Rev. 221 (1996).

④ *The Federalist* No. 80 (Alexander Hamilton), http: //thomas. loc. gov/home/ histdox/fedpaper. txt (last visited December 4, 2008).

⑤ See Wythe Holt, *"To Establish Justice": Politics, the Judiciary Act of 1789, and the Invention of the Federal Courts*, 1989 Duke L. J. 1421, 1440-1453 (1989); see also William R. Casto, *The First Congress's Understanding of Its Authority over the Federal Courts' Jurisdiction*, 26 B. C. L. Rev. 1101, 1111-1113 (1985); Kevin R. Johnson, *Why Alienage Jurisdiction? Historical Foundations and Modern Justifications for Federal Jurisdiction over Disputes Involving Noncitizens*, 21 Yale J. Int'l L. 1, 6-8 (1996); *Dunlop v. Ball*, 6 U. S. (2 Cranch) 180 (1804).

⑥ See William R. Casto, *The First Congress's Understanding of Its Authority over the Federal Courts' Jurisdiction*, 26 B. C. L. Rev. 1101, 1114 (1985).

⑦ William R. Casto, *The Federal Courts' Protective Jurisdiction over Torts Committed in Violation of the Law of Nations*, 18 Conn. L. Rev. 467, 497 & n. 168 (1986).

讼，州法院也可能会敌视这类诉讼，而且在任何情况下都不会在万国法上以"同一个声音"说话。最后，国会宁愿选择保证"受害人……在美国法院通过民事诉讼而得到救济"，① 也不愿意解释"联邦的性质"让国会处于这样的角色——"其他政府在大多数这样情形下可以下令而美国国会只能提出建议"。

综上所述，《外国人侵权请求法》的原初意图是在违反万国法的情形下提供宽泛的民事救济，而这是国会从 1781 年以来就一直寻求的。为达到这个目的，《外国人侵权请求法》授予地方法院对此类违反万国法或者美国缔结的条约并且已经可以在普通法上审理的侵权诉讼的管辖权。此外，通过为此类侵权提供联邦救济，第一届国会可以避免州法的反复无常、州法院的敌视态度以及在解释万国法上的分歧，以免新成立的国家再次陷入在 Marbois 事件中遇到的尴尬与困境。

第四节 《外国人侵权请求法》的性质

一、单纯的管辖权立法抑或附带诉因的立法

有人认为，《外国人侵权请求法》仅是管辖权性质的，必须要求外在的诉因来促发事项管辖权。② 理由是，根据《宪法》，国会有权"界定并惩罚……违反万国法的犯罪"，但是国会并没有将此权力委托给司法机关，而且该法应与其他联邦实体法一样解释为要求国会制定或者为私人诉权提供理由。③ 这种观点认为，《美国法典》第 1331 条和其他类似条款并没有创设诉因而是授予管辖权来裁判因其他渊源而产生的诉讼。④ 此外，在 1789 年的《司法法》文本中，《外国人侵权请求法》是排在其他纯管辖权条款之间的，

---

① See 1 Op. Att'y Gen. 57, 59 (1795).

② See generally William R. Casto, *The Federal Courts' Protective Jurisdiction over Torts Committed in Violation of the Law of Nations*, 18 Conn. L. Rev. 467, 479-480 (1986).

③ *National Foreign Trade Council petition for Writ of Certiorari Amicus Brief in Sosa v. Humberto Alvarez-Machain* (Oct. 6, 2003).

④ *In re Estate of Ferdinand Marcos, Human Rights Litigation*, 25 F. 3d 1467 (9th Cir. 1994).

这说明并没有规定诉因。①

在 *Tel-Oren v. Libyan Arab Republic* 案中，② 地方法院的法官和上诉法院的 Bork 法官都认为，在解释《外国人侵权请求法》时应参考《美国法典》第 1331 条，既然后者要求存在联邦诉因的基础上才能行使管辖权，那么法院要行使《外国人侵权请求法》上的管辖权就必须存在诉因，而目前联邦法并没有创设国际恐怖主义的诉因，所以联邦法院并不能根据《外国人侵权请求法》行使管辖权。

在 *Sosa* 案中，最高法院甚至声称 1789 年《司法法》第 9 条中所使用的"审理"（cognizance）一词显示了授予管辖权，而不是塑造实体诉讼的权力。法院通过论证联邦党人也交替使用"管辖权"（jurisdiction）与"审理"（cognizance）以及 1789 年《司法法》第 9 条是一部专门关于联邦法院管辖权的立法的事实来证明限制性解释的方法的正当性。③ 法院引用了关于《外国人侵权请求法》的历史起源的权威 Casto 教授的观点，认为《外国人侵权请求法》"显然没有创设制定法上的诉因"，而相反的意见"是毫无意义的"。④ 然而，害怕可能践踏 *Filartiga* 案和联邦法院在 20 世纪后半叶为违反国际法的极其严重的侵权行为提供救济的整个判例法，最高法院承认《外国人侵权请求法》授予地方法院"审理""某些诉因"。

对于那种认为《外国人侵权请求法》仅是管辖权性质并没有授予诉因的观点，有人提出反对。第一个论据是最高法院 1900 年的判决，⑤ 现在也是体现在《美国对外关系法（第三次）重述》中，⑥ 即"国际法是我们法律的一部分，而且必须由具有合格管辖权的法院来确定及执行"。第二个论据是关于对该法用语的解释。与《美国法典》第 1331 条不同，很多法院认为，《外国人侵权请求法》中的"违反……"的用语为诉因和管辖权都规定

---

① Gabriel D. Pinilla, *Corporate Liability for Human Rights Violations on Foreign Soil: A Historical and Prospective Analysis of the Alien Tort Claims Controversy*, 16 St. Thomas L. Rev. 687 (2004).

② 517 F. Supp. 542 (D. D. C. 1981), aff'd 726 F. 2d 774 (D. C. Cir. 1984).

③ *Sosa v. Alvarez-Machain*, 124 S. Ct. 2739, 2755 (2004).

④ William R. Casto, *The Federal Courts' Protective Jurisdiction over Torts Committed in Violation of the Law of Nations*, 18 Conn. L. Rev. 467 (1986).

⑤ *The Paquete Habana*, 175 U. S. 677 (1900).

⑥ *Restatement (Third) of Foreign Relations Law* § 111 & 112 (2003).

了实质性的基础,① 意味着如果实施了违反万国法的侵权就足以产生诉因。

我们认为,那种认为《外国人侵权请求法》仅是管辖权性质并没有授予诉因的观点是有问题的。首先,第1331条并不是对美国《宪法》第3条第2款的穷尽立法,没有理由认定第1331条的要求适用于《外国人侵权请求法》。正如美国联邦最高法院曾经在 *Verlinden B. V. v. Central Bank of Nigeria* 案中所指出的,美国《宪法》第3条第2款的管辖权比《美国法典》第1331条的联邦问题管辖权要宽泛得多。② 其次,第1331条并没有强制要求存在联邦法上的诉因才能行使管辖权,其对诉因的要求与其说是排他性的不如说是包含性的,即使联邦法律没有创设诉因,根据第1331条仍然存在管辖权。在 *Smith v. Kansas City Title & Trust Company* 案中,联邦最高法院指出,在州法创设了诉因而没有联邦法上的诉因时,联邦法院就可以根据第1331条行使管辖权。③ 另外,在 *Franchise Tax Board v. Construction Laborers Vacation Trust* 案中,联邦最高法院指出,即使非联邦法律创设了诉因,如果诉状证明非联邦法上的救济权利要求解决当事人之间的联邦法上的实体问题,那么就第1331条的目的而言,管辖权是存在的。④

事实上,在 *Sosa* 案中,最高法院认为:

> 有充分的理由来推定第一届国会"不是将《外国人侵权请求法》作为管辖权的便利而通过,而是未来的国会或者州立法机关可能授权创设诉因或者为了外国人的利益而让万国法的一些要件可诉"。⑤

这个论断看上去与之前认为《外国人侵权请求法》在本质上是纯粹的管辖权性质的论断相矛盾,实际上还是承认了《外国人侵权请求法》在性质上的复合型,即不仅是管辖权性质的,而且随着国际法的演化联邦法院可以根据《外国人侵权请求法》对新产生的国际习惯法规范的诉因进行审理。

---

① *Xuncax v. Gramajo*, 886 F. Supp. 162, 180 (D. Mass. 1995); *Abebe-Jira v. Negewo*, 72 F. 3d 844, 847 (11th Cir. 1996).

② See *Verlinden B. V. v. Central Bank of Nigeria*, 461 U. S. 480, 495 (1983). 正如美国联邦最高法院所指出的,美国《宪法》第3条第2款的管辖权比《美国法典》第1331条的联邦问题管辖权要宽泛得多。

③ 255 U. S. 180, 202 (1921).

④ 463 U. S. 1, 13 (1983).

⑤ *Sosa v. Alvarez-Machain*, 124 S. Ct. 2739, 2757 (2004).

总之，*Sosa* 案中的多数意见站在中间的立场，将双方的观点并入裁决中。① 多数意见接受了美国政府的意见，即《外国人侵权请求法》本质上是管辖权性质的立法，"该法在解决法院审理与某些主题相关的案件上是管辖权性的"。然而，法院拒绝接受政府的关于《外国人侵权请求法》有限范围的观点，认定这将导致《外国人侵权请求法》死产。法院也拒绝了原告对《外国人侵权请求法》授权法院创设"新的违反国际法的侵权的诉因"的宽泛解读，认定这样的解释是不真实的。相反，法院认定《外国人侵权请求法》是一部管辖权的立法，但也承认联邦法院在一定情形下可以行使自由裁量权以决定是否承认国际规范是可以执行的法律。

二、《外国人侵权请求法》诉讼中的诉因

在 *Tel-Oren* 案，Bork 法官认为，尽管《外国人侵权请求法》授予了管辖权，但是"允许私人原告在联邦法院执行国际法的前提是要求存在明确的诉因"。在剩下的判决意见中，他都在强调对于违反人权的情形不存在此类诉因。虽然 Bork 法官表示忠于对《外国人侵权请求法》的原初理解，②但他对诉因的严苛要求已经误解了制定了《外国人侵权请求法》的第一届国会。正如最高法院所言，"诉因"成为法律术语仅是在 1848 年，当时《纽约程序法典》(*New York Code of Procedure*) 取消了法律与衡平法的划分，而且"只要求原告在诉状中'主张构成诉因的事实'"。③ Bork 法官将"诉因"适用于 1789 年条款中根本不存在而要 60 多年后才出现的情形是一个奇怪的论断，④ 将致使《外国人侵权请求法》自从通过时起就无效了。⑤

正如我们前面所论述的，埃尔斯沃斯和第一届国会认为，与任何其他侵权一样，违反万国法的侵权在普通法是可以审理的。在 *Tel-Oren* 案，原告认

---

① See William Spiegelberger, *The Door is Ajar for Alien Tort suits*, *But How Far?*, available at http：// www. whitecase. ru/articles/alientort. pdf（last visited December 4, 2008）.

② See, e. g. , *Tel-Oren v. Libyan Arab Republic*, 726 F. 2d 774, 816（D. C. Cir. 1984）（Bork, J. , concurring）; Joseph Modeste Sweeney, *A Tort Only in Violation of the Law of Nations*, 18 Hastings Int'l & Comp. L. Rev. 445, 477（1995）.

③ *Davis v. Passman*, 442 U. S. 228, 237（1979）（quoting 1848 N. Y. Laws, ch. 379, s 120（2））.

④ See Anthony D'Amato, *Judge Bork's Concept of the Law of Nations is Seriously Mistaken*, 79 Am. J. Int'l L. 92, 95（1985）.

⑤ See Anthony D'Amato, *Judge Bork's Concept of the Law of Nations is Seriously Mistaken*, 79 Am. J. Int'l L. 92, 100（1985）.

为普通法为他们提供了诉因，但是 Bork 法官却错误地认为：

> 原告的论断"混淆了'普通法'的两种独特含义"。一方面，存在合同和侵权那样的普通法，"它们的渊源可以追溯到中世纪英国的法律制度"。另一方面，存在"联邦普通法"，"在联邦制定法或者《宪法》中没有明确的联邦规则时，则用'联邦普通法'作为联邦判决规则"。说国际法是联邦普通法的一部分就是说在国内法院审理的案件中适用非制定法和非宪法性法律（nonstatutory and nonconstitutional law）。例如，像合同和侵权的普通法，说不上自动地为个人提供了要求司法救济的权利。①

然而，这个理由和论证仍然是不成立的。不同于传统的普通法的"联邦普通法"的概念是 Erie 案之后才产生的，有学者概括为"后伊利现象"（a post- Erie phenomenon）。② 现在，国际法是联邦普通法的一部分，③ 但是在 1789 年，"'联邦普通法'不是一个有意义的概念。"④ 开国者确实区分了地方普通法与一般普通法，前者各个州不同，而后者不是，⑤ 但是一般普通法不被认为是特殊的联邦性的，而是既约束各州，也约束联邦政府。⑥ 正如亨金（Henkin）教授所指出的，"在我们早期的历史上，国际法是州法或者联邦法的问题不是问题，它是'普通法'"。⑦ 因此，不是 *Tel-Oren* 案中的

---

① See *Tel-Oren v. Libyan Arab Republic*, 726 F. 2d 774, 810（D. C. Cir. 1984）（Bork, J., concurring）.

② See *Erie R. R. v. Tompkins*, 304 U. S. 64（1938）；Henry J. Friendly, *In Praise of Erie — and of the New Federal Common Law*, 39 N. Y. U. L. Rev. 383, 405-422（1964）.

③ *Banco Nacional de Cuba v. Sabbatino*, 376 U. S. 398, 425（1964）；Louis Henkin, *International Law as Law in the United States*, 82 Mich. L. Rev. 1555, 1559-60（1984）.

④ Stewart Jay, *Origins of Federal Common Law：Part Two*, 133 U. Pa. L. Rev. 1231, 1270（1985）.

⑤ Stewart Jay, *Origins of Federal Common Law：Part Two*, 133 U. Pa. L. Rev. 1231, 1263-1264（1985）.

⑥ Stewart Jay, *Origins of Federal Common Law：Part Two*, 133 U. Pa. L. Rev. 1231, 1274-1275（1985）；see, e. g., *Respublica v. De Longchamps*, 1 U. S.（1 Dall.）111, 116（1784）.

⑦ Louis Henkin, *International Law as Law in the United States*, 82 Mich. L. Rev. 1555, 1557（1984）.

原告而是 Bork 法官混淆了普通法与《外国人侵权请求法》之间的关系。①

三、民事、刑事或者混合型立法

有学者认为,《外国人侵权请求法》是将刑法上的观念引进民事诉讼之中,②《外国人侵权请求法》虽然是民事立法,但是却吸取了很多刑法的概念与内容,例如关于违反强行法的国际犯罪、帮助与教唆责任。所以,《外国人侵权请求法》是一部具有混合性的立法。③

综上所述,我们认同 *Forti v. Suarez-Mason* 案的判决意见。在该案中,法院认定,只要存在违反万国法的行为即可,没有要求存在国内法上的诉因。④ 此外,既然联邦最高法院已经认定《外国人侵权请求法》授权联邦法院承认国际习惯法基础上的有限的联邦普通法上的诉因,⑤ 那么对于《外国人侵权请求法》诉讼中的诉因问题的争论可以暂时告一段落了。

第五节　《外国人侵权请求法》复兴的缘由

在 18 世纪末,自然法学一统天下,美国《宪法》以及其他法律的制定者都深受布莱克斯通、瓦特尔、格老秀斯等学者的影响,所以才有《外国人侵权请求法》的出现;然而,随着分析实证主义的不断兴起,自然法思想日趋衰弱,理论界和实务界开始强调国家主权以及法律的国家意志性,所以《外国人侵权请求法》也就长期处于沉寂状态,直到 20 世纪 80 年代才

---

① 之后的很多案例都不同意 Bork 法官的看法。See, e. g., *Abebe-Jira v. Negewo*, 72 F. 3d 844, 847 (11th Cir. 1996); *Kadic v. Karadzic*, 70 F. 3d 232, 236 (2d Cir. 1995); *Hilao v. Estate of Marcos*, 25 F. 3d 1467, 1475 (9th Cir. 1994), cert. denied, 115 S. Ct. 934 (1995); *Xuncax v. Gramajo*, 886 F. Supp. 162, 179 (D. Mass. 1995); *Paul v. Avril*, 812 F. Supp. 207, 212 (S. D. Fla. 1993); *Forti v. Suarez-Mason*, 672 F. Supp. 1531, 1539 (N. D. Cal. 1987).

② See Jaykumar A. Menon, *The Alien Tort Statute: Blackstone and Criminal/Tort Law Hybridities*, 4 Journal of International Criminal Justice 372 (2006).

③ See Jaykumar A. Menon, *The Alien Tort Statute: Blackstone and Criminal/Tort Law Hybridities*, 4 Journal of International Criminal Justice 372 (2006).

④ *Forti v. Suarez-Mason*, 672 F. Supp. 1531 (N. D. Cal. Oct 06, 1987) (No. C-87-2058 DLJ), Reconsideration Granted in Part by, *Forti v. Suarez-Mason*, 694 F. Supp. 707 (N. D. Cal. Jul 06, 1988) (No. C-87-2058-DLJ).

⑤ *Sosa v. Alvarez-Machain*, 542 U. S. 692, 725 (2004).

开始复兴。① 相应地在理论上，由于年轻一代学者思维中没有实证主义的限制，所以关于《外国人侵权请求法》的重要论文都是由他们撰写的。② 此外，还有 2 个比较重要的因素促进了《外国人侵权请求法》复兴，分别是美国国内民权运动的促进和国际民事诉讼爆炸的影响。

一、美国国内民权运动的促进

《外国人侵权请求法》的复兴，离不开美国国内法律环境的变迁，可以说是美国国内的国际人权运动进步的产物。事实上，在第二次世界大战结束后，美国的一些民权团体就试图执行国际人权法，并且以种族歧视违反《联合国宪章》和《世界人权宣言》为由在联邦和州法院提起诉讼，不过一直都没有成功，非自动执行条约和国家行为理论成了其中的主要障碍。③

然而，随着 20 世纪 70 年代美国国内民权运动的高涨，美国国内的公法诉讼如火如荼地进行，民权团体和法律界利用法律诉讼作为社会变革的手段，极大地促进了平等保护、民事和刑事正当程序革命、政府官员问责制、比文斯原则、《美国法典》第 1983 条诉讼的发展，有学者将这些概况为"宪法性侵权"。④ 通过这些诉讼，法律界以及社会各界开始认同这样的观点，即联邦法院可以而且应该重构不当的制度，促进社会改良。

二、国际民事诉讼爆炸的影响

随着"二战"后世界各国不断地参与各种经济活动，涉及国家政府的国际民事纠纷成倍增长。在国际民事侵权诉讼爆炸的同时，限制豁免理论也不断地为世界各国所接受，美国还制定了专门的《外国主权豁免法》，从法律上采取限制豁免理论，导致美国联邦法院必须面对个人以及私人机构对外国政府提起的民事诉讼。这样，长期以来一直被排除在联邦法院管辖之外的国际法案件得到审理，而且激发了律师界对国际法和外交关系法的硬性规则的兴趣。

---

① Ralph G. Steinhardt & Anthony D'Amato (eds.), *The Alien Tort Claims Act: An Analytical Anthology*, Transnational Publishers, 1999, preface, p. x.

② Ralph G. Steinhardt & Anthony D'Amato (eds.), *The Alien Tort Claims Act: An Analytical Anthology*, Transnational Publishers, 1999, preface, p. x.

③ See generally Lockwood, *The United Nations Charter and United States Civil Rights Litigation: 1946-1955*, 69 IOWA L. REV. 901 (1984); Harold Hongju Koh, *Transnational Public Law Litigation*, 100 Yale L. J. 2347, 2360-2361 (1991).

④ Christina Whitman, *Constitutional Torts*, 79 Mich. L. Rev. 5 (1980).

　　既然联邦法院可以审理涉及国家的国际民事合同案件，为什么不能审理国际人权侵权案件，没有理由让外国主权者在人权侵权问题上享有豁免权；而且即使审理侵权案件也不会比合同案件更让行政部门尴尬；既然法院有能力审理国际民事案件，自然也有能力审理其他国际性案件；既然在国际民事案件中，认为合理联系就满足正当程序的要求，在人权条约中为什么不能这样解释类似的术语。同时，国际法的编纂也让法院可以查找到国际法规则，有助于审理和判决国际性案件。

　　因此，在美国国内民权运动高涨和国际民事诉讼爆炸的背景下，产生以 Filartiga 案为代表的《外国人侵权请求法》诉讼就是可以理解的了。在该案中，被告的行为违反巴拉圭法，所以审理该案并不意味着不尊重巴拉圭；免于酷刑的权利是一个法律问题，并不涉及外交政策，不会让行政部门陷于尴尬境地；也不存在司法机关无能的情形，所有当事人都在，海外证据调查并不特别烦琐、也没有难办的法律选择问题，美国法、巴拉圭法和国际法都谴责酷刑。所以，法院最终审理并判决了该案。

　　万事开头难，有了 Filartiga 案的先例，以美国国内的民权运动团体为代表的利益团体自然就希望与国内公法诉讼一样，利用《外国人侵权请求法》诉讼来促进国际法律规则的演化和执行。最终，沉寂了一百多年的《外国人侵权请求法》重新焕发了生机，而且此后对美国国内以及世界其他国家都产生了深刻的影响。

小　结

　　《外国人侵权请求法》从产生到现在已经有两百多年了，虽然我们不能准确地发现美国的国父们在制定《外国人侵权请求法》时的真实想法，但是通过考察当时的时代背景、美国立国之初的国际环境、之前发生的外交事件、法哲学思潮，我们大致还原了《外国人侵权请求法》的出台背景与立法目的。

　　研究美国的法律制度，不但要研究其文本，还要研究其相关的判例。通过整理判例，我们大致地了解了实践中的《外国人侵权请求法》，也发现《外国人侵权请求法》的实践主要是 20 世纪 80 年代后才大量涌现的。在长期的实践中，面对各界的褒贬以及社会不断变迁的现实，《外国人侵权请求法》也在变迁，一方面势力范围不断扩张，另一方面却又受到更多的限制。

　　长期以来，对于《外国人侵权请求法》的性质，理论界和实务界存在着很大的争议，这种争议不但是一个理论问题，更是一个实践问题，关系到原告的诉权与法院的管辖权。如果认为原告可以仅依据《外国人侵权请求法》而对违反国际法或者美国缔结的条约的侵权提起诉讼，那么原告就不用证明自己存在诉因就能在美国联邦法院提起诉讼；如果认为原告的起诉需要将《外国人侵权请求法》与授予诉因的其他法律相结合，那么原告的诉权实际上就受到了很大的限制。从美国法院的实践来看，过于狭隘地解释《外国人侵权请求法》是没有根据的。目前，主流观点还是认为《外国人侵权请求法》本身就是一部兼具授予管辖权和诉因的立法。

《外国人侵权请求法》制定出来后会一直被束之高阁，在一百多年的时间里，静静地睡着，之所以能在 20 世纪 80 年代复活，并且迸发出顽强的活力，离不开美国国内的民权运动的高涨以及国际民事诉讼的爆炸。

第二章 《外国人侵权请求法》的内涵

《外国人侵权请求法》虽然只有短短的一个条文，但是对于其内涵与外延，理论界和实务界却是聚讼纷纭。从美国联邦法院的司法实践来看，要准确地理解《外国人侵权请求法》，必须弄清围绕万国法的内涵、什么是违反万国法或美国缔结的条约的侵权、原告和被告的诉讼主体资格这几个问题。下面，我们分别对这些问题进行阐述。

第一节 万国法的内涵

《外国人侵权请求法》所使用的"万国法"一词值得特别注意，因为在理论与实践中，一直以来都存在不同的解释。① 除美国外，《外国人侵权请求法》所规定的"万国法"的概念在其他任何国家都不存在。其他国家适用不同的规则，允许在普遍管辖权的基础上提出一些人权请求，但是仅附属于刑事程序，而不是作为独立的诉讼。② 《布莱克法律词典》将"万国法"（law of nations）等同于"国际法"（international law）。③

> "国际法是调整国家之间关系的法律制度；更现代地说，是国家、国际组织、跨国公司、非政府组织、甚至（如主张自己人权或者犯战争罪的）个人这些国际关系参与者的法律"。④

---

① Warren Richey, *When Can Foreigners Sue in US Courts*?, Christian Sci. Monitor, Mar. 30, 2004, at 2.

② See generally Beth Stephens, *Translating Filartiga: A Comparative and International Law Analaysis of Domestic Remedies for International Human Rights Violations*, 27 Yale J. Int'l L. 1, 2-4 (2002).

③ Bryan Garner (eds.), *Black's Law Dictionary* (8th ed.), West Group, 2004, p. 903. 《美国法学》上的定义与此类似，See 45 *Am. Jur. 2d International Law* § 1 (2005).

④ Bryan Garner (eds.), *Black's Law Dictionary* (8th ed.), West Group, 2004, p. 835.

但是由于《外国人侵权请求法》使用的是"万国法"一词,司法实践中也更多的使用"万国法"而非"国际法",所以除非另外指明,本书也使用"万国法"这一术语。另外,美国一些学者与法院有时将"万国法"与"国际习惯法"交替使用,所以本书在引述他们的观点时也不作修改与说明。

鉴于"万国法"一词的重要性,关系到原告的诉权与法院的管辖权,我们有必要弄清楚"万国法"的内涵与外延。

一、"万国法"一词的来源

为了在当前背景下恰当地理解万国法的内涵与范围,需要对其一开始到现在的内涵外延和实践应用进行彻底的历史分析。

万国法一词来源于万民法(jus gentium),其内涵与范围历史上可以追溯到罗马法时代,在中世纪和文艺复兴时期有些改变。国际法的创始人格老秀斯(Hugo Grotius)将万民法界定为调整独立国家之间关系的法律,[1] 但并没有使用国际法一词。之后,英国学者理查德·苏支(Richard Zouche,1550—1660)创造了"民族间法"(ius inter gentes)一词。在前人基础上,英国法学家和哲学家边沁(Jeremy Bentham,1748—1832)首创"国际法"(international law)一词。[2] 这样,在19世纪的法律理论和实践中"万国法"被"国际法"一词所代替。[3] 当然,万国法这个术语并没有完全消失,很大程度是由于《外国人侵权请求法》从18世纪末开始生效。[4]

二、近代学者对万国法的理解

现在,美国学者认为美国开国者和《外国人侵权请求法》制定者支持

---

① 王铁崖教授认为,格老秀斯所借用的"万民法"一词指的是"习惯国际法",以区别于自然国际法,后者是关于国际关系的自然法。参见王铁崖:《国际法引论》,北京大学出版社1998年版,第14页。

② 参见王铁崖:《国际法引论》,北京大学出版社1998年版,第15页。

③ 对于国际法的名称和定义,王铁崖先生曾经有过细致的探讨,参见王铁崖:《国际法引论》,北京大学出版社1998年版,第13~17页。

④ 实际上,原来的万国法不但包括我们现在所说的国际公法,还包括一些国际私法、海商法的内容。See Michael T. Morley, *The Law of Nations and the Offenses Clause of the Constitution: A Defense of Federalism*, 112 Yale L. J. 109 (2002). See also, Genc Trnavci, *The Meaning and Scope of the Law of Nations in the Context of The Alien Tort Claims Act and International Law*, 26 U. Pa. J. Int'l Econ. L. 193 (2005).

的理念、信念和原则一直来自于格老秀斯、普芬道夫（Pufendorf）、伯拉马基（Burlamaqui）、瓦特尔（Emerich Vattel, 1714-1767）以及其他学者的思想。①

（一）瓦特尔对万国法的理解②

瑞士法学家瓦特尔及其国际法理论在当时对各国的法律实践的影响大大地超过了格老秀斯，他的专著《万国公法》（*Les Droit des Gens*, *The Law of Nations*）出版于1758年，在欧洲广泛传播，而且得到美国开国者（在1776年至1787年）和法国雅各宾派领导人的钦佩。在美国独立战争时代，许多美国学者遵循瓦特尔的理论，包括杰姆斯·肯特（James Kent）、亨利·惠顿（Henry Wheaton）教授和约瑟夫·斯托雷（Joseph Story）法官。

瓦特尔将万国法作为"教导各国之间存在的权利及相应的义务的科学"，认为万国法从其起源上只不过是"适用于各国的自然法"。瓦特尔把源于适用于各国的自然法称为"必要法"（droit de nécessaire），各国无权通过条约改变它，也不能通过单独或者相互的行为来使自己不受它的约束。换句话说，万国法是由现代意义上的强行法构成。然而，在有些问题上，存在各民族国家之间缔结可以通过条约、公约、习惯和惯例所确认和执行的协定。瓦特尔认为，这种"必要法"限制了各国在相互交往中的自由度。如果执行恰当，自然法会创造在所有人之间以及各国之间存在的自然社会。瓦特尔明确将对侵犯大使的刑事制裁与要求国家以该违法者为代价"全面满足受到侵犯的主权者"联系起来。

瓦特尔的实在万国法包括：（a）源于默示同意（implied consent）的自愿法（droit volontaire）；（b）源于明示同意的契约法；（c）源于推定同意（implicit consent）的习惯法。这种分类有些类似于《国际法院规约》第38条第1款所列的国际法的三个主要渊源：国际公约、国际习惯和一般法律原则。

---

① See Michael T. Morley, *The Law of Nations and the Offenses Clause of the Constitution: A Defense of Federalism*, 112 Yale L. J. 109 (2002). See also, Genc Trnavci, *The Meaning and Scope of the Law of Nations in the Context of The Alien Tort Claims Act and International Law*, 26 U. Pa. J. Int'l Econ. L. 193 (2005).

② See Michael T. Morley, *The Law of Nations and the Offenses Clause of the Constitution: A Defense of Federalism*, 112 Yale L. J. 109 (2002). See also, Genc Trnavci, *The Meaning and Scope of the Law of Nations in the Context of The Alien Tort Claims Act and International Law*, 26 U. Pa. J. Int'l Econ. L. 193 (2005).

（二）英国学者的观点

在英美的法律传统中，所有的万国法理论是由 17 世纪中期杰出的英国学者所构建的。

1. 爱德华·科克

爱德华·科克（Edward Coke，1552—1634）① 是英国法律史上最杰出的法学家之一，作为 1613 年王座法庭（King's Bench）的首席法官，他曾经宣布违反法律的王室声明是非法、无效的。在著名的《英国法阶梯》（Institutes）一书中，他拥护"某些行为本身如此邪恶以至于在任何裁判庭执行自然法都不存在管辖权问题的自然主义观念"及禁止这些行为的万民法；但是如果外国大使在英国实施了诸如叛国罪、重罪、通奸或者任何其他违反万国法的行为，就丧失了作为大使的特权与尊严，可能与其他任何私人外国人一样受到惩罚，不是提交给其主权者而是英国法院，而且他必须答辩；然而，如果英国的《议会法》、私法或者习惯禁止某种行为，但不是违反万民法或万国法，则居住在这里的大使就可以不受拘束。

科克认为，国际习惯法是英国法不可分割的一部分。② 他还认为，对于海盗这样违反万国法的行为，在民法上也应是可以处罚的。③

2. 布莱克斯通

布莱克斯通及受其影响的英国法学思想对《外国人侵权请求法》的制定者有着极大的影响。④ 布莱克斯通认为，万国法是由商人法、海事法和国家法所组成的普遍法（universal law）。⑤ 万国法的这种概念非常类似于罗马

---

① See Michael T. Morley, *The Law of Nations and the Offenses Clause of the Constitution: A Defense of Federalism*, 112 Yale L. J. 109 (2002). See also, Genc Trnavci, *The Meaning and Scope of the Law of Nations in the Context of The Alien Tort Claims Act and International Law*, 26 U. Pa. J. Int'l Econ. L. 193 (2005).

② Mortimer Sellers, *Ethics and Authority in International Law*, 12 Emory Int'L L. Rev. 1597, 1600 (1998) (book review).

③ Eric Engle, *Private Law Remedies for Extraterritorial Human Rights Violations*, Inauguraldissertation, zur Erlangung der Doktorwürde, der Fakultät für Rechtswissenschaft, der Universität Bremen, 2006, p. 52.

④ Eric Engle, *Private Law Remedies for Extraterritorial Human Rights Violations*, Inauguraldissertation, zur Erlangung der Doktorwürde, der Fakultät für Rechtswissenschaft, der Universität Bremen, 2006, p. 48.

⑤ See Edwin D. Dickinson, *The Law of Nations as Part of the National Law of the United States*, 101 U. Pa. L. Rev. 26, 27 (1952).

法中的万民法，因为它包括私法的原理，例如"商业问题……汇票；与捕获品、海难、抵押品和付赎保证书（ransom bills）有关的所有海事案件"以及与护照、大使权利和海盗有关的规则。这种相似性的原因在于 16 世纪到 18 世纪的法学并没有冲突法（国际私法）的规则和理念，而这最终在 19 世纪和 20 世纪得以创立。当时，布莱克斯通将与罗马万民法类似的万国法作为 18 世纪普通法法院发现"涉及两个以上法系的纠纷的合适规则"的工具，① 法院仅是执行从人类整体和所有法系共有的原则——例如理论上不但在英国法院适用而且在外国法院适用的万国法——中推出的规则，而不是通过适用英国法（或者其他国内法）裁决涉外案件。②

布莱克斯通在其《英国法释评》（Commentaries）第 4 卷的"违反万国法"一章中界定了万国法：

> 万国法是在世界上文明的居民之间普遍同意而确立的从自然理性中推出来的规则体系；为了在两个或者更多的独立国家之间以及个人之间频繁进行的交往中解决所有争议、调节所有礼仪礼节（ceremonies and civilities）、确保正义与善意得到尊重。③

总之，布莱克斯通所理解的万国法包括三层规则：

> （1）"支配国家相互行为的一般规范"；（2）"调整境外个人行为的法官立法（汇票、与运费、海损、滞期费、保险、船舶抵押契约、捕获品、海难、抵押物和付赎保证书有关的海商法）"；（3）在个人之间执行的规则，但是"与国际关系的规范有所重合"（英国法所处理的

---

① M. W. Janis, *Jeremy Bentham and the Fashioning of "International Law,"* 78 Am. J. Int'l L. 405, 417 (1984); see also Anthony D'Amato, *What Does Tel-Oren Tell Lawyers?: Judge Bork's Concept of the Law of Nations is Seriously Mistaken*, 79 Am. J. Int'l L. 92, 92 (1985).

② Anthony D'Amato, *What Does Tel-Oren Tell Lawyers?: Judge Bork's Concept of the Law of Nations is Seriously Mistaken*, 79 Am. J. Int'l L. 92, 94 (1985).

③ 布莱克斯通的著作可以通过网络免费下载，http://books.google.com/books?id=0vs8AAAAIAAJ&printsec=frontcover&dq=William+Blackstone,+Commentaries&hl=zh-CN#PPP1, M1（last visited December 29, 2008）.

所谓的违反万国法的犯罪:"侵犯安全通行权、侵犯大使的权利和海盗")。①

然而,布莱克斯通并没有专门区分万民法(民族内法)与民族间法。这之后为边沁(Jeremy Bentham)所注意到,因此"他建议用'国际法'一词取代民族间法意义上的'万国法'"。②

3. 边沁

边沁是第一个在其国际法概念中仔细区分公私事项的。他在《道德与立法原理导论》中提出了自己的国际法理论:

> "首先……国际法是关于国家间的权利与义务,而不是个人的权利与义务……其次,国内法院所处理的外国事务总是根据国内规则而不是国际规则来裁判。"③

边沁在脚注中对"国际的"一词作了如下解释:

> 必须承认,虽然希望"国际的"一词是可以理解的,但它是个新词,它的目的在于用更有意义的方法来表述万国法名义下的法律部门;万国法是一个没有典型特征的名称,若非习惯的力量,看上去更是指国内法。④

---

① Harold J. Berman, *The Alien Torts Claim Act and The Law of Nations*, 19 Emory Int'l L. Rev. 69, 75 (2005). See also, Eric Engle, *Private Law Remedies for Extraterritorial Human Rights Violations*, Inauguraldissertation, zur Erlangung der Doktorwürde, der Fakultät für Rechtswissenschaft, der Universität Bremen, 2006, pp. 48-50.

② See Michael T. Morley, *The Law of Nations and the Offenses Clause of the Constitution: A Defense of Federalism*, 112 Yale L. J. 109 (2002). See also, *Genc Trnavci, The Meaning and Scope of the Law of Nations in the Context of The Alien Tort Claims Act and International Law*, 26 U. Pa. J. Int'l Econ. L. 193 (2005).

③ See M. W. Janis, *Jeremy Bentham and the Fashioning of "International Law,"* 78 Am. J. Int'l L. 405, 417 (1984).

④ See Michael T. Morley, *The Law of Nations and the Offenses Clause of the Constitution: A Defense of Federalism*, 112 Yale L. J. 109 (2002). See also, Genc Trnavci, *The Meaning and Scope of the Law of Nations in the Context of The Alien Tort Claims Act and International Law*, 26 U. Pa. J. Int'l Econ. L. 193 (2005).

D'Aguesseau 作了类似的评论：认为所谓的"国际法"（droit des gens）更应称做"人类的法"（droit entre les gens）。① 边沁走得更远，他说，现在至于不同国家的个人间的任何交往受国内法管制，在一国的国内法院审理……而主权者之间的相互交往则只能成为"国际的"。伯尔曼教授指出：

> 在发明"国际法"一词中，边沁认为"万国法"是令人讨厌的，因为它结合了三个相互矛盾的要件：（1）边沁认为，作为源于自然理性和所有文明民族共有的规则体系的自然法根本就不是法律；（2）按照边沁的说法，关于跨界的私人交往的商人法和海商法规则是受一国或者另一国可以适用的国内法支配；（3）在边沁看来，"主权者之间的相互交往"可以被称为"国际的""法律"。②

随着时间流逝和功利主义学派在 19 世纪的流行，科克和布莱克斯通的违反万民法的犯罪从国际法的范围中退却了，例如叛国罪和通奸，而海盗是极少数从当时到现在仍然被认可的罪行之一。边沁的国际法定义导致了与国际公法不同的冲突法作为私法中一个独立的法律部门的产生，如果边沁没有区分国际公法与国际私法，现代的涉外私法关系和交往很可能就是根据布莱克斯通的概念来处理，万国法就作为一个独特的法律部门。③

边沁的弟子奥斯丁（John Austin）在《法理学的范围》中甚至走得更远，通过否定国际法的法律性来阐述他的实证主义观点，他认为：

> 国家之间的法不是实在法（positive law），因为所有的实在法都是由特定的主权者对其臣民制定的……而国家之间的法是通过舆论来制定的法（称为"法"是不当的）。它所强加的义务是通过道德制裁来执行的：害怕如果违反普遍接受和尊重的公理会招致国家或者主权者的敌意

① Genc Trnavci, *The Meaning and Scope of the Law of Nations in the Context of The Alien Tort Claims Act and International Law*, 26 U. Pa. J. Int'l Econ. L. 193（2005）.

② Harold J. Berman, *World Law*, 18 Fordham Int'l L. J. 1617（1995）.

③ See Michael T. Morley, *The Law of Nations and the Offenses Clause of the Constitution: A Defense of Federalism*, 112 Yale L. J. 109（2002）. See also, Genc Trnavci, *The Meaning and Scope of the Law of Nations in the Context of The Alien Tort Claims Act and International Law*, 26 U. Pa. J. Int'l Econ. L. 193（2005）.

而带来不幸。①

三、美国对万国法的理解

在 18 世纪，构成《外国人侵权请求法》基础的万国法被认为是约束所有人的普遍法，也不存在国际公法与国际私法的区分。② 在万国法方面，英国很早就有国际习惯法为国内法一部分的原则，布莱克斯通也作了详细论述。③ 之后，北美殖民地也采纳英国的法律制度。自从美国独立建国后，美国法院之间流行的观点就认为国际习惯法事实上已经成了国内普通法的一部分。④ 亚历山大·汉弥尔顿曾经指出，欧洲各国的习惯法不可置疑地是普通法的一部分，而且通过吸收，是美国普通法的一部分。⑤ 根据伯尔曼教授的研究：

> 美国开国者理解的万国法不但包括国家间的事项，例如侵犯大使的权利，也包括国家内的事项，例如海事法和商人法上的合同和侵权诉讼……新美国领导人在巨大的压力之下向英国、法国、荷兰和其他欧洲国家表明各个州以及联邦都是根据宽泛的万国法来主张请求以及接受责任。⑥

---

① See Michael T. Morley, *The Law of Nations and the Offenses Clause of the Constitution: A Defense of Federalism*, 112 Yale L. J. 109 (2002). See also, Genc Trnavci, *The Meaning and Scope of the Law of Nations in the Context of The Alien Tort Claims Act and International Law*, 26 U. Pa. J. Int'l Econ. L. 193, 220-221 (2005).

② See generally Edwin D. Dickinson, *The Law of Nations as Part of the National Law of the United States*, 101 U. PA. L. REV. 26 (1952).

③ Beth Stephens, *Federalism and Foreign Affairs: Congress's Power To "Define and Punish ... Offenses against The Law of Nations"*, 42 Wm. & Mary L. Rev. 447 (2000).

④ *The Nereide*, 13 U. S. (9 Cranch) 388, 423 (1815). 法院认定："法院受作为国法一部分的万国法的约束。" See also Gordon A. Christenson, *Federal Courts and World Civil Society*, 6 J. Trans. L. & Pol'y 405, 427 (1997).

⑤ Philip C. Jessup, *The Doctrine of Erie Railroad v. Tompkins Applied to International Law*, 33 Am J. Int'l L. 740, 742 (1939).

⑥ Harold J. Berman, *The Alien Torts Claim Act and The Law of Nations*, 19 Emory Int'l L. Rev. 69, 75 (2005).

　　从一开始，联邦法院就有权解释和适用国际习惯法，①起初是作为一般普通法的一部分，在1938年的 *Erie* 案后，②作为联邦普通法的一部分，但适用范围有限。

　　在1938年联邦最高法院宣布不存在一般联邦普通法之后，以 Jessup 教授为代表的传统的观点仍然认为国际习惯法是联邦普通法的一种特殊类型，只不过不是"一般"的普通法而已，而且在联邦法院适用国际法是在联邦权力范围之内的。③之后，以《美国对外关系法（第三次）重述》等为代表的主流观点认为，国际习惯法一直都是美国联邦普通法的一部分。④还有学者论述了国际法是如何成为美国法的。⑤不过，这种观点遭到了 Curtis Bradley 和 Jack Goldsmith 等学者的激烈反对，他们认为，除非国会或各州立法机关将国际习惯法并入，不然国际习惯法在美国就不具有国内法效力，甚至只是州法而已。⑥当然，这些反对意见又受到了许多学

---

　　① Louis Henkin, *International Law as Law in the United States*, 82 Mich. L. Rev. 1555 (1984).

　　② *Erie R. R. Co. v. Tompkins*, 304 U. S. 64 (1938).

　　③ Philip C. Jessup, *The Doctrine of Erie v. Tompkins Applied to International Law*, 33 Am. J. Int'l L. 740, 741-743 (1939).

　　④ *Restatement (Third) of the Foreign Relations Law of the United States* § 102 (1987).

　　⑤ See, e. g., Stewart Jay, *The Status of the Law of Nations in Early American Law*, 42 Vand. L. Rev. 819 (1989); Harold H. Sprout, *Theories as to the Applicability of International Law in the Federal Courts of the United States*, 26 Am. J. Int'l L. 280 (1932). Harold Hongju Koh, *The 1998 Frankel Lecture: Bringing International Law Home*, 35 Hous. L. Rev. 623 (1998).

　　⑥ See Curtis A. Bradley & Jack L. Goldsmith, *Customary International Law as Federal Common Law: A Critique of the Modern Position*, 110 Harv. L. Rev. 815 (1997); Curtis A. Bradley & Jack L. Goldsmith, *The Current Illegitimacy of International Human Rights Litigation*, 66 Fordham L. Rev. 319 (1997); Curtis A. Bradley & Jack L. Goldsmith, *Federal Courts and the Incorporation of International Law*, 111 Harv. L. Rev. 2260 (1998); Russell J. Weintraub, *Establishing Incredible Events by Credible Evidence: Civil Suits for Atrocities that Violate International Law*, 62 Brook. L. Rev. 753 (1996); Arthur M. Weisburd, *State Courts, Federal Courts, and International Cases*, 20 Yale J. Int'l L. 1 (1995).

者的严厉批评。① 与前面两种对立的观点不同，Ernest Young 于 2002 年提出一个折中的观点，认为与联邦法不同，国际习惯法应被认为是现代一般法的一种，并不高于州法。② 虽然 Ernest Young 的折中观点与 Curtis Bradley 和 Jack Goldsmith 等学者的观点存在细微的差别，不过总体而言 Ernest Young 的观点还是与他们存在更多的共同性，与主流观点差别更多。在 2007 年发表的一篇论文中，Ernest Young 对自己的观点作了进一步的阐述。他认为，如果国际习惯法是联邦法，则《外国人侵权请求法》应涵盖所有的国际习惯法上的侵权请求。然而，在 Sosa 案中，最高法院认为《外国人侵权请求法》仅涉及一些非常有限的请求。之后，Ernest Young 又援引 Banco Nacional de Cuba v. Sabbatino 案③和联邦最高法院拒绝认可国际法院裁决的效力的 Sanchez-Llamas v. Oregon 案，④ 认为联邦最高法院的立场一直是有选择性地将国际规范并入联邦法，也就是所谓的零售的并入（Retail Incorporation），而非批发的并入（Wholesale Incorporation）。⑤ 还有学者认为，国际习惯法既不是州法，也不是联邦法。⑥ 美国国家法学家亨金教授则

---

① See, e. g., F. Giba-Matthews, *Customary International Law Acts As Federal Common Law in U. S. Courts*, 20 Fordham Int'l L. J. 1839, 1845 (1997); Michael J. Glennon, *Process Versus Policy in Foreign Relations*: *Foreign Affairs and the United States Constitution*, 95 Mich. L. Rev. 1542, 1551-53 (1997); Ryan Goodman & Derek P. Jinks, *Filartiga's Firm Footing*: *International Human Rights and Federal Common Law*, 66 Fordham L. Rev. 463, 468-69 (1997); Andreas F. Lowenfeld, *Nationalizing International Law*: *Essay in Honor of Louis Henkin*, 36 Colum. J. Transnat'l L. 121, 126 n. 23 (1997); Gerald L. Neuman, *Sense and Nonsense about Customary International Law*: *A Response to Professors Bradley and Goldsmith*, 66 Fordham L. Rev. 371, 371-73 (1997); Beth Stephens, *The Law of Our Land*: *Customary International Law as Federal Law after Erie*, 66 Fordham L. Rev. 393, 396-97 (1997); See Harold Hongju Koh, *Is International Law Really State Law?*, 111 Harv. L. Rev. 1824 (1998).

② See Ernest A. Young, *Sorting Out the Debate over Customary International Law*, 42 Va. J. Int'l L. 365, 467-84 (2002).

③ 376 U. S. 398 (1964).

④ 126 S. Ct. 2669 (2006).

⑤ See Ernest A. Young, *Sosa and the Retail Incorporation of International Law*, 120 Harv. L. Rev. F. 28 (2007). See also, See Ernest A. Young, *Federal Suits and General Laws*: *A Comment on Judge Fletcher's Reading of Sosa v. Alvarez-Machain*, 93 VA. L. REV. IN BRIEF 33, 35 (2007).

⑥ See Arthur M. Weisburd, *The Executive Branch and International Law*, 41 Vand. L. Rev. 1205, 1239 (1988); Arthur M. Weisburd, *State Courts, Federal Courts, and International Cases*, 20 Yale J. Int'l L. 1, 38-44 (1995).

认为，国际习惯法在美国的地位是"类联邦普通法"（like federal common law）。①

事实上，美国联邦最高法院在 1900 年的 The Paquete Habana 案件中已经说得非常明确了，"国际法是我们国家法律的一部分"。② 之后一系列的判例也都重申了这一点。③

从 18 世纪末到 20 世纪中期，联邦法院和州法院虽然有时使用"国际法"一词，但都把万国法当成了作为一般普通法一部分的国际习惯法。④ 然而，从那时到现在，联邦法院在《外国人侵权请求法》的准确范围和"万国法"的内涵上有了分歧。不管是静态还是动态的解释，这都是一个争论激烈的问题。

美国的开国者确实预计到法院应该解释和适用作为普通法一部分的万国法而不需要进一步的特别立法规定。当时杰出的学者认为，"这里的万国法是由普通法通过的，是国家法律的一部分"而且"没有理由认为只有联邦政府的一个部门负责解释万国法"。他们还认为，违反万国法罕有地是任何一个特定国家刑法的客体。对于万国法的违反主要是附属于整个国家的：在那种情形下只能诉诸战争……但是任何一个国家违反了这种一般法，那么非难这种行为以维持世界和平既是政府的利益也是其义务。⑤

现在，历史学家之间已经达成共识，认为万国法被视为"在合适的情形下与其他法律一样需要得到确定和执行"。⑥ 对于美国法院在面对如何执行国际法时具有很大影响的《美国对外关系法（第三次）重述》宣布："现代的观点是，国际习惯法在美国是联邦法……因国际法而产生的案件……在

---

① Louis Henkin, *International Law as Law in the United States*, 82 Mich. L. Rev. 1555, 1561 (1984).

② 175 U. S. 677, 700 (1900) . See Edwin D. Dickinson, *The Law of Nations as Part of the National Law of the United States*, 101 U. PA. L. REV. 26, 26-27 (1952).

③ 最近几年的代表性判例参见 *Spector v. Norwegian Cruise Line , Ltd.* , 125 S. Ct. 2169, 2185 (2005).

④ See *Swift v. Tyson*, 41 U. S. 1 (1842), *Huntington v. Attrill*, 146 U. S. 657 (1892), *The Paquete Habana*, 175 U. S. 677 (1900).

⑤ See Stewart Jay, *The Status of the Law of Nations in Early American Law*, 42 Vand. L. Rev. 819, 824, 834 (1989).

⑥ See Edwin D. Dickinson, *The Law of Nations as Part of the National Law of the United States*, 101 U. Pa. L. Rev. 26, 35 (1952); see also William S. Dodge, *The Historical Origins of the Alien Tort Statue: A Response to the "Originalists,"* 19 Hastings Int'l & Comp. L. Rev. 221, 232 (1996).

美国的司法权内。"① 如前所述,这种观点现在并不过时,仍然是主流看法。

第二节　违反万国法或美国缔结的条约的侵权

在《外国人侵权请求法》诉讼中,争议必须涉及调整国家之间的关系或者一国与外国人之间的关系的习惯、规则或者条约。② 也就是说,为了提出《外国人侵权请求法》上的请求,原告必须证明存在违反万国法或美国缔结的条约的情形。③ 所以,下面我们分别介绍违反万国法或美国缔结的条约的侵权。

一、违反万国法的侵权

(一) 相关案例

正如法院在 *Aldana* 案中所说的,"界定国际习惯法并不容易"。④ 因而,不足为奇的是,《外国人侵权请求法》诉讼中最有争议的要件是所声称的侵权必须违反"万国法"。

在司法实践中,各个法院对于万国法的含义存在不同观点。没有争议的是一些违反强行法的行为总是违反了万国法,例如种族灭绝、奴隶制度、酷刑和战争罪。⑤

除了违反强行法,有的法院也认为免于任意拘禁的权利、免于残忍、不人道或者有辱人格尊严的待遇的权利、生命、自由和个人安全的权利、和平集会及表达的权利是得到万国法保护的权利。因此,任何对这些权利的侵犯将"构成违反公认的国际法"并可以根据《外国人侵权请求法》起诉。⑥ 在得到这个结论时,法院引用了国际协定,例如《世界人权宣言》、《联合

---

① *Restatement (Third) of The Foreign Relations Law of the United States* § 111 n. 3 (1987).

② *Trans-Continental Inv. Corp., S. A. v. Bank of Commonwealth*, 500 F. Supp. 565 (C. D. Cal. 1980).

③ See *Flores v. Southern Peru Copper Corp.*, 343 F. 3d 140, 160 (2d Cir. 2003).

④ *Aldana v. Fresh Del Monte Produce, Inc.*, 305 F. Supp. 2d 1285 (S. D. Fla. 2003), aff'd in part and vacated in part, 416 F. 3d 1242 (11th Cir. 2005).

⑤ See *Doe v. Unocal Corp.*, 963 F. Supp. 880 (C. D. Cal. 1997), aff'd in part and rev'd in part sub nom, *Doe v. Unocal Corp.*, 395 F. 3d 932 (9th Cir. 2003), aff'd en banc, 403 F. 3d 708 (9th Cir. 2005).

⑥ *Wiwa v. Royal Dutch Petroleum Co.*, No. 96-C8386, 2002 U. S. Dist. LEXIS 3293 (S. D. N. Y. Feb. 22, 2002).

国禁止酷刑公约》。

然而，尽管 *Aldana* 案中的原告引用了类似的公约与协定，包括《公民权利和政治权利国际公约》及《世界人权宣言》，但是法院裁定国际法并不禁止侵犯和平集会及表达的权利。法院认为，"国际习惯法的特点是常常需要'创造性解释的'，而且本院必须特别小心及克制"。① *Sosa* 案强化了这种观点。②

此外，虽然 *Aguinda* 案和 *Sarei* 案③的判决在国际公约是否是国际法的证据上的观点相反，但法院的结论是一致的。当 Aguinda④ 在 1994 年第一次走向地方法院时，法官推迟裁定所声称的行为是否违反了国际习惯法，但是看上去倾向于承认诸如《里约环境与发展宣言》(*Rio Declaration on Environment and Development*，简称《里约宣言》)之类的国际环境协定作为习惯法的证据。法官最终认定，"不是所有可能危害环境的行为及违反环境法的行为都违反万国法"，并且引用了几部他认为与禁止特定行为的国际习惯法讨论相关的立法。对于同样的协定，在 *Sarei* 案中，法院认定《里约宣言》将环境损害的责任仅限于主权者防止环境损害影响其他国家的责任，不存在授予环境请求的国际习惯法。⑤

Filartiga 案后根据《外国人侵权请求法》提起的每个案件都讨论了"万国法"的含义，但是即使在美国最高法院对 *Sosa* 案作出判决后，"万国法"的准确含义仍然不确定。正如我们从这些案件中所看到的，法院不能同意国际习惯法是由什么构成的，甚至在解释同样的公约时不同的法院意见也不同。一些法院承认国际公约是国际一致意见的证据，而其他法院则不是。甚至还有其他法院将国际公约作为国际习惯法不存在的证据。法院不能就国际法何时存在达成一致，而且在解释确已存在的国际法时也很少一致。

（二）万国法内涵的变化

有人认为，对于《外国人侵权请求法》中所使用的"万国法"一词，

---

① 305 F. Supp. 2d 1297 (S. D. Fla. 2003).

② 124 S. Ct. 2755 (2004).

③ *Sarei v. Rio Tinto Plc.* , 221 F. Supp. 2d 1116 (C. D. Cal. 2002).

④ *Aguinda v. Texaco, Inc.* , No. 93-C7527, 1994 U. S. Dist. LEXIS 4718 (S. D. N. Y. Apr. 11, 1994), dismissed, 945 F. Supp. 625 (S. D. N. Y. 1996), remanded sub nom, *Jota v. Texaco, Inc.* , 157 F. 3d 153 (2d Cir. 1998), mandamus denied, 241 F. 3d 194 (2d Cir. 2001), dismissed, 142 F. Supp. 2d 534 (S. D. N. Y. 2001), modified and aff 'd, 303 F. 3d 470 (2d Cir. 2002).

⑤ 221 F. Supp. 2d 1159 (C. D. Cal. 2002).

仅应该按照当时的含义来理解，如果当时的万国法并没有禁止某些行为，则现在受这些行为侵害的受害人不能根据《外国人侵权请求法》提起诉讼。换句话说，他们认为"万国法"的含义是固化的。

在 *Tel-Oren* 案中，Bork 法官承认"国际法的实体规则是在演化的"，但认为这并不意味着违反新的规则的侵权在没有国会的进一步立法的情形下是可诉的，尤其是在没有明确的诉因时。Bork 法官认为，国会打算将违反《外国人侵权请求法》而可诉的侵权限制在侵犯安全通行权、侵犯大使的权利和海盗以及其他违反了 1789 年已经存在的万国法的行为上。① 我们认为，他的观点是不对的。

开国者认识到万国法随着时间在演化。1793 年，托马斯·杰弗逊（Thomas Jefferson）指出中立商人的权利适用万国法："我指的是为文明各国的宣言、立法和实践所证明的应该通过改进方法将它们自由化的万国法的原则。"② Wilson 法官在 1796 年的 *Ware v. Hylton* 案中认定："当美国宣布独立时就一定要全部地接受万国法。"③

开国者期望这种演化的进程能够继续。④ 显然，美国将继续与外国缔结条约，如果认为第一届国会打算将《外国人侵权请求法》仅限于违反 1789 年已经存在的条约是荒谬的。万国法也是如此。《宪法》通过授权国会"界定并惩罚……违反万国法的犯罪"明确地规定了其发展。第一届国会几乎马上行使了这种权力，制定法律惩罚海盗、侵犯安全通行权和袭击大使。⑤

开国者也期望万国法经过普通法法院的判决来演化。在建议各州"在每一州建立一个裁判庭或者授权已经存在的裁判庭审理前面所未列举的违反万国法的犯罪"时，大陆会议已经认识到这一点，认为万国法是基于自然法的原则，所以法院能够解释万国法。正如斯托雷（Story）法官在 *United*

---

① See *Tel-Oren v. Libyan Arab Republic*, 726 F. 2d 774, 815-816（D. C. Cir. 1984）（Bork, J., concurring）.

② *Letter from Thomas Jefferson to Thomas Pinckney*（May 7, 1793）, quoted in Stewart Jay, *The Status of the Law of Nations in Early American Law*, 42 Vand. L. Rev. 819, 846（1989）.

③ 3 U. S.（3 Dall.）199, 281（1796）.

④ See *United States v. La Jeune Eugenie*, 26 F. Cas. 832, 846（C. C. D. Mass. 1822）（No. 15, 551）, overruled on other grounds, 23 U. S.（10 Wheat.）66（1825）.

⑤ See Charles D. Siegal, *Deference and Its Dangers: Congress' Power to "Define … Offenses against the Law of Nations,"* 21 Vand. J. Transnat'l L. 865, 874-879（1988）.

States v. La Jeune Eugenie 案所解释的，"可以从各国的权利与义务以及道德义务的性质中正确推出的每一种学说，理论上来说都存在于万国法之中"。[1]

第一届国会将普通法法院对万国法的解释看做"发现"已经存在的自然法。[2] 第一届国会将自己界定违反万国法的犯罪的立法视为"宣告"已经存在的同样的法律，[3] 但是这种描述上的不同并不妨碍万国法概念的动态性。因此，没有理由认为第一届国会期望或者打算《外国人侵权请求法》将限于违反 1789 年存在的万国法的侵权。如果这样的话，埃尔斯沃斯可以轻易地指定该条款将扩及的许多侵权行为。然而，他没有。相反，他指出，地方法院应审理"外国人对违反万国法或者美国缔结的条约的侵权行为提起诉讼的所有案件，"[4] 而且他这样做时是明知万国法已经演化了而且将继续演化的。

（三）国家行为要求（state action requirement）

对于大多数侵犯人权而言，如果原告能证明存在国家行为（state action），才可以让私人当事人承担责任。[5] 然而，在实践中不要说联邦地方法院对此没有明确的标准，联邦上诉法院也难以决定何时存在《外国人侵权请求法》上的国家行为。[6] 有的法院寻求联邦制定法特别是《美国法典》第 1983 条作为指导。[7] 虽然法院在 *Wiwa* 案和 *Kadic* 案确立的国家行为的一般基础上是一致的，即"原告通常必须证明被告是政府行动者或者在'法律名义下'实施了侵权行为"，[8] 但是不同的联邦上诉法院适用不同的测试

---

① See *United States v. La Jeune Eugenie*, 26 F. Cas. 832, 846 (C. C. D. Mass. 1822) (No. 15, 551), overruled on other grounds, 23 U. S. (10 Wheat.) 66 (1825).

② See Stewart Jay, *The Status of the Law of Nations in Early American Law*, 42 Vand. L. Rev. 819, 833 (1989).

③ See Stewart Jay, *The Status of the Law of Nations in Early American Law*, 42 Vand. L. Rev. 819, 827 (1989).

④ *Judiciary Act*, ch. 20, s 9, 1 Stat. 73, 77 (1789).

⑤ *Kadic v. Karadzic*, 70 F. 3d 232 (2d Cir. 1995).

⑥ See Armin Rosencranz & Richard Campbell, *Foreign Environmental and Human Rights Suits against U. S. Corporations in U. S. Courts*, 18 Stan. Envt'l L. J. 145, 206 (1999); Sonia Jimenez, *The Alien Tort Claims Act: A Tool for Repairing Ethically Challenged U. S. Corporations*, 16 St. Thomas L. Rev. 721, 736 (2004).

⑦ See 42 U. S. C. § 1983 (2000); Craig Forcese, *ATCA's Achilles Heel: Corporate Complicity, International Law and the Alien Tort Claims Act*, 26 Yale J. Int'l L. 487, 502-510 (2001).

⑧ 2002 U. S. Dist. LEXIS 3293 (S. D. N. Y. Feb. 22, 2002).

来决定国家行为是否存在。联邦最高法院曾经在涉及《美国法典》第 1983 条的诉讼中确定了几个标准，① 第二巡回法院只依赖共同行为测试（joint action test），Wiwa 案就是典型代表。判决 Sarei 案的第九巡回法院既强调共同行为测试，也考虑近因测试（proximate cause test）。第五巡回法院考虑结合多种测试，包括联系测试（the nexus test）、共生关系测试（the symbiotic relationship test）、共同行为测试和公共功能测试（the public function test）。② 其他巡回法院，例如第十一巡回法院，没有遇到需要解答国家行为的问题或者没有决定如何解决。在 Sosa 案中，联邦最高法院认定原告所声称的侵权行为并不违反国际法，因而从来没有面对国家行为这个问题。③

（四）简评

总之，联邦法院之间在试图解释"万国法"和"国家行为"之时并不一致。④ 首先，法院不确定如何决定什么构成了违反万国法。其次，联邦法院对于适用单一的标准来决定什么构成国家行为没达成一致。这种缺乏明确的标准，导致判决结果可能不同，最终破坏了《外国人侵权请求法》。然而，一致的解释《外国人侵权请求法》是更重要的，因为对《外国人侵权请求法》的解释不但影响到在各个巡回法院管辖权之下的案件，而且具有国际影响。美国联邦法院体制不能期望用一部法律来涵盖整个国际社会；却对同一法律作出不同的解释。这可能导致一些有害的后果，例如挑选法院，而这是联邦最高法院所不希望发生的。⑤ 当国际原告正对国际被告提起诉讼时，国内的联邦法院还没有准备好解释国际法。然而，此刻却没有更好的选择，只能边走边看，希望在实践中得到更高程度的统一。

二、违反美国缔结的条约的侵权

在实践中，美国法院很少根据国际人权公约来判决案件，在《外国人侵权请求法》诉讼中，更是如此。此外，当事人也很少主张被告的行为违反了美国缔结的国际条约而要承担责任，有学者曾经对相关的判决作了专门

---

① See *Lugar v. Edmonson Oil Co.*, 457 U. S. 922, 939 (1982).

② Natalie Bridgeman, *Human Rights Litigation Under the ATCA as a Proxy for Environmental Claims*, 6 Yale Hum. Rts. & Dev. L. J. 1, 8 (2003).

③ 124 S. Ct. 2739 (2004).

④ Natalie Bridgeman, *Human Rights Litigation under the ATCA as a Proxy for Environmental Claims*, 6 Yale Hum. Rts. & Dev. L. J. 1, 5 (2003).

⑤ See *Erie R. R. v. Tompkins*, 304 U. S. 64 (1938).

的研究。① 在 23 起针对美国被告的案件中，5 起以其他理由判决、3 起认定国际公约与美国《宪法》的保护一样、8 起以非自动执行声明为由被撤销、2 起以国际公约解释宪法权利、2 起将国际公约作为国际习惯法的一部分而根据《外国人侵权请求法》作出裁判、② 1 起利用国际公约抗辩而认为无需进一步立法、2 起认定国际公约与国内法不冲突。另外，针对非美国被告的 4 起案件中，1 起针对外国国家、2 起根据《外国人侵权请求法》利用国际公约作为国际习惯法的证明、③ 1 起根据《外国人侵权请求法》中的条约条款而利用国际公约。④

在有的案件中，当事人希望证明被告违反了美国缔结的国际条约而应承担法律责任，但是法院出于各种考虑，例如礼让、避免让行政部门陷入尴尬、防止诉讼爆炸，不认定被告违反美国缔结的条约。曾经有法院认定被告违反美国缔结的条约，构成了侵权行为，判决被告败诉，⑤ 但是，该判决后来又因国家豁免等事由而被撤销了。⑥

一般而言，不是所有违反美国缔结的条约的行为都可以根据《外国人侵权请求法》而起诉的，而是仅在这些条约的规定事实上如果因其违反而产生侵权行为时，原告才可以据此而提起诉讼。⑦ 在 *Jogi v. Piland* 案中，法院认为，原告可以根据《外国人侵权请求法》对违反美国缔结的条约的侵权行为提起诉讼，而不是对违反所有条约的行为提起诉讼。⑧ 另外，如果所涉及的条约与原告的案件毫无关联，那么就不能根据《外国人侵权请求法》行使管辖权。⑨

事实上，有人曾经根据《日内瓦第三公约》和《维也纳领事关系公约》

---

① See Kristen D. A. Carpenter, *The International Covenant on Civil and Political Rights: A Toothless Tiger?*, 26 N. C. J. Int'l L. & Com. Reg. 1 (2000).

② *Fernandez-Roque v. Smith*, 622 F. Supp. 887, 903 (N. D. Ga. 1985); *Jama v. United States Immigration and Naturalization Serv.*, 22 F. Supp. 2d 353, 365 (D. N. J. 1998)

③ *Filartiga v. Pena-Irala*, 630 F. 2d 876, 884-885 (2d. Cir. 1980); *Xuncax v. Gramajo*, 886 F. Supp. 162, 185-186 (D. Mass. 1995).

④ *Abebe-Jiri v. Negewo*, 72 F. 3d 844, 848 (11th Cir. 1996).

⑤ *Von Dardel v. Union of Soviet Socialist Republics*, 623 F. Supp. 246 (D. D. C. Oct 15, 1985) (NO. CIV. A. 84-0353).

⑥ *Von Dardel v. Union of Soviet Socialist Republics*, 736 F. Supp. 1 (D. D. C. Mar 09, 1990) (NO. CIV A 84-0353-AER).

⑦ *Xuncax v. Gramajo*, 886 F. Supp. 162 (D. Mass. 1995).

⑧ *Jogi v. Piland*, 131 F. Supp. 2d 1024 (C. D. Ill. 2001).

⑨ *Valanga v. Metropolitan Life Ins. Co.*, 259 F. Supp. 324 (E. D. Pa. 1966).

等国际条约提起诉讼，但最终并没有得到法院的支持，其中的主要障碍是非自动执行条约理论。① 在 2008 年 4 月 24 日作出的一起判决中，美国第二巡回法院就维持了地方法院的判决，认为原告不能根据《外国人侵权请求法》主张被告违反美国缔结的《维也纳领事关系公约》获得赔偿。②

类似的，在 Beanal v. Freeport-McMoran, Inc. 案中，法院认为，国际公约、协定和宣言宣布了享受文化、自由追求文化或者文化发展的权利，但没有确定哪些行为构成文化灭绝的行为，所以不能认定国际法已经明确规定了文化灭绝，因而不能支持根据《外国人侵权请求法》提出的请求。③

一方面，如果原告根据条约主张请求，而美国不是条约缔约国或者认定该条约是非自动执行的，则原告可以将该条约作为国际习惯法而主张将其作为诉讼请求的管辖权基础。④ 要利用国际习惯法而确立《外国人侵权请求法》上的请求，必须满足如下要件：提出诉讼的主体是外国人；主张侵权；行为违反了万国法。为此，法院首先必须认定是否有可以适用的国际法规范，其次认定是否违反了该规范。⑤ 要认定是否有可以适用的国际法规范则要求法院认定什么构成了国际习惯法，所以不但要证明存在相关的条约，而且要证明类似规定在其他地方也具有约束力，同时为司法判决所遵循、其他国际法文件以及法学著作所认同。⑥

当然，根据《外国人侵权请求法》的规定，如果原告能证明被告确实

---

① See, e. g., *Edye v. Robertson*, 112 U. S. 580, 598-599 (1884). 在该案中，法院界定了非自动执行条约理论，要求条约必须明示或者默示地规定了私人诉权。虽然这一点遭到很多学者的批评，但是实践中法院仍然是这么做的。See, e. g., Harold Hongju Koh, *Transnational Public Law Litigation*, 100 Yale L. J. 2347, 2360-61 (1991); Stephen Reisenfeld, *The Doctrine of Self-Executing Treaties and U. S. v. Postal: Win at Any Price?*, 74 Am. J. Int'l L. 892, 895 (1980).

② See *Mora v. People of the State of New York*, No. 06-0341 (Second Circuit U. S. Court of Appeals April 24, 2008).

③ *Beanal v. Freeport-McMoran, Inc.*, 197 F. 3d 161 (C. A. 5 (La.) 1999).

④ See, e. g., *Jean v. Nelson*, 727 F. 2d 957, 964 n.4 (11th Cir. 1984); *Jama v. United States Immigration and Naturalization Serv.*, 22 F. Supp. 2d 353, 362 (D. N. J. 1998); *Fernandez-Roque v. Smith*, 622 F. Supp. 887, 903 & n.29 (N. D. Ga. 1985).

⑤ *Beanal v. Freeport-McMoran, Inc.*, 969 F. Supp. 362, 370 (E. D. La. 1997) (citing *Xuncax v. Gramajo*, 886 F. Supp. 162, 184 (D. Mass. 1995)); *Martinez v. City of Los Angeles*, 141 F. 3d 1373, 1383 (9th Cir. 1997) (quoting *Trajano v. Marcos* (*In re Estate of Ferdinand E. Marcos Human Rights Litig.*), 978 F. 2d 493, 502 (9th Cir. 1992)).

⑥ Kristen D. A. Carpenter, *The International Covenant on Civil and Political Rights: A Toothless Tiger?*, 26 N. C. J. Int'l L. & Com. Reg. 1, 45 (2000).

违反了美国缔结的国际条约，而且该条约在美国是自动执行的，那么被告就要承担责任。① 不过根据美国联邦法院从 *Fuji v. California* 案②开始的一贯立场，人权条约一般都被认为是非自动执行的，未来被告要以违反美国缔结的条约的侵权为由提起诉讼仍然比较困难。

三、"侵权"的含义

在《外国人侵权请求法》背景下，侵权（tort）一般是被界定为违反法律所保护的利益。在 *Filartiga v. Peña-Irala* 案中，地方法院认为，侵权一词历史上是指不当行为，或者是正当行为的对应词。③ Paust 教授认为，侵权的概念事实上是英美法中独有的概念，而民事义务也许是使用最普遍的概念，对于违反国际法律标准的民事制裁的存在是与理解《外国人侵权请求法》的含义相关的。④

与上面的观点不同，以 Sweeney 教授为代表的部分学者将"侵权"解读为专指"捕获法下的'不当行为'（wrongs）"，⑤ 我们认为，这样狭隘的限制性解释不但与现在对该词的通常理解不一致，也与 1789 年《司法法》通过时的理解不一致。正如之前所论述的，布莱克斯通将许多普通法上的行为列为我们现在会承认的"侵权"，而第一届国会所指的违反万国法的侵权也超越了捕获背景的限制，而且特别制定了《外国人侵权请求法》以使联邦法院能审理这些诉讼。

另外，从早期的实践中可以看出，不应该对该条款进行限制性解读。斯托雷法官在 *De Lovio v. Boit* 案中指出：

> 与这些制定法一致，海事管辖权仍然可以在如下案件中行使，(1)

---

① 对条约是否自动执行与第 1350 条的关系，有学者也作了论述。See Ralph G. Steinhardt & Anthony D'Amato（eds.），*The Alien Tort Claims Act: An Analytical Anthology*，Transnational Publishers，1999，p. 92，footnote 197，p. 94. See also Quincy Wright，*National Courts and Human Rights: The Fujii Case*，45 Am. J. Int' L. L. 62（1951）.

② 242 P. 2d 617（Cal. 1952）.

③ See *Filartiga v. Peña-Irala*，630 F. 2d 876（2d Cir. 1980），on remand，577 F. Supp. 860（S. D. N. Y. 1984）.

④ See Jordan J. Paust，*Litigating Human Rights: A Commentary on the Comments*，4 Houston J. Int'l L. 59，83-84（1981）.

⑤ Joseph Modeste Sweeney，*A Tort Only in Violation of the Law of Nations*，18 Hastings Int'l & Comp. L. Rev. 445，475（1995）.

在公海、潮涨潮落内的码头和桥下的河流上的侵权和损害；（2）在国内外产生的海事合同；（3）捕获及其意外的事项。①

这说明斯托雷法官将"侵权"理解为不但包括在捕获期间引起的损害，而且包括在海上发生的所有损害。在其他案件中，斯托雷使用"侵权"一词来表示陆地上的侵权。②

在 *Moxon v. The Fanny* 案中，③ 法院认为，一个诉讼是否"tort only"并不表示捕获的合法性是否存在争论。④ 地方法院认为该案不是"tort only"，因为所寻求的救济不但包括损害赔偿还包括返还原物，所以所寻求的救济不是唯一的，并不符合《外国人侵权请求法》的规定。法院将"tort only"解释为原告所能寻求的救济只能是侵权的救济，并非限制为捕获法上的不当行为。因此，不能将《外国人侵权请求法》上的侵权解释为限于捕获法上的不当行为。

此外，对《外国人侵权请求法》的限制性解读与总检察长曾经发布的一些意见相矛盾。⑤ 对于早期的《外国人侵权请求法》的解释与解读，总检察长或者司法部长发表的意见也是极具参考价值，值得我们重视。历史上影响比较大的主要有 3 个意见，这 3 起事件并不涉及海上的捕获，但是总检察长却都对《外国人侵权请求法》进行了说明。下面，我们简单介绍下这三次分别发生在 1794 年、1804 年和 1907 年的事件。

1794 年，一名美国奴隶贸易商引导法国私掠船在公海上洗劫了英国公民的财产并且攻击了英国殖民地塞拉利昂。对此，英国提出了外交抗议。对于英国提出的能否对该美国公民的行为提诉讼的问题，总检察长 William Bradford 回答说，

虽然由于犯罪行为实施地的缘故不可能提起刑事诉讼，但是受这些

---

① 7 F. Cas. 418, 426（C. C. D. Mass. 1815）（No. 3776）. See also *Martin v. Hunter's Lessee*, 14 U. S.（1 Wheat.）304, 335（1816）（Story, J.）.

② See, e. g., *Whittemore v. Cutter*, 29 F. Cas. 1120, 1123（C. C. D. Mass. 1813）（No. 17, 600）; *Meeker v. Wilson*, 16 F. Cas. 1311, 1312（C. C. D. Mass. 1813）（No. 9392）.

③ *Moxon v. The Fanny*, 17. F. Cas. 942（D. Pa. 1793）（No. 9, 895）.

④ See 17 F. Cas. 942, 947（D. Pa. 1793）（No. 9895）.

⑤ See 1 Op. Att'y Gen. 57（1795）.

敌对行为伤害的公司或者个人无疑可以在联邦法院提起民事诉讼，寻求救济，"对外国人提起的违反万国法或者美国缔结的条约的行为提起的侵权诉讼的所有案件的管辖权已经明确授予这些法院了"。①

1804 年，英国驻美国大使的仆役被人从该大使的花园绑走，为此提出抗议。对此，总检察长 Lincoln 发表了意见，认为既然"存在着侵犯各国权利的行为……行为人可以在美国地区或者最高法院被起诉或者在地方法院被判刑"。② 这里的被起诉的法律依据除了《外国人侵权请求法》之外恐怕找不出其他的了。

总检察长 Charles Bonaparte 在 1907 年的意见也提到了对外国人的救济问题。事情起源于美国和墨西哥对于 Rio Bravo/Rio Grande 边界的争议，该争议之后提交给双边国际水界委员会（Bilateral International Water Boundary Commission）处理。经过调查，双边国际水界委员会发现一家美国移民公司故意非法更改了 Rio Grande 的水道，所以认定美国有义务作出相应的赔偿。对此，Charles Bonaparte 认为《外国人侵权请求法》为受害的墨西哥公民提供诉权和管辖权来进行救济。③

我们认为，对《外国人侵权请求法》的最好解释是着眼于所有的历史证据并合理考虑该条款文本中的"所有"（all）一词。Randall 教授和 Casto 教授已经指出，对于 tort only 的理解应该结合对于外籍管辖权的诉讼标的达 500 美元的要求来解读，这种要求是将英国债权人的诉讼排除在联邦法院之外的努力的一部分。④ 虽然 1783 年 9 月签订的《巴黎条约》（the Definitive Treaty of Peace between Great Britain and the United States）规定了英美两国债权人追债的问题，并且考虑到州法院对英国人的敌意而有意创立联邦法

---

① 1 Op. Att'y Gen. 57 (1795). 没有证据表明在塞拉利昂发生的这起事件最终导致了诉讼。See Kenneth C. Randall, *Federal Jurisdiction Over International Law Claims: Inquiries into the Alien Tort Statute*, 18 N. Y. U. J. Int'l L. & Pol. 1, 41 n. 185 (1985).

② 1 Op. Att'y Gen. 141 (1804).

③ 26 Op. Att'y Gen. 250 (1907).

④ See Kenneth C. Randall, *Federal Jurisdiction Over International Law Claims: Inquiries into the Alien Tort Statute*, 18 N. Y. U. J. Int'l L. & Pol. 1, 28-31 (1985); William R. Casto, *The Federal Courts' Protective Jurisdiction Over Torts Committed in Violation of the Law of Nations*, 18 Conn. L. Rev. 467, 507-508 (1986).

院,① 但国会迫于政治压力最终让英国债权人去州法院起诉。② 根据 Randall 和 Casto 的说法,only 一词确保了这些债权人通过《外国人侵权请求法》暗中进入联邦法院。③ 值得注意的是 1781 年决议提及 "受害人要求损害赔偿金的……诉讼" 的宽泛用语,这已经开启了合同以及侵权请求的大门。

综上所述,将 "侵权" 作限制性解释不符合历史证据,将使《外国人侵权请求法》成为具文,也与国会的立法目的相抵触,毕竟国会希望通过《外国人侵权请求法》来为这些违反万国法的受害人提供民事救济。

第三节　《外国人侵权请求法》诉讼中的主体

一、原告的主体资格

对于原告的诉讼主体资格问题,《外国人侵权请求法》要求原告必须是外国人,也就是不具有美国国籍的人。

对于非政府组织,法院一般认为它们是不能代替其成员起诉的。在 2003 年审理的 *Doe v. Islamic Salvation Front* 案中,一个由一些阿尔及利亚妇女组成的非政府组织根据《外国人侵权请求法》提起诉讼,要求金钱赔偿,美国法院认为该组织没有诉讼主体资格,因而对被告的诉讼需要该组织具体成员的证据。④

相反,如果原告所在的群体受到伤害,那么作为该群体的原告可以以自己的名义起诉。例如,印度尼西亚 Amungme 部落的成员在诉状中声称,由于美国股东在印度尼西亚设立了一家子公司,让该子公司负责在印度尼西亚开矿,而该子公司的侵犯人权和环境侵权行为导致原告人身受到伤害,法院认定其具有《外国人侵权请求法》和《酷刑受害人保护法》上的诉讼主体

---

① Wythe Holt, "*To Establish Justice*": *Politics, the Judiciary Act of* 1789, *and the Invention of the Federal Courts*, 1989 Duke L. J. 1421, 1458 (1989).

② See Wythe Holt, "*To Establish Justice*": *Politics, the Judiciary Act of* 1789, *and the Invention of the Federal Courts*, 1989 Duke L. J. 1421, 1487-1488 (1989).

③ See Kenneth C. Randall, *Federal Jurisdiction Over International Law Claims: Inquiries into the Alien Tort Statute*, 18 N. Y. U. J. Int'l L. & Pol. 1, 28-31 (1985); William R. Casto, *The Federal Courts' Protective Jurisdiction Over Torts Committed in Violation of the Law of Nations*, 18 Conn. L. Rev. 467, 507-508 (1986).

④ *Doe v. Islamic Salvation Front*, 257 F. Supp. 2d 115 (D. D. C. 2003).

资格，可以以自己的名义就 Amungme 部落的文化灭绝（cultural genocide）、侵犯人权、环境侵权提起诉讼。①

如果被害人死亡，那么诉讼主体资格由谁享有呢？应适用什么法律来判断原告的诉讼主体资格呢？在 *Estate of Cabello v. Fernandez-Larios* 案中，美国法院认定，虽然智利的法律并不承认在人死后创设"遗产"（estate），但是美国联邦法和佛罗里达州法规定人格代表者可以提起诉讼，因此，关于诉讼主体资格应适用法院地法，所以，死者遗产管理人和人格代表者具有《外国人侵权请求法》上的诉讼主体资格。②

二、被告的主体资格

《外国人侵权请求法》对原告作了限制，必须是外国人，但是对于被告的资格却没有任何限制。实践中，主要包括如下几类。

（一）起诉外国政府及其官员

1. 起诉外国政府

由于《外国主权豁免法》的存在，难以就发生在美国领土之外的行为起诉外国政府。唯一的例外是 *Siderman v. Republic of Argentina* 案，③ 诉讼最终保障了当事人的和解。这主要是因为阿根廷在美国对原告提起诉讼，以至于美国法院认定阿根廷放弃了豁免。

当然，如果侵权行为发生在美国，《外国主权豁免法》允许对外国提起侵权诉讼。其中，最著名的案例是 *Letelier v. Republic of Chile* 案，④ 该案源于智利特工在华盛顿哥伦比亚特区暗杀了 Orlando Letelier 和 Ronni Moffit。此外，还包括在西雅图谋杀贸易协会积极分子的案件，⑤ 这些判决有助于威慑在美国的类似行为。

2. 起诉外国官员

被起诉的外国政府官员，既有在职的，也有卸任的。从司法实践来看，更多的被告都是卸任后进入美国而被提起诉讼的。其中的主要原因是特权与豁免问题，因为在职的政府官员或多或少都享有各种特权与豁免，要起诉他

---

① *Beanal v. Freeport-McMoRan, Inc.*, 969 F. Supp. 362（E. D. La. 1997）.

② *Cabello Barrueto v. Fernandez Larios*, 205 F. Supp. 2d 1325（S. D. Fla., 2002）.

③ 965 F. 2d 699（9th Cir. 1992）.

④ 488 F. Supp. 665（D. D. C. 1980）.

⑤ *Domingo v. Republic of the Philippines*, 808 F. 2d 1349（9th Cir. 1987）（判决被告赔偿 300 万美元）；Jerry Large, *A Life of Justice*, Seattle Times, Aug. 24, 1995.

们比较困难。因此，实践中更多的是等这些官员卸任后，原告才开始在美国提起诉讼。

（二）起诉美国政府及其官员

1. 起诉联邦官员

在实践中，对美国被告提起的《外国人侵权请求法》诉讼曾经发生过几起。在一起诉讼中，作为原告的英国公民要求美国政府撤回在英国的巡航导弹，该案后来因政治问题理论而被撤销。① 在尼加拉瓜公民提起的诉讼中，美国法院认定美国官员享有主权豁免。② 在 Jama v. INS 案，法院起初裁定可以对美国官员及相关的私人承包商提起诉讼，认为持续的虐待违反了禁止残忍、不人道或有辱人格的待遇的国际义务。③ 然而，对政府官员提出的请求被撤销了，部分是基于原告与 INS 在 2001 年 10 月达成的和解协议。④ 在 Sosa 案中，联邦最高法院取消了《联邦侵权请求法》案件中允许对美国官员在境内造成境外的侵权的诉讼的"总部原则"（headquarters doctrine），这会限制利用《联邦侵权请求法》来救济域外的侵犯人权的诉讼。⑤

虽然美国联邦法院以没有管辖权为由而驳回了被拘禁在关塔那摩湾监狱的人员提起的诉讼，⑥ 但需要注意的是，在美国领土外被军事拘禁的外国人并非绝对地不能在美国法院起诉。⑦

2. 联邦政府及其官员的豁免问题

在美国，存在着外国主权豁免和国内主权豁免两种情形。前者由《外

---

① *Greenham Women against Cruise Missiles v. Reagan*, 591 F. Supp. 1332, 1338 (S. D. N. Y. 1984).

② *Sanchez-Espinoza v. Reagan*, 770 F. 2d 202, 206-07 (D. C. Cir. 1985).

③ 22 F. Supp. 2d 353 (D. N. J. 1998).

④ 343 F. Supp. 2d 338 (D. N. J. 2004).

⑤ See 124 S. Ct. 2739, 2747-2754 (2004).

⑥ *Al Odah v. U. S.*, 321 F. 3d 1134 (C. A. D. C. 2003), on remand 103 Fed. Appx. 676, 2004 WL 1613572.

⑦ *Rasul v. Bush*, U. S. 2004, 124 S. Ct. 2686, 542 U. S. 466, 159 L. Ed. 2d 548, on remand 103 Fed. Appx. 676, 2004 WL 1613572. see also, Atif Rehman, *The Court of Last Resort: Seeking Redress for Victims of Abu-Ghraib Torture through the Alien Tort Claims Act*, 16 Ind. Int'l & Comp. L. Rev. 493 (2006).

国主权豁免法》规制,① 后者则由《联邦侵权请求法》规制。② 原来是不允许对美国政府提起诉讼的,除非得到政府的同意。③ 然而,国会在通过《联邦侵权请求法》后放弃主权豁免而允许对美国政府提起诉讼,当然,也规定了一些例外,④ 其中就包括对于在外国引起的请求⑤以及与军事行动有关⑥的行为的请求,美国政府享有豁免,这些例外条款就阻却了受损害的外国人对美国政府及为其工作的承包商的诉讼。⑦

对于美国官员的诉讼,法院曾经指出,正是出于避免干涉政府统治的考虑,作为个人的公共官员可以根据相关的规定(即《美国法典》第 1983条)而享受豁免,免予被起诉。有条件的豁免的目的是保护公共官员不受不当干涉,以免在履行他们的义务和承担潜在的责任中产生冲突。⑧ 对于针对美国政府及其官员的《外国人侵权请求法》诉讼,美国法院总的立场是尽量支持被告的豁免。对此,美国法院曾经反复重申《外国人侵权请求法》本身并没有放弃美国的主权豁免,⑨ "《外国人侵权请求法》允许外国人对违反万国法或美国缔结的条约的侵权行为提起民事诉讼,并不表示美国放弃主权豁免"。⑩

在近三十年的实践中,美国法院基本上是尽量以豁免为由撤销相关的《外国人侵权请求法》诉讼。在 *Sanchez-Espinoza v. Reagan* 案中,尼加拉瓜公民和居民以美国行政官员支持武装颠覆尼加拉瓜政府而提起诉讼,寻求非货币性救济。法院认为,虽然《行政程序法》(*the Administrative Procedure*

---

① See *Foreign Sovereign Immunities Act of* 1976 (FSIA)(codified at 28 U. S. C. §§ 1330, 1332 (a)(2)-(4), 1391 (f), 1441 (d), and 1602-1611); 28 U. S. C. § 1604 (2005).

② See 28 U. S. C. §§ 1346, 2671-2680 (2005).

③ See, e. g., *Ickes v. Fox*, 300 U. S. 82, 96 (1937); *Restatement (Second) of Torts* § 895A (1)(1979).

④ *Restatement (Second) of Torts* § 895A cmt. b (1979).

⑤ 28 U. S. C. § 2680 (k)(2005).

⑥ 28 U. S. C. § 2680 (j)(2005).

⑦ 28 U. S. C. § 2680 (a), (h), (j), (k)(2005); *Ibrahim v. Titan Corp.*, 391 F. Supp. 2d 10, 18-19 & n. 6 (D. D. C. 2005).

⑧ See *Harlow v. Fitzgerald*, 457 U. S. 800, 806, 102 S. Ct. 2727, 73 L. Ed. 2d 396 (1982).

⑨ *Bieregu v. Ashcroft*, 259 F. Supp. 2d 342 (D. N. J. 2003).

⑩ *Rosner v. U. S.*, 231 F. Supp. 2d 1202 (S. D. Fla. 2002).

Act）放弃了主权豁免，① 但是如果授予原告救济将是滥用裁量权，因为如果接受原告的说法，将会影响到经过总统、国务卿、国防部长、中央情报局局长批准的行动，而且至少涉及与四个国家的外交关系。② 在 *Canadian Transport Co. v. U. S.* 案中，法院认为，虽然《美英友好通商航海条约》（*Treaty of Commerce and Navigation between United States and Great Britain*）授予两国居民及其船舶自由安全地在所有港口来往，但在因国家安全考虑而驱逐载有波兰官员的来自诺福克港（Norfolk harbor）的船舶时，对于原告提起的违反条约的侵权之诉，被告并没有放弃主权豁免。③ 在 *Schneider v. Kissinger* 案中，原告声称美国支持 1970 年的智利政变，绑架了智利将军，违反了国际法，法院认为，如果美国没有主动服从诉讼，则不能构成放弃主权豁免的基础。④

"9·11"事件后，由于反恐的需要，美国法院对于相关的《外国人侵权请求法》诉讼都是限制较多的。在关塔纳摩被拘禁人案中，法院认为，由于军事当局例外，《行政程序法》中所规定的对主权豁免的放弃并不适用，所以主权豁免原则阻却了被关在古巴的关塔那摩湾监狱的"敌方战斗人员"根据《外国人侵权请求法》提起的诉讼。⑤ 不过，正如第一章第一节第三部分所指出的，对于"敌方战斗人员"引发的问题，目前美国国会与最高法院之间还存在分歧，未来如何演化，值得继续关注。

3. 政府承包商的豁免

在 1988 年的 *Boyle v. United Technologies* 案中，最高法院将美国政府的主权豁免扩张至代表政府而行为的政府承包商（government contractors）。⑥例如，对于军用吉普车的设计缺陷而受损的乘客提起的诉讼，制造商可以因此而得到豁免，最高法院认为这样的抗辩是用来保护联邦官员的自由裁量权所必需的。法院认为，针对承包商的诉讼会增加承包商的成本，而这些成本会传导到享受主权豁免的政府。⑦ 因此，如果政府享有主权豁免，那么仅根据政府意志行为的承包商也应该享有豁免。

---

① 5 U. S. C. A. § 702.

② *Sanchez-Espinoza v. Reagan*, 770 F. 2d 202（D. C. Cir. 1985）.

③ *Canadian Transport Co. v. U. S.*, 663 F. 2d 1081（C. A. D. C. 1980）.

④ *Schneider v. Kissinger*, 310 F. Supp. 2d 251（D. D. C. 2004）.

⑤ *In re Guantanamo Detainee Cases*, 355 F. Supp. 2d 443（D. D. C. 2005）.

⑥ 487 U. S. 500, 512（1988）.

⑦ See *Boyle v. United Techs. Corp.*, 487 U. S. 500, 510（1988）.

自从 Boyle 案后，主权豁免的抗辩就扩张于政府承包商，但必须满足如下三个条件：美国批准了合理的规格（specification）；政府承包商提供的设备符合（conformance）这些规格；就设备所存在的已知危险，设备供应人告知（disclosure）了美国。①

随着政府利用的政府承包商越来越多，受害的外国人提起的诉讼也在增加。②

目前，除了联邦官员的豁免，美国法院还将豁免还延伸到在伊拉克的私人承包商。在 *Saleh v. Titan* 案③和 *Ibrahim v. Titan* 案中，④ 原告指责两家美国公司合谋强奸以及虐待被拘禁者。⑤ 这些诉讼是针对 Titan 等公司以及在 *Saleh v. Titan* 案中的 3 名公司员工。原告诉称，这些公司参与众多的非法活动以证明自己从被拘禁者手中获得情报的能力，最终从政府手中获得了更多的合同。各个被告各自提出动议，要求撤销案件。它们认为，作为政府承包商，它们不能对军队实施的行为承担责任。豁免的另一个理由是它们的行为发生在战时。⑥

4. 起诉州政府和地方官员

对于州和地方官员以及私人行动者的诉讼不会面临《威斯特福法》（*Westfall Act*）中的主权豁免问题。针对洛杉矶警察局（Los Angeles Police Department）警员的 *Martinez v. City of Los Angeles* 案⑦就是典型例子。在该案，第九巡回法院将《外国人侵权请求法》适用于洛杉矶警察局警员。

---

① See *Boyle v. United Techs. Corp.*, 487 U. S. 500, 512 (1988).

② See Abigail Heng Wen, *Suing the Sovereign's Servant: The Implications of Privatization for the Scope of Foreign Sovereign Immunities*, 103 COLUM. L. REV. 1538, 1562-1563 (2003). See also *Ibrahim v. Titan Corp.*, 391 F. Supp. 2d 10, 12 (D. D. C. 2005); *Saleh v. Titan Corp.*, 353 F. Supp. 2d 1087, 1088 (S. D. Cal. 2004); *Jama v. INS*, 343 F. Supp. 2d 338, 345-346 (D. N. J. 2004).

③ Case No. 04-CV-1143 R (NLS).

④ Case Number 1: 04 CV 01248 (D. D. C. July 27, 2004) (JR).

⑤ See, e. g., *Plaintiff's Second Amended Complaint*, Saleh v. Titan (Case No. 04-CV-1143), available at http://www.ccr-ny.org/v2/legal/docs/Saleh% 20v% CCC20Titan% CCC20Corp% CCC20Second% CCC20Amended% CCC% Complaint. pdf (last visited December 4, 2008).

⑥ See, e. g., *Defendant Titan's Motion to Dismiss at 3*, Saleh v. Titan (*Case No. 04-CV-1143*) *and Plaintiffs' Response*, available at http://www.ccr-ny.org (last visited December 4, 2008).

⑦ 141 F. 3d 1373 (9th Cir. 1998).

（三）起诉公司①

鉴于公司作为被告的特殊性，我们下面用专门的一节来进行阐述。

第四节　《外国人侵权请求法》上的公司责任

一、《外国人侵权请求法》上公司责任的历史

（一）案件概述

Filartiga 案开启了《外国人侵权请求法》诉讼的新时代，当然也有学者对 *Filartiga* 案提出了批评，认为法院错误地认定个人从属于万国法、误解了国际协定并且没有界定关于酷刑的各国实践。② 之后，人权活动积极分子一直在努力试图扩大《外国人侵权请求法》的范围，希望追究非国家行动者尤其是公司的责任。起诉公司，一方面不存在国家豁免这样的抗辩；另一方面，跨国公司很可能在美国有资产，如果判决作出了，就更容易得到承认与执行。

在 *Kadic v. Karadzic* 案之前，《外国人侵权请求法》诉讼一般都是针对政府的现职或者卸任官员，而该案之后，事情有了显著的变化。在 *Kadic v. Karadzic* 案中，地方法院认为不应将《外国人侵权请求法》上的管辖权扩张到非国家行动者，而私人是不会违反国际法的，所以同意了被告提出的没有事项管辖权而应撤销诉讼的动议。相反，第二巡回法院则推翻了地方法院的判决，第二巡回法院认定对于一些违反国际法的行为没有国家行为要求的限制，例如种族灭绝和奴役就同时适用于私人个人和政府官员；另外，对于存在国家行为要求的行为，私人当事人在与国家行动者共同行为时要承担违反国际法的责任。③ 虽然该案涉及的是个人被告，但是其判决结果同样适用于公司被告。由于允许针对公司、非国家行动者的违反国际法的行为提出请求，*Kadic v. Karadzic* 案极大地扩大了《外国人侵权请求法》的范围。当

---

① See, e. g., William S. Dodge, *Which Torts in Violation of the Law of Nations?* 24 Hastings Int'l & Comp. L. Rev. 351（2001）; Sarah M. Hall, *Multinational Corporations' Post-Unocal Liabilities for Violations of International Law*, 34 Geo. Wash. Int'l L. Rev. 401（2002）; Ivan Poullaos, *The Nature of the Beast: Using the Alien Tort Claims Act to Combat International Human Rights Violations*, 80 Wash. U. L. Q. 327（2002）; Courtney Shaw, *Uncertain Justice: Liability of Multinationals under the Alien Tort Claims Act*, 54 Stan. L. Rev. 1359（2002）.

② See Mark Jacobsen, *Case Comment*, 28 *U. S. C.* 1350: *A Legal Remedy for Torture in Paraguay?* 69 Geo. L. J. 833, 835（1981）.

③ 70 F. 3d 232（2d Cir. 1995）.

然，也有学者对此提出批评，认为 *Kadic v. Karadzic* 案的判决导致了对非国家行动者的管辖权，扩大了《外国人侵权请求法》的范围，是不应该的。①

之后，有受害人根据《外国人侵权请求法》在美国对 *Unocal* 公司提起诉讼，要求被告承担责任。② 第九巡回法院曾经指出，如果公司知悉其实际协助或鼓励行为对于侵犯人权的犯罪的实施具有实质性的影响，则应负帮助与教唆责任。③ 其后的许多案件虽然因各种因素被撤销了，但是法院基本上还是认定通过《外国人侵权请求法》诉讼可以使实施侵犯人权的公司承担责任。④ 在公司侵犯人权而要承担的帮助与教唆责任上，各个巡回法院和大多数地方法院也都认为公司是要承担这个责任的。⑤ 当然，对于责任认定的标准，各个法院之间还存在分歧，*Unocal* 案中的多少意见认为应采用的标准是国际法，Reinhardt 法官的并存意见是应适用联邦普通法。⑥ 类似的，在 *Khulumani v. Barclay National Bank Ltd.* 案中，Katzmann 法官也认定应适用国际法，而 Hall 法官则认为应适用联邦普通法。⑦

在 *Tachiona v. Mugabe* 案中，美国纽约南区地方法院认定津巴布韦总统穆加贝领导下的执政党对于违反国际法的行为要集体承担责任。⑧ 在确认了个人对于违反国际法的行为要承担责任之后，法院质疑个人责任是限于自然

---

① Justin Lu, *Jurisdiction over Non-State Activity under the Alien Tort Claims Act*, 35 Colum. J. Transnat'l L. 531 (1997).

② *Doe v. Unocal Corp.*, 963 F. Supp. 880, 891 (C. D. Cal. 1997). See also *Nat'l Coalition Gov't of Burma v. Unocal Corp.*, 176 F. R. D. 329 (C. D. Cal. 1997); *Doe v. Unocal Corp.*, 110 F. Supp. 2d 1294 (C. D. Cal. 2000), aff'd in part, rev'd in part, 395 F. 3d 932 (9th Cir. 2002), reh'g en banc granted, 395 F. 3d 978 (9th Cir. 2003). See also *Doe v. Unocal Corp.*, 403 F. 3d 708 (9th Cir. 2005).

③ *Doe v. Unocal Corp.*, 395 F. 3d 932, 947-953 (9th Cir. 2002).

④ See, e. g., *Mujica v. Occidental Petroleum Corp.*, 381 F. Supp. 2d 1164 (C. D. Cal. 2005); *Presbyterian Church of Sudan v. Talisman Energy Inc.*, 453 F. Supp. 2d 633 (S. D. N. Y. 2006); *Wiwa v. Royal Dutch Petroleum*, 226 F. 3d 88 (2d Cir. 2000).

⑤ See *Khulumani v. Barclay Nat. Bank Ltd.*, 504 F. 3d 254 (2d Cir. 2007), aff'd due to lack of a quorum sub nom., *American Isuzu Motors, Inc. v. Ntsebeza*, 2008 WL 117862, 76 U. S. L. W. 3405 (May 12, 2008) (No. 07-919); *Sarei v. Rio Tinto, PLC*, 487 F. 3d 1193 (9th Cir. 2007), reh'g granted, 499 F. 3d 923 (9th Cir. 2007); *Aldana v. Del Monte Fresh Produce, N. A., Inc.*, 416 F. 3d 1242, 1247-48 (11th Cir. 2005); *Doe v. Unocal Corp.*, 395 F. 3d 932 (9th Cir. 2002), reh'g en banc granted, 395 F. 3d 978 (9th Cir. 2003).

⑥ *Doe v. Unocal Corp.*, 395 F. 3d 932 (9th Cir. 2002).

⑦ See *Khulumani v. Barclay Nat. Bank Ltd.*, 504 F. 3d 254 (2d Cir. 2007).

⑧ 169 F. Supp. 2d 259, 315 (S. D. N. Y. 2001).

人还是包括组织、团体和机构。在认定集体机构应承担国际法上的责任后，法院指出，许多违反国际法的行为是由组织严密、实力强大的私人团体精心策划而实施的，而且为了实施这些行为，这些团体有自己的名称、标志、口号、银行账号等。在 *Wiwa v. Royal Dutch Shell Petroleum Co.* 案中，法院要求原告证明其所提出的请求是产生于国家行为，不然诉讼就不能推进。①

在"南非种族隔离案"（*In re South African Apartheid Litigation*）中，②政府内部各部门之间的冲突以及关于公司的责任的争议是极其耀眼的。原告是一群种族隔离制度的受害人，于 2002 年 6 月 19 日向纽约南区地方法院提起诉讼，寻求让那些从种族隔离制度中获益的公司和商业组织承担责任。南非和美国政府都认为，美国联邦法院行使管辖权损害了一个主权国家的身份，而且忽视了在原告母国所能获得的国内救济，并且提出抗议，认为本案中的《外国人侵权请求法》诉讼破坏了南非政府竭力避免的"胜利者的正义"而采取的宽容和赦免政策（the policy of confession and absolution）。③ 2004 年 11 月 29 日，地方法院同意了被告提出的撤销诉讼的动议，撤销了该案。④ 地方法院引用了 *Sosa* 案的判决，而后者在承认"在此类案件中，法院应认真考虑行政部门对此类案件的外交政策上的影响的观点"时又参考了"南非种族隔离案"的早期阶段的裁决。之后，原告不服，上诉至第二巡回法院，也就是通常所称的 *Khulumani et al v. Barclays et al* 案。2007 年 10 月 12 日，第二巡回法院对于 *Khulumani et al v. Barclays et al* 案作出判决，推翻了地方法院的判决，认定帮助与教唆责任在《外国人侵权请求法》上是存在的而且可以提起诉讼，⑤ 并且将案件发回地方法院，要求地方法院根据第二巡回法院的判决来进一步审理案件。第二巡回法院认为，为了判断法院是否具有管辖权，法院必须首先认定原告所声称的私人行动者协助的犯罪是违反万国法的。在认定具有管辖权之后，就要决定"是否应创设普通法上的诉因来对所声称的违反国际法的行为提供救济"，只有在认定法院具有管辖权而且所声称的侵权行为是可以根据《外国人侵权请求法》审理后，法院才可以探寻诉答（pleadings）是否充分以决定是否存在可以救济的请

---

① *Wiwa v. Royal Dutch Petroleum Co. and Shell Transp. and Trading Co.*, *PLC*, No. 96 CIV. 8386（KMW），2002 WL 319887 ＊2（S. D. N. Y. 2002）.

② *Ntsebeza v. Citigroup, Inc.* （*In re S. Afr. Apartheid Litig.*），346 F. Supp. 2d 538（S. D. N. Y. 2004）.

③ 238 F. Supp. 2d 1379（JPML 2002）.

④ *In re South African Apartheid Litig.*, 346 F. Supp. 2d 538, 542（S. D. N. Y. 2003）.

⑤ *Khulumani v. Barclay Nat'l Bank Ltd.*, 504 F. 3d 254, 260（2d Cir. 2007）.

求。被告并没有要求第二巡回法院重审，而是要求第二巡回法院命令地方法院中止审理，直到联邦最高法院对调卷令的判决下来后才继续进行。2002年11月27日，第二巡回法院拒绝了被告的要求。① 2008年5月12日，联邦最高法院确认了第二巡回法院的判决，拒绝发布要求重新审理的调卷令，所以第二巡回法院的判决生效了。②

Bowoto v. Chevron Texaco Corp. 案是另外一个比较典型的案例。原告是尼日利亚人，被告是雪佛龙-德士古公司及其尼日利亚子公司，原告认为被告协助、参与了对尼日利亚 Delta 地区的袭击，要求被告承担责任，而被告则提出简易判决的动议。2004年3月22日，加利福尼亚北区地方法院拒绝了被告提出的要求简易判决的动议，因为原告提出证据证明母公司和子公司在袭击之中以及之后的明显密切关系，而且这种关系使人足以判断当地的子公司是被告的代理人，可以归因于被告。③ 之后，被告提出了一系列各种各样的动议来对抗。2007年8月14日，法院发布了一系列命令拒绝了被告要求简易判决的其他动议。④ 所以，法院裁定案件应该继续审理。

（二）国家行为要求的存废

Tel-Oren 案是美国联邦法院第一次面对《外国人侵权请求法》上的非国家行动者的责任，是国家行为要求的起源。⑤ 虽然该案最终没有认定被告的责任，但由此引发了对于非国家行动者的责任及其认定标准的巨大争议。从前面对于涉及公司责任的案例介绍来看，这个问题也还是值得进一步讨论的。

有学者认为，应该废除对于非国家行动者追究责任的国家行为要求的限制，毕竟《外国人侵权请求法》本身并没有区分国家行动者和私人行动者。国家行为要求是联邦普通法的产物，与《外国人侵权请求法》类似的《反诈骗腐败组织集团犯罪法》(*Racketeer Influenced and Corrupt Organizations Act*, 简称 RICO) 等法律也并不将其执行仅限于国家行动者。1964年《民权法》第7章也适用于美国内外的公司对于美国公民的歧视。另外，将《外国人侵权请求法》仅限于官方行为看似减损了《外国主权豁免法》的作为对外

---

① *Khulumani v. Barclay Nat. Bank Ltd.*, 509 F. 3d 148 (2d Cir., 2007).

② *American Isuzu Motors, Inc. v. Ntsebeza*, 128 S. Ct. 2424, 171 L. Ed. 2d 225, 76 USLW 3405, 76 USLW 3603, 76 USLW 3608 (U. S. May 12, 2008) (NO. 07-919).

③ *Bowoto v. Chevron Texaco Corp.*, 312 F. Supp. 2d 1229, 1243 (N. D. Cal. 2004).

④ *Bowoto v. Chevron Texaco Corp.*, No. C 99-02506 SI, 2007 U. S. Dist. LEXIS 59374 (N. D. Cal. 2007).

⑤ Terry Collingsworth, *The Key Human Rights Challenge: Developing Enforcement Mechanisms*, 15 HARV. HUM. RTS. J. 183, 198 (2002).

国主权者行使管辖权的唯一依据的目的。所以，不应该再有国家行为要求的存在。① 同时，废除国家行为要求，原告仍然要证明存在违反万国法的情形，并不会增加《外国人侵权请求法》上可以提起诉讼的请求的种类，而只是会扩大被告的种类，所以不会导致诉讼爆炸。

二、公司责任的种类

《外国人侵权请求法》诉讼的背景很多都是武装冲突，这对当事人以及法院都带来了很多挑战。其中，民事责任问题尤为关键。从司法实践中可以看出，一般都是下级的联邦地方法院对涉及跨国公司的诉讼进行裁判，而且涉及到的东道国一般都是发展中国家。②

根据《外国人侵权请求法》对公司诉讼的第一批案例是 *Doe v. Unocal*

---

① Michael Giuseppe Congiu, *From Rights to Remedies: the Alien Tort Claims Act*, *Sosa v. Alvarez-Machain and the State Action Requirement*, 2 S. C. J. Int'l L. & Bus. 127, 156 (2005-2006).

② See, e. g., *Aguinda v. Texaco, Inc.*, 303 F. 3d 470 (2d Cir. 2002)（秘鲁和厄瓜多尔）; *Bano v. Union Carbide Corp.*, 273 F. 3d 120 (2d Cir. 2001)（印度）; *Bigio v. Coca-Cola Co.*, 239 F. 3d 440 (2d Cir. 2000)（埃及）; *Wiwa v. Royal Dutch Petroleum Co.*, 226 F. 3d 88 (2d Cir. 2000)（尼日利亚）; *Beanal v. Freeport-McMoran, Inc.*, 197 F. 3d 161 (5th Cir. 1999)（印度尼西亚）; *Hamid v. Price Waterhouse*, 51 F. 3d 1411 (9th Cir. 1995); *Carmichael v. United Techs. Corp.*, 835 F. 2d 109 (5th Cir. 1988)（沙特阿拉伯）; *Mujica v. Occidental Petroleum Corp.*, 381 F. Supp. 2d 1164 (C. D. Cal. 2005)（哥伦比亚）; *Bowoto v. Chevron Texaco Corp.*, 312 F. Supp. 2d 1229 (N. D. Cal. 2004)（尼日利亚）; *Villeda v. Fresh Del Monte Produce, Inc.*, 305 F. Supp. 2d 1285 (S. D. Fla. 2003), aff'd, 416 F. 3d 1242 (11th Cir. 2005)（危地马拉）; *Sinaltrainal v. Coca-Cola Co.*, 256 F. Supp. 2d 1345 (S. D. Fla. 2003)（哥伦比亚）; *Rodriquez v. Drummond Co.*, 256 F. Supp. 2d 1250 (N. D. Ala. 2003)（哥伦比亚）; *Presbyterian Church of Sudan v. Talisman Energy, Inc.*, 244 F. Supp. 2d 289 (S. D. N. Y. 2003)（苏丹）; *Abdullahi v. Pfizer, Inc.*, No. 01 Civ. 8118, 2002 U. S. Dist. LEXIS 17436 (S. D. N. Y. Sept. 17, 2002), vacated, 77 F. App'x 48 (2d Cir. 2003)（尼日利亚）; *Flores v. S. Peru Copper Corp.*, 253 F. Supp. 2d 1510 (S. D. N. Y. 2002), aff'd, 343 F. 3d 140 (2d Cir. 2003)（秘鲁）; *Sarei v. Rio Tinto*, 221 F. Supp. 2d 1116 (C. D. Cal. 2002)（巴布亚新几内亚）; *In re World War II Era Japanese Forced Labor Litigation I*, 164 F. Supp. 2d 1160 (N. D. Cal. 2001)（涉及亚洲的日本等国）; *In re World War II Era Japanese Forced Labor Litigation II*, 164 F. Supp. 2d 1154 (N. D. Cal. 2001)（涉及亚洲的日本等国）; *Doe v. Unocal Corp.*, 110 F. Supp. 2d 1294 (C. D. Cal. 2000)（缅甸）; *Iwanowa v. Ford Motor Co.*, 67 F. Supp. 2d 424 (D. N. J. 1999)（德国）; *Eastman Kodak v. Kavlin*, 978 F. Supp. 1078 (S. D. Fla. 1997)（玻利维亚）; *Doe v. Unocal Corp.*, 963 F. Supp. 880 (C. D. Cal. 1997)（缅甸）。对涉及德国和日本的诉讼，主要是起因于"二战"期间的法西斯政策下的暴政。

案和 *Roe v. Unocal* 案。① 之后，出现了类似的因侵犯人权而引发的诉讼。在这些涉及公司的《外国人侵权请求法》诉讼中，有些是公司直接介入侵犯人权的行为，有些是所谓的公司与实际实施侵犯人权的政府官员或者士兵的合谋。

（一）直接责任

有几起《外国人侵权请求法》案例是要求公司及其高管就参与侵犯人权的行为承担直接责任的。*Wiwa v. Royal Dutch Petroleum* 案②比较典型，该案起源于 Ken Saro-Wiwa 和其他抗议运动的领导人抗议壳牌公司和其他跨国石油公司破坏环境，结果却被处决。因此，他们的家属提起诉讼，声称壳牌公司贿赂军队和安全部队并且直接参与针对 Ken Saro-Wiwa 的行动，要求被告承担责任。目前，当事人还在证据开示之类的程序环节上斗智斗勇，实体问题如何解决，我们拭目以待。

另一类案例是公司被告的商业行为直接导致环境破坏而引起的。在所有这些案例中，原告希望扩大"万国法"的定义以适用于其他正在发展中的国际规范（如环境保护），然而均是无功而返。一个例外是 *Aguinda v. Texaco* 案，③ 厄瓜多尔和秘鲁公民认为 Texaco 破坏了当地雨林，要求 Texaco 赔偿损失。虽然该案因不方便法院原则而被撤销了，但这也表示厄瓜多尔法院应对环境侵权诉讼提供替代法院，而且如果厄瓜多尔法院作出了判决，则可以在美国得到执行。

（二）间接责任

1. 概述

在大多数涉及公司的案件中，原告都要求公司为第三人的行为承担责任，因为他们认为公司以某些方式或者与某些项目的联系而导致了原告的损害，这就是所谓的共谋责任（conspiracy liability）或者帮助与教唆责任。例如，在 *Bowoto v. Chevron* 案④中，原告所提出的一些请求涉及的就是对在尼日利亚开采石油的公司暴力镇压和平抗议，原告声称被告合谋或者帮助与教唆尼日利亚军方侵犯人权。类似的，一些案例涉及的是美国公司在哥伦比亚

---

① *Doe v. Unocal Corp.*, 963 F. Supp. 880 (C. D. Cal. 1997); *National Coalition Gov't of Burma v. Unocal Inc.*, 176 F. R. D. 329 (C. D. Cal. 1997).

② 392 F. 3d 812 (5th Cir. 2004).

③ 303 F. 3d 470, 476-477 (2d Cir. 2002).

④ 312 F. Supp. 2d 1229 (N. D. Cal. 2004).

雇佣准军事组织暴力镇压工会。①

　　与此同时，政府会通过暴力镇压平民来维持在控制自然资源上的财政和军事利益。反过来，公司就被指责为帮助政府的镇压。例如，在 *Presbyterian Church of Sudan v. Talisman Energy Inc.* 案中，原告声称加拿大石油公司 Talisman 通过修建石油管道而参与了苏丹政府对苏丹南部分裂势力的战争，而且被告是知道苏丹政府在进行种族清洗以及奴役当地居民来保护这些石油管道的，② 原告也声称 Talisman 通过向苏丹空军提供燃料等方式向政府提供战争的后勤保障。③

　　在 *Abdullahi v. Pfizer, Inc.* 案中，④ 尼日利亚儿童及其监护人声称美国制药公司 Pfizer 在用儿童试验药物前没有经过监护人的同意，而且被告明明知道这种新药会造成严重的关节和肝脏损害。此外，原告也声称尼日利亚政府通过授权被告从事研究而参与了损害。一审法院判决驳回原告的起诉，二审法院又推翻了一审法院的判决，该案可能表示法院将允许根据《外国人侵权请求法》主张产品责任的诉因。

　　对于是否应根据《外国人侵权请求法》对公司的共犯责任诉讼行使管辖权，争议还是比较大的。⑤ 例如，第十一巡回法院曾经将公司的共谋责任

---

① *Villeda v. Del Monte*, filed before S. D. Fla., Case no. 01-3399. Complaint available at http://www.laborrights.org/projects/corporate/delmonte/DelCOMPFINAL.pdf (last visited December 4, 2008). See also *Sinaltrainal v. Coca Cola*, 256 F. Supp. 2d 1345 (S. D. Fla. 2003); *Estate of Rodriguez v. Drummond Co.*, 256 F. Supp. 2d 1250 (N. D. Ala. 2003).

② 244 F. Supp. 2d 289, 308 (S. D. N. Y. 2003).

③ 244 F. Supp. 2d 289, 299 (S. D. N. Y. 2003).

④ *Abdullahi v. Pfizer, Inc.*, 2002 WL 31082956 (S. D. N. Y. Sep 17, 2002); vacated in part by *Abdullahi v. Pfizer, Inc.*, 77 Fed. Appx. 48 (2nd Cir. (N. Y.) Oct 08, 2003). See also, *Abdullahi v. Pfizer, Inc.*, 2009 WL 214649 (2nd Cir. (N. Y.) Jan 30, 2009) (NO. 05-4863-CV (L), 05-6768-CV (CON)).

⑤ See, e. g., Tarek F. Maassarani, *Four Counts of Corporate Complicity: Alternative Forms of Accomplice Liability under the Alien Tort Claims Act*, 38 N. Y. U. J. Int'l L. & Pol. 39 (2005-2006); David D. Christensen, *Corporate Liability for Overseas Human Rights Abuses: The Alien Tort Statute after Sosa v. Alvarez-Machain*, 62 Wash. & Lee L. Rev. 1219 (2005). 当然，有学者提出反对，认为共犯责任不能满足最高法院在 *Sosa* 案中确立的标准，所以不存在公司的共犯责任，除非公司的行为直接处于主要行为人的控制之下。See Helena Lynch, *Liability for Torts in Violation of International Law: No Hook under Sosa for Secondary, Complicit Actors*, 50 N. Y. L. Sch. L. Rev. 757, 758 (2005/2006).

扩张到包括反人类罪在内的许多违反国际法的行为。① 相反，纽约南区地方法院认为，国际法上的共谋犯罪限于共谋实施种族灭绝和发动侵略战争，而本案原告并没有提出这两类请求。② 当然，随着实践的不断深入，虽然对于哪些行为可以被提起诉讼存在分歧，但是大多数法院都承认"国际法对没有直接实施某一行为的当事人的责任作了规定"。③有学者总结案例后认为，对于下列行为，美国法院允许针对公司提出请求：强迫劳动与奴役、种族灭绝、反人类罪、草率处决、酷刑、残忍、不人道或有辱人格的待遇、强迫流放、任意拘禁、侵犯结社自由和生命权。④

2. 公司抗辩

在涉及公司责任的案件中，公司的核心抗辩是如果真的存在公司犯罪，那么即使是项目所在地或者其他国家的外国分支机构所实施，原告也不能对自己提起诉讼。例如，在 *Doe v. Unocal* 案和 *Wiwa v. Royal Dutch Petroleum* 案中，公司结构有好几层以尽量避免母公司承担责任。这个问题目前并没有解决，仍然存在争议。其他问题包括"国家行为"以及在分析公司与政府关系上所适用的法律标准（例如公司需要控制政府行为）。⑤

总的来看，在下面两种情形下，公司、私营机构、个人可能要承担《外国人侵权请求法》上的责任：第一，实施了海盗、种族灭绝、战争罪、奴役这样本身就是不当的行为；第二，帮助国家行动者实施了违反国际法的

---

① See *Cabello v. Fernandez-Larios*, 402 F. 3d 1148, 1158-59（11th Cir. 2005）（per curiam）.

② *Presbyterian Church v. Talisman Energy, Inc.*, 453 F. Supp. 2d 633, 663（S. D. N. Y. 2006）.

③ See *Almog v. Arab Bank, PLC*, 471 F. Supp. 2d 257, 285-286 & n. 33（E. D. N. Y. 2007）.

④ See Lucien J. Dhooge, *The Alien Tort Claims Act and the Modern Transnational Enterprise: Deconstructing the Mythology of Judicial Activism*, 35 Geo. J. Int'l L. 3（2003）; Jeffrey Davis, *Justice without Borders: Human Rights Cases in U. S. Courts*, 28 Law & Policy 60（2006）; Jeffrey Davis, *Human Rights in US Courts: Alien Tort Claims Act Litigation after Sosa v. Alvarez-Machain*, 8 Human Rights Review 341（2007）.

⑤ Sandra Coliver, Jennie Green & Paul Hoffman, *Holding Human Rights Violators Accountable By Using International Law In U. S. Courts: Advocacy Efforts And Complementary Strategies*, 19 Emory Int'l L. Rev. 169, 217（2005）.

行为而且又满足 *Sosa* 案确立的标准的。① 在 *Sosa* 案中，联邦最高法院并没有直接阐述《外国人侵权请求法》是否影响私人行动者这个问题，仅在一个脚注中提了一下。② 从法院将 *Kadic* 案③作为私人行动者在实施诸如种族灭绝这样的犯罪而承担《外国人侵权请求法》上的责任的例子来看，个人、公司是有可能承担《外国人侵权请求法》上的责任的。

三、对《外国人侵权请求法》上公司责任的争议

针对《外国人侵权请求法》上的公司责任，产生了很多争论。④ 人权团体希望利用《外国人侵权请求法》将公司的社会责任作为对公司具有法律约束力的工具，而商业团体则提出了反对，希望废除或限制利用《外国人侵权请求法》对公司提起诉讼，这样就将公司的社会责任整合为一个自愿性的、不具有可执行性的问题。⑤

有人认为，无限制地适用《外国人侵权请求法》是司法帝国主义，会导致跨国投资和发展的急剧冷却。⑥ 他们还担心由此会引发挑选法院以及其他相应的问题，他们认为，《外国人侵权请求法》诉讼中原告与石棉案中的原告一样，喜欢挑选法院而在第二和第九巡回法院所辖的各个地方法院起诉；成本巨大，因为涉及许多的证据开示前的动议、海外证据开示、外国法和国际法的专家证人、上诉的费用。这样将使在人权记录状况不怎么好的国家营业的美国公司面临无尽的诉讼，对美国的公司增加不必要的法律和财政

---

① Ralph G. Steinhardt, *Laying One Bankrupt Critique to Rest: Sosa v. Alvarez-Machain and the Future of International Human Rights Litigation in U. S. Courts*, 57 Vand. L. Rev. 2241, 2286-2287 (2004). See also Shaw W. Scott, *Taking Riggs Seriously: The ATCA Case against a Corporate Abettor of Pinochet Atrocities*, 89 Minn. L. Rev. 1497, 1517 (2005).

② *Sosa v. Alvarez-Machain*, 542 U. S. 692, 733 (2004).

③ *Kadic v. Karadzic*, 70 F. 3d 232, 239-241 (2nd Cir. 1995).

④ See Ralph G. Steinhardt, *Litigating Corporate Responsibility*, available at http://old. lse. ac. uk/collections/globalDimensions/seminars/humanRightsAndCorporateResponsibility/steinhardtTranscript. htm (last visited December 4, 2008).

⑤ See Ronen Shamir, *Between Self-Regulation and the Alien Tort Claims Act: On the Contested Concept of Corporate Social Responsibility*, 38 Law & Society Review 635 (2004).

⑥ Gabriel D. Pinilla, *Corporate Liability for Human Rights Violations on Foreign Soil: A Historical and Prospective Analysis of the Alien Tort Claims Controversy*, 16 St. Thomas L. Rev. 687, 688 (2004).

负担，而且导致美国在贸易和对外直接投资的损失。① 《外国人侵权请求法》强迫公司监督外国的人权将把它们赶出发展中国家、减少对外投资、潜在地损害美国和当地国的经济。② 他们担忧《外国人侵权请求法》不适用于不在美国出现的外国公司，可能导致不公平竞争，那些设在不关注人权的国家的公司将取代这些西方公司，从而可能导致西方公司重新安排总部。他们进一步主张，执行《外国人侵权请求法》将强迫西方各跨国公司避免与人权记录不良国家的经济互动，削弱它们之间的竞争。③ 此外，这些诉讼将不利于对人权和民主的促进，因为在发展中国家的公司投资将萎缩，从而不利于"经济发展、人权和民主的增进"。④ 概括起来，这些争论可以分为四个方面：公司责任的有效性与标准问题、对美国军事行动的影响、外交政策的关切和在美国法院适用国际法的风险。

（一）公司责任的有效性与标准问题

对于责任的有效性问题，学者们有争议。有学者认为，受害人让公司承担国际法上的责任的请求是否有效还不确定。⑤ 在 Sosa 案之前，最高法院曾经指出，《外国人侵权请求法》本身并没有区分被告的种类。⑥ 下级法院也认为，对于所实施的严重违反国际社会规范的行为，不能因为被告是公司

---

① Gary Clyde Hufbauer & Nicholos K. Mitrokostas, *International Implications of the Alien Tort Statute*, 16 St. Thomas L. Rev. 607, 615-618 (2004).

② See Jan Wouters, Leen De Smet & Cedric Ryngart, *Institute for International Law: Tort Claims against Multinational Companies for Foreign Human Rights Violations Committed Abroad: Lessons from the Alien Tort Claims Act?* available at http://www.law.kuleuven.ac.be/iir/nl/wp/WP46e.pdf (last visited August 16, 2008).

③ See Joshua Kurlantzick, *Taking Multinationals to Court: How the Alien Tort Act Promotes Human Rights*, 21 World Pol. J. 1 (Spring 2004), available at http://www.worldpolicy.org/journal/articles/wpj04-1/kurlantzick.htm (last visited August 16, 2008); Jacqueline Koch, *Not in Their Backyard*, CorpWatch, available at http://www.globalpolicy.org/intljustice/atca/2004/0714backyard.htm (last visited August 16, 2008).

④ See Donald J. Kochan, *No Longer Little Known But Now a Door Ajar: An Overview of the Evolving and Dangerous Role of the Alien Tort Statute in Human Rights and International Law Jurisprudence*, 8 Chap. L. Rev. 103, 132 (2005).

⑤ Barbara A. Frey, *The Legal and Ethical Responsibilities of Transnational Corporations in the Protection of International Human Rights*, 6 Minn. J. Global Trade 153 (1997); William H. Meyer, *Human Rights and MNCs: Theory Versus Quantitative Analysis*, 18 Hum. Rts. Q. 368, 374-79 (1996).

⑥ *Argentine Republic v. Amerada Hess Shipping Corp.*, 488 U.S. 428, 438 (1989).

就不承担责任。① 在 *Sosa* 案之后，对于公司的帮助与教唆责任，司法实践中还是存在分歧的。② 相应地，在理论界也存在争议。对于 *Sosa* 案确立的"请求应满足国际社会普遍接受的程度，而且应与18世纪有限的违反万国法的行为相比具有明确性"，有学者认为公司共谋诉讼不能满足这个标准。③ 曾经有人在《基督教科学箴言报》上撰文指出，联邦最高法院对 *Sosa* 案的判决对日益成为被告的美国的跨国公司是重大利好。④ 不过联邦最高法院在 *Sosa* 案中并没有提供清晰的指导，所以还需要进一步的澄清。⑤

还有学者提出了更激进的观点，认为美国联邦法院不应允许原告根据《外国人侵权请求法》对公司提起帮助与教唆责任的民事诉讼，并提出了如下2个论据：⑥

第一，目前几乎没有证据证明公司在民事责任上的帮助与教唆责任得到了国际社会的普遍接受。在国际刑事审判机构中，并不涉及公司，而仅是追究个人的帮助与教唆的刑事责任，而且各个案件中所采用的标准也不一致。例如，《前南国际刑事法庭规约》第7条第1款要求帮助与教唆人只要知道其行为是在帮助犯罪即可，而《国际刑事法院规约》第25条第3款则要求帮助与教唆人具有方便犯罪的实施的目的。第二，在 *Central Bank of Denver v. First Interstate Bank of Denver* 案中，⑦ 联邦最

---

① See *Sinaltrainal v. Coca-Cola Co.*, 256 F. Supp. 2d 1345, 1359 (S. D. Fla. 2003); *Estate of Rodriquez v. Drummond Co.*, 256 F. Supp. 2d 1250, 1267 (N. D. Ala. 2003); *Presbyterian Church of Sudan v. Talisman Energy*, Inc., 244 F. Supp. 2d 289, 308 (S. D. N. Y. 2003).

② 有的法院认为不存在帮助与教唆责任，See, e. g., *Doe v. Exxon Mobil Corp.*, 393 F. Supp. 2d 20, 24 (D. D. C. 2005)，有的则允许提起帮助与教唆责任的诉讼，See, e. g., *Presbyterian Church of Sudan v. Talisman Energy, Inc.*, 374 F. Supp. 2d 331, 337-38 (S. D. N. Y. 2005).

③ Virginia Monken Gomez, *The Sosa Standard: What Does It Mean For Future ATS Litigation?* 33 PEPP. L. REV. 469, 499 (2006).

④ Warren Richey, *When Can Foreigners Sue in US Courts?* The Christian Science Monitor, March 30, 2004, at 2.

⑤ Virginia Monken Gomez, *The Sosa Standard: What Does It Mean for Future Ats Litigation?* 33 Pepp. L. Rev. 469 (2006).

⑥ Curtis A. Bradley, Jack L. Goldsmith & David H. Moore, *Sosa, Customary International Law, and the Continuing Relevance of Erie*, 120 Harv. L. Rev. 869, 927 (2007).

⑦ 511 U. S. 164 (1994).

高法院指出，如果允许对证券欺诈追究帮助与教唆责任，则将扩大诉讼数量，而这恰恰是国会所不希望的……在刑事诉讼中允许帮助与教唆责任并不意味着在民事诉讼中也允许帮助与教唆责任……与帮助与教唆责任相关的标准目前是非常不确定的。

对于责任的法律适用，学者们是存在分歧的。反对帮助与教唆责任的人认为，帮助与教唆责任本身应该是国际法上明确的、普遍的和义务性的规范。① 相反，有学者认为，既然最高法院已经确认了《外国人侵权请求法》上的请求是联邦普通法上的请求，那么法院就应适用联邦普通法的责任规则。②

由于美国联邦最高法院在 Sosa 案中坚持认为《外国人侵权请求法》的管辖权意图很可能是"基于对普通法将为违反国际法的诉因提供潜在的个人责任"而制定的，③ 事实上将《外国人侵权请求法》的范围限于非常狭隘的诉因中。因此，一些法院显然不愿意承认对跨国公司的《外国人侵权请求法》请求，撤销了很多案件。

（二）对美国军事行动的影响

在一个恐怖主义和全球战争的时代，对《外国人侵权请求法》提出的批评主要集中于此类诉讼对美国军事行动和国家安全可能产生的影响。④ 例如，国防部和其他国家安全机构密切地依靠跨国公司和承包商提供"为阻止或者发动战争所需的设备、培训、修理服务和技术性协助"。正如国防部的承包商是国际性的，因而与其他在海外营业的公司一样易受《外国人侵权请求法》诉讼影响，反对《外国人侵权请求法》的人主张此类诉讼会

---

① See, e. g., *Brief for the United States of America as Amicus Curiae at* 19-27, *Khulumani v. Barclay Nat. Bank*, 504 F. 3d 254 (2nd Cir. 2007) (Nos. 05-2141-cv, 05-2326-cv); *Brief for the United States of America as Amicus Curiae in Support of Affirmance at* 19-23, *Corrie v. Caterpillar, Inc.*, 503 F. 3d 974 (9th Cir. 2007) (No. 05-36210), 2006 WL 2952505.

② See, e. g., *Brief Amici Curiae of the Center for Constitutional Rights, Earthrights International and the International Human Rights Law Clinic at the University of Virginia School of Law, In re Agent Orange Prod. Liab. Litig.*, 373 F. Supp. 2d 7 (E. D. N. Y. 2005) (Nos. MDL-381, 04-cv-0400). See also Beth Stephens, *Sosa v. Alvarez-Machain: "The Door is Still Ajar" For Human Rights Litigation in U. S. Courts*, 70 Brooklyn L. Rev. 533, 558 (2004).

③ 124 S. Ct. 2739 (2004).

④ See Mark E. Rosen, *The Alien Tort Statute: An Emerging Threat to National Security*, 16 St. Thomas L. Rev. 627 (2004).

妨碍国家安全措施并威胁国家安全。他们主张，鉴于当前巨大的国家安全开销，如果为了抗辩《外国人侵权请求法》诉讼将极大地增加国防部的保险支出，从而导致美国的财政上进一步紧张。总之，在他们看来，《外国人侵权请求法》诉讼影响良好秩序以及成功的使命，让军事援助项目变得危险，对需要外国协助的美国军事设施变得危险，所以最终影响了美国国防部、中央情报局、联邦调查局等的正常活动与职能，对国家安全产生了不利影响。此外，《外国人侵权请求法》诉讼可能招致对美国的普遍敌视，如果其他国家关闭美国的军事基地并且拒绝向美军提供军备和设施，就将威胁美国的军事行动。

实际上，这种担忧是没有根据的，也是没有必要的。首先，公司以及相关的利益团体认为《外国人侵权请求法》诉讼增加了美国公司的成本和风险而应被限制甚至废除是没有道理的，也自然不会对美国军事行动产生影响。正如有学者所指出的，纽伦堡审判以后美国一直都在规制公司和个人通过违法手段来获取利润的行为，不论这种行为是发生在美国国内还是其他国家，典型的例子就是美国国会通过的《反海外贿赂法》(*Foreign Corrupt Practices Act*，简称 FCPA)。虽然该法让美国公司与其他国家的公司处于更不利的地位，其他国家的公司可以通过贿赂来获取利润，而美国公司则不能，但是考虑到美国的整体和长远利益，这样做仍然是值得的。在 *United States v. Friedrich Flick* 案中，纽伦堡军事法庭认定一家汽车出租业务的所有人 Flick 同意其公司通过强迫劳动来增加利润的行为构成了奴役罪和反人类罪。①

其次，这些担忧常常是建立作调查所有提出的诉讼的基础上的，而没有管结果。着眼于这种广泛的取样，批评者能够表达对在美国的诉讼挑战世界各国的国内政策的担忧，但是绝大多数被激烈批评的案件都已经被地方法院撤销了。媒体的关注可能真的认为提起的诉讼可能导致一些外交政策不安，但绝对不能也不应阻止此类合法地利用法院的行为。如果案件是轻佻的（frivolous），可以通过标准的程序予以制裁。与其阻止满足联邦规则基本要求的诉讼，联邦政府不如允许在实体上利用法律程序来处理此类案件。②

再次，正如所注意到的，引起极大关注的案件是那些国会授权并且总统

---

① See Terry Collingsworth, "*Corporate Social Responsibility*", *Unmasked*, 16 St. Thomas L. Rev. 669, 673 (2004).

② Beth Stephens, *Individuals Enforcing International Law: The Comparative and Historical Context*, 52 DePaul L. Rev. 433 (2002).

签署的针对外国政府的案件。没有理由认为得到政治部门授权的原告提起诉讼或者法官解决纠纷是干涉这两个部门的外交政策特权。在行政部门和国会已经决定个人诉讼是允许的情形下，对分权的关切是不对的。最后，对于引起抗议的针对公司的人权诉讼的这类案件来说，针对公司在"二战"期间侵犯人权的诉讼已经引起了巨大的愤怒，但是这些案件真的是独特的，无论是从所提出的问题来看还是在一些案件已经得到成功和解来看都是如此。有些案件在行政部门的要求下被撤销了，许多案件和解了，但只是部分地因为诉讼所施加的压力——法庭之外的政治压力以及威胁联合抵制被告公司和银行的经济压力起了重要作用。

（三）外交政策的关切

1. 批评的观点

《外国人侵权请求法》诉讼常常涉及与外交政策相关的敏感问题。反对《外国人侵权请求法》的人认为，利用联邦法院来解决围绕外国政府虐待其本国国民的案件将不可避免地导致国际谴责，并且妨碍外交关系。此外，反对者主张人权诉讼可能挫败或者阻碍美国协商这些问题的外交努力，而外交途径是最佳地完成永久改变的方法。[1] 规制外国主权的行为的司法判决也可能使美国的政治部门在国际舞台上陷于不必要的争议，剥夺外交努力的可能性。

批评者认为，《外国人侵权请求法》诉讼为个人和司法机关提供了影响外交政策的机会，这是不合适的甚至是违宪的。Curtis Bradley 教授指出：

> "国际人权诉讼最重要的成本是将对外国政府的谴责和制裁的责任从政治官员处转移到了私人的原告及其代理人手中。原告及其代理人决定何时起诉、起诉何人以及提出哪种请求。然而，这些行动者既不是专家也不是决定美国外交政策的宪法权威，也不像我们选举出的官员，这些行动者有将损害外交关系的成本来获得诉讼的利益的动机。"[2]

对这些案件可能引起的外交政策的关切也源于对一些公司在"二战"

---

[1]　Anne-Marie Slaughter & David L. Bosco, *Alternative Justice*, Global Policy Forum, available at http://www.globalpolicy.org/intljustice/atca/2001/altjust.htm（last visited December 4, 2008）.

[2]　Curtis A. Bradley, *The Costs of International Human Rights Litigation*, 2 Chi. J. Int'l L. 457, 460（2001）.

期间侵犯人权的行为提起的有争议的请求。虽然这些案件中的大多数都被撤销了，但也受到德国与奥地利银行、保险公司和其他商业组织的政治压力。有学者担心此类诉讼对外交关系的影响，他们认为，"过去，诸如战时赔偿的问题排他性地由政府层面处理，排斥个人"。① 然而，这些诉讼迫使美国、德国与奥地利政府"最终由政府之间的协商谈判和私人讨论来解决此类争议，但是正是诉讼将该问题首先提上议程"，这样，在和解协商中利用诉讼作为筹码导致了对《外国人侵权请求法》诉讼的整体批评。

2. 赞成的观点

实践中，一些利益团体或利害关系人有意地利用诉讼来作为对美国外交政策斗争的战术，例如挑战越战和海湾战争、美国介入萨尔瓦多和尼加拉瓜、对科索沃的干预、对关塔那摩海军基地的被拘禁人的待遇。这些例子中的诉讼都是美国政策的反对者及受害人所运用的策略之一，但是诉讼引用的是法院的和平程序而不是自助行为。实践中，没有证据表明美国政府曾经对外国政府在美国法院的败诉承担责任。相反，引起外交纠纷的案件都是那些因为政府的政治部门干涉。例如，最高法院判决支持将嫌疑人从墨西哥绑架到美国受审引发了巨大的国际争议，不是因为司法机关听审并判决了该案，而是因为美国行政部门促请法院支持绑架的合法性。②

在当前，更相关的一系列案件是那些针对公司过去的或者正在进行的侵犯人权的行为提起的诉讼，例如对 Royal Dutch Petroleum、Unocal、Texaco 和 Chevron 提起的诉讼，而这些案件中的大多数事实上并没有引起外交政策关切——所涉政府并没有反对或者美国政府不认同它们的反对。例如，行政部门几乎没关切缅甸政府的抱怨。③

在 Sarei 案中，法院也承认与美国政府的行政部门的潜在冲突，而且认为有必要要求行政部门提交"利益声明"。行政部门的信件声称持续的裁判此类诉讼"将潜在地对巴布亚新几内亚东部的布干维尔（Bougainville）的和平进程产生不利影响，因而对美国的外交关系行为产生不利的影响"。法院通过认定"法院必须接受行政部门对外交政策的声明是该主题的决定性观

---

① Anne-Marie Slaughter & David Bosco, *Plaintiff's Diplomacy*, 79 Foreign Aff. 102, 108 (2000).

② Mark S. Zaid, *Military Might Versus Sovereign Right: The Kidnaping of Dr. Humberto Alvarez-Machain and the Resulting Fallout*, 19 Hous. J. Int'l L. 829 (1997).

③ *Letter of Michael J. Matheson, Acting Legal Advisor* (July 8, 1997), reprinted in *Nat'l Coalition Gov. of the Union of Burma v. Unocal, Inc.*, 176 F. R. D. 329, 362 (C. D. Cal. 1997).

点"来回应。同样地,法院不愿意"不当地干涉该政策"。① 最终,地方法院撤销了原告提出的请求。

在 Wiwa 案中,法院也承认需要遵从行政部门和第二巡回法院的先例,即"法院考虑对该案的解决是否'可能影响国际关系'或者'在外交关系领域阻碍行政部门'"。然而,在 Wiwa 案的独特情形下,法院通过裁定国家行为并不阻碍其对诉因的承认而避免了该关切,因为一个新的民主政府已经代替了对该侵权行为负责的政府。② 不必说,这种不寻常的情形不是经常发生的。

在 Sosa 案中,最高法院承认在认定"本院最近已经反复的说创设私人诉权的决定留给立法机关来判断更好"时可能侵犯立法部门。法院同意虽然《外国人侵权请求法》授予联邦法院管辖权,但并没有明确授予私人诉因。正常情形下,这种特权通常是由立法机关保留的。然而,既然现在法院不断地将私人诉因放入《外国人侵权请求法》,它们就要负责以免滥用该特权。法院更简洁地表明了它的关切,"让国际规则在私人上可诉可能产生的间接后果要求司法谨慎"。③

从上面的论述可以看出,没有任何证据表明许多此类诉讼削弱了国际法的结构或者威胁到了美国政府外交政策的一致性,更不要说美国宪政制度的基础了。另外,没有实体要件支持的案件都被法官撤销了,而且个人干涉外交事务所引起的任何问题都是微不足道的,也容易为行政部门所纠正。④

针对公司的《外国人侵权请求法》诉讼虽然遇到诸多困难,但是经过长时间的实践,人们对于公司责任的强调渐渐地成了社会的共识,要求跨国公司应尊重普遍的商业道德,保护并促进人权,而非压制、妨碍人权。⑤

---

① *Sarei v. Rio Tinto PLC.*, 221 F. Supp. 2d 1116 (C. D. Cal. 2002).

② *Wiwa v. Royal Dutch Petroleum Co.*, No. 96-C8386, 2002 U. S. Dist. LEXIS 3293 (S. D. N. Y. Feb. 22, 2002).

③ 124 S. Ct. 2762 (2004).

④ See David J. Bederman, *International Law Advocacy and its Discontents*, 2 Chi. J. Int'l L. 475 (2001); Curtis A. Bradley, *The Costs of International Human Rights Litigation*, 2 Chi. J. Int'l L. 457 (2001); Beth Stephens, *Taking Pride in International Human Rights Litigation*, 2 Chi. J. Int'l L. 485 (2001).

⑤ Edward J. Schoen, Joseph S. Falchek & Margaret M. Hogan, *The Alien Tort Claims Act of 1789: Globalization of Business Requires Globalization of Law and Ethics*, 62 Journal of Business Ethics 41 (2005).

（四）在美国法院适用国际法的风险

最后一个争论是围绕在美国法院适用国际法的各种各样风险。① 反对《外国人侵权请求法》的一个重要理由，就是法官是否能承认国际法规范并将其作为一项《外国人侵权请求法》的联邦普通法诉因而加以执行。反对者认为，联邦法官在涉及国际法律问题时可能歪曲国际法。Scalia 法官指出，在过去的二十多年里，未经选举的联邦法官通过将自认的国际法规范并入美国法而侵犯了立法权，更具体地说，之前的《外国人侵权请求法》判例表明法官将一些国际习惯法规范解释为对美国具有约束力，而不管国会对这些规范的相反态度。② 在《外国人侵权请求法》诉讼中界定万国法时，法院通过忽视国会的意图破坏了国会根据宪法所拥有的决定哪些原则和规范具有法律约束力的权力。③

另外，《外国人侵权请求法》诉讼常常要求美国法官解释、适用其他国家的法律。对此，有学者认为，由于美国法官仅受的是普通法训练，对于其他国家的历史、政治、社会文化和法律背景不熟悉，更不知晓这些法律的实际适用状况，所以有理由怀疑美国法官在审理《外国人侵权请求法》诉讼时存在问题，以至于让诉讼程序不够公正。④

有学者认为，虽然《外国人侵权请求法》受到广泛非议，但它目前仍然是国际人权民事诉讼的重要且强有力的工具。至于存在的问题，国会可以通过任命一个专门的联邦法院来专门处理国际人权民事案件。⑤

实际上，美国法院在实践中还是非常谨慎和克制的。在 Aldana 案中，在撤销了原告诸多请求中的一项请求时，法院声称：

"虽然原告的请求不是提倡美国法院是世界各地的劳动争议的法

---

① See Donald J. Kochan, *No Longer Little Known But Now a Door Ajar: An Overview of the Evolving and Dangerous Role of the Alien Tort Statute in Human Rights and International Law Jurisprudence*, 8 Chap. L. Rev. 103, 130-132 (2005).

② See 542 U. S. 692, 748-749 (2004) (Scalia, J., concurring).

③ See Donald J. Kochan, *No Longer Little Known But Now a Door Ajar: An Overview of the Evolving and Dangerous Role of the Alien Tort Statute in Human Rights and International Law Jurisprudence*, 8 Chap. L. Rev. 103, 131 (2005).

④ See Charles F. Hollis, III, *Perpetual Mistrial: The Impropriety of Transnational Human Rights Litigation in United States Courts*, 1 Santa Clara J. Int'l L. 1 (2003).

⑤ Note, *Alien Tort Claims Act Litigation: Adjudicating on "Foreign Territory"*, 30 Suffolk Transnat'l L. Rev. 101, 140 (2006).

院，但是如果本院允许该请求继续的话，很难想象侵犯结社和组织的基本人权的请求不会根据《外国人侵权请求法》得以审理。"①

此外，在 *Aguinda* 案中，法院考虑了如果美国法院被要求成为跨国公司所实施的所有侵犯人权的案件的法院，则美国的政策和学说尤其是环境政策遍及国际社会的可能性。因此，联邦法院"在裁判国际法下的环境请求时应极其谨慎地行使管辖权，从而确保美国的环境政策不会代替其他政府的环境政策"。②

四、《外国人侵权请求法》上对公司诉讼的不足

有学者认为，由于时间上的原因，美国不适合作为所有针对公司的人权请求的法院。③ 即使原告在其本国绝对没有救济，而且美国联邦法院决定授予诉因，很多问题仍然没有解决：如果美国决定关闭司法救济的大门时将发生什么事？原告将《外国人侵权请求法》作为最后的诉求将得不到任何救济。因此，美国不是合适的法院，不仅是因为这将会导致美国将其政策强加给世界上其他国家，而且是因为可能在当前消失，让原告没有任何救济的机会。事实上，这种担心是不必要的。虽然美国《宪法》规定联邦管辖权问题统统属于立法机关的范围，正如最高法院在 *Sosa* 案所说的，"说国会可能在任何时候关闭这扇大门是充分的，正如国会可以修订或者取消任何司法判决"④。尽管国会一直都有机会废止《外国人侵权请求法》，而司法造法和承认私人诉权的问题在国会通过《酷刑受害人保护法》前就已经出现了，然而国会最终还是没有废除《外国人侵权请求法》，相反却通过了《酷刑受害人保护法》。

各种各样的利益团体已经在游说国会来废除或者限制《外国人侵权请

---

① *Aldana v. Fresh Del Monte Produce, Inc.*, 305 F. Supp. 2d 1285（S. D. Fla. 2003），aff'd in part and vacated in part, 416 F. 3d 1242（11th Cir. 2005）.

② *Aguinda v. Texaco, Inc.*, No. 93-C7527, 1994 U. S. Dist. LEXIS 4718（S. D. N. Y. Apr. 11, 1994），dismissed, 945 F. Supp. 625（S. D. N. Y. 1996），remanded sub nom, *Jota v. Texaco, Inc.*, 157 F. 3d 153（2d Cir. 1998），mandamus denied, 241 F. 3d 194（2d Cir. 2001），dismissed, 142 F. Supp. 2d 534（S. D. N. Y. 2001），modified and aff'd, 303 F. 3d 470（2d Cir. 2002）.

③ Borchien Lai, *The Alien Tort Claims Act: Temporary Stopgap Measure Or Permanent Remedy?* 26 Nw. J. Int'l L. & Bus. 139, 160（2005）.

④ 124 S. Ct. 2755（2004）.

求法》，包括美国商会、美国国家外贸委员会。① 如果游说成功，国际社会将被推回到侵犯人权的行为人在美国根据《外国人侵权请求法》被诉前的同样情形中。换句话说，对于那些受害人而言得不到任何救济，因为国际社会并没有创设一个常设法院来审理案件。此外，看似只要《外国人侵权请求法》存在着，国际社会在此问题上就不会进步。相反，国际社会仍然将依靠一国的法院制度。当然，对于任何一个国家而言，保护世界上的公民免受世界上的公司的侵害的责任都太过沉重了。另外，《外国人侵权请求法》并不完美，由于主权和地域的限制，其实际效果是大打折扣的。即使根据《外国人侵权请求法》对一些公司作出判决，实际的作恶者本身仍然未被追诉或者被迫在一国法院中为自己而辩护。②

有学者认为，为了方便经营，跨国公司必须与东道国政府亲善，而且常常在建立理想的商业环境的过程中，东道国政府参与犯罪行为，包括种族灭绝和强迫劳动，这违反了国际人权协定。跨国公司不但从政府的不当行为中获益，而且可能影响甚至鼓励政府的不当行为。跨国公司本应承担责任，但对于这些政府的诉讼，跨国公司基本逃避了责任。③ 这样，在不少案件中，在法院被起诉的公司与这些实际的侵犯人权行为常常毫无任何关系。

尽管如此，这不是说对于公司的《外国人侵权请求法》诉讼是没有效果的。事实上，对于公司提起诉讼是一个有效的威慑方法。在经历诉讼后，公司将在其国际投资上更加谨慎，而且反过来对于东道国及政府行动者施加压力。

小　结

虽然理论界和实务界对万国法的内涵以及在美国法律体系中的地位存在分歧，但主流观点已经形成共识，万国法是美国法律的一部分，可以而且应该在美国法院得到适用与执行。

通过研究相关的判例，我们发现，只有那些国际强制规范才为受害人提供了《外国人侵权请求法》上的诉因。至于违反美国缔结的条约的侵权，

---

① See generally Jenna Greene, *Use of 1789 Alien Tort Claims Act against Business Growing*, 44 Broward Daily Bus. Rev. 158, July 24, 2003.

② Borchien Lai, *The Alien Tort Claims Act: Temporary Stopgap Measure Or Permanent Remedy?* 26 Nw. J. Int'l L. & Bus. 139, 161 (2005).

③ Borchien Lai, *The Alien Tort Claims Act: Temporary Stopgap Measure or Permanent Remedy?* 26 Nw. J. Int'l L. & Bus. 139, 161 (2005).

美国法院出于种种顾虑，是不大愿意以被告违反美国的条约为由而让被告承担责任的。在实践中，更普遍的做法是法院将美国参加或缔结的国际条约作为国际习惯法的证明，从而将条约作为被告违反万国法的证据。

关于当事人的诉讼主体资格问题。《外国人侵权请求法》的文本以及司法实践都一再确认，原告必须是外国人，即不具有美国国籍。至于被告的身份，起初都是针对外国政府及其官员的。然而，随着实践的深入，针对美国政府及其官员以及跨国公司、个人的诉讼案件在不断增加。如果要对不行使国家权力的人提起诉讼，必须证明存在国家行为因素。

由于公司在经济社会中的影响力巨大，而且有时与一些国家的政府相互勾结实施侵犯人权的行为，对公司提起诉讼也不会面临国家豁免之类的抗辩，而且判决作出后，公司也有能力履行判决，原告就更有可能获得赔偿。因此，自从20世纪90年代开始，对于公司的诉讼越来越多。当然，对于是否应对公司提起诉讼，公司是否应承担责任，如果承担责任，又承担什么样的责任，对于公司提起诉讼会产生什么样的后果等问题，理论界和实务界还存在一些分歧。尽管如此，让实施了侵害他人权利行为的主体承担相应的责任是必然的。

第三章 《外国人侵权请求法》诉讼中的管辖权

对于所有诉讼，不管支配实体请求的法律是什么，美国法院一般都适用法院地的程序规则。将美国的管辖权和程序规则适用于这些《外国人侵权请求法》诉讼，是以 *Filártiga* 案为代表的《外国人侵权请求法》诉讼在美国繁荣的重要原因。下面，我们介绍一下《外国人侵权请求法》诉讼中的对人管辖权、事项管辖权、普遍民事管辖权，在此基础上，论述《外国人侵权请求法》的影响与作用。

第一节 《外国人侵权请求法》诉讼中的对人管辖权

一、对人管辖权简介

对人管辖权（personal jurisdiction）是指法院具有的在诉讼中确立双方当事人权利和义务的权限，并且其本身具有约束当事人的权力。① 与之相对应的是对物管辖权（in rem jurisdiction），是指法院具有的通过裁判诉讼标的物的法律地位从而决定与该物有关的所有当事人权利义务的管辖权。②

---

① See William M. Richman & William L. Rieynolds, *Understanding Conflict of Laws* (3rd ed.), Matthew Bender & Company, Inc., 2002, p. 121.《布莱克法律辞典》(第八版)的解释是：A court's power to bring a person into its adjudicative process; jurisdiction over a defendant's personal rights, rather than merely over property interests. — Also termed in personam jurisdiction; jurisdiction in personam; jurisdiction of the person; jurisdiction over the person. Bryan Garner (eds.), *Black's Law Dictionary* (8th ed.), West Group, 2004, p. 870.

② 《布莱克法律辞典》(第八版) 的解释是：A court's power to adjudicate the rights to a given piece of property, including the power to seize and hold it. — Also termed jurisdiction in rem. Bryan Garner (eds.), *Black's Law Dictionary* (8th ed.), West Group, 2004, p. 869. See William M. Richman & William L. Rieynolds, *Understanding Conflict of Laws* (3rd ed.), Matthew Bender & Company, Inc., 2002, pp. 19-20.

美国法院行使管辖权是以传统普通法的"效果"原则及这一原则的例外——自愿服从作为依据的。此外，美国法院行使管辖权还受到正当程序条款等宪法上的限制。① 在历史上，英美普通法认为，对被告的对人管辖权强调物理控制，也就是说，不管被告与法院地的联系是多么微弱，只要权力所在，就证明行使管辖权是正当的。② 起初，英国普通法法院在对人诉讼中不会作出判决，除非被告已经实际在法院出庭。③ 在19世纪初的美国，法院要对对人诉讼作出判决，也必须抓住被告（get hold of the defendant）。④ 后来，实际上的人身拘捕被象征性的拘捕所取代，法院不再像对待被起诉的刑事罪犯一样拘捕民事被告，而是通过传票传唤被告。传票表明，如果必要时，被告可能被拘捕。即使被告是一个对管辖权持有异议的非当地居民，当他出现在法院辖区，并以合法的程序被传唤时，其也可能隶属于该法院的对人管辖权。也就是说，可以是被告实际出庭了，也可以是被告在法院的管辖区域内被明令出庭，但是如果被告没有被传唤到而没有出庭，则诉讼程序就是无效的，法院就不能作出判决。⑤ 这个规则甚至也影响到美国法院对外国豁免的态度。⑥

自从 *Helicopteros Nacionale de Colombia*，*S. A. V. Hall* 案后，⑦ 美国最高法院对正当程序的分析区别了一般管辖权和特殊管辖权，并且为此而设立了不同的要求。关于一般管辖权的行使，除了送达可以作为管辖权的依据之外，主要有如下三种情形：第一，如果一个外国自然人被告在法院出庭或者同意法院的管辖权，则法院可以对被告行使管辖；第二，如果被告与法院地具有某种永久的联系，例如设立了住所，那么法院便可以对该被告行使管辖权。第三，如果公司被告在法院地注册登记成立，或者进行了连续和系统的商业活动，那么一般来说，法院就可以行使管辖权。对于特殊管辖权的行

---

① See William M. Richman & William L. Rieynolds, *Understanding Conflict of Laws* (3rd ed.), Matthew Bender & Company, Inc., 2002, pp. 19-20.

② See William M. Richman & William L. Rieynolds, *Understanding Conflict of Laws* (3rd ed.), Matthew Bender & Company, Inc., 2002, pp. 24-25.

③ See Nathan Levy, Jr., *Mense Process in Personal Actions at Common Law and the Power Doctrine*, 78 Yale L. J. 52, 58 (1968).

④ *Hart v. Granger*, 1 Conn. 154, 168 (1814).

⑤ *Bigelow v. Stearns*, 19 Johns. 39, 40-41 (N. Y. Sup. Ct. 1821).

⑥ 详细的考证参见 Caleb Nelson, *Sovereign Immunity as a Doctrine of Personal Jurisdiction*, 115 Harvard L. Rev. 1559 (2002).

⑦ 466 U. S. 408 (1984).

使，主要是依据长臂法规（Long-Arm Statutes）等。

虽然管辖权的行使受到"正当程序条款"的限制，但是法院会认为当事人的出现就已经构成了正当程序，对其进行管辖就是合法有效的。① 为了确立对非居民的对人管辖权，法院首先必须审查根据州的长臂管辖法规是否可以适用管辖权，然后决定这是否满足宪法对正当程序的要求。② 关于正当程序条款的要求，原告必须证明被告与法院地存在"最低限度的联系"而且这样的诉讼不会有违传统的公平审判和实质正义。③

二、对人管辖权的行使

有学者认为，不像传统的管辖权要求案件与法院地有联系，《外国人侵权请求法》是普遍民事管辖权，不要求案件与美国存在联系，允许与美国无关的外国人就发生在美国境外的违反万国法的行为提起诉讼。④ 事实上，《外国人侵权请求法》上的管辖权也是根据美国法律来行使的，并没有达到普遍民事管辖权的程度。

在对人管辖权上，美国法院面临《宪法》及相关立法所施加的严格限制。⑤ 然而，有两个规则允许美国法院比其他国家法院主张更广泛的管辖权：对暂时出现在法院地的人送达和与法院地具有最低限度的联系的公司的一般管辖权。这两个规则同样地适用于国内和外国被告。⑥ 因此，在 *Filártiga* 案之类的案件中，虽然被告在美国领域外实施侵犯人权的行为，但是美国法院根据对国内行动者行使对人管辖权的同一标准来决定该案的对人

---

① 495 U.S. 604, 109 L. Ed. 2d 631, 110 S. Ct. 2105 (1990).

② *GTE New Media Servs. v. BellSouth Corp.*, 199 F. 3d 1343, 1347 (D. C. Cir. 2000).

③ *Int'l Shoe Co. v. Washington*, 326 U.S. 310, 316, 66 S. Ct. 154, 90 L. Ed. 95 (1945); *Price v. Socialist People's Libyan Arab Jamahiriya*, 294 F. 3d 82, 95 (D. C. Cir. 2002).

④ Note, *Alien Tort Claims Act Litigation: Adjudicating on "Foreign Territory"*, 30 Suffolk Transnat'l L. Rev. 101, 104 (2006).

⑤ See Patrick J. Borchers, *The Death of the Constitutional Law of Personal Jurisdiction: From Pennoyer to Burnham and Back Again*, 24 U. C. Davis L. Rev. 19, 23-24 (1990).

⑥ See Linda J. Silberman, *Judicial Jurisdiction in the Conflict of Laws Course: Adding a Comparative Dimension*, 28 Vand. J. Transnat'l L. 389, 392-393 (1995).

管辖权。① 在对个人或者在法院地营业的公司送达后，美国允许对其行使管辖权，这为在美国境内根据《外国人侵权请求法》行使对人管辖权大开方便之门。

（一）送达与管辖权

1. 送达建立管辖权

19 世纪和 20 世纪初的很多美国判例都表明，对出现在法院地的被告送达后就可以取得管辖权，并且作出判决，不管被告是居住在那里还是暂时出现。② 通过送达建立管辖权这个传统一直延续着，在 1990 年的 *Burnham v. Superior Court* 案中，传统的规则虽然受到挑战，但是美国联邦最高法院仍然裁定送达完成后，法院就取得了管辖权。③ 一直到现在，美国联邦法院和各州法院仍然以传票的送达作为对人管辖权行使的依据。④ 在 *Kadic v. Karadzic* 案中，第九巡回法院裁定在被告与美国没有任何实质性联系（substantial contact）的情形下，被告即使是短暂过境美国，其也可以因此而被送达，法院也就取得管辖权。⑤

2. 送达的有效性

那么，如何判断送达是合法有效的呢？美国法院认为，送达的核心功能是通知被告诉讼，以一定的方式在一定的时间内给被告提供了一个公平的机

---

① *Kadic v. Karadzic*, 70 F. 3d 232, 247（2d Cir. 1995），cert. denied, 518 U. S. 1005（1996）. See also *Wiwa v. Royal Dutch Petroleum Co.*, 226 F. 3d 88（2d Cir. 2000），cert. denied, 121 S. Ct. 1402（2001）.

② *Vinal v. Core*, 18 W. Va. 1, 20（1881）; *Roberts v. Dunsmuir*, 75 Cal. 203, 204, 16 P. 782（1888）; *Smith v. Gibson*, 83 Ala. 284, 285, 3 So. 321（1887）; *Savin v. Bond*, 57 Md. 228, 233（1881）; *Hart v. Granger*, 1 Conn. 154, 165（1814）; *Mussina v. Belden*, 6 Abb. Pr. 165, 176（N. Y. Sup. Ct. 1858）; *Darrah v. Watson*, 36 Iowa 116, 120-121（1872）; *Baisley v. Baisley*, 113 Mo. 544, 549-550, 21 S. W. 29, 30（1893）; *Bowman v. Flint*, 37 Tex. Civ. App. 28, 29, 82 S. W. 1049, 1050（1904）. See also *Reed v. Hollister*, 106 Ore. 407, 412-414, 212 p. 367, 369-370（1923）; *Hagen v. Viney*, 124 Fla. 747, 751, 169 So. 391, 392-393（1936）; *Vaughn v. Love*, 324 Pa. 276, 280, 188 A. 299, 302（Pa. 1936）.

③ *Burnham v. Superior Court*, 495 U. S. 604, 109 L. Ed. 2d 631, 110 S. Ct. 2105（1990）.

④ See *Federal Rule of Civil Procedure* 4（k）.

⑤ 70 F. 3d 232（9th Cir. 1995）.

会提出答辩、抗辩和反对。① 因此，关键的问题是被告是否得到足够的通知。② 这样，甚至电子送达也是可以的。③ 如果被告想逃避送达，例如拒绝接受文件，此时送达人只要非常接近被告，清楚地把送达法院文件的意图说明，并且作出合理的努力把送达的文件留给了被告，这样送达就算完成，就是合法、有效的。④

相反，如果送达意图不明确，被告没有得到有效的通知，则送达很可能被认定无效，不能行使管辖权。在 Weiss v. Glemp 案中，⑤ 法院就认定对波兰红衣主教的送达无效，因为送达人仅拿着一个书面的东西，说"你要这个……"，主教的随行人员说"不要，不要"并且将纸丢在地上，法院认为原告这样试图的送达"不是以合理的方法通知"被告，而且送达人所拿的文件不明确，可以是小册子、抗议信或者其他非法律性文件，也没有证据显示被告企图逃避送达。

3. 送达有效性的例外

由于美国认为送达是私人之间的事情，与国家主权无涉，所以允许向国外进行各种方式的送达，也允许其他国家在美国境内直接送达。在美国，对送达放得比较开，自由度比较大，一般只要有送达的意图并且将文件以合理的方式通知被告就构成送达，但在一定的情形下，送达可能就是无效的。例如，对享有特权与豁免的人进行送达经常会被认定不合法、无效。在 1965 年的 Hellenic Lines, Ltd. v. Moore 案中，美国法院就认为：

"在国务院已经通知法院对突尼斯驻美大使进行送达将会损害美国的对外关系和外交职能的正常履行后将本来送达给突尼斯的传票送达给

① *Henderson v. United States*, 517 U. S. 654, 672, 116 S. Ct. 1638, 134 L. Ed. 2d 880 (1996).

② *United Food & Commercial Workers Union v. Alpha Beta Co.*, 736 F. 2d 1371, 1382 (9th Cir. 1984); *Chan v. Soc'y Expeditions, Inc.* 39 F. 3d 1398, 1404 (9th Cir. 1994); *Mullane v. Cent. Hanover Bank & Trust Co.*, 339 U. S. 306, 314, 70 S. Ct. 652, 94 L. Ed. 865 (1950).

③ *Rio Props., Inc. v. Rio Intern. Interlink*, 284 F. 3d 1007 (9th Cir. 2002).

④ See *Errion v. Connell*, 236 F. 2d 447, 457 (9th Cir. 1956); *Novak v. World Bank*, 703 F. 2d 1305, 1310 n. 14 (D. C. Cir. 1983); *Doe v. Karadzic*, 1996 WL 194298 (S. D. N. Y. Apr 22, 1996); *Trujillo v. Trujillo*, 71 Cal. App. 2d 257, 162 P. 2d 640, 641-42 (1945); *In re Ball*, 2 Cal. App. 2d 578, 38 P. 2d 411, 412 (1934).

⑤ 792 F. Supp. 215 (S. D. N. Y. 1992).

突尼斯驻美大使就是不合适的。"①

此外，对外国国家元首进行送达，常常构成是对该外国及其领导人的冒犯。如果允许对在本国领域内进行国事访问的外国领导人进行送达并行使管辖权，那么本国政府及领导人在国外也可能遭遇同样的情况与问题，这对本国政府的外交政策、目标、利益都不是那么有利。因此，绝对不应允许在国内向来访的外国领导人进行送达，不论是送达给本人还是希望通过该领导人转交给第三人，更不能因此而行使管辖权。在 *Tachiona v. Mugabe* 案中，②纽约南区地方法院认定被告穆加贝作为津巴布韦总统享有豁免，不能对其送达，但是他同时又是津巴布韦执政党的党魁，在对津巴布韦执政党的诉讼中可以对穆加贝进行送达。对此，美国政府进行干预，要求撤销该诉讼。③ 最终，在 *Tachiona v. U. S.* 案中，第二巡回法院推翻了 *Tachiona v. Mugabe* 案，认为《维也纳外交关系公约》规定了保护外交人员的"不可侵犯性"，由于《联合国特权和豁免公约》的规定，联合国各成员国派驻联合国大会的代表也不受侵犯，所以在美国参加联合国大会的津巴布韦总统应受到保护，不论是作为总统被送达，还是作为津巴布韦执政党党魁被送达，对其送达都是无效的。④

（二）管辖的其他依据

实践中，美国法院还援引历史上的一些理论作为自己行使管辖权的依据。美国法院曾经指出，根据追身侵权（Transitory tort）理论，⑤ 人身伤害侵权的民事责任是可以转换审判地的，也就是说不论侵权人走到哪里，侵权责任都是一直附随在身的，受害人可以在能够向被告直接送达传票的任何地

---

① 120 U. S. App. D. C. 288, 345 F. 2d 978, 980-81 (D. C. Cir. 1965).

② *Tachiona v. Mugabe*, 169 F. Supp. 2d 259 (S. D. N. Y. Oct 30, 2001) (NO. 00 CIV. 6666 (VM)).

③ *Tachiona ex rel. Tachiona v. Mugabe*, 186 F. Supp. 2d 383 (S. D. N. Y. Feb 14, 2002) (NO. 00 CIV 6666 VM).

④ *Tachiona v. U. S.*, 386 F. 3d 205 (2nd Cir. (N. Y.) Oct 06, 2004) (NO. 03-6033 (L), 03-6043 (XAP)). Certiorari Denied by *Tachiona v. U. S.*, 547 U. S. 1143, 126 S. Ct. 2020, 164 L. Ed. 2d 806, 74 USLW 3425, 74 USLW 3636, 74 USLW 3640 (U. S. May 15, 2006) (NO. 05-879).

⑤ *Slater v. Mexican National R. Co.*, 194 US 120 (1904). See also *McKenna v. Fisk*, 42 U. S. 241, 248-249 (1843).

方提起诉讼。① 因此，尽管争议产生于海外，但是美国拥有在境内解决该争议的合法利益。②

对于仅以被告的物理出现而行使管辖权，还有一个理由就是避免被告逃避责任而导致受害人得不到救济。有学者曾经指出，在缺乏民事责任方面的引渡规则时，为了防止侵权行为人在别国逃避责任，只要能对被告进行送达，那么不管侵权行为地在哪里，美国法院都可以行使管辖权。③ 他们认为，侵权行为人出现在法院地本身就是对法院地国造成影响，很可能是国际关切与不安的渊源，甚至可能引发骚乱。因此，如果不允许受害人寻求救济，将破坏法院地国所做出的向权益受到侵害的任何人提供救济的努力。④

（三）相关实践

尽管对人管辖权存在广泛的依据，行使管辖权必须满足"最低限度的联系"的要求，否则美国法院就有可能拒绝行使管辖权。实践中，对于在什么情况下被告与美国存在"最低限度的联系"，各个法院之间的认定标准可能有所差别。

在 *Doe v. Unocal Corp.* 案中，地方法院撤销了对法国石油公司 Total 的诉讼，因为 Total 与加利福尼亚州的联系不足以产生一般管辖权和特别管辖权，虽然其子公司在管辖区域内，但是这种联系不能归因于 Total 本身。⑤ 也就是说，除非原告证明法院对于公司被告具有管辖权并且行使管辖权并不违反正当程序条款，不然一般情况下原告是不能根据《外国人侵权请求法》起诉外国公司的。毕竟，最高法院要求存在最低限度的联系。⑥

在 *An v. Chun* 案中，⑦ Young-Kae An 起诉朝鲜的 Doo-Whan Chun 将军、Woo Roh 将军以及其他军队领导人，声称被告实施酷刑行为，将原告之父折

---

① Ruti Teitel, *The Alien Tort And The Global Rule of Law*, http://www. blackwell-synergy. com/doi/pdf/10. 1111/j. 1468-2451. 2005. 570. x? cookieSet = 1（last visited August 16, 2008）.

② 630 F. 2d 876, 885（2d Cir. 1980）.

③ *McKenna v. Fisk*, 42 U. S. 241, 248-249（1843）. See also Ralph G. Steinhardt & Anthony D'Amato（eds.）, *The Alien Tort Claims Act: An Analytical Anthology*, Transnational Publishers, 1999, p. 80.

④ Ralph G. Steinhardt & Anthony D'Amato（eds.）, *The Alien Tort Claims Act: An Analytical Anthology*, Transnational Publishers, 1999, p. 80.

⑤ 67 F. Supp. 2d 1140（C. D. Cal. 1999）.

⑥ See *Int'l Shoe Co. v. Washington*, 326 U. S. 310, 316（1945）.

⑦ No. 96-35971, 1998 WL 31494（9th Cir. Jan. 28, 1998）, cert. denied, 525 U. S. 816（1998）.

磨致死，法院最后以没有对人管辖权为由撤销了诉讼。法院认为，这些被告作为政府公务员而正式访问美国并不能满足一般管辖权的要求，至于原告声称有一名被告至少曾经在美国度假，这并没有达到特别管辖权的"最低限度的联系"的要求。

在一起涉及色情旅游的诉讼中，原告根据《外国人侵权请求法》代表来自南亚和非洲的数千名男孩提起集团诉讼，认为他们被诱拐、奴役并被迫骑骆驼来取悦中东的富翁。法院以两名被告与美国佛罗里达州没有充分联系为由而撤销了诉讼，主审法官 Cecilia M. Altonaga 认为，原告可能可以在肯塔基州重新提起诉讼，因为原告与该州有更多的实质性联系。①

在 Doe v. Islamic Salvation Front 中，法院认定被告在华盛顿哥伦比亚特区的办公室就构成了对人管辖权的依据。② 在 Wiwa 案中，法院判决也是认为投资人关系办公室设在美国就构成了对人管辖权的依据。③

在 Mwani v. Bin Laden 案中，地方法院认定不存在对人管辖权，但是上诉法院不同意而是推翻了地方法院的判决。④ 上诉法院认为，地方法院集中于物理上的联系是错误的，对人管辖权可以根据效果原则（the effects doctrine）⑤ 而进行认定。在本案中，被告的行为是直接指向美国的，故意炸美国驻肯尼亚大使馆就创设了最低限度的联系，而且行使管辖权与实质正义一致，所以行使对人管辖权也是合适的。

在有的案件中，被告与美国没有"最低限度的联系"，法院还会以利益分析为依据，认为如果美国在行使管辖权上存在利益，则可能行使管辖权。在 Tachiona v. Mugabe 案中，美国法院指出，根据传统的法律选择分析，对于根据《外国人侵权请求法》而提起的违反国际人权法的诉讼，美国有利益来进行裁判，从而促进体现在普遍公认的规范中所体现的价值的实现。⑥

另外，对人管辖权是一个比较复杂的问题，在有的案件中初步看上去是

---

① Adam Liptak, *Florida: Judge Dismisses Child Slavery Case*, New York Times, July 31, 2007, p. 15.

② *Doe v. Islamic Salvation Front*, 257 F. Supp. 2d 115 (D. D. C. 2003).

③ *Wiwa v. Royal Dutch Petroleum*, 226 F. 3d 88 (2d Cir. 2000).

④ 417 F. 3d 1 (D. C. Cir. 2005).

⑤ See *Rein v. Socialist People's Libyan Arab Jamahiriya*, 995 F. Supp. 325, 330 (E. D. N. Y. 1998).

⑥ See *Tachiona v. Mugabe*, 234 F. Supp. 2d 401 (S. D. N. Y. 2002).

没有管辖权的，但是随着进一步的证据开示最终却发现存在管辖权。①

第二节 《外国人侵权请求法》诉讼中的事项管辖权

一、概述

事项管辖权（subject matter jurisdiction）指的是法院审理和裁决某一类案件的权限范围，换句话说，指的是法院对哪些事项具有管辖权。② 美国联邦法院的管辖权是有限的，仅有权审理《宪法》所授权的案件，而且只有国会通过相关立法执行了这种潜在的管辖权才行。联邦事项管辖权的问题是分配给联邦法院有限的司法权力的问题，如果一个案件在《宪法》的规定内，而且国会已经授予联邦法院管辖权，则就满足了事项管辖权的要求。

此外，国会具有适用美国法的绝对权力，只要这个领域在国会的立法权范围内。因此，联邦法院将对涉及美国之外的人和事的案件进行裁判并且适用美国法，只要国会这样授权而且满足《宪法》的要求。③ 这是美国法制之中一个非常关键的特点：联邦法院按照《宪法》和国会的指导行事管辖权并且适用美国法，即使案件与法院地没有联系，也不存在内在的限制。美国联邦法院因而对人权案件具有管辖权，因为国会已经通过《外国人侵权请求法》和其他相关立法指令联邦法院审理此类案件。

《外国人侵权请求法》上的管辖权也是符合美国《宪法》的。曾经有人从三方面质疑《外国人侵权请求法》的合宪性：第一，根据美国《宪法》第3条，国会是否有权授权联邦法院管辖涉及万国法的案件；第二，将《外国人侵权请求法》适用于发生在美国境外与美国没有任何联系的侵权是

---

① *Bauman v. DaimlerChrysler AG*, 2005 U. S. Dist. Lexis 31929, at * 61（N. D. Cal. Nov. 22, 2005）.

② See William M. Richman & William L. Rieynolds, *Understanding Conflict of Laws*（3rd ed.）, Matthew Bender & Company, Inc., 2002, pp. 16-17. 翻译为对事管辖权更妥当，但是考虑到国内的习惯，所以本书仍然使用事项管辖权一词。《布莱克法律辞典》（第八版）的解释是：Jurisdiction over the nature of the case and the type of relief sought; the extent to which a court can rule on the conduct of persons or the status of things. — Also termed jurisdiction of the subject matter; jurisdiction of the cause; jurisdiction over the action. Bryan Garner（eds.）, *Black's Law Dictionary*（8th ed.）, West Group, 2004, p. 870.

③ See *Benz v. Compania Naviera Hidalgo*, 353 U. S. 138, 146-147（1957）; *Blackmer v. United States*, 284 U. S. 421, 437（1932）. See also *American Banana Co. v. United Fruit Co.*, 213 U. S. 347, 357（1909）.

否超越了第 3 条对联邦管辖权的宪法限制；第三，《外国人侵权请求法》是管辖权性质的，将其用来提供诉权是违宪的。① 从美国《宪法》的规定来看，这种质疑是没有根据的。美国《宪法》第 3 条第 2 款规定：

> "司法权适用的范围，应包括在本宪法、合众国法律、和合众国已订的及将订的条约之下发生的一切涉及普通法及衡平法的案件；一切有关大使、公使及领事的案件；一切有关海上裁判权及海事裁判权的案件；合众国为当事一方的诉讼；州与州之间的诉讼，州与另一州的公民之间的诉讼，一州公民与另一州公民之间的诉讼，同州公民之间为不同之州所让与之土地而争执的诉讼，以及一州或其公民与外国政府、公民或其属民之间的诉讼。在一切有关大使、公使、领事以及州为当事一方的案件中，最高法院有最初审理权。在上述所有其他案件中，最高法院有关于法律和事实的受理上诉权，但由国会规定为例外及另有处理条例者，不在此限。对一切罪行的审判，除了弹劾案以外，均应由陪审团裁定，并且该审判应在罪案发生的州内举行；但如罪案发生地点并不在任何一州之内，该项审判应在国会按法律指定之地点或几个地点学行。"

像《外国人侵权请求法》诉讼这样经常涉及的是外国人之间并非海事争议的诉讼，那么事项管辖权的宪法依据就是该款。在 *Filartiga* 案，涉及的不是两州公民之间的跨州诉讼（diversity action），也不是因美国《宪法》或者美国缔结的条约所引起的。因此，第二巡回法院必须认定对该案是否拥有管辖权。对此，第二巡回法院首先认定万国法或国际习惯法是美国法律的一部分，认为《外国人侵权请求法》的宪法基础是作为联邦普通法一部分的万国法。接着，法院认为如果一个案件是根据国会制定的法律或者美国的普通法所引起的则其就是因美国法律所引起的案件。既然万国法是普通法的一部分，则当然是美国法的一部分。因此，法院对该案具有管辖权。② 同时，法院认为行使管辖权也并不存在任何障碍：

> "在适用侵权行为实施地法时，这是对侵权行为发生地国家的法律的礼让……在此，当事人均同意案件所涉事实违反了巴拉圭的法律，法

---

① Curtis A. Bradley, *The Alien Tort Statute and Article III*, 42 Va. J. Int'l L. 587 (2002).

② See *Filartiga v. Pena-Irala*, 630 F. 2d 876, 885-886 (2d Cir. 1980).

院地的政策与外国法是一致的，法院行使管辖权也是合适的。"①

二、实践中的运作

(一) 依据

大约在网上可以找到 100 多起主张根据《外国人侵权请求法》及相关制定法而行使管辖权的判决，而其中大约有 20 起案件在 *Filártiga* 案之前。在所提起的所有案件中，早期大约 1/3 的案件因缺乏管辖权或者豁免而被撤销了。正如第二巡回法院在 *Filártiga* 案中所指出的，主张违反国际法是基于《外国人侵权请求法》的案件的管辖权的前提；结果，此类案件要求在起诉阶段"更细致地初步审查"，如果原告并没有主张普遍承认的国际法规范，则案件将被撤销。② 例如，在 *Bigio v. Coca-Cola Co.* 案中，法院适用严格的标准，驳回了原告提出的公司通过取得之前为埃及政府不当征收的财产的行为违反了国际法的请求，③ 而在 *Wong-Opasi v. Tennessee State University* 案中，④ 法院则基于国家合同和侵权法撤销了原告根据《外国人侵权请求法》提出的请求。也有案件因为豁免的存在而被撤销的，在案 *Argentine Republic v. Amerada Hess Shipping Corp.* 中，阿根廷政府在 Falklands 战争期间轰炸一艘英国油轮引发诉讼，当然最终以豁免为由撤销案件。⑤ 在 *Sinaltrainal v. Coca-Cola Co.* 案中，法院认为原告未能证明被告的行为违反了国际法，所以不具有事项管辖权。⑥ 在 *Beanal v. Freeport-McMoran, Inc.* 案中，法院认为破坏环境并没有达到国际社会所公认的禁止性行为，所以不具有事项管辖权。⑦ 在 *Estate of Rodriquez v. Drummond Co., Inc.* 案中，法院甚至认为组织和结社的权利也是国际习惯法上的权利，如果受到侵犯，则构成《外国人侵权请求法》上的事项管辖权。⑧

除《外国人侵权请求法》外，三部现代的制定法也规定了在美国法院

---

① See *Filartiga v. Pena-Irala*, 630 F. 2d 876, 885 (2d Cir. 1980).

② 630 F. 2d 876, 887 (2d Cir. 1980).

③ 239 F. 3d 440, 447-450 (2d Cir. 2000).

④ 229 F. 3d 1155 (6th Cir. 2000).

⑤ *Argentine Republic v. Amerada Hess Shipping Corp.*, 488 U. S. 428 (1989).

⑥ See *Sinaltrainal v. Coca-Cola Co.*, 256 F. Supp. 2d 1345 (S. D. Fla. 2003).

⑦ *Beanal v. Freeport-McMoran, Inc.*, 197 F. 3d 161 (5th Cir. 1999).

⑧ *Estate of Rodriquez v. Drummond Co., Inc.*, 256 F. Supp. 2d 1250 (N. D. Ala. 2003).

提出人权请求的管辖权。1992年通过的《酷刑受害人保护法》为外国人或者美国公民遭受的"外国法名义下"的酷刑或者法外处决提供了诉因。① 第二部制定法原来是作为反恐行动的一部分于1990年通过的，授予遭受恐怖主义侵害的美国国民提起民事诉讼的权利。② 最后，《外国主权豁免法》的例外③允许美国公民对外国政府的酷刑、法外处决和其他侵犯人权的行为提起诉讼。对于根据《外国人侵权请求法》而起诉外国政府失败的失望，《外国主权豁免法》的例外予以了回应，联邦最高法院1990年的判决认为人权请求并没有对外国主权豁免创设一个独立的例外。④ 法院认定国会意图《外国主权豁免法》涵盖整个领域，裁定只有符合《外国主权豁免法》所列举的豁免例外才能继续对政府提起诉讼。⑤

曾经两个案件引起了国会对适用主权豁免的不安。在 Princz v. Federal Republic of Germany 案中，原告 Hugo Princz 原来是一名被关在纳粹集中营的美国幸存者，由于他的美国公民身份，他已经被排除在德国的赔偿计划之外，所以起诉德国要求赔偿。越过 Wald 法官的反对意见，哥伦比亚特区巡回法院认定外国主权豁免排除了该诉讼。⑥ 面对着国会在本案中取消豁免的运动，德国最终与 Princz 和解了。⑦ 几年后，洛克比空难中遇害的受害者家人对利比亚提起的诉讼由于外国主权豁免的原因而被撤销。这次，那些受害者家人成功地游说国会创设了一项新的《外国主权豁免法》的例外。起初是作为对酷刑、法外处决和一些恐怖主义行为的请求的全面豁免例外，但在最后的修订中缩减了适用的范围。也就是说，美国公民可以提出此类请求，但只能是针对美国政府指定的"国际恐怖主义的国家资助者"（state sponsors of international terrorism）的外国政府。⑧

主权豁免对于事项管辖权具有很大的影响。在涉及外国国家的诉讼之

---

① 28 U.S.C. § 1350 (note) (1994).

② 18 U.S.C. § 2333 (a) (1994).

③ 28 U.S.C. § § 1330, 1602-1611 (1994).

④ See *Argentine Republic v. Amerada Hess Shipping Corp.*, 488 U.S. 428 (1989).

⑤ See *Siderman de Blake v. Republic of Argentina*, 965 F.2d 699 (9th Cir. 1992).

⑥ *Princz v. Federal Republic of Germany*, 26 F.3d 1166, 1176-1184 (D.C. Cir. 1994) (Wald, J., dissenting).

⑦ See Kimberly J. McLarin, *Holocaust Survivor Will Share $2.1 Million in Reparations*, N.Y. Times, Sept. 20, 1995, at B5.

⑧ 28 U.S.C. § § 1605(a)(7)(A),(B)(ii)(Supp. V. 1999). See 22 C.F.R. § 126.1(d)(2000).

中，原告必须证明满足《外国主权豁免法》所要求的事项管辖权，之后法院才可以根据《外国人侵权请求法》对原告的请求进行审理。① 在 *Goldstar (Panama) S. A. v. U. S.* 案中，一些巴拿马商业团体对美国提起诉讼，要求美国赔偿入侵巴拿马时因劫掠而造成的财产损失，美国法院认为，《海牙公约》和《外国人侵权请求法》均不构成对主权豁免的放弃，因此原告不能满足事项管辖权的要求。② 对此，我们在后面的章节中还会继续论述主权豁免与《外国人侵权请求法》的关系。

（二）事项管辖权的认定标准

对于确立事项管辖权的标准，各个巡回法院是存在分歧的。正如第二巡回法院所指出的，由于《外国人侵权请求法》要求原告在管辖权阶段就要证明存在违反万国法的情形，所以《外国人侵权请求法》必然要求法院对于案件的实体问题要作更多的审查。③ 如果法院认为所声称的行为并没有违反国际法，则就会以缺乏事项管辖权为由撤销诉讼。④ 在 *Khulumani v. Barclay Nat'l Bank Ltd.* 案中，⑤ 第二巡回法院并没有明确说明管辖权标准，但是 Katzmann 法官和 Korman 法官对于《外国人侵权请求法》上的管辖权标准提出了相反的观点。Katzmann 法官拒绝了 *Filartiga* 案中确立的审查案件实体问题的标准，认为如果原告主张被告违反了国际法就可以认定事项管辖权，而至于是否承认《外国人侵权请求法》上的请求则取决于是否存在诉因。相反，Korman 法官则坚持认为应适用 *Filartiga* 案中确立的标准。在 *In Vietnam Ass'n for Victims of Agent Orange v. Dow Chemical Co.* 案中，第二巡回法院以缺乏事项管辖权为由撤销了诉讼但是没有提及 *Filartiga* 案中确立的标准。⑥ 在 *Sarei v. Rio Tinto, PLC* 案中，第九巡回法院认为，只要外国原告所提出的违反国际法的请求不是过于骚扰的，则地方法院就可以根据《外国人侵权请求法》行使管辖权，对于实体问题不作审查。⑦

在 *Sosa* 案中，最高法院认为《外国人侵权请求法》上的请求是联邦普

---

① *Soudavar v. Islamic Republic of Iran*, 67 Fed. Appx. 618（C. A. D. C. 2003）.

② *Goldstar（Panama）S. A. v. U. S.*, 967 F. 2d 965（C. A. 4（Va.）1992）.

③ *Kadic v. Karadzic*, 70 F. 2d 232, 236（2d Cir. 1995）.

④ See *Filartiga v. Pena-Irala*, 630 F. 2d 876, 887-88（1980）; see also *Kadic v. Karadzic*, 70 F. 3d 232, 238（2d Cir. 1995）.

⑤ *Khulumani v. Barclay Nat'l Bank Ltd.*, 504 F. 3d 254（2d Cir. 2007）.

⑥ *In Vietnam Ass'n for Victims of Agent Orange v. Dow Chemical Co.*, 517 F. 3d 104（2d. Cir. 2008）.

⑦ *Sarei v. Rio Tinto, PLC*, 487 F. 3d 1193, 1200-01（9th Cir. 2007）.

通法范围内的，所以对于事项管辖权的审查标准就应与其他联邦普通法上的请求所采取的标准一样，而不管该请求是骚扰的还是没有实体依据的。也就是说，只要原告主张存在合理的违反国际法的行为，则不能以缺乏事项管辖权为由撤销诉讼。

在 *Roe v. Bridgestone Corp.* 案中，法院也认为原告只要主张存在违反万国法就可以确立事项管辖权了。① 在其他案件中，最高法院曾经指出，没有有效的诉因并不影响法院的事项管辖权。② 在 *Arbaugh v. Y&H Corp.* 案中，最高法院也是区分事项管辖权与请求的救济，认为原告只要提出了联邦法上的合理请求，就可以通过第 1331 条获得事项管辖权。③

事实上，很多法院仍然在管辖权认定阶段就审查实体问题的。在 *Cisneros v. Aragon* 案中，④ 原告声称受到性侵犯，于 2005 年 5 月 19 日根据《外国人侵权请求法》和其他法律在怀俄明区地方法院提起诉讼，地方法院以性侵犯并没有违反国际法从而没有事项管辖权为由撤销了诉讼。原告不服，上诉至第十巡回法院，结果第十巡回法院判决维持一审判决。

对此，有学者认为，如果联邦法院混淆了事项管辖权与请求的救济并且以不合适的事由撤销了案件，则该判决不具有先例的效果。⑤

（三）事项管辖权的扩张

事项管辖权的宽窄从属于对于万国法的解释，如果对于万国法作扩张性解释，则事项管辖权的范围就宽一些；相反，如果对于事项管辖权作限制性解释，则事项管辖权的范围就窄一些。

在《外国人侵权请求法》诉讼中，人权利益团体在扩张美国法院的范围上绝对是不可或缺的，它们协助原告提供法律和事实的专业意见。宪法权利中心、正义与责任中心（the Center for Justice and Accountability）、人权律师委员会（the Lawyers' Committee for Human Rights，现在改名为人权第一了，即 Human Rights First）这样的利益团体在 1980 年以来审理的 40% 以上的上诉案件中支持原告。⑥ 事实上，*Filártiga* 案当初就得到了宪法权利中心的大力支持。

当然，对于利益团体在事项管辖权扩张上的消极作用，也有学者提出了

① *Roe v. Bridgestone Corp.*, 492. F. Supp. 2d 988, 1004-06 (S. D. Ind. 2007).

② *Steel Co. v. Citizens for a Better Env't*, 523 U. S. 83, 89 (1998)

③ *Arbaugh v. Y&H Corp.*, 546 U. S. 500, 511 (2006).

④ *Cisneros v. Aragon*, 485 F. 3d 1226 (10th Cir. 2007).

⑤ *Steel Co. v. Citizens for a Better Env't*, 523 U. S. 83, 91 (1998).

⑥ Jeffrey Davis, *Justice without Borders: Human Rights Cases in U. S. Courts*, 28 Law & Policy 60, 65 (2006).

批评。有学者指出，以宪法权利中心为代表的人权团体经常选择右派政府及其官员来作为被告，却从不起诉或参与古巴、尼加拉瓜这样的左派政府及其官员的案件，这实际上是根据自己的意识形态和立场来选择被告的，更多的是将诉讼作为惩罚不同意识形态的对手的手段而非是获得法律救济。①

有学者认为，1789年《外国人侵权请求法》所规定的万国法的观念并不包括整个国际法，极其宽泛地解释"万国法"一词会授予美国法院对不是美国国家利益最大关注以及全球繁荣、安全与发展的问题和事项行使没有根据的管辖权。例如，对于因违反在甲国和乙国国民之间成立的协议而遭受的物质损失，美国司法机关绝不具有利益来提供救济。当一方当事人违反国际任意法（international ius dispositivum）而对另一方当事人造成损害时，也是如此。②《外国人侵权请求法》下的万国法也不应包括没有得到公认的自称的强行法规则。在 *Forti v. Suarez-Mason* 案中，联邦地方法院解释 *Filartiga* 案为要求国际侵权是可定义的、强制性的（而非劝告性的）以及普遍谴责的。③

如果允许对万国法的宽泛解释，那么美国法院将不堪重负。此外，太宽泛地适用《外国人侵权请求法》会妨碍外交努力，在有些案件中利用协商谈判的方法解决纠纷比利用裁判方法更合适。外国人在美国法院无限制的诉诸《外国人侵权请求法》可能会被认为是不当地干涉其他国家的内政，这最终会损害外交环境和所涉国家之间的政治经济关系。④ 因此，他们得出的结论是，对《外国人侵权请求法》的解释以减少对目前万国法的理解的过度依靠并与强行法相认同是对严重侵犯人权的受害人提供侵权救济的最好方法。对于在所涉当事人的母国得不到救济的极其恶劣犯罪和违反国际法的犯罪人，这将起到威慑作用。

另外，关于涉及违反美国缔结的条约的行为的事项管辖权，由于实践中美国联邦法院很少将条约作为事项管辖权的基础，所以这里就不作论述。

三、审判地

在 *Saleh v. Titan Corp.* 案中，原告在加利福尼亚南区地方法院提起诉

---

① Jean-Marie Simon, *The Alien Tort Claims Act: Justice or Show Trials?*, 11 B. U. Int'l L. J. 1, 4-5 (1993).

② Genc Trnavci, *The Meaning and Scope of The Law Of Nations in The Context of The Alien Tort Claims Act and International Law*, 26 U. Pa. J. Int'l Econ. L. 193 (2005).

③ *Forti v. Suarez-Mason*, 672 F. Supp. 1531 (N. D. Cal. 1987).

④ Genc Trnavci, *The Meaning and Scope of The Law Of Nations in The Context of The Alien Tort Claims Act and International Law*, 26 U. Pa. J. Int'l Econ. L. 193 (2005).

讼，被告提出，根据《美国法典》第 1404（a）条，法院应改变审判地（venue），将案件移送到弗吉尼亚东区地方法院审理。① 第 1404（a）条规定，为当事人和证人方便的目的以及为了正义的利益，即使管辖权和审判地在技术上都是合适时，仍然可以选择移送管辖。据此，加利福尼亚南区地方法院分析了如下因素：原告的选择、法院地与争议事实产生地的关系、证人的方便、强迫不愿出庭作证的证人的权力、获取证据的方便、法院案件的积压程度、当地对于争议的利益、法律选择以及陪审团的选择，最后同意了被告的动议。

在南非种族隔离案中，两起诉讼在纽约南区地方法院提起，还有一起诉讼在新泽西区地方法院提起，原告要求将诉讼集中，全部移送到纽约南区地方法院，被告起初反对合并审理。然而，在口头辩论时，大部分被告又支持集中在纽约南区地方法院审理。考虑到诉讼起因于相同的事实，在纽约南区地方法院审理对当事人和证人都比较方便，也有助于促进诉讼的公正高效地进行。因此，为了避免重复的证据开示程序、相互冲突的审前裁定、保护当事人、律师以及司法机关的资源，根据《美国法典》第 1407 条将诉讼集中于纽约南区地方法院是合适的。所以，2002 年 12 月 16 日，多区诉讼司法委员会（Judicial Panel on Multidistrict Litigation）同意了原告的请求。②

第三节　《外国人侵权请求法》与普遍民事管辖权

国际法长期已经承认对一小部分侵犯所有国家所关注的行为的普遍管辖权，而在美国之外对普遍管辖权的分析基本聚焦于刑事追诉，很少关注民事程序。例如，国际法协会提交的一份关于普遍管辖权的报告只聚焦于刑事诉讼，只是在脚注中提到，"在美国，已经根据《外国人侵权请求法》和《酷刑受害人保护法》对民事救济行使普遍管辖权取得了一定的成功"。③

国际法允许——在一定情形下强制国内法制对于被视为普遍关注的不当行为行使管辖权。普遍管辖权"承认国际法允许任何国家适用自己的法律

---

①　*Saleh v. Titan Corp.*, 361 F. Supp. 2d 1152（S. D. Cal. 2005）.

②　*In re South African Apartheid Litigation*, 238 F. Supp. 2d 1379（Jud. Pan. Mult. Lit. Dec 16, 2002）（NO. 1499）.

③　International Law Association, *Final Report on the Exercise of Jurisdiction in Respect of Gross Human Rights Offences* 3 n. 6（2000）, quoted in Beth Stephens, *Translating Filártiga: A Comparative and International Law Analysis of Domestic Remedies for International Human Rights Violations*, 27 Yale J. Int'l L. 1（2002）.

来惩罚一些与其没有任何联系的犯罪",① 是建立在国际社会制裁最严重的违反国际法的行为的集体利益的基础上的。从普遍禁止海盗和奴隶贸易中发展出来，普遍管辖权的概念现在适用于诸如种族灭绝、战争罪、反人类罪和酷刑的犯罪。②

既然普遍管辖权允许国家对国际犯罪进行管辖，那么是否存在普遍民事管辖权呢？

一、普遍管辖权概述

虽然领土仍然是现代管辖权的核心，但其例外至少与该规则本身一样古老。③ 这样的一个例外就是普遍管辖权，完全免除了对国家和所审查的行为的特定联系的要求，而依靠不是任何一个国家而是所有国家所确立的集体利益。根据普遍管辖权原则，即使一国与某些违法行为没有领土联系或者与受害人和加害人的国籍没有任何关系，该国也可以对加害人行使管辖权。④

在国际法授予各国行使普遍管辖权的第一批犯罪是战争罪、海盗和奴隶贸易，之后是种族灭绝、劫持航空器和恐怖主义行为。⑤ 第二次世界大战后，在纽伦堡审判中对纳粹官员行使普遍管辖权。如今，普遍管辖权仍然被

---

① *The Restatement (Third) of the Foreign Relations Law of the United States* § 404 cmt. a (1987). See Roger S. Clark, *Offenses of International Concern: Multilateral State Treaty Practice in the Forty Years Since Nuremberg*, 57 Nordic J. Int'l L. 49 (1988).

② International Law Association, *Final Report on the Exercise of Universal Jurisdiction in Respect of Gross Human Rights Offences* 4-9 (2000), quoted in Beth Stephens, *Translating Filártiga: A Comparative and International Law Analysis of Domestic Remedies for International Human Rights Violations*, 27 Yale J. Int'l L. 1 (2002); Kenneth C. Randall, *Universal Jurisdiction under International Law*, 66 Tex. L. Rev. 785, 788 (1988).

③ Michael Goldsmith & Vicki Rinne, *Civil RICO, Foreign Defendants, and "ET"*, 73 Minn. L. Rev. 1023, 1026 n. 14 (1989).

④ See *Restatement (Third) of The Foreign Relations Law of the United States* § 404 cmt. a, n. 1 (1987); see also *Beanal v. Freeport-McMoRan, Inc.*, 969 F. Supp. 362, 371 (E.D. La. 1997). 根据一些学者的研究，"在很多大陆国家，普遍性原则与属地性原则一样古老……普遍性原则存在于中世纪的意大利、16 世纪的布列塔尼（法国西北部地区）、一直到 1782 年的 17 世纪和 18 世纪的法国以及 17 世纪和 18 世纪的德国。" See Jeffrey M. Blum & Ralph G. Steinhardt, *Federal Jurisdiction over International Human Rights Claims: The Alien Tort Claims Act after Filártiga v. Peña-Irala*, 22 Harv. Int'l L. J. 53, 60 n. 36 (1981).

⑤ Gene Trnavci, *The Meaning and Scope of The Law Of Nations in The Context of The Alien Tort Claims Act and International Law*, 26 U. Pa. J. Int'l Econ. L. 193 (2005).

承认适用于海盗和奴隶贸易商——"任何国家都可以界定并处罚的标准犯罪",① 也适用于种族灭绝、战争罪、反人类罪和酷刑。②

普遍管辖权规定了对人类公敌(hostis humani generis, enemies of humanity)的公益之诉(actio popularis)。公益之诉为违反强行法习惯、对一切义务的受害人的诉讼提供了主体资格,而且国际社会任何成员因而可以提供法律救济。这种诉讼的目标是保护国际社会所接受及共享的普遍价值,其意义超越了国家利益和传统管辖权的限制。有许多的哲学依据来证明普遍管辖权的正当性,从形而上学(空想主义的、哲学的、宗教的)的解释到实际的解释(认为国际社会共同享有的利益高于单个主权)。③

普遍管辖权的共同目标是震慑并惩罚那些被视为"对国际秩序整体的攻击"的行为,集中于犯罪的严重性以及将作恶者绳之以法的困难。④ 随着普遍管辖权已经扩张到针对侵犯国际人权的行为,其合理性仍然是一样的,聚焦于"侵犯文明世界良心的犯罪",而且"表明它们是如此骇人听闻以至于威胁了国际法律秩序"。⑤ 美国法院曾经指出,

> 普遍管辖权"承认国际法允许任何国家适用自己的法律来惩罚一些犯罪行为,即使该国与该犯罪没有任何属地联系或者与犯罪人(或者甚至受害人)没有国籍联系"。⑥

---

① Kenneth C. Randall, *Universal Jurisdiction under International Law*, 66 Tex. L. Rev. 785, 788 (1988).

② International Law Association, *Final Report on the Exercise of Jurisdiction in Respect of Gross Human Rights Offences* 4-9 (2000), quoted in Beth Stephens, *Translating Filártiga*: *A Comparative and International Law Analysis of Domestic Remedies for International Human Rights Violations*, 27 Yale J. Int'l L. 1 (2002).

③ M. Cherif Bassiouni, *Universal Jurisdiction for International Crimes*: *Historical Perspectives and Contemporary Practice*, 42 Va. J. Int'l L. 81, 104 (2001).

④ Edwin D. Dickinson, *Is the Crime of Piracy Obsolete?*, 38 Harv. L. Rev. 334, 338 (1925).

⑤ International Law Association, *Final Report on the Exercise of Jurisdiction in Respect of Gross Human Rights Offences* 3 (2000), quoted in Beth Stephens, *Translating Filártiga*: *A Comparative and International Law Analysis of Domestic Remedies for International Human Rights Violations*, 27 Yale J. Int'l L. 1 (2002).

⑥ 612 F. Supp. 544, 556 (N.D. Ohio 1985), aff'd., 776 F. 2d 571 (6th Cir. 1985), cert. denied, 475 U. S. 1016 (1986).

国际习惯法至少允许所有国家对种族灭绝、反人类罪、战争罪和酷刑行使普遍管辖权。①

尽管普遍管辖权的范围广泛，各国传统上不愿意利用其全部潜力，而是通过狭隘的国内法施加了很多限制，包括限制犯罪的范围、时效、行为地。②

二、普遍民事管辖权

在 *Filártiga* 案中，第二巡回法院指出，"就民事责任而言，酷刑人已经——像海盗和奴隶贸易商——成了全人类的敌人"。③ 在 18 世纪和 19 世纪，海盗和奴隶贸易商都被刑事追诉并被没收财产。④ 这样，普遍管辖权这个概念已经用来授权所有国家对那些违反普遍国际法规范的人施加刑事和民事处罚了。在 *Xuncax v. Gramajo* 案中，地方法院考虑了酷刑、草率处决和失踪的请求，支持"美国从国际法视角对此类侵犯行为进行管辖的合法性"，明确注意了"规定'一国可以行使管辖权来界定并惩罚一些作为普遍关注的国际社会承认的犯罪'"的"普遍管辖权原则"。⑤

《美国对外关系法（第三次）重述》已经支持将普遍管辖权适用于民事请求，在评论中指出：

> "普遍管辖权不限于刑法——一般而言，在普遍利益基础上的管辖权是以刑法的形式行使的，但是国际法并不排斥非刑法的适用，例如向

---

① International Law Association, *Final Report on the Exercise of Jurisdiction in Respect of Gross Human Rights Offences* 4-5 (2000), quoted in Beth Stephens, *Translating Filártiga*：*A Comparative and International Law Analysis of Domestic Remedies for International Human Rights Violations*, 27 Yale J. Int'l L. 1 (2002).

② International Law Association, *Final Report on the Exercise of Jurisdiction in Respect of Gross Human Rights Offences* 10-12 (2000), quoted in Beth Stephens, *Translating Filártiga*：*A Comparative and International Law Analysis of Domestic Remedies for International Human Rights Violations*, 27 Yale J. Int'l L. 1 (2002).

③ *Filártiga v. Peña Irala*, 630 F. 2d 876, 890 (2d Cir. 1980).

④ Jeffrey M. Blum & Ralph G. Steinhardt, *Federal Jurisdiction over International Human Rights Claims*：*The Alien Tort Claims Act after Filártiga v. Peña-Irala*, 22 Harv. Int'l L. J. 53, 60-61 (1981).

⑤ *Xuncax v. Gramajo*, 886 F. Supp. 162, 183 n.25 (D. Mass. 1995); see also *Kadic v. Karadzic*, 70 F. 3d 232, 240 (2d Cir. 1995); *Tel-Oren v. Libyan Arab Rep.*, 726 F. 2d 774, 781 (D.C. Cir. 1984) (Edwards, J., conc.).

海盗的受害人提供侵权或者恢复原状救济。"①

这一点也得到美国国会的重申———一份附在《酷刑受害人保护法》草案之后的报告声明,"根据普遍管辖权原则,所有国家的法院对于'国际关注的侵犯行为'都有管辖权"。②

尽管现代普遍管辖权聚焦于刑事追诉,但历史上基于普遍管辖权的诉讼是包括民事救济的,例如在海盗案件中要求被告就违反国际规范的行为而补偿受侵害的受害人。此外,民事处罚没有刑事惩罚那么费事,因此有必要承认对民事请求的普遍管辖权。③

从国际法对管辖权的限制来看,与刑事管辖权相比,国际法看上去更不关注对民事管辖权的主张。④ 国际常设法院在"荷花号案"中指出,国际法对管辖权的限制只是要求一国不能在别国领土上行使管辖权,并没有限制一国在本国领土上行使管辖权。因此,各国可以自由采取自认为合适的管辖权规则。⑤ 有的学者的观点更为激进,认为国际法毫不限制国家对民事请求主张管辖权的权力。⑥ 我们认为,既然国际社会允许并承认普遍刑事管辖权,那么至少可以认为国际法对民事管辖权的限制不会比对刑事管辖权的限制多。

普遍管辖权概念的两个主要理由是国际社会对不当行为的憎恶以及作恶者通过在任何国家的管辖权之外而逃避正义的危险,这两点同样地适用于民事救济。普遍民事管辖权可以谴责、制裁作恶者、剥夺其相应的利益,抚慰受害人。过去,人们常常误以为民事侵权诉讼只是获得金钱赔偿而已。事实

---

① *The Restatement (Third) of the Foreign Relations Law of the United States* § 402 cmt. B (1987).

② S. Rep. No. 102-249, 5 (1992).

③ Beth Van Schaack, *In Defense of Civil Redress: The Domestic Enforcement of Human Rights Norms in the Context of the Proposed Hague Judgments Convention*, 42 Harv. Int'l L. J. 141, 195 (2001).

④ James Paul George, *Defining Filártiga: Characterizing International Torture Claims in United States Courts*, 2 Dick. J. Int'l L. 1, 32 (1984).

⑤ *The Case of The S. S. Lotus.* (France v. Turkey). Permanent Court of International Justice, 1927. 1927 P. C. I. J. (ser. A) No. 9. http: //www. law. nyu. edu/kingsburyb/ fall01/intl_ law/PROTECTED/unit5/ss_ lotus_ edit. htm (last visited August 16, 2008). 另见陈致中:《国际法案例》,法律出版社1998年版,第41页。

⑥ Gerald Fitzmaurice, *The General Principles of International Law*, 92 Recueil Des Cours 1, 218 (1957).

上，在美国，这样的诉讼发挥着多重作用，包括报应与惩罚、真相讲述、形成行为规范、影响政府政策。①

在实践中，普遍民事管辖权的案件实际上是很少的。从美国法院审理的案件来看，大多数现代案件实际上是与美国相关的，不少案件都是对于在美国的个人或者公司的被告提起诉讼，或者诉讼涉及在美国发生的事件或者出现的财产。即使对外国人提起的诉讼通常也涉及被告居住在美国，例如 *Filártiga* 案，被告为了在母国逃避责任而安家在美国。一小部分案件涉及外国被告在外国所实施的侵犯人权的行为，这些案件的管辖权是建立在过境美国的被告的物理出现或者在美国营业的公司的最低限度的联系的基础上。这些是美国法院适用的标准管辖权规则，从反垄断到侵权和合同均是如此，但没得到其他大多数国家的国内法制所认同。

第四节　《外国人侵权请求法》的影响与作用

自从 1980 年后，至少有 18 起成功的诉讼。② 虽然有的案件被批评为

---

① Beth Stephens, *Translating Filártiga*: *A Comparative and International Law Analysis of Domestic Remedies for International Human Rights Violations*, 27 Yale J. Int'l L. 1 (2002). 关于这一点，还可以本书参见后面的论述。

② See *Filartiga v. Pena-Irala*, 630 F. 2d 876 (2d Cir. 1980); *Forti v. Suarez-Mason*, 672 F. Supp. 1531 (N. D. Cal. 1987), motion to reconsider granted in part and denied in part by 694 F. Supp. 707 (N. D. Cal. 1988); *Kadic v. Karadzic*, 70 F. 3d 232 (2d Cir. 1995); *Xuncax v. Gramajo*, 886 F. Supp. 162 (D. Mass. 1995); *Eastman Kodak v. Kavlin*, 978 F. Supp. 1078 (S. D. Fla. 1997); *Cabiri v. Assasie-Gyimah*, 921 F. Supp. 1189 (S. D. N. Y. 1996); *In re Estate of Ferdinand Marcos, Human Rights Litigation*, 25 F. 3d 1467 (9th Cir. 1994) (Marcos II); *In re Estate of Ferdinand Marcos, Human Rights Litigation*, 978 F. 2d 493 (9th Cir. 1992) (Marcos I); *Mushikiwabo v. Barayagwiza*, No. 94 Civ. 3627, 1996 WL 164496, at *1 (S. D. N. Y. 1996); *Todd v. Panjaitan*, Civ. A. No. 92-1225-PBS, 1994 WL 827111, at *1 (D. Mass. 1994); *Paul v. Avril*, 901 F. Supp. 330 (S. D. Fla. 1994); *Mehinovic v. Vuckovic*, 198 F. Supp. 2d 1322 (N. D. Ga. 2002); *Abebe-Jira v. Negewo*, 72 F. 3d 844 (11th Cir. 1996); *Barrueto v. Larios*, 205 F. Supp. 2d 1325 (S. D. Fla. , 2002), aff'd 402 F. 3d. 1148 (11th Cir. 2005), 2005 WL 580533 (11th Cir. 2005); *Estate of Cabello v. Fernandez-Larios*, 157 F. Supp. 2d 1345 (S. D. Fla. 2001), aff'd, 2005 WL 580533 (11th Cir. 2005); *Doe v. Saravia*, 348 F. Supp. 2d 1112, 2004 WL 2913256 (E. D. Cal. 2004). 出于各种考虑，涉及中国的案例就没有援引，所以此处的统计信息不够准确。详细资料参见 Sandra Coliver, *Bringing Human Rights Abusers to Justice in U. S. Courts*: *Carrying Forward the Legacy of the Nuremberg Trials*, 27 Cardozo L. Rev. 1689 (2006).

"政治性"，但《外国人侵权请求法》诉讼并不会造成什么损害。① 从《外国人侵权请求法》诉讼的数量来看，不但绝对数量不多，而且相对于美国法院每年审理的民事案件而言，所占的比例很小，所以不用担心诉讼泛滥的问题。相反，这些诉讼的积极作用不可忽视，《外国人侵权请求法》具有成为重要的人权执行机制的潜力。② 首先，让行为人承担责任；其次，威慑潜在的行为人；再次，救济受害人；最后，为人权法的发展作出贡献。③

一、让行为人承担责任

让行为人承担责任，这既是正义的要求，也是威慑的组成部分。虽然美国国会在 1994 年通过立法，要求美国法院对酷刑行为进行管辖，但没有人因此而在美国受到刑事追诉。④ 为了逃避责任，很多人也在美国申请避难，理由是自己曾经参与某个团体，可能会遭受迫害。因此，基于惩罚与犯罪的严重性不相称，这些民事案件就成了生还者可以获得的唯一救济。这些案件揭露了侵权人的行为并给他们带来困境，也可能限制他们的事业、工作。至少，被告的生活受到了干扰，他们被迫去抗辩诉讼或者接受缺席判决。在《外国人侵权请求法》诉讼中的个人被告，只有少部分继续留在美国。⑤

从正义与责任中心以及美国移民与海关执法局（the U. S. Bureau of Immigration and Customs Enforcement，前身是移民与归化署 Immigration and Naturalization Service）的资料可以看出，大约有数百名严重侵犯人权的行为

---

① Emika Duruigbo, *The Economic Cost of Alien Tort Litigation: A Response to Awakening Monster: The Alien Tort Statute of* 1789, 14 Minn. J. Global Trade 1, 2 (2004).

② See, e. g., Marisa Anne Pagnattaro, *Enforcing International Labor Standards: The Potential of the Alien Tort Claims Act*, 37 VAND. J. TRANSNAT'L L. 203, 210 (2004).

③ Joan Fitzpatrick, *The Future Of The Alien Tort Claims Act Of* 1789: *Lessons From In Re Marcos Human Rights Litigation*, 67 St. John's L. Rev. 491, 496 (1993).

④ 18 U. S. C. § 2340A. 唯一的例外是美国正在对利比里亚前领导人 Charles Taylor 的儿子 Chucky Taylor 进行刑事追诉，指控其于 2002 年 7 月在利比里亚首都蒙罗维亚的酷刑行为。See John B. Bellinger, III, *Enforcing Human Rights in U. S. Courts and Abroad: The Alien Tort Statute and Other Approaches*, http: //www. state. gov/s/l/rls/103506. htm（last visited August 4, 2008）.

⑤ Sandra Coliver, *Human Rights Accountability: Impact of Tort Cases against Individual Perpetrators*, AlterNet（Nov. 10, 2003）, http: // www. alternet. org/story/17151/（last visited Feb. 7, 2008）. See also Alfonso Chardy, *Ruling Details Torture Claim*, Miami Herald, June 20, 2004, available at http: //www. mercurynews. com/mld/miamiherald/news/local/8966242. htm? 1c.（last visited Feb. 7, 2008）.

人居住在美国，而且还有数十名位高权重的行为人每年都访问美国，他们来自于70多个国家。① 其中，只有少数人被驱逐，而且有近一半的是海地人。②

在18起要求被告承担责任的案件中，1人被驱逐、1人被剥夺国籍、1人被引渡、1人死亡、10人离开美国后再也没返回（还包括5名已经在美国定居的人）、③ 只有4人仍然留在美国，而且也面临被驱逐。④ 这18起案件威慑了许多侵犯人权的行为人来到美国。

被告即使能返回母国，其在美国的诉讼也是永久宣告其侵犯人权行为的可耻，至少让那些侵害人不能在美国旅游、不能在美国探亲、获得教育机会、医疗服务、休假。例如，危地马拉前将军 Hector Gramajo 在被送达后，立即返回危地马拉，而其美国签证也被撤销，所在的政党亦决定不支持提名其为总统候选人。⑤ 另外，印度尼西亚将军 Johny Lumintang 的事业也因《外国人侵权请求法》诉讼而大受影响，美国法院于2001年作出缺席判决，要求他对1999年东帝汶全民公决时所发生的侵犯人权事件负责。⑥ 在该诉讼后，Lumintang 再也没有访问过美国。

---

① ICE Fact Sheet, available at http: // www. ice. gov/graphics/news/factsheets/nosafehaven. htm (last visited August. 10, 2008); see also Amnesty International, USA, *USA: A Safe Haven for Torturers*, available at http: // www. amnestyusa. org/stoptorture/safehaven. pdf (last visited August. 10, 2008). See also, Sandra Coliver, *Bringing Human Rights Abusers to Justice in U. S. Courts: Carrying Forward the Legacy of the Nuremberg Trials*, 27 Cardozo L. Rev. 1689 (2006).

② See Alfonso Chardy, *2 More Haitian Torture Suspects are Arrested in S. Florida Pending Deportation*, Miami Herald, Dec. 20, 2003, available at http: //www. miami. com/mld/miamiherald/news/local/7535658. htm (last visited August. 10, 2008).

③ Pena Irala 被驱逐；Suarez Mason 被引渡；Ferdinand Marcos 死亡。4名访问美国的被告在诉讼开始后马上离开了美国，分别是 Karadzic、Gramajo、Kavlin、Assasie-Gyimah (Ghanaian)。5名在美国居住的被告在诉讼后离开，分别是 Imee Marcos-Manotoc、Barayagwiza、Panjaitan、Avril、Vukovic。

④ Negewo 本来是埃塞俄比亚人，之后加入美国国籍，2001年被取消美国国籍，2005年被驱逐出美国，see Teresa Borden, *Deportation in Motion for Torturer*, Atlanta J. Const., Jan. 5, 2005, at A1. 此外，还有智利人 Fernandez-Larios 以及萨尔瓦多人 Saravia。

⑤ Jennifer Kaylin, *Yale Law School Team Takes on an Alumnus*, N. Y. Times, Apr. 11, 1993, at 6.

⑥ *Doe v. Lumintang*, Civ. Action No. 00-674(GK)(AK), Sept. 10, 2001, decision, available at http://www. cja. org/cases/**Lumintang**_Docs/**Lumintang**_DefM2Vacate. pdf (last visited August. 10, 2008).

在美国联邦法院判决要求 Kelbessa Negewo 对发生在埃塞尔比亚的酷刑行为承担责任后失去了好几份工作，而且加入美国国籍的申请也因在该民事诉讼中所提交的证据而被拒绝。① 此外，还有人因害怕《外国人侵权请求法》诉讼而没有参与运动会的。②

二、威慑潜在的行为人

与世界上其他反对免除处罚的努力一起，《外国人侵权请求法》诉讼为威慑风潮作出了重大贡献。《外国人侵权请求法》诉讼已经导致一些侵犯人权的人离开美国并威慑其他人进入美国，这无疑是威慑的一种温和形式。然而，当与在其他国家的进展一起来看，合起来的影响是实质性地限制了侵犯人权的人可以去的国家的数量。尤其是对在这些历史上在美国可以享受退休、医疗保健、子女教育或休假的侵犯人权的人，由于《外国人侵权请求法》和《酷刑受害人保护法》诉讼，那些侵害人不能在美国旅游、不能在美国探亲、获得教育机会、医疗服务、休假，这些考虑可能威慑部分外国官员实施侵犯人权的行为。

虽然对于法院判决提供的救济而言，它们难以得到执行，最多的是象征性执行，最差的是无望的姿态，但对跨国公司和有钱的个人例外。诉讼的威胁也向跨国公司施压要求改革以避免诉讼，③ 为了回应或者回避责任，跨国公司被迫投资改善人权。例如，在 *Unocal* 案后，Unocal 拿出 3000 万美元来和解，④ Unocal 将这些资金支付给原告并设立一个基金会以改善当地的生活条件。⑤ 类似地，对于因"二战"引起的诉讼，基本都和解了，⑥ 这无疑为

---

① *Abebe-Jira v. Negewo*, 72 F. 3d 844 (11th Cir. 1996).

② Bernard Fernandez, *Retired Colonel Retreats to Chile Ahead of Suit*, Phila. News, Aug. 18, 1987, at 76.

③ Beth Van Schaack, *With All Deliberate Speed: Civil Human Rights Litigation as A Tool for Social Change*, 57 Vand. L. Rev. 2305, 2339 (2004).

④ *Doe v. Unocal Corp.*, 110 F. Supp. 2d 1294, 1296 (C. D. Cal. 2000); rev'd, *Doe v. Unocal Corp.*, Nos. 00-56603, 00-57197, Nos. 00-56628, 00-57195, 2002 U.S. App. LEXIS 19263 (9th Cir. Sept. 18, 2002), en banc review granted, *Doe v. Unocal Corp.*, Nos. 00-56603, 00-57197, Nos. 00-56628, 00-57195, 2003 U. S. App. LEXIS 2716, 2-3 (9th Cir. Feb. 14, 2003).

⑤ See Paul Magnusson, *A Milestone For Human Rights*, BusinessWeekly, Jan. 24, 2005, at 63.

⑥ *In re Holocaust Victim Assets Litig.*, 105 F. Supp. 2d 139, 142-143 (E. D. N. Y. 2000).

最近一些涉及种族隔离和奴役的案件的解决提供了榜样。① 和解协议还可以防止被告继续进行类似的侵犯人权的行为，例如，美国零售商设立了一个800万美元的基金作为解决对其请求的一部分，用来监督项目以确保遵守劳动法、提供部分赔偿、资助公共教育项目以及支付诉讼费用。②

巨额的赔偿或者和解可能引起很多产业的改革，甚至让跨国公司不与大肆侵犯人权的政府接触，③ 已经有组织建议公司在专制性的政治环境里营业时不要产生潜在的人权责任。④ 这样的裁决是另外一种形式的"次级制裁"（secondary sanction），⑤ 可能迫使那些希望吸引外资的国家改善人权记录。

三、救济受害人

正如有学者所指出的，救济受害人也是表明对其他国家的生命的尊重，说明其他国家国民的生命并不比发达国家的下贱，有必要关注生活在不同文化背景下的人们，毕竟所有人都同样受基本人权原则的约束。⑥

这些案件还有助于幸存者体会公正、幸存的意义与价值以及自己为其他受害人带来尊严而获得的巨大满足，也是建立历史纪录的方法——不仅是所发生的事，而且是谁要负责。这样，这些案件就起到真相委员会的作用。

与刑事诉讼中受害人经常作为证人的角色不同，在《外国人侵权请求法》的民事诉讼中，原告作为诉讼程序的发起人，在案件陈述过程中占据

---

① See *Complaint and Jury Trial Demand*, Khulumani v. Barclays Nat'l Bank, Ltd. (Nov. 11, 2001), available at http: // www. cmht. com/casewatch/cases/apartheid-cmpl. pdf (last visited Feb. 7, 2008).

② Deborah J. Karet, *Privatizing Law on the Commonwealth of the Northern Mariana Islands: Is Litigation the Best Channel for Reforming the Garment Industry?*, 48 Buffalo L. Rev. 1047, 1080-1085 (2000).

③ See Jonathan Birchall, *The Limits of Human Rights Legislation*, The Financial Times Ltd. , Jan. 20, 2005, at 13.

④ Verité, *About Us, Our Mission*, http://verite. org/aboutus/main. html (last visited Feb. 7, 2008).

⑤ Robert J. Peterson, *Political Realism and the Judicial Imposition of International Secondary Sanctions: Possibilities from John Doe v. Unocal and the Alien Tort Claims Act*, 5 U. Chi. L. Sch. Roundtable 277, 292-294 (1998).

⑥ Nicholas Keung, *U of T Human Rights Clinic Makes Law School A Crusade*, Toronto Star, Jan. 4, 2004, at A4. Caroline Davidson, *Tort Au Canadien: A Proposal for Canadian Tort Legislation on Gross Violations of International Human Rights and Humanitarian Law*, 38 Vand. J. Transnat'l L. 1403, 1423 (2005).

着主导地位，从不能露脸的证人转为实质上参与的当事人，可以用自己觉得合适的方式讲述过去发生的整个事件，并从中获得心理上的满足。① 例如，在萨尔瓦多发生的酷刑事件中的幸存者 Juan Romagoza 曾经指出：

> 当我作证时，心头涌上一股力量。我觉得我在船头，而且有很多很多人在后面划船。我觉得如果我回头看，我会哭泣的，因为我再次看到了他们：受到伤害的、被酷刑折磨的、被强奸的、裸露的、充满泪水的、流血的人们。因此，我并没有回头，但是我感受到他们的支持、力量、精神。这也是对受害人心灵创伤的治疗。②

在案件判决结果公布以后，Romagoza 说，我想为那些死于街头、乡村的无名氏大声呼喊，我想他们会很高兴的。③《外国人侵权请求法》诉讼的这种效果已经为专家们证实。正如 Mary Fabri 博士所说：

> 这个法律诉求为居住在美国的酷刑生还者提供了寻求正义和面对原本免受处罚的行为人的机会。少数能将案件诉至法院的人为所有的酷刑受害人创立了一个集体的声音，将侵犯人权的问题带到公众眼里。通过打破沉默、面对作恶者、反击责任规避，这个机会也为酷刑受害人提供了精神治疗的方法。④

相反，如果不能让受害人获得这方面的满足，受害人可能会有沮丧感，觉得不满。例如，在 *Filartiga v. Pena-Irala* 案中，第二巡回法院撤销了地方法院的判决将案件发回后，由于被告返回巴拉圭后再也没有回到美国进行答辩，所以地方法院法官 Nickerson 作出了缺席判决。为了确定赔偿的数额，Nickerson 法官将案件分配给治安法官 John Caden。这样一来，原告及其律师

---

① Jose E. Alvarez, *Rush to Closure*: *Lessons of the Tadic Judgment*, 96 MICH. L. REV. 2031, 2101-2（1998）.

② *Statement of Juan Romagoza*, available at http: // www.cja.org/forSurvivors/ reflect. doc（last visited August. 10, 2008）.

③ See Jeffrey Davis, *Justice across Borders*: *the Struggle for Human Rights in U. S. Courts*, Cambridge University Press, 2008, p. 2.

④ Fabri, *Torture and Impunity*: *Legal Recourse May Lead to Healing*, Traumatic Stress Points, Vol. 16, No. 2, Spring 2002, available at http: // www.istss.org/Pubs/TS/Spring02/ torture. htm（last visited August. 10, 2008）.

觉得非常失望，他们本来是希望在法院公开审理时进行作证的。正如当时为此案提供援助的宪法权利中心律师 Rhonda Copelon 所抱怨的：

> "所有的都是原告家人的痛苦和悲伤，你不能仅拿钱来解决，好像这是一个医疗事故一样。这个案件涉及的最重要的一点就是受害人的父亲 Filartiga 博士和姐姐 Dolly 确实要讲述这个故事……"。①

当然，最后通过作证也让其声音被部分人听到，多少有点心理安慰了。

对于原告而言，要求以道歉或者悔改的形式的道德责任可能比经济责任更迫切。② 当被迫用金钱量化所遭遇的酷刑或者所爱的人被法外处决所产生的损害时，原告可能怨恨将他们的经历"商品化"。③ 类似地，金钱赔偿可能扭曲这些案件的一些象征价值而分裂原告之间的团结意识，在不同的受害人或者子集团之间制造赔偿份额的竞争，④ 引发对于分配正义的关注。⑤

从原告共同体的视角来看，虽然个人的诉讼涉及的仅是特定的原告，但此类诉讼通常具有代表性，⑥ 这在下面两种情形时尤其如此：原告的受害是由于针对类似处境的个人的政策所造成、存在大规模的等同于种族灭绝或者反人类罪的侵犯人权的行为。⑦ 在此类情形中，一个有利的判决或裁定表明，正式承认权利、宣布侵害的可耻、权衡责任以及与过去的决裂。同一事

---

① See Jeffrey Davis, *Justice across Borders: the Struggle for Human Rights in U.S. Courts*, Cambridge University Press, 2008, p. 2.

② Tom R. Tyler & Hulda Thorisdottir, *A Psychological Perspective on Compensation for Harm: Examining the 9/11 Victim Compensation Fund*, 53 DePaul L. Rev. 355, 361 (2003).

③ Tom R. Tyler & Hulda Thorisdottir, *A Psychological Perspective on Compensation for Harm: Examining the 9/11 Victim Compensation Fund*, 53 DePaul L. Rev. 355, 367-368 (2003); see also Deborah R. Hensler, *Money Talks: Searching for Justice through Compensation for Personal Injury and Death*, 53 De Paul L. Rev. 417, 432-437 (2003).

④ See Detlev F. Vagts & Peter Murray, *Litigating the Nazi Labor Claims: The Path Not Taken*, 43 Harv. Int'l L. J. 503, 522 (2002).

⑤ Tom R. Tyler & Hulda Thorisdottir, *A Psychological Perspective on Compensation for Harm: Examining the 9/11 Victim Compensation Fund*, 53 DePaul L. Rev. 355, 369 (2003). See also Deborah R. Hensler, *Money Talks: Searching for Justice through Compensation for Personal Injury and Death*, 53 De Paul L. Rev. 417, 424-425 (2003).

⑥ See Center for Justice & Accountability; *Carlos Mauricio's Story*, http://www.cja.org/forSurvivors/CarlosforSurvivors.shtml (last visited Feb. 7, 2008).

⑦ See, e.g., *Doe v. Saravia*, 2004 WL 2913256 (E.D. Cal. Nov. 24, 2004).

件或者制度下的其他受害人也可以经历这些诉讼的显要功能，而且通过对过去责任的认定来享受社会关系的重整。① 在集团诉讼时，理论上所有受到同一侵害行为损害的人都可以更直接地参与诉讼。然而，这也有赖于律师让大家一起参与的意愿和能力以及所涉及的人数的多少。

当然，迄今为止的实践已经证明，法院可以很好地评估所提出的请求，② 以确保它们基于国际法，而且与国内和国际法豁免原则保持一致。③在判决可以执行时，金钱判决为原告提供了经济支持，提高了他们的社会地位。

总之，虽然大多数案件中被告在美国没有资产，原告很少完全得到赔偿，但由法院来审理他们的案件，看到那些作恶者被迫逃离美国，仍然是很大的道德满足。

四、为人权法的发展作出贡献

这些案件为未来适用国际法来为受害人获得正义提供了基础。过去的案件已经表明，对于酷刑、法外处决、战争罪、种族灭绝、反人类罪、奴隶贸易以及类似行为的请求基于违反万国法的侵权。④ 虽然《外国人侵权请求法》诉讼发生在美国，但这些诉讼的观众却是国际的，因而其影响也是国

---

① Paul B. Stephan, *Export/Import：American Civil Justice in a Global Context：A Becoming Modesty—U. S. Litigation in the Mirror of International Law*, 52 DePaul L. Rev. 627, 644 (2002).

② See, e. g. , *Bigio v. Coca Cola*, 239 F. 3d 440, 455 (2d Cir. 2000)；*IIT v. Vencap*, 519 F. 2d 1001, 1015 (2d Cir. 1975)；*Abiodun v. Martin Oil Serv. , Inc.* , 475 F. 2d 142, 145 (7th Cir. 1973)；*Valanga v. Metropolitan Life Ins.* , 259 F. Supp. 324, 327 (E. D. Pa. 1966)；*De Wit v. KLM Royal Dutch Airlines*, *N. V.* , 570 F. Supp. 613, 618 (S. D. N. Y. 1983). See also *Guinto v. Marcos*, 654 F. Supp. 276, 280 (S. D. Cal. 1986)；*Nat'l Coalition Gov't of Union of Burma v. Unocal, Inc.* , 176 F. R. D. 329, 345 (C. D. Cal. 1997).

③ See Beth Stephens, *Taking Pride in International Human Rights Litigation*, 2 Chi. J. Int'l L. 485, 487-488 (2001).

④ *Filartiga v. Pena-Irala*, 630 F. 2d 876 (2d Cir. 1980) and *Abebe-Jira v. Negewo*, 72 F. 3d 844 (11th Cir. 1996) (酷刑)；*In re Estate of Ferdinand Marcos, Human Rights Litigation*, 25 F. 3d 1467 (9th Cir. 1994) (草率处决、酷刑)；*Kadic v. Karadzic*, 70 F. 3d 232 (2d Cir. 1995) (酷刑、法外处决、战争犯罪、种族灭绝)；*Mehinovic v. Vuckovic*, 198 F. Supp. 2d 1322 (N. D. Ga. 2002) and *Estate of Cabello v. Fernandez-Larios*, 157 F. Supp. 2d 1345 (S. D. Fla. 2001), aff'd, 2005 WL 580533 (11th Cir. 2005) (反人类罪).

际的，还可以促进立法（例如《酷刑受害人保护法》）和政治关注。①

根据《外国人侵权请求法》提起的案件可以把各种国际宣言、公约和条约中的抽象有时甚至是激励的权利（hortatory rights）转化为可以执行的法律请求，而且这样做赋予人权价值具体的意义，② 并且为长期的道德教化进程作出贡献。关于海外侵害行为的司法宣告有助于国际规范的国内化，可以适用于国内的侵害行为而且协助解释美国的制定法。③ 即使案件因其他原因而被撤销，法院对某一特定规范的范围和内容的讨论也是一起"规范确认事件"（norm-affirming event），④ 即使原告的法律请求不能主张，但至少让原告可以公开声明其道德主张。⑤

作为公开的有报道价值的现象，通过教育公众国际行为规范、要求注意不公正、劝说改变意见、引发公共疾呼以及动员草根运动，诉讼发挥着教育的功能。⑥ 在美国国内，注意其他地方的专制甚至通过个人陪审员直接参与司法过程可以对人权受到侵害的受害人表达社会同情，⑦ 从而促进国内的人权意识以及支持民主的外交政策的政治选民的发展。⑧ 对于发生在海外的侵害人权的行为的巨大国内关注将增加美国政府谴责这些侵害行为并对这些专制性政府施加影响的压力。⑨

---

① Beth Van Schaack, *With All Deliberate Speed: Civil Human Rights Litigation as A Tool for Social Change*, 57 Vand. L. Rev. 2305, 2341 (2004).

② Owen M. Fiss, *The Forms of Justice*, 93 Harv. L. Rev. 1, 11 (1979); Paul B. Stephan, *Export/Import: American Civil Justice in a Global Context: A Becoming Modesty — U. S. Litigation in the Mirror of International Law*, 52 DePaul L. Rev. 627, 635 (2002).

③ Harold Hongju Koh, *Why Do Nations Obey International Law?*, 106 Yale L. J. 2599, 2656-2657 (1997).

④ Ellen L. Lutz & Kathryn Sikkink, *The Justice Cascade: The Evolution and Impact of Foreign Human Rights Trials in Latin America*, 2 Chi. J. Int'l L. 1, 4 (2001).

⑤ See, e. g., *Burger-Fischer v. DeGussa AG*, 65 F. Supp. 2d 248, 248 (D. N. J. 1999).

⑥ Terry Collingsworth, *The Key Human Rights Challenge: Developing Enforcement Mechanisms*, 15 Harv. Hum. Rts. J. 183, 193 (2002).

⑦ See Toni M. Massaro, *Empathy, Legal Storytelling, and the Rule of Law: New Words, Old Wounds*, 87 Mich. L. Rev. 2099, 2101-2102 (1989).

⑧ See, e. g., Peter Waldman, *Evangelicals Give U. S. Foreign Policy An Activist Tinge*, Wall St. J., May 26, 2004, at A1.

⑨ See *Presbyterian Church of the Sudan v. Talisman Energy*, No. 01 Civ. 9882 (AGS), 2003 U. S. Dist. LEXIS 3981 (S. D. N. Y. Mar. 19, 2003).

同样地，在美国的民事诉讼也会引发被告母国类似的司法回应，① 对于在母国的正义进程而言，《外国人侵权请求法》诉讼可以起到催化剂的作用，它们可以为一直努力但毫无效果的积极分子和觉得与原告团结一起的生还者带来希望。通过表明免除处罚是可以被挑战的，《外国人侵权请求法》诉讼可以引起对于过去犯罪的讨论，而且有助于在母国将作恶者绳之以法。例如，*Abebe-Jira* 案对埃塞尔比亚的舆论和政府承诺推进审判军政府的前军官产生了影响。还有，2002 年的一项判决加强了萨尔瓦多的法治基础，激起了对废除国家大赦法的辩论，导致了萨尔瓦多高级军官之间的惊慌失措。②

总之，对于侵犯人权而言，以《外国人侵权请求法》为基础开始的侵权诉讼具有不可替代的优越性。对于严重侵犯人权的行为，进行刑事追诉和寻求民事救济一样很重要；然而由于现实的困境导致国际犯罪追诉的情形比较稀少，这样利用侵权进行民事救济就是一个不可或缺的次优选择。即使可以进行刑事追诉，那么利用侵权诉讼进行民事救济也是一个重要的补充程序，可以让受害人获得民事上的救济，满足他们在刑事诉讼中不能满足的要求。

五、《外国人侵权请求法》的修改

《外国人侵权请求法》诉讼可能会引起侵权行为人所在国政府的不快，毕竟对其声誉有很大影响。因此，必须注意在根据《外国人侵权请求法》执行国际法尤其说国际人权法、人道法时不会不当地干涉美国的外交政策。为此，有学者提出利用不方便法院原则、主权豁免原则和国家行为理论来平衡人权诉讼与美国的外交政策。③

有学者认为，美国国会应该制止美国联邦法院的司法能动主义，将《外国人侵权请求法》修改为只允许外国人起诉个人或公务员实施的违反万

---

① Ellen L. Lutz & Kathryn Sikkink, *The Justice Cascade: The Evolution and Impact of Foreign Human Rights Trials in Latin America*, 2 Chi. J. Int'l L. 1, 21 (2001). See also Naomi Roht-Arriaza, *The Pinochet Precedent and Universal Jurisdiction*, 35 New Eng. L. Rev. 311, 315 (2001).

② See Sandra Coliver, Jennie Green & Paul L. Hoffman, *Holding Human Rights Violators Accountable By Using International Law In U.S. Courts: Advocacy Efforts And Complementary Strategies*, 19 Emory Int'l L. Rev. 169, 185 (2005).

③ Ralph G. Steinhardt & Anthony D'Amato (eds.), *The Alien Tort Claims Act: An Analytical Anthology*, Transnational Publishers, 1999, p. 95.

国法或美国缔结的条约的侵权行为而不能起诉任何公司，这样就可以避免让美国成为世界上国际诉讼的枢纽。①

在如何修改《外国人侵权请求法》上，有学者认为，国会应取消《外国人侵权请求法》中的"万国法"一词，并且列举出国家官员、个人和公司所应负责的具体行为以及可以救济的具体行为。② 这样的修改应反映对什么构成酷刑而作了列举的《酷刑受害人保护法》和 2006 年的《军事委员会法》。这样做，有几个好处：不但确定国家官员的责任标准，而且确定私人个人和公司的责任标准；让公司注意到什么样的行为会产生《外国人侵权请求法》上的责任；确立强有力的国家实践，以影响其他国家处理公司违反国际习惯法的侵权行为问题的方法。

也有学者认为，由于不存在一个全球性的国际裁判机构来解决这些侵犯人权的案件，酷刑受害人在母国也得不到有效的救济，而《外国人侵权请求法》提供了一个恰当的选择，这也符合美国保护人权、解决提交到法院的争议的义务。③ 因此，没有必要修改或限制《外国人侵权请求法》，毕竟《外国人侵权请求法》是规制公司行为以及促进美国保护人权的有效工具。④

小　结

《外国人侵权请求法》诉讼在美国的繁荣，离不开美国的管辖权制度。由于美国法律制度在认定对人管辖权时倾向于原告，强调只要满足最低限度的联系而且不违反美国《宪法》的限制就可以行使管辖权，导致世界各国民众都将美国法院作为寻求救济的理想场所。为了避免过度管辖，以免将有限的司法资源浪费在与美国毫无利益关系的案件中，美国法院在行使对人管辖权时也并不是毫无限制的，在认定最低限度的联系上的标准有时比较窄。

在认定事项管辖权上，美国各个法院的标准存在着一定分歧，这与各个

---

① Joshua L. Bettridge, *The Alien Tort Statute: Judicial Activism and Its Impact on International Law*, 1 Regent J. Int'l L 65, 74 (2003).

② Hannah R. Bornstein, *The Alien Tort Claims Act In* 2007: *Resolving The Delicate Balance Between Judicial And Legislative Authority*, 82 Ind. L. J. 1077, 1081 (2007).

③ Ralph G. Steinhardt & Anthony D'Amato (eds.), *The Alien Tort Claims Act: An Analytical Anthology*, Transnational Publishers, 1999, p.45.

④ Kevin R. Carter, *Amending the Alien Tort Claims Act: Protecting Human Rights or Closing off Corporate Accountability?*, 38 Case W. Res. J. Int'l L. 629 (2006-2007).

法院对《外国人侵权请求法》的理解有关，也与法官对于国际法的理解有关。随着国际人权法的发展、对国际法执行力的强调、对受害人救济的需要，事项管辖权在不断扩张，美国法院的管辖范围未来也会不断拓宽。

尽管如此，美国法院根据《外国人侵权请求法》行使的管辖权仍然不是普遍民事管辖权，毕竟在《外国人侵权请求法》诉讼中，诸多因素都是与美国有关联的，美国法院行使管辖权也是依据美国的国内法，而非国际法，而且美国也没有义务给予受害人救济而行使管辖权。

从20世纪80年代开始，美国法院审理了众多的《外国人侵权请求法》诉讼，虽然存在着一些问题，但没有必要限制甚至废除《外国人侵权请求法》，就让《外国人侵权请求法》保持原样。毕竟，《外国人侵权请求法》的存在还是发挥了一定的积极作用。

第四章 《外国人侵权请求法》诉讼中的法律选择

在裁决《外国人侵权请求法》诉讼时不可避免地会出现法律选择问题，然而《外国人侵权请求法》本身又没有规定法律选择规则以及可适用的法律。同时，联邦最高法院也没有提供指引，而各个巡回法院又没有统一的标准。正如第二巡回法院所承认的，对于法律选择问题，各个巡回法院之间存在很大的分歧。① 另外，当事人对于法律选择问题也常常是不清不楚的，所以法院也会要求当事人对于法律选择问题提交分析意见。② 当然，最没争议的恐怕属于程序问题优先适用法院地法。

美国联邦最高法院曾经指出，如果一部制定法被认为是管辖权性质的，那么为了让该法的目的尽可能地实现，就允许法院创设相应的实体联邦普通法。③一个成功的《外国人侵权请求法》请求的关键是法院必须决定适用行为发生地法、法院地法还是国际法。④这个决定是极其重要的，因为法院所适用的法律决定了该《外国人侵权请求法》的请求是否能够通过审前动议（pretrial motions）。⑤ 此外，法律选择问题影响了在国外对《外国人侵权请求法》判决的执行。⑥

有学者认为，对于国际法规范及其是否被违反，法院适用国际法，而对于诉讼主体资格和诉讼时效问题则适用国内法。至于救济，法院参考对于涉

---

① *Wiwa v. Royal Dutch Petroleum Co.*, 226 F. 3d 88, 105 n. 12 (2d Cir. 2000).

② See *Tachiona v. Mugabe*, 216 F. Supp. 2d 262, 269 (S. D. N. Y. 2002).

③ *Textile Workers v. Lincoln Mills of* (*Ala*), 353 U. S. 448 (1957).

④ 有学者探讨了行为地法以及国际法作为裁判规则的可能性及其利弊，Ralph G. Steinhardt & Anthony D'Amato (eds.), *The Alien Tort Claims Act: An Analytical Anthology*, Transnational Publishers, 1999, pp. 88-94.

⑤ See Jeffrey Rabkin, *Universal Justice: The Role of Federal Courts in International Civil Litigation*, 95 Colum. L. Rev. 2120, 2142 (1995).

⑥ See Edward A. Amley, Jr., *Sue and Be Recognized: Collecting 1350 Judgments Abroad*, 107 Yale L. J. 2177, 2190-2191 (1998).

及侵犯国际人权的请求作出金钱判决的联邦普通法。①

第一节 《裁判规则法》与《第二次冲突法重述》的指引

关于《外国人侵权请求法》诉讼中的法律选择问题，必须考虑以下几点标准：第一，行为发生地和结果损害地以及当事人居住地的法律可能是相关的，可以用来解决特定的问题，只要该法在实质上与联邦普通法的原则和国际法一致，并且提供了与《外国人侵权请求法》目的和相关的国际规范相一致的救济；第二，如果外国当事人居住地法与美国联邦法或国际法相冲突，或者没有提供合适的救济，或者不足以矫正违反国际法的该行为，那么可以根据联邦法和法院地所在的州法或者国际法的原则提供相应的救济；第三，如果适用联邦或者法院地法，原告的某些请求得不到支持，则可以适用允许相应救济的外国法；第四，如果部分请求不能得到国际法的支持，而可以通过援引外国法而适用外国法的救济。②

在上面所说的这四点标准基础上，法院在具体的案件中要考虑《裁判规则法》(The Rules of Decision Act)、《第二次冲突法重述》、相关判例的指引，同时，也要考虑相关的国际法规则。

一、《裁判规则法》的指引

在决定《外国人侵权请求法》诉讼中的法律适用问题时，联邦法院在适用国际法、联邦法和州法之间选择。③ 然而，这样的选择受到《裁判规则法》以及相关判例的约束。《裁判规则法》规定："除非《宪法》或者国际条约或者国会立法另有规定，则美国法院在民事诉讼中应适用各州法律。"④该法源于1789年《司法法》第34条的规定，现在的版本仅是个别用词更新了一下，实质上没有任何改变。

对于《裁判规则法》所指的"法律"的含义，国会没有明确界定，所以在实践中就一直存在分歧。在1842年的 Swift v. Tyson 案中，⑤ 斯托雷法

---

① Note, *Alien Tort Claims Act Litigation*: *Adjudicating on "Foreign Territory"*, 30 Suffolk Transnat'l L. Rev. 101 (2006).

② See *Tachiona v. Mugabe*, 234 F. Supp. 2d 401 (S. D. N. Y. 2002).

③ Symeon C. Symeonides, *Choice of Law in the American Courts in* 2002: *Sixteenth Annual Survey*, 51 Am. J. Comp. L. 1, 47 (2003).

④ 28 U.S.C. § 1652 (2000).

⑤ 41 U.S. (16 Pet.) 1 (1842).

官作了详细论述，之后一直被各级法院所引用遵循，直到 1938 年联邦最高法院在 *Erie Railroad Co. v. Tompkins* 案中认定"不存在联邦一般普通法"。①
Swift v. Tyson 案涉及的是一起汇票承兑的诉讼，斯托雷认为：

> 在一般的意义上，很难说"法律"一词就包括州法院的判决，州法院的判决最多是什么是法律的证据，其本身绝不是法律……法院的判决经常被法院本身重新考虑、推翻以及限制，不管其本身是有缺陷的还是没有根据抑或错误的。一州的法律通常被理解为指的是立法机关通过的法案和规则以及长期形成的具有法律约束力的习惯。就联邦最高法院而言，我们一直将第 34 条解释为其适用限于各州的法律，严格地说就是各州的制定法以及有权机关对涉及当地权益的解释。我们从来没有认为第 34 条适用于或用来适用于一般性的独立于各州当地的制定法或习惯法……毫无疑问，各州裁判机构作出的裁决有权而且将得到我们的注意与参考，但是它们本能提供我们要受其约束的实体规则或者最终权威……对于涉及合同或其他商业性的文件，联邦法院不应局限于各州法院的判决，而应从商业领域中的一般原理和原则中寻找。②

Swift v. Tyson 案之后，联邦法院的权限不断扩大，甚至还被认为具有制定联邦普通法的权力。由于联邦普通法的不明确和变化多端，法官的自由裁量权过大，不利于保护当事人和社会大众的正当预期，还容易导致当事人挑选法院，所以该案一直广受非议。最终，联邦最高法院在 1938 年联邦最高法院在 *Erie Railroad Co. v. Tompkins* 案中推翻了 *Swift v. Tyson* 案。在 *Erie* 案中，最高法院认为，执行国际法的主要责任在于联邦政府。在 *Erie* 案之前，所接受的观念是普通法，包括国际法，是被发现的。③ 现在，最高法院认为，在法院需要在新的背景下宣布或者制定一个普通法原则的大多数案件中，法律是被制定或者创立的，并且否认了存在任何联邦"一般"普通法（federal "general" common law）。这样，*Erie* 案将法律实证主义注入到美国宪法理论中。

---

① 304 U. S. 64, 77-78 (1938).

② 41 U. S. (16 Pet.) 1, 12 (1842).

③ *Black & White Taxicab & Transfer Co. v. Brown & Yellow Taxicab & Transfer Co.*, 276 U. S. 518, 533 (1928).

也就是说，在 *Erie* 案后，联邦法院一般首先必须适用州法来解决各州界定的诉因而引起的法律问题。① 在 1964 年的 *Banco National de Cuba v. Sabbatino* 案中，② 最高法院再次确认了国际法作为联邦法被并入，承认了联邦普通法。在该案中，原告古巴国民银行要求获得一船糖卖出后的收益，这批糖是古巴政府从一家美国公司征用来的。被告认为，原告无权获得收益，因为征用违反了支配国家对外国人的责任的国际习惯法。在正常情形下，古巴的征用会被视为外国的"国家行为"，对其合法性美国法院是不会质疑的。联邦最高法院认为，对于违反国际习惯法的国家行为而言，国家行为理论没有例外，而且根据有争议的国际习惯法标准来裁判外国征用行为的合法性将侵犯总统处理外交关系的宪法特权。为了避免"司法部门和行政部门冲突的可能性"，法院认定，"在没有条约或者其他明确的协定控制法律原则时"，国家行为理论阻却了司法部门对古巴征用行为的合法性的判断。法院认定国家行为理论是拘束各州的联邦普通法规则。法院援引 *Erie* 案作为不存在类似国家行为理论的规则。国家行为理论后来做了一些修正后被联邦法院用在《外国人侵权请求法》诉讼中以确立私人、国家之间的行为，从而根据《外国人侵权请求法》对案件作出裁判。

目前，联邦法院仍然继续在某些领域制定普通法。在著名的 *Kimbell Foods* 案中，联邦最高法院采用了两步分析法。③ 首先，法院应决定是否应适用联邦法还是按照《裁判规则法》的要求适用州法。如果不适用《裁判规则法》，则第二步是决定应采用哪些规则作为联邦规则，州的规则是否应作为联邦规则并入。之后，各级法院都沿用此判断分析方法。④ 也就是说，除非存在其他特殊事由，否则一般都推定适用州法。⑤

在《外国人侵权请求法》诉讼中，几乎所有法院都认定，如果没有明

---

① See William R. Casto, *The Federal Courts' Protective Jurisdiction over Torts Committed in Violation of the Law of Nations*, 18 Conn. L. Rev. 467, 477 (1986). But see G. Edward White, *A Customary International Law of Torts*, available at http：//law. bepress. com/uvalwps/uva_ publiclaw/art34 (last visited September 3, 2008).

② *Banco National de Cuba v. Sabbatino*, 376 U. S. 398 (1964).

③ See, e. g., *United States v. Kimbell Foods, Inc.*, 440 U. S. 715, 726-727 (1979).

④ See, e. g., *Atherton v. FDIC*, 519 U. S. 213, 217-220 (1997)；*O'Melveny & Myers v. FDIC*, 512 U. S. 79, 83-86 (1994).

⑤ See, e. g., *Semtek Int'l Corp. v. Lockheed Martin Corp.*, 531 U. S. 497, 508 (2001).

确的裁判规则时则适用联邦裁判规则,① 少数法院利用州法来决定联邦规则的内容。② 在 Sosa 案中,最高法院依靠 Erie 案的裁决,认为作为一般原则的例外,《外国人侵权请求法》上的万国法属于可以通过私人请求而执行的联邦普通法的特别部分。③ 在《外国人侵权请求法》诉讼中,联邦法院灵活运用普通法至少有两个理由。第一,《外国人侵权请求法》是符合《宪法》的有效立法,这样,联邦法院的合适角色就是解释立法并阐述"法律是什么"。④ 第二,国际习惯法是联邦普通法的一部分,因而联邦法院可以通过法学家的著述以及各国的实践来解释国际习惯法。⑤

二、《第二次冲突法重述》的指引

《第二次冲突法重述》规定了联邦法院在认定法律选择问题上所应遵循的原则,⑥ 第 6 条规定:

"法院在宪法的限制下,就法律选择应遵循本州成文法的规定。如果没有上述成文法,法院在选择准据法时应考虑下列因素:州际和国际制度的需要;法院地的相关政策;其他利害关系州的相关政策以及在解决特定问题时相关各州的利益;对正当期望的保护;特定法律领域所依据的基本政策;结果的确定性、可预见性和一致性;应适用的法律易于

---

① See, e. g., *Wiwa v. Royal Dutch Petroleum Co.*, 226 F. 3d 88, 105 n. 12 (2d Cir. 2000); *Corrie v. Caterpillar, Inc.*, 403 F. Supp. 2d 1019, 1027 (W. D. Wash. 2005); *Xuncax v. Gramajo*, 886 F. Supp. 162, 179-180 (D. Mass. 1995).

② See, e. g., *In re Estate of Ferdinand E. Marcos Human Rights Litig.*, 978 F. 2d 493, 503 (9th Cir. 1992) (赞同地方法院利用内国法来裁定《外国人侵权请求法》诉讼的结果,而根据传统的冲突法原则一般都是适用损害地法); *Adra v. Clift*, 195 F. Supp. 857, 866 (D. Md. 1961) (适用州法,但是没有明示这样做是否构成创设新的联邦普通法抑或州法通过 RDA 而得以适用)。类似的,在 Unocal 案中,多数意见虽然认为要受国际法约束,但是仍然适用州法作为联邦普通法的裁判规则。See *Doe v. Unocal Corp.*, 395 F. 3d 932, 949 & n. 25 (9th Cir. 2002) (采用国际法为裁判规则,但也承认在不同的事实上可能采用不同的规则)。

③ *Sosa v. Alvarez-Machain*, 124 S. Ct. 2734 (2004).

④ *Marbury v. Madison*, 5 U. S. (1 Cranch) 137, 177 (1803).

⑤ See *The Paquete Habana*, 175 U. S. 677, 700 (1900).

⑥ See *Restatement (Second) of Conflict of Laws* § 6 (1971); see also *Doe v. Unocal Corp.*, 395 F. 3d 932, 949 (9th Cir. 2002); *Cruz v. United States*, 387 F. Supp. 2d 1057, 1070 (N. D. Cal. 2005).

确定和适用。"①

相关的评论指出，这里所列出的因素不是包罗万象的，而且每一因素都没有优于其他因素。② 关于侵权的法律选择，第 145 条规定，与侵权行为的争议有关的当事人的权利和责任，由与该争议的产生和当事人有最重要联系的那个州的法律来确定。③ 在确定何为最密切联系法必须考虑损害发生地法；导致损害发生地的行为地法；双方当事人的住所、居所、国籍、法人所在地以及营业地所在地法；双方当事人关系最集中的地方的法律。④

在 Unocal 案中，多数法官认为，根据《第二次冲突法重述》，每一个因素都倾向于适用国际法。⑤ 然而，法院在经过各种考虑后适用了法院地法。第一，州际和国际制度的需要。在 Unocal 案中，多数法院特别强调对违反强行法的行为提供救济的国际制度的需要。这样，他们就推论出既然国内法必须符合强行法规范，那么任何国内法违反了强行法则是无效的。结果，法院指出，由于国内法需要真实反映国际强行法规范，因此适用国际法不会造成任何损害。第二，法院地的政策。在考虑这个因素时，法院的并存意见和多数意见都指向了《外国人侵权请求法》中所体现的为侵犯国际人权的受害人提供救济的联邦政策。

三、侵权行为地法的适用

（一）法院适用外国法并不影响管辖权的行使

对于法律选择问题，一般是利用国际习惯法来确定事项管辖权，而将法律选择问题留给地方法院。⑥ 此外，法院适用外国法并不影响管辖权的行使。正如有法院所指出的，如果认为要考虑法律选择的因素以决定原告是否可以根据《外国人侵权请求法》对涉嫌参与暗杀萨尔瓦多主教的前安全部门领导提起诉讼，法院要援引萨尔瓦多的法律，但不能因此而使《外国人

---

① *Restatement（Second）of Conflict of Laws* § 6（2）; see also *Restatement（Second）of Conflict of Laws* § 6（1）.
② See *Restatement（Second）of Conflict of Laws* § 6 cmt. c.
③ *Restatement（Second）of Conflict of Laws* § 145（1）.
④ *Restatement（Second）of Conflict of Laws* § 145（2）.
⑤ See *Doe v. Unocal Corp.*, 395 F. 3d 932, 949（9th Cir. 2002）.
⑥ 630 F. 2d 876, 889（2d Cir. 1980）.

侵权请求法》的目的落空。①

在 *Adra v. Clift* 案中，② 法院也是将管辖权问题和法律选择问题分开处理的。首先，法院认定利用伪造的护照将小孩带离黎巴嫩以逃避执行黎巴嫩的监护令违反了万国法，从而可以行使《外国人侵权请求法》上的管辖权。然后，在作出监护判决时，法院考虑但最终忽略了黎巴嫩法以及其他法律渊源，而是采用马里兰州的法律作为裁判规则。虽然法院适用所在州的法律，但是拒绝说明这样做是构成了创造新的联邦普通法还是由于《裁判规则法》的存在而适用州法。③ Edwards 法官认为，*Adra* 案的做法仅在有些情况下才是合适的。④ 在 *Taveras v. Taveras* 案中，法院采用了 *Adra* 案的两步分析法，但是认为监护问题没有达到 *Sosa* 案所要求的违反万国法的程度，否则联邦法院就成了国际家庭法院了。然而，这样的问题可能在满足 *Sosa* 案的要求时出现。⑤

在马科斯案中，地方法院则根据传统的法律选择原则适用侵权行为的损害地法，这也得到了第九巡回法院的赞同。⑥

（二）适用行为地法的考虑因素

在决定是否要将行为地法作为裁判规则时，首先要考虑美国国内是否存在可以适用的成熟的联邦法，其次要考虑联邦在统一相应的规则上的利益是否超过了行为地国。⑦ 如果将行为地法并入了，则只要原告证明存在违反国际法的情形，法院就有了管辖的利益，但是原告的损害赔偿请求是否能够得到支持就严格地取决于行为地的侵权实体法。⑧

在没有立足于国内法或国际法的诉因时，大多数法院将适用指向行为地

---

① *Doe v. Rafael Saravia*, 348 F. Supp. 2d 1112 (E. D. Cal. 2004).

② 195 F. Supp. 857, 860-861 (D. Md. 1961).

③ *Adra v. Clift*, 195 F. Supp. 857, 866 (D. Md. 1961).

④ *Tel-Oren v. Libyan Arab Republic*, 726 F. 2d 774, 788 (D. C. Cir. 1984) (Edwards, J., concurring).

⑤ See 397 F. Supp. 2d 908, 913-916 (S. D. Ohio 2005).

⑥ See *In re Estate of Ferdinand E. Marcos Human Rights Litig.*, 978 F. 2d 493, 503 (9th Cir. 1992).

⑦ Paul J. Mishkin, *The Variousness of 'Federal Law'*: *Competence And Discretion in The Choice of National and State Rules for Decision*, 105 U. PA. L. REV. 797 (1957).

⑧ Ralph G. Steinhardt & Anthony D'Amato (eds.), *The Alien Tort Claims Act*: *An Analytical Anthology*, Transnational Publishers, 1999, p. 95.

法的法律选择规则。① 在 Unocal 案中，法院也可以选择适用损害发生地法。② 不过，一般而言，法院不大喜欢适用行为地法，因为觉得行为地法不完善不足以提供救济。③ 正如参议院所指出的，一般而言，委员会承认在大多数情形下根据本法开始诉讼就是原告用尽当地救济的表面证据。④

如果外国对侵犯人权的行为规定特赦或者其他责任免除或限制，法院地国就认为该请求不能得到主张。在 Wiwa 案中，⑤ 原告指出了适用国内侵权法的另外一个问题：当地的国内法可能根本不承认这些事实构成侵权行为。经过一个摆样子公审后，尼日利亚政府处决了 Ken Saro-Wiwa 和 John Kpuinen，如果根据尼日利亚法，尼日利亚政府的审判和处决是合法的，适用尼日利亚的国内法可能被迫认定根本就不存在任何侵权行为。类似地，一国法律制度也可能不承认政府官员所实施的一些酷刑或者任意拘禁行为构成侵权。

对此问题，有学者在 1981 年就提出，将传统的冲突法理论适用于《外国人侵权请求法》的侵权案件是不合适的，因为在适用传统的冲突法理论时很少考虑到国际社会的利益。⑥ 当然，有时一个相关法域的利益超过国际社会的利益。⑦

在 Doe v. Unocal 案中，对于地方法院适用国内法，有学者提出了批评，认为法院这样做是不顾国际法和国内法制度之间的根本差异。⑧ 之后，上诉法院认为由于国际法是联邦普通法，所以法院拒绝将各州的法律作为可能的

---

① Human Rights Committee, International Law Association (British Branch), *Report on Civil Actions in the English Courts for Serious Human Rights Violations Abroad*, reprinted in 2001 Eur. Hum. Rts. L. Rev. 129, 140 (2001).

② *Doe v. Unocal Corp.*, 395 F3d 932, 948 (9th Cir 2002).

③ *Sarei v. Rio Tinto*, *PLC*, 456 F. 3d 1069, 1090 (9th Cir. 2006).

④ S. Rep. No. 102-249, 9-10 (1991).

⑤ See *Wiwa v. Royal Dutch Petrol. Co.*, No. 96 CIV. 8386, 2002 WL 319887 (S. D. N. Y. Feb. 28, 2002).

⑥ See Richard A. Conn, Jr., *The Alien Tort Statute: International Law as the Rule of Decision*, 49 Fordham L. Rev. 874, 885 (1981).

⑦ See Richard A. Conn, Jr., *The Alien Tort Statute: International Law as the Rule of Decision*, 49 Fordham L. Rev. 874, 885 (1981).

⑧ See Andrew Ridenour, *Doe v. Unocal Corp.*, *Apples and Oranges: Why Courts Should Use International Standards to Determine Liability for Violation of the Law of Nations under the Alien Tort Claims Act*, 9 Tul. J. Int'l & Comp. L. 581, 597-98 (2001).

裁判规则。①

四、诉因的法律适用问题

关于诉因的法律适用，有学者认为应适用联邦普通法。按照这种观点，"在《外国人侵权请求法》诉讼中，存在独特的联邦利益来支持创设一个统一的联邦普通法体系，从而方便执行此类请求"。确实，对于原告根据《外国人侵权请求法》提出的请求，法院发挥作用的关键是"对于违反国际习惯法的行为提供国内普通法的救济"。有些法院甚至认定国际法与万国法是互换的，因而是联邦普通法的一部分。事实上，制定《酷刑受害人保护法》是将 *Filartiga* 案对万国法被并入美国法的认定法典化。②

有学者认为，不应适用联邦普通法，而应适用国际法或者外国法。但是这样有一个问题没有解决，那就是许多国家不承认违反国际法是产生诉因的侵权，所以原告只好以国内法上的诉因作为基础来提起诉讼。例如，原告提出的请求不是国际法上的草率处决、酷刑或者任意拘禁，而可能是国内的侵权行为，例如非法致死、殴打或者非法监禁。对此，有法官和学者认为，不应该将这些请求放在国内法的基础上，相反，在侵犯国际人权基础上的请求意味着其提高了谴责和关注。Woodlock 法官指出：③

> 一个侵犯国际人权的行为不应被降格为"不过是一起普通的国内侵权"。这不仅是一个形式主义或者赔偿的数额或者种类的问题，而是在美国制定法上对这些不当行为的恰当定性问题：这些人类公敌所实施的行为违反了强行法（国际法的强制规范）。从这点上来看，国内侵权法不足以捍卫这样的价值。

在一个脚注中，法官指出：

> "例如，我质疑适用国内的非法致死立法来解决草率处决或者'失

---

① See *Doe v. Unocal Corp.*, 395 F. 3d 932, 948 n. 23 (2002).

② Nancy Morisseau, *Seen But Not Heard: Child Soldiers Suing Gun Manufacturers under The Alien Tort Claims Act*, 89 Cornell L. Rev. 1263, 1298 (2004).

③ *Xuncax v. Gramajo*, 886 F. Supp. 162, 183 (D. Mass. 1995).

踪'的合理性。类似地，我怀疑有任何国内法来充分地解决种族灭绝罪。"①

　　在美国，《外国人侵权请求法》和其他相关立法对侵犯国际人权规定了诉因，而其他国家没有一部比得上的立法。在有的国家，此类请求可以根据国际习惯法直接提起；然而，此类诉讼可能要求复杂且昂贵的程序条件。例如，在英国，证明根据国际习惯法所享有的诉权要求提交广泛的纪录，这很可能是耗时、昂贵而且难以完成的。② 这样，民事请求必须作为 Woodlock 法官所说的"普通的国内侵权"而提起诉讼，这个限制为 Wiwa 案诉讼中为双方各自作证的专家所承认，被告认为这对于不方便法院问题是没有什么关系的，而原告坚持认为改变审判地将不能把违反国际法定性为侵权行为，从而剥夺原告请求的全部范围。

　　联邦法院在两种情形下可以行使普通法的权力：第一，联邦法院在国会授权的基础上制定裁判规制；第二，联邦法院在涉及"独特的联邦利益"的案件中创设并适用联邦普通法。③ 联邦最高法院进一步指出，在涉及美国的权利与义务、州际和国际争议或者与外国关系以及海事案件时，联邦法院可以创设适用联邦普通法。④ 在《外国人侵权请求法》诉讼中，由于涉及违反万国法或者美国的条约，进而可能影响美国与外国的关系，所以适用联邦普通法是比较合适的。

五、帮助与教唆责任的标准

　　在很多案件中，原告要求联邦法院适用国际法和国内标准来认定帮助与教唆、共谋（accomplice）以及替代（vicarious）责任。在涉及公司责任的案件中，Unocal 案最有代表性，⑤ 涉及公司是否能根据《外国人侵权请求法》承担帮助与教唆外国政府侵犯人权的责任，而这个问题是《外国人侵

---

① *Xuncax v. Gramajo*, 886 F. Supp. 162, 183 n. 24 (D. Mass. 1995).

② Human Rights Committee, International Law Association (British Branch), *Report on Civil Actions in the English Courts for Serious Human Rights Violations Abroad*, reprinted in 2001 Eur. Hum. Rts. L. Rev. 129, 159 (2001).

③ *Texas Industries, Inc. v. Radcliff Materials, Inc.*, 451 U. S. 630, 640 (1981).

④ *Texas Industries, Inc. v. Radcliff Materials, Inc.*, 451 U. S. 630, 641 (1981).

⑤ See, e. g., *Doe v Unocal*, 395 F. 3d 932, 947 (9th Cir 2002).

权请求法》诉讼一直必须面对的。①

虽然 Unocal 声称自己没有强迫工人劳动，也没有直接参与特定的侵犯人权的活动，法院仍然认定有证据表明 Unocal 注意到与其项目有关的这些侵犯人权的行为会发生，而且 Unocal 从中受益，但是对于 Unocal 参与该项目及其对侵犯人权的知悉与收益是否足以构成帮助与教唆责任则存在争论。②

2002 年 9 月，第九巡回法院概括了公司潜在责任的标准，法院最终依靠国际法渊源来解决公司的帮助与教唆责任，③ 认为如果被告提供了"对犯罪具有实质影响的实际协助或者鼓励"则要承担责任。④ 在创立帮助与教唆标准时，第九巡回法院主要依 Prosecutor v. Furundzija 案，⑤ 根据第九巡回法院的说法，Furndzija 案清楚地阐释了"国际刑法上的帮助与教唆行为（the actus reus of aiding and abetting）要求存在对犯罪的实行具有实质性影响的实际的协助、鼓励或者道德支持（moral support）"。⑥ 在审理 Unocal 案中，多数法官决定采用国际标准却将"道德支持"排除责任标准之外。⑦ 多数意见认为，认为选择国际法还是国内法并不重要，因为任何一种选择导致实质上

---

① 很多学者主张利用《外国人侵权请求法》来对公司在海外的行为提起诉讼。See, e. g., Marisa Anne Pagnattaro, *Enforcing International Labor Standards: The Potential of the Alien Tort Claims Act*, 37 Vand. J. Transnat'l L. 203, 205 (2004); Igor Fuks, *Sosa v. Alvarez-Machain and the Future of ATCA Litigation: Examining Bonded Labor Claims and Corporate Liability*, 106 Colum. L. Rev. 112, 112 (2006). 这被称为《外国人侵权请求法》诉讼的第二波。See Curtis A. Bradley, *Customary International Law and Private Rights of Action*, 1 Chi. J. Int'l L. 421, 421 (2000). 有学者将根据《外国人侵权请求法》对恐怖主义的诉讼称为第三波。See Julian G. Ku, *The Third Wave: The Alien Tort Statute and the War on Terrorism*, 19 Emory Int'l L. Rev. 105 (2005). 至于第一波，当然是以 *Filartiga* 案为代表。

② See 963 F. Supp. 880 (C. D. Cal. 1997); 27 F. Supp. 2d 1174 (C. D. Cal. 1998; 2002 U. S. App. LEXIS 19263.

③ *Doe v. Unocal Corp.*, 395 F. 3d 932, 947 (9th Cir 2002).

④ 2003 U. S. Dist. Lexis 4083 (S. D. N. Y. 2003).

⑤ IT-95-17/1-T (Dec. 10, 1998), reprinted in 38 I. L. M. 317 (1999). 电子版判决书可以参见 http: //www.icty. org/x/cases/furundzija/tjug/en/fur-tj981210e. pdf (last visited May 13, 2009).

⑥ *Doe v. Unocal Corp.*, 395 F3d 932, 950 (9th Cir 2002).

⑦ Note, *Alien Tort Claims Act Litigation: Adjudicating on "Foreign Territory"*, 30 Suffolk Transnat'l L. Rev. 101, 136 (2006).

类似的判决规则。① 在判决书的脚注中，法院还提到了《美国法典》第1983 条的近因测试（proximate cause test）。② 法院认为，私营机构的侵权行为（如海盗、种族灭绝、奴役、战争罪）并不要求国家行为，要求的是私人行动者对其行为会导致实施种族灭绝这样的行为的预见性，而此外的所有其他的违反国际习惯法的行为要求存在国家行为，因而要求私人当事人控制国家行动者作为近因的前提。

对此，Reinhardt 法官提出了自己的并存意见，批评了多数法官对国际法的利用和解释，主张适用联邦普通法。③ 首先，Reinhardt 法官批评了多数法官对国际标准的修订，认为如果多数意见期望得出国际法以及前南国际刑事法庭的标准是具有说服力的结论，那么就必须接受全部的标准，而不是接受部分标准而舍弃其他不合心意的标准。④ 此外，Reinhardt 法官怀疑这个标准"未经国际法学家明确其具体的范围前是否能确定的为我们所用"。Reinhardt 法官认为，这个标准是"新奇的"（novel pointed），而且多数法官意见所依赖的是特别国际法庭的意见，而它们并没有创立一般国际法。⑤

Reinhardt 法官进一步指出，在 Unocal 案中，多数意见在解释国际案例时犯了一个关键的错误，因为法院没有认识到这些案例涉及的是被指控实施"帮助与教唆"行为的政府官员而非私人行动者。另外，在 Unocal 案中，法院援引了国际法委员会制定的《危害人类和平及安全治罪法草案》以及《国际刑事法院罗马规约》作为论据，但是前者一直没生效，后者一直为美国所拒绝，不具有说服力，不能作为存在一般国际法的证明。⑥

Reinhardt 法官认为，在国家行动者明显实施了违反国际法的行为时，近因不应该是一个问题，私人行动者的责任则源于国家行动者的行为，非国

① *Doe v. Unocal Corp.*, 395 F. 3d 932, 948 n. 23 (9th Cir 2002).

② *Doe v. Unocal Corp.*, 395 F. 3d 932, 954 n. 32 (9th Cir. 2002).

③ See *Doe v. Unocal Corp.*, 395 F. 3d 932, 963 (9th Cir 2002) (Reinhardt, J., concurring). 也有学者反对多数法官的意见。See, e. g., Recent Cases, *Ninth Circuit Uses International Law to Decide Applicable Substantive Law under Alien Tort Claims Act*, 116 Harv. L. Rev. 1525, 1525-1526 (2003).

④ See *Doe v. Unocal Corp.*, 395 F. 3d 932, 970 (9th Cir 2002) (Reinhardt, J., concurring).

⑤ See *Supplemental Brief for the United States of America as Amicus Curiae in Doe v. Unocal Corp.* 1-28 (2004); see also Andrea Bianchi, *International Decision: Ferrini v. Federal Republic of Germany*, 99 Am. J. Int'l. L. 242 (2005).

⑥ Note, *Alien Tort Claims Act Litigation: Adjudicating on "Foreign Territory"*, 30 Suffolk Transnat'l L. Rev. 101, 137 (2006).

家行动者仅对不要求国家行为的少数违反国际法的行为直接负责。然而，如果侵权行为是由国家行动者实施的，则私人行动者的责任派生于国家行动者的责任。因此，援引强行法规范是没必要的。① 同时，Reinhardt 法官主张应由传统的侵权法原则来认定 Unocal 的责任，主要是侵权法上的第三人责任原则：合营（joint venture）、② 代理（agency）③ 和极其漠视（reckless disregard）。④

纽伦堡审判确立了个人的刑事责任，1948 年《灭种罪公约》明确禁止共犯实施灭绝种族的行为，前南国际刑事法庭和卢旺达国际刑事法庭以及《罗马规约》也都禁止共犯行为。⑤ 根据美国之前的判例，如果帮助和教唆实施某些违反国际法的行为可能要负刑事责任。⑥ 但是适用于公司，则面临一些实际问题，例如谁知悉、知悉的程度。⑦ 在 Unocal 案，法院认为，根据国际判例，公司必须明知或应知其行为会实质上地协助犯罪行为。⑧ 也有法院持类似看法，在考虑《外国人侵权请求法》上的公司共犯问题时适用国际法作为裁判规则。⑨

在 Sosa 案后，美国政府向第九巡回法院提交了一份文件，认为不应认定 Unocal 承担责任，因为国际法上对于帮助与教唆责任并没有一致的标准。对此，原告表示反对。然而，在法院解决这些具有争议的问题前，当事人在

---

① *Doe v. Unocal Corp.*, 395 F. 3d 932, 963, 976（9th Cir. 2002）（Reinhardt, J., concurring）.

② 在联邦普通法中，合营方应对其他合营方的行为负责。*Doe v. Unocal Corp.*, 395 F. 3d 932, 970（9th Cir. 2002）（Reinhardt, J., concurring）.

③ 代理的要件是：第一，本人声明代理人为其工作；第二，代理人接受代理承诺；第三，双方当事人都认为本人控制代理人。See *Bowoto v. Chevron Texaco Corp.*, 312 F. Supp. 2d 1229, 1239（N. D. Cal. 2004）.

④ 极其漠视分为两类：客观的漠视指的是如果负有作为义务的行为人在损害危险极大或者已知时却不履行义务，主观的漠视要求被告实际上知悉实质上的危险。See *Doe v. Unocal Corp.*, 395 F. 3d 932, 974（9th Cir. 2002）（Reinhardt, J., concurring）.

⑤ See Daniel Diskin, *The Historical and Modern Foundations for Aiding and Abetting Liability under the Alien Tort Statute*, 47 Ariz. L. Rev. 805, 825-827（2005）.

⑥ See, e. g., *Kadic v. Karadzic*, 70 F. 3d 232, 239（2d Cir. 1995）.

⑦ Philip A. Scarborough, *Rules of Decision for Issues Arising under The Alien Tort Statute*, 107 Colum. L. Rev. 457, 479（2007）.

⑧ *Doe v. Unocal Corp.*, 395 F. 3d 932, 950-951（9th Cir. 2002）.

⑨ See, e. g., *Mehinovic v. Vuckovic*, 198 F. Supp. 2d 1322, 1344, 1355-1356（N. D. Ga. 2002）.

2004 年 9 月全部和解了。①

在 *Presbyterian Church of Sudan v. Talisman Energy Inc.* 案中，纽约南区地方法院在 *Unocal* 案的意见基础上列出了一个更加详细的标准，认为为了证明被告帮助与教唆违反国际法，原告必须证明：

> 本人（the principal）违反了国际法、被告知道该违法行为、被告意图协助该违法行为而且存在具体的协助行为、被告的行为对犯罪的完成具有实质性的影响、被告知道其行为协助了该违法行为。②

对此，必须注意两个问题：第一，必须证明公司明知自己的行为；③ 第二，对公司责任的执行标准仍然存在争议。因此，在《外国人侵权请求法》诉讼中选择适用国际法必须面对两个问题，即如何决定公司是否知悉以及国际法上的责任标准。

共同行为测试被认为是判断共谋责任的主要标准，④ 它专门讨论了个人与政府一致行动而实施违反国际法的行为的情形。⑤ 其中，主观上的认知和意图（Knowledge and intent）就特别关键了，如果被告不知其行为或东道国的行为侵犯了其他人的人权，那么就不应承担责任。⑥ 另外，有学者还提出了共谋（conspiracy）、引诱（instigation）、促成（procurement）这三种理论来作为帮助与教唆责任的替代形式。⑦

---

① 对于帮助与教唆责任问题，有学者作了专门的论述。See Paul L. Hoffman & Daniel Zaheer, *The Rules of the Road: Federal Common Law and Aiding and Abetting under the Alien Tort Claims Act*, 26 Loyola L. A. Int'l & Comp. L. Rev. 47 (2003).

② *Presbyterian Church of Sudan v. Talisman Energy Inc.*, 453 F. Supp. 2d 633, 668 (S. D. N. Y. 2006).

③ See, e.g., *Arthur Andersen LLP v. United States*, 125 S. Ct. 2129, 2135-2136 (2005).

④ *Aldana v. Fresh Del Monte Produce, Inc.*, 305 F. Supp. 2d 1285, 1304 (S. D. Fla. 2003), aff'd in part, vacated in part, 416 F. 3d 1242 (11th Cir. 2006).

⑤ *Doe v. Unocal Corp.*, 110 F. Supp. 2d 1294, 1307 (C. D. Cal. 2000), aff'd in part, rev'd in part, 395 F. 3d 932 (9th Cir. 2002).

⑥ Lucien J. Dhooge, *A Modest Proposal to Amend the Alien Tort Statute to Provide Guidance to Transnational Corporations*, 13 U. C. Davis J. Int'l L. & Pol'y 119, 134 (2007).

⑦ Tarek F. Maassarani, *Four Counts of Corporate Complicity: Alternative Forms of Accomplice Liability under the Alien Tort Claims Act*, 38 N. Y. U. J. Int'l L. & Pol. 39 (2005-2006).

有学者建议采用国际法标准来认定公司责任，尤其是前南国际刑事法庭的实践。① 也有学者反对在《外国人侵权请求法》诉讼中适用国际法的，认为在《外国人侵权请求法》诉讼中适用国际法扭曲了联邦法院的功能，使联邦法官作为国际请求的裁判员了。②

在 *Burnett v. Al Baraka Inv. & Dev. Corp.* 案中，③ 法院适用另外的帮助与教唆责任标准来认定私人行动者的责任：第一，被告协助的当事人必须实行造成损害的不当行为；第二，被告在提供协助时必须知悉其在整个非法或者侵权行为中的作用；第三，被告必须知悉而且实质上协助了主要的侵权行为。法院继而根据《第二次侵权法重述》来认定是否存在实质的协助。帮助与教唆责任的另一标准是《第二次侵权法重述》第 876 条的规定，④ 第 876（b）条规定，如果明知他人的行为构成了违反义务并且实质性地协助或者鼓励他人如此行为，则要承担因此而对第三人造成的损害的责任。

总之，在针对公司的《外国人侵权请求法》诉讼中，法院将适用什么样的标准是不明确的。大多数法院遵循 Unocal 案而适用帮助与教唆责任的国际刑事标准；⑤ 其他法院将帮助与教唆作为《外国人侵权请求法》上的一个单独请求而非标准来认定责任的程度，从而撤销原告的请求；一些法院适用侵权法的原则作为共谋的标准。此外，《第二次侵权法重述》第 876 条规定了一个未来或许可以用的标准。

六、国际法的适用及其内容的查明

在 *Corrie v. Caterpillar, Inc.* 案中，法院适用联邦普通法。⑥ 在 *Xuncax v.*

---

① See Justin Prociv, *Incorporating Specific International Standards into ATCA Jurisprudence*: *Why the Ninth Circuit Should Affirm Unocal*, 34 U. Miami Inter-Am. L. Rev. 515 (2003); Andrew Ridenour, *Doe v. Unocal Corp.*, *Apples and Oranges*: *Why Courts Should Use International Standards to Determine Liability for Violation of the Law of Nations under the Alien Tort Claims Act*, 9 Tul. J. Int'l & Comp. L. 581 (2001).

② See, e. g., *Recent Cases*, *Ninth Circuit Uses International Law to Decide Applicable Substantive Law under Alien Tort Claims Act*, 116 Harv. L. Rev. 1525, 1525-26 (2003).

③ *Burnett v. Al Baraka Inv. & Dev. Corp.*, 274 F. Supp. 2d 86 (D. C. Cir. 2003).

④ *Restatement* (*Second*) *of Torts* § 876 (1977). See also Daniel Diskin, *The Historical and Modern Foundations for Aiding and Abetting Liability under the Alien Tort Statute*, 47 Ariz. L. Rev. 805, 832 (2005).

⑤ Daniel Diskin, *The Historical and Modern Foundations for Aiding and Abetting Liability under the Alien Tort Statute*, 47 Ariz. L. Rev. 805, 834 (2005).

⑥ *Corrie v. Caterpillar, Inc.*, 403 F. Supp. 2d 1019, 1027 (W. D. Wash. 2005).

Gramajo 案中，法院将国际法作为联邦普通法来适用。① 然而，《联邦证据规则》(*Federal Rules of Evidence*) 和《联邦民事程序规则》(*Federal Rules of Civil Procedure*) 都没有提到在美国法院证明国际习惯法的方法或者要求。《联邦民事程序规则》第 44.1 条承认利用专家证人来证明外国法，但没有提及国际法的证明。在实践中，美国法院一般都是承认专家证人对国际习惯法的内容和适用的证言。②

联邦最高法院曾经指出：

> 查明国际法内容应求助于文明各国的习惯和惯例，作为证据，则要求助于皓首穷经的法学家的著作。司法机关不是关注这些著作所论述的法律应该是什么，而是法律实际上是什么。③

因此，就美国国内而言，学者的意见不是国际习惯法的权威渊源，而是国际法律规范的存在及其内容的间接证据。④

由于没有普遍接受的国际习惯法规则的权威文本，国内法法院不但要决定案件的结果，也要认定国际社会已经作为法律所接受的政策和规则。因此，专家证人就要证明国际习惯法规则的形式、内容以及在本案事实中如何适用。基本上在所有的诉讼中，每一方当事人都会找对自己有利的专家证人，因此法院在认定相关的国际法规则时必须非常谨慎。此外，还要注意不要干涉行政部门的外交政策和事务。

Hoffman 教授曾经提到，在他代理的一起案件中，作了充分的准备来证明国际习惯法，并且还找了相关的专家证人，结果法官根本不感兴趣，并对国际习惯法规则是否存在抱着怀疑的态度。⑤ 因此，他认为，为了证明国际习惯法，必须求助于更易获得的渊源，例如专家证言、将习惯法规则法典化的条约、国际组织的决议等。有学者认为，《美国对外关系法（第三次）重述》已经列明了要

① *Xuncax v. Gramajo*, 886 F. Supp. 162, 179-180 (D. Mass. 1995).

② Harold G. Maier, *The Role of Experts in Proving International Human Rights Law in Domestic Courts: A Commentary*, 25 Ga. J. Int'l & Comp. L. 205, 209 (1995/1996).

③ 175 U. S. 677, 700 (1900).

④ Harold G. Maier, *The Role of Experts in Proving International Human Rights Law in Domestic Courts: A Commentary*, 25 Ga. J. Int'l & Comp. L. 205, 211 (1995/1996).

⑤ See Paul L. Hoffman, *The "Blank Stare Phenomenon": Proving Customary International Law in U. S. Courts*, 25 Ga. J. Int'l & Comp. L. 181, 181-182 (1995/1996).

遵守国际习惯法规则，在实际诉讼中，法官会遵从《美国对外关系法（第三次）重述》的规则，这样就不用提出直接的广泛的国家实践的证据了，也避免了法官阅读和分析众多文件的麻烦，也有助于当事人的理解。①

在实践中，法院一般都不大愿意接受国际习惯法。在 *Forti v. Suarez-Mason* 案中，② 法官就拒绝承认存在禁止残忍、不人道或有辱人格的待遇或处罚的国际习惯法规则。在 *United States v. Alvarez-Machain* 中，也是如此。③ 当然，在 *Abebe-Jiri v. Negewo* 案中，法官起初不愿意审理，后来经过律师的说服，才同意适用国际人权法。④ 在 *Trajano v. Marcos* 案中，⑤ 法官也接受了适用国际习惯法。此外，还有一些案件也采纳了专家证人的证言，适用了国际法。⑥

对于美国法官适用国际法，学术界也有心存疑虑的。有学者认为，作为国际人权民事诉讼的领导者，美国负担着重责，⑦ 审理这些复杂事项的法官应精通与人权相关的国际法的各个方面。⑧ 虽然美国法院有机会促进国际人权法，但是评论者已经注意到法院看似没有准备好来面对这个巨大的任务。⑨ 法院适用国际法规范作出判决一方面给联邦地方法院审理《外国人侵权请求法》诉讼的能力带来威胁，另一方面是强迫联邦法院成了审理国际

---

① Bruno Simma & Philip Alston, *The Sources of Human Rights Law: Custom, Jus Cogens, and General Principles*, 12 AUSTL. Y. B. INT'L LL. 82 (1992); Paul L. Hoffman, *The "Blank Stare Phenomenon": Proving Customary International Law in U. S. Courts*, 25 Ga. J. Int'l & Comp. L. 181, 183 (1995/1996).

② *Forti v. Suarez-Mason*, 672 F. Supp. 1531 (N. D. Cal. 1987), modified, 694 F. Supp. 707 (N. D. Cal. 1988).

③ 112 S. Ct. 2188 (1992). Hoffman 教授对在该案中证明国际习惯法的努力及其失败有详细描述。See Paul L. Hoffman, *The "Blank Stare Phenomenon": Proving Customary International Law in U. S. Courts*, 25 Ga. J. Int'l & Comp. L. 181, 185-186 (1995/1996).

④ *Abebe-Jiri v. Negewo*, No. 1: 90-cv-2010 GET (N. D. Ga., Aug. 20, 1993).

⑤ *Trajano v. Marcos*, 978 F. 2d 493 (9th Cir. 1992), cert. denied sub nom., *MarcosManotoc v. Trajano*, 113 S. Ct. 2960 (1993).

⑥ *Xuncax v. Gramajo*, 886 F. Supp. 162, 179-180 (D. Mass. 1995); *Ortiz v. Gramajo*, No. 91-11612, 1995 U. S. Dist. LEXIS 5307 (D. Mass. April 12, 1995); *Todd v. Panjaitan*, No. 92-12255 (D. Mass. Oct. 26, 1994); *Paul v. Avril*, No. 91-399-CIV (S. D. Fla. June 30, 1994).

⑦ See Charlotte Ku & Christopher J. Borgen, *American Lawyers and International Competence*, 18 Dick. J. Int'l L. 493, 501 (2000).

⑧ See Karen Knop, *Here and There: International Law in Domestic Courts*, 32 N. Y. U. J. Int'l L. & Pol. 501, 501 (2000).

⑨ See Charlotte Ku & Christopher J. Borgen, *American Lawyers and International Competence*, 18 Dick. J. Int'l L. 493, 514 (2000).

请求的裁判机构,扭曲了法院的角色。①

不幸的是,批评者注意到美国法官对日益相互依赖的世界缺乏了解和正确的评价。② 即使在不必适用国际法时,美国法院也在不断地适用国际法。这使国际法的内涵复杂化了,而且打破和削弱了国际法发展中的和谐与进步。③ 具体到个案,有学者对于 Unocal 案提出了批评,认为法院根据《外国人侵权请求法》解释帮助和教唆责任,这充分地表明授权美国联邦法官利用一个模糊的框架解释以及界定国际法是存在天然的风险的。因此,有必要让美国联邦法院的法官精通国际法。④

第二节 损害赔偿数额的法律适用

一、*Filartiga* 案的损害赔偿以及学者的评价

在 *Filartiga* 案中,为了确定赔偿的数额,Nickerson 法官将案件分配给治安法官 John Caden。Caden 认为,关于赔偿问题,应该适用巴拉圭法,不允许进行惩罚性赔偿,以免有鼓励挑选法院的嫌疑。⑤ 对此,Nickerson 法官不大同意。Nickerson 法官从相互尊重的原则出发,引用《第二次冲突法重述》第 6(2)条的规定,适用利益分析来决定裁判规则,选择了混合的裁判规则而非单一的规则。Nickerson 法官认为,必须指向国际法来确定所要适用的实体法原则,当然也要考虑巴拉圭的利益,前提是不违反国际法或者美国的公共政策。为此,Nickerson 法官认定,对于违反国际法的救济首

---

① Recent Cases, *Civil Procedure — Choice of Law — Ninth Circuit Uses International Law to Decide Applicable Substantive Law under Alien Tort Claims Act. — John Doe I v. Unocal Corp.*, NOS. 00-56603, 00-57197, 00-56628, 00-57195, 2002 WL 31063976 (9th Cir. Sept. 18, 2002), 116 Harv. L. Rev. 1525 (2003).

② Charlotte Ku & Christopher J. Borgen, *American Lawyers and International Competence*, 18 Dick. J. Int'l L. 493, 501 (2000).

③ See Karen Knop, *Here and There: International Law in Domestic Courts*, 32 N. Y. U. J. Int'l L. & Pol. 501, 516-517 (2000).

④ Note, *Alien Tort Claims Act Litigation: Adjudicating on "Foreign Territory"*, 30 Suffolk Transnat'l L. Rev. 101, 139 (2006).

⑤ 这种观点得到个别学者的支持,认为在《外国人侵权请求法》诉讼中,法律选择的不同,可能会导致原告挑选法院。See Gary Clyde Hufbauer, *The Supreme Court Meets International Law: What's the Sequel to Sosa v. Alvarez-Machain?*, 12 TULSA J. COMP. & INT'L L. 77, 77 (2004).

先要看巴拉圭法的规定，从而就大部分赔偿项目都适用了巴拉圭法。然而，至于惩罚性赔偿，《巴拉圭民法典》并没有规定，Nickerson 法官认为，为了宣告禁止酷刑的国际目标，授予惩罚性赔偿是合适的，因而直接将国际法作为裁判规则。① 对于 Nickerson 法官的分析和判决，Christenson 教授是赞同的，他认为，习惯国际人权法、法院地法、相关的外国法代表了不同的政策和利益，而所有这一切都应有助于在美国法院的人权诉讼的政策。②

Christenson 教授认为，在国际人权法案件中，法院必须注意 5 个问题：第一，在管辖权问题上，法院应将习惯国际人权法作为美国法或者联邦普通法来界定民事案件的联邦管辖权吗？第二，在实体裁判规则问题上，如果美国法院对案件具有事项管辖权，习惯国际人权法应决定支配诉因的法律吗？第三，在案件的程序问题上，对于对其他国家有重要影响的人权诉讼，美国法院地法应继续适用于程序问题吗？第四，救济的法律选择问题，对于所寻求的救济，包括实际损害赔偿和惩罚性损害赔偿、衡平救济以及协助将来执行的救济，应适用什么原则？第五，在承认与执行域外判决问题上，应适用什么样的国际私法原则或者礼让原则呢？③ 对于上述 5 个问题，Christenson 教授并没有给出明确的答案。

在 *Filartiga* 案中，地方法院认定巴拉圭法应作为认定补偿性损害赔偿的准据法，因为巴拉圭与侵权行为具有最密切联系。④ 然而，在考虑惩罚性赔偿时，法院又故意忽视巴拉圭法，因为巴拉圭法不允许惩罚性赔偿。这样一来，对于损害赔偿金的认定，实际上不存在任何既定的规则来指引美国法官的判决。

二、补偿性赔偿

在有的案件中，法院判决被告要承担损害赔偿责任，而且对于原告的补偿性赔偿（Compensatory Damages）应与其所受的伤害相称。例如，在 *Mushikiwabo v. Barayagwiza* 案中，法院裁决被告向酷刑受害人的每名亲属赔偿支付 50 万美元的补偿性赔偿金。⑤ 在 *Cabello v. Fernandez-Larios* 案中，法

---

① *Filartiga v. Pena-Irala*, 577 F. Supp. 860（E. D. N. Y. 1984）.

② Gordon A. Christenson, *Customary International Human Rights Law in Domestic Court Decisions*, 25 Ga. J. Int'l & Comp. L. 225, 251（1995-1996）.

③ Gordon A. Christenson, *Customary International Human Rights Law in Domestic Court Decisions*, 25 Ga. J. Int'l & Comp. L. 225, 251-253（1995-1996）.

④ 577 F. Supp. 860, 863-64（E. D. N. Y. 1984）.

⑤ *Mushikiwabo v. Barayagwiza*, No. 94 Civ. 3627, 1996 WL 164496（S. D. N. Y. Apr. 9, 1996）.

院对于法外处决判决 300 万美元的补偿性赔偿金；① 在 *Tachiona v. Mugabe* 案中，法院对于法外处决判决 250 万美元的补偿性赔偿金以及向每名酷刑受害人赔偿 100 万美元。此外，法院曾经还作出过这样的判决，即比原告所请求的赔偿额还高。② 在 *Arce v. Garcia* 案中，陪审团裁决被告向三名原告赔偿5，460 万美元。③

三、惩罚性赔偿

惩罚性赔偿是用来惩罚、威慑被告以及其他人将来不再实施同样的行为，所以为了达到此目标，法院必须明确国际社会对于酷刑的否定以与赔偿额相适应。为了确定惩罚性赔偿的数额，法院必须考虑到行为的性质等多种因素。如果希望减少赔偿额，则被告应举证证明其资产状况及其合法来源。④ 对于多次实施非法行为的，惩罚要比初次实施的人重。⑤ 在不少案件中，法院都曾经作出过惩罚性赔偿的判决。⑥ 有学者认为，不应适用法院地法来支配惩罚性赔偿。⑦

在 *Marcos* 案中，法院地的程序规则适用于确认在菲律宾的受害人、保存 Marcos 遗产的衡平救济以及遗留的诉讼（survival of action，指的是受害

---

① See, e. g. , *Cabello v. Fernandez-Larios*, 402 F. 3d 1148 (11th Cir. 2005).

② *Tachiona v. Mugabe*, 216 F. Supp. 2d 262 (S. D. N. Y. 2002).

③ See *Arce v. Garcia*, 434 F. 3d 1254, 2006 WL 13218 (11th Cir. Jan. 4, 2006).

④ See *Filartiga v. Pena-Irala*, 577 F. Supp. 860, 866 (E. D. N. Y. 1984).

⑤ *Mechinovic v. Vuckovic*, 198 F. Supp. 2d 1322, 1360 (N. D. Ga. 2002) (quoting *BMW of N. Am. , Inc. , v. Gore*, 517 U. S. 559, 576-77 (1996)), declined to follow by *Aldena v. Del Monte Fresh Produce, N. A. , Inc.*, 416 F. 3d 1242 (11th Cir. 2005).

⑥ See, e. g. , *Cabello v. Fernandez-Larios*, 402 F. 3d 1148 (11th Cir. 2005); see also *Hilao v. Estate of Ferdinand Marcos*, 103 F. 3d 767, 779-82 (9th Cir. 1996); *Abebe-Jira v. Negewo*, 72 F. 3d 844, 846-48 (11th Cir. 1996); *Mechinovic v. Vuckovic*, 198 F. Supp. 2d 1322, 1358-60 (N. D. Ga. 2002); *Tachiona v. Mugabe*, 216 F. Supp. 2d 262 (S. D. N. Y. 2002); *Mushikiwabo v. Barayagwiza*, No. 94 Civ. 3627, 1996 WL 164496, at * 3 (S. D. N. Y. Apr. 9, 1996); *Xuncax v. Gramajo*, 886 F. Supp. 162, 197-200 (D. Mass. 1995); *Paul v. Avril*, 901 F. Supp. 330, 335-36 (S. D. Fla. 1994); *Todd v. Panjaitan*, No. CV-92-12255-PBS, 1994 WL 827111, at *1 (D. Mass. Oct. 26, 1994); *Forti v. Suarez*, No. 87-2058-DLJ (N. D. Cal. Apr. 25, 1990); *Quiros de Rapaport v. Suarez-Mason*, No. C87-2266 JPV (N. D. Cal. Apr. 11, 1989); *Filartiga v. Pena-Irala*, 577 F. Supp. 860, 864-867 (E. D. N. Y. 1984).

⑦ See Richard B. Lillich, *Damages for Gross Violations of International Human Rights Awarded by US Courts*, 15 Hum. Rts. Q. 207 (1993).

人死亡后仍然继续存在的有关人身伤害的诉讼，它并不随着提出诉讼请求的当事人的死亡而消灭），而菲律宾法则用来支持惩罚性赔偿。① 还有，在 *Abebe-Jira v. Negewo* 案中，法院判决被告向遭受酷刑的每一名原告支付 30 万美元的惩罚性赔偿金；② 在 *Mehinovic v. Vuckovic* 案中，法院判决被告向每名原告支付 2,500 万美元的惩罚性赔偿金；③ 在 *Tachiona v. Mugabe* 案中，法院对被告的法外处决行为和酷刑行为分别向原告支付 500 万美元的惩罚性赔偿金；④ 在 *Mushikiwabo v. Barayagwiza* 案中，法院要求被告向受害人的每一名亲人支付 100 万美元惩罚性赔偿金以及向酷刑受害人支付 500 万美元赔偿金；⑤ 在 *Todd v. Panjaitan* 案中，法院要求被告支付 1,000 万美元惩罚性赔偿金；⑥ 在 *Forti v. Suarez* 案中，法院要求被告支付 300 万美元惩罚性赔偿金；在 *Quiros de Rapaport v. Suarez-Mason* 案中，法院要求被告向受害人的遗孀支付 1,000 万美元惩罚性赔偿金并向受害人的母亲和姐妹支付 500 万美元惩罚性赔偿金。⑦ 在 *Flatlow v. Iran* 案中，地方法院法官为了显示自己的爱国主义，作出的裁决比原告所请求的还多一亿美元。⑧

第三节　诉讼时效的法律适用

一、诉讼时效的期限

《外国人侵权请求法》本身并没有规定诉讼时效，联邦最高法院也没有相关的判例作出指引。不过，联邦最高法院曾经在其他诉讼中指出，除非有更密切相关的法律或者联邦利益所要求，不然联邦法院一般都应适用所在的

---

① 25 F. 3d 1467（9th Cir. 1994）.

② *Abebe-Jira v. Negewo*, 72 F. 3d 844, 846-48（11th Cir. 1996）.

③ *Mehinovic v. Vuckovic*, 198 F. Supp. 2d 1322, 1358-60（N. D. Ga. 2002）.

④ *Tachiona v. Mugabe*, 216 F. Supp. 2d 262（S. D. N. Y. 2002）.

⑤ *Mushikiwabo v. Barayagwiza*, No. 94 Civ. 3627, 1996 WL 164496, at ＊3（S. D. N. Y. Apr. 9, 1996）.

⑥ *Todd v. Panjaitan*, No. CV-92-12255-PBS, 1994 WL 827111, at ＊1（D. Mass. Oct. 26, 1994）.

⑦ *Rapaport v. Suarez-Mason*, No. C87-2266 JPV（N. D. Cal. Apr. 11, 1989）.

⑧ M. O. Chibundu, *Making Customary International Law through Municipal Adjudication: A Structural Inquiry*, 39 VA. J. INT'L L. 1069, 1110 n. 139（1999）（citing *Flatlow v. Iran*, 999 F. Supp. 1, 34（D. D. C. 1998））.

州的诉讼时效规定。① 所以，在《外国人侵权请求法》诉讼中，联邦法院也基本遵循同样的指引。有法院曾经指出，如果联邦立法的诉因没有直接可以适用的时效规定，那么联邦法院应指向类似的州或联邦法律来借用时效法规。② 通常情况下，法院都是借用最合适的时效，③ 传统上都是法院所在的州的法律。如果侵权行为发生在国外，法院甚至还可以参考该国的诉讼时效。④ 在一些案件中，法院就适用所在的州或其他州的相似的诉讼时效。在 *Tel-Oren v. Libyan Arab Republic* 案中，法院就是适用所在州的哥伦比亚特区的法律，认为涉讼的行为是故意侵权，适用 1 年的诉讼时效，而非过失侵权的 3 年时效。⑤ 在 *Forti v. Suarez-Mason* 案中，加利福尼亚北区地方法院适用了加利福尼亚州对于人身损害诉讼所规定的 1 年的诉讼时效。⑥

当然，现在好像越来越多的法院都倾向于将《酷刑受害人保护法》上规定的 10 年诉讼时效适用于《外国人侵权请求法》诉讼中。⑦ 在 *Papa v. United States* 案中，第九巡回法院认为，既然《外国人侵权请求法》并没有规定具体的时效，则应适用最相近的立法并且比较详细地解释了其中的缘由：

> 与《外国人侵权请求法》类似，《酷刑受害人保护法》促进了人权的保护，有助于美国执行保护人权的义务。此外，《外国人侵权请求法》和《酷刑受害人保护法》二者在达到这些目标时采用了类似的机

---

① *North Star Steel Co. v. Thomas*, 515 U. S. 29, 35 (1995).

② *Nat'l Coalition Gov't of the Union of Burma v. Unocal, Inc.*, 176 F. R. D. 329, 359 (C. D. Cal. 1997).

③ See *In re World War II Era Japanese Forced Labor Litig.*, 164 F. Supp. 2d 1160 (N. D. Cal. 2001).

④ See *Forti v. Suarez-Mason*, 672 F. Supp. 1531, 1548-49 (N. D. Cal. 1987). 该案比较全面地讨论了诉讼时效问题，值得关注。See also, *Xuncax v. Gramajo*, 886 F. Supp. 162, 192 (D. Mass 1995).

⑤ *Tel-Oren v. Libyan Arab Republic*, 517 F. Supp. 542 (D. D. C. 1981), aff'd 726 F. 2d 774 (D. C. Cir. 1984).

⑥ See *Forti v. Suarez-Mason*, 672 F. Supp. 1531, 1549 (N. D. Cal. 1987).

⑦ See *Papa v. United States*, 281 F. 3d 1004, 1012-1013 (9th Cir. 2002); *Cabello v. Fernandez-Larios*, 402 F. 3d 1148, 1153 (11th Cir. 2005); *Jean v. Dorelien*, 431 F. 3d 776, 778-779 (11th Cir. 2005); *Doe v. Islamic Salvation Front*, 257 F. Supp. 2d 115, 119 (D. D. C. 2003); *Manliguez v. Joseph*, 226 F. Supp. 2d 377, 386 (E. D. N. Y. 2002); *Cabiri v. Assasie-Gyimah*, 921 F. Supp. 1189, 1194-96 (S. D. N. Y. 1996).

制，即民事诉讼。《酷刑受害人保护法》的条文增加到《外国人侵权请求法》中，进一步表明了这两部立法之间的紧密关系。所有这些因素都指向于为《外国人侵权请求法》借用《酷刑受害人保护法》上的时效规定。同时，根据《外国人侵权请求法》提起诉讼的现实以及提供救济的联邦利益也都要求采用一个统一的、普遍的时效规则。与《酷刑受害人保护法》类似，《外国人侵权请求法》所要保护的受害人遭遇的行为的性质倾向于排除在美国法院短期内提起诉讼。因此，地方法院采用加利福尼亚州的时效规则是不对的，而应采用《酷刑受害人保护法》上规定的十年时效规定。①

在 Ivanova v. Ford Motor Company 案中，法院适用了《酷刑受害人保护法》所规定的十年时效。② 在 Deutsch v. Turner Corp 案中，第九巡回法院借用了《酷刑受害人保护法》的十年时效。③

二、诉讼时效的衡平中止

（一）衡平中止（equitable tolling）的实践

由于考虑到原告所面临的困难，不少法院都考虑过诉讼时效的中断和中止的问题。④ 如果因发生了当事人不能控制甚至谨慎也无法避免的特别情形，那么衡平中止就是合适的。⑤ 所谓的横平中止指的是，如果被告的非法行为阻碍了原告及时地提起诉讼，那么诉讼时效将停止计算。当然，原告必须证明存在这样的特别情形。⑥ 根据最高法院的判例，在下列情形下允许诉讼时效的衡平中止：请求人收到不合适的通知、委任代理人的未决动议或者法院使得原告认为其已经实施了所要求的一切行为。⑦ 最常见的情形是被告的不当行为是原告不能及时提出请求的促成因素。否则，法院也不大愿意允许衡平中止。⑧

在 Forti v. Suarez-Mason 案中，原告指出自己由于害怕人身安全不能得

---

① See *Papa v. United States*, 281 F. 3d 1004, 1012 (9th Cir. 2002).

② See *Ivanova v. Ford Motor Company*, 67 F. Supp. 424, 462 (D. N. J. 1999).

③ See *Deutsch v. Turner Corp*, 317 F. 3d 1005, 1028 (9th Cir. 2003).

④ See, e. g., *Arce v. Garcia*, 434 F. 3d 1254, 1265 (11th Cir. 2006).

⑤ *Sandvik v. United States*, 177 F. 3d 1269, 1271 (11th Cir. 1999).

⑥ *Justice v. United States*, 6 F. 3d 1474, 1479 (11th Cir. 1993).

⑦ *Baldwin County Welcome Ctr. v. Brown*, 466 U. S. 147, 151 (1984).

⑧ See *Irwin v. Dep't of Veterans Affairs*, 498 U. S. 89, 96 (1990).

到保障所以不能及时行使权利，法院最终认定原告超过诉讼时效而提起诉讼是因为超出了原告控制范围的情形，所以同意诉讼时效的衡平中止。①

在 *Hilao v. Marcos* 案中，在马科斯执政期间原告担心受到报复而不敢提出请求，第九巡回法院认为这是原告所不能控制的特别情形，所以允许诉讼时效衡平中止。② 法院同时认定，当地法院不能救济也是适用衡平中止的理由。③ 在 *Doe v. Unocal* 案中，法院认为，由于被告的非法行为妨碍了原告提出请求以及存在原告所不能控制的特别情形使得原告不能及时提出请求，所以诉讼时效也应衡平中止。④ 在 *Cabello v. Fernandez-Larios* 案中，侵权行为发生在 1973 年，但是诉讼直到 1999 年才开始，第十一巡回法院确认了地方法院认定的 10 年时效，但是认为考虑到案件的事实背景，诉讼时效应被衡平中止。⑤ 在 *Jean v. Dorelien* 案中，第十一巡回法院认为威胁报复足以支持衡平中止。⑥

在 *In re Agent Orange Prod. Liab. Litig.* 案中，法院认为越南原告当时不能求助律师也不知道危险所在，所以对于这样特殊的情形就不应有诉讼时效的限制。同时，法院认为，有必要根据国际习惯法承认战争罪和反人类罪没有诉讼时效限制。⑦

在实践中，被告出于各种考虑，可能放弃诉讼时效的抗辩。例如，在针对瑞士银行"二战"中强迫劳动的《外国人侵权请求法》诉讼中，瑞士银行就放弃诉讼时效的抗辩，以免证据开示程序对其造成不利影响。⑧

相反，在涉及日本"二战"期间强迫劳动的诉讼中，法院就拒绝适用衡平中止。法院认为，由于诉讼是在加利福尼亚提起的，所以审查了加利福尼亚州的人身伤害法所规定的 1 年的诉讼时效。同时，鉴于强迫劳动和酷刑的相似性，那么《酷刑受害人保护法》与诉讼中所涉及的《外国人侵权请求法》相似。既然受害人最迟在 1945 年就已经知道损害的发生，然而却是

---

① See *Forti v. Suarez-Mason*, 672 F. Supp. 1531, 1549 (N. D. Cal. 1987).

② *Hilao v. Estate of Marcos*, 103 F. 3d 767, 771 (9th Cir. 1996).

③ *Hilao v. Estate of Marcos*, 103 F. 3d 767, 773 (9th Cir. 1996).

④ *Doe v. Unocal Corp.*, 963 F. Supp. 880 (C. D. Cal. 1997).

⑤ *Cabello v. Fernandez-Larios*, 157 F. Supp. 2d 1345 (S. D. Fla. 2001).

⑥ See *Jean v. Dorelien*, 431 F. 3d 776, 780-81 (11th Cir. 2005).

⑦ See *In re Agent Orange Prod. Liab. Litig.*, 373 F. Supp. 2d 7, 63 (E. D. N. Y. 2005).

⑧ Burt Neuborne, *Preliminary Reflections on Aspects of Holocaust-Era Litigation in American Courts*, 80 Wash. U. L. Q. 795, 806 n. 29 (2002).

在 1999 年和 2000 年开始诉讼，已经超过了 10 年的诉讼时效，而且不存在衡平中止的事由，所以法院以超过诉讼时效为由撤销了诉讼。①

在 *Iwanowa v. Ford Motor Co.* 案中，② 法院也认为，原告一直有机会对被告的虚假陈述或者隐瞒行为提起诉讼，然而被告却一直没有提起诉讼，因此，不存在适用衡平中止的事由。当然，针对德国、奥地利、瑞士等国相关公司的"二战"索赔诉讼虽然被撤销了，但是受害人还是通过企业设立的基金等途径获得了一些赔偿。③

（二）衡平中止的解释

对于《外国人侵权请求法》诉讼中的诉讼时效衡平中止问题，我们可以参考《酷刑受害人保护法》的相关规定。对于《酷刑受害人保护法》上的诉讼时效问题，美国参议院的解释是虽然有 10 年的诉讼时效的规定，但是也要考虑所有的衡平中止原则以公正地维护原告的权利，包括但不限于下列可以衡平中止的情形：被告不在美国或不受美国管辖或因豁免而不能被起诉期间的，可以中止诉讼时效；原告被拘禁或不能提起诉讼期间的，诉讼时效也应中止；被告隐瞒自己的下落或者原告不能发现侵害人的身份时，诉讼时效也应中止。④

在认定诉讼时效的衡平中止事由上，各个法院甚至同一法院的立场不尽相同。这一点，从 *Arce v. Gonzales* 案可以看出，该案一波三折，比较有代表性。⑤ 1979 年至 1983 年间，萨尔瓦多军方对 Gonzales 及其同伴 Juan Romagoza Arce 和 Carlos Mauricio 施以酷刑，之后他们三人加入美国国籍，1999 年 5 月 11 日，Arce 与 Gonzalez 在美国佛罗里达中区地方法院对两名萨尔瓦多军官 Jose Guillermo Garcia 和 Carlos Eugenio Vides-Casanova 提起民事诉讼，要求根据《外国人侵权请求法》和《酷刑受害人保护法》获得补偿性

① 164 F. Supp. 2d 1160 (N. D. Cal. 2001). See also, Russell A Miller, *Much Ado, But Nothing: California's New World War II Slave Labor Law Statute of Limitations and Its Place in the Increasingly Futile Effort to Obtain Compensations from American Courts*, 23 Whittier L. Rev. 121 (2001).

② *Iwanowa v. Ford Motor Co.*, 67 F. Supp. 2d 424 (D. N. J. 1999).

③ See Michael J. Bazyler, *The Holocaust Restitution Movement in Comparative Perspective*, 20 Berkeley J. Int'l L. 11, 23-24 (2002); Burt Neuborne, *Preliminary Reflections on Aspects of Holocaust-Era Litigation in American Courts*, 80 Wash. U. L. Q. 795, 799 (2002).

④ S. Rep. No. 102-249, 10-11 (1991).

⑤ *Arce v. Garcia* (*Arce I*), 400 F. 3d 1340, 1343 (11th Cir. 2005), vacated, 434 F. 3d 1254, 1256 (2006).

和惩罚性赔偿。1999 年 12 月 22 日，Mauricio 作为原告加入。2000 年 2 月 28 日，三名原告在佛罗里达南区地方法院对两名萨尔瓦多军官被告提起民事诉讼。最终，陪审团认定被告要承担责任并且裁定被告向原告赔偿 54，600，000 美元。被告不服，上诉至第十一巡回法院。虽然第十一巡回法院在 1998 年的一个案件中曾经指出，衡平中止决定了诉讼时效什么时候开始计算、停止以及在酷刑受害人可以提起诉讼期间延长的时间，① 但是第十一巡回法院于 2005 年 2 月 28 日撤销了原告的请求，认为原告的请求超过了《外国人侵权请求法》和《酷刑受害人保护法》上的时效。撤销的原因在于法院比较严格地解释衡平中止，认为自由宽松的衡平中止将对美国法院的统一性有所侵蚀。2005 年 8 月 25 日，第十一巡回法院又以诉讼时效衡平中止的自由宽松解释为由而主动撤销了自己先前作出的判决，认为虽然已经超过了 10 年，但是由于内战以及萨尔瓦多军方禁止提起诉讼等的影响，所以诉讼时效应衡平中止。最终，法院同意了原告的诉讼时效衡平中止的要求。2006 年 1 月 4 日，第十一巡回法院确认了地方法院的赔偿判决。

三、诉讼时效的未来

有学者认为，鉴于根据《外国人侵权请求法》提起的侵权诉讼与各州的侵权诉讼不一定一一对应甚至存在重大差异、许多受害人不愿意或不能及时提出请求、超过诉讼时效起诉的事由的复杂性、法院的沉重负担以及未来对环境侵权等新型侵权的诉讼的出现，有必要修改《外国人侵权请求法》，增加一个条款，规定十年的诉讼时效，但是种族灭绝等行为除外。②

我们认为，目前修改《外国人侵权请求法》的时机并不成熟。如果现在修改《外国人侵权请求法》，增加诉讼时效的规定，那么在修改的过程中，很可能又给跨国公司等反对《外国人侵权请求法》诉讼的团体一个机会，很有可能会限制《外国人侵权请求法》的适用范围。与其冒着《外国人侵权请求法》被限制的风险，不如就一动不动，不对《外国人侵权请求法》的诉讼时效作任何修改。就算不增加诉讼时效的规定，联邦法院在司法实践中也会慢慢发展出相应的普通法规则，一样能满足需要。

综上所述，从目前的司法实践来看，各个法院都越来越倾向于尽量不以超过诉讼时效为由而撤销案件，相反，在解释诉讼时效及其衡平中止时，都

---

① *Ellis v. Gen. Motors Acceptance Corp.*，160 F. 3d 703，706（11th Cir. 1998）.

② David E. Chawes，*Time Is Not on Your Side：Establishing A Consistent Statute of Limitations for the Alien Tort Claims Act*，27 Seattle U. L. Rev. 191，218-231（2003）.

倾向于自由宽泛地解释，尽量不让原告获得救济的希望和选择落空。此外，在可以预见的将来，《外国人侵权请求法》的诉讼时效也不可能有成文法的规定。毕竟《外国人侵权请求法》牵涉面很广，牵一发而动全身。

小　结

　　《外国人侵权请求法》诉讼都是国际私法案件，在主体上，每一个案件中至少有一方是外国人，这自然就存在法律选择问题。《外国人侵权请求法》诉讼涉及的是侵权请求，虽然《外国人侵权请求法》本身以及最高法院都没有为法律选择作出指引，但并不意味着法院就可以任意适用法律。在实践中，美国法院根据《裁判规则法》、《第二次冲突法重述》等来决定法律适用。令人遗憾的是，在诸多的《外国人侵权请求法》诉讼的判决书中，法官可能认为《外国人侵权请求法》诉讼并不比一般的侵权案件特殊，对于法律选择问题的分析都比较简略。这样一来，对于《外国人侵权请求法》诉讼中的法律选择问题，就不能很好地进行总结分析。

　　原告在美国根据《外国人侵权请求法》提起诉讼，一般都是希望获得损害赔偿金。对于损害赔偿问题，除了传统的法律选择规则以外，美国法院还会根据法院地法来作出惩罚性赔偿的判决。对于诉讼时效问题，法院一般都是类推适用《酷刑受害人保护法》，适用10年的诉讼时效。针对《外国人侵权请求法》诉讼中被告身份的特殊、案件事实的特殊以及原告所遭遇的实际困难，美国法院依据其国内法，经常认定允许诉讼时效的衡平中止，尽量不让原告的请求因时效的原因而被撤销。

第五章 《外国人侵权请求法》诉讼中的抗辩与障碍

对于《外国人侵权请求法》诉讼，被告可以提出很多抗辩，换个角度来说，就是原告面临很多障碍。① 所以，本章将论述被告可以提出的抗辩以及原告面临的障碍。

在实践中，原告根据《外国人侵权请求法》起诉面临几个障碍，② 包括：（1）高度的事实要求；通常美国法院要求根据《外国人侵权请求法》提出的请求提供高度的事实依据，尤其是在向跨国公司寻求赔偿的案件中；③ 有的法院则通过适用事实上的更高的诉答标准要求原告在案件的开始阶段就证明其请求要件。④《联邦民事程序规则》第8（a）条规定，诉状必须包括：对法院管辖依据的简洁明了的声明、起诉人有权获得救济的简洁明了的声明、对所寻求的救济或替代救济以及不同救济类型的要求。如果诉状

---

① See Richard T. Marooney & George S. Branch, *Corporate Liability under the Alien Tort Claims Act: United States Court Jurisdiction over Torts*, 12-SUM Currents: Int'l Trade L. J. 3, 10-11 (2003); Marisa Anne Pagnattaro, *Enforcing International Labor Standards: The Potential of the Alien Tort Claims Act*, 37 Vand. J. Transnat'l L. 203, 257-61 (2004).

② See Richard B. Lillich, *Invoking International Human Rights Law in Domestic Courts*, 54 U. Cin. L. Rev. 367, 413 (1985); Sarah H. Cleveland, *Global Labor Rights and the Alien Tort Claims Act*, 76 Tex. L. Rev. 1533 (1998); Armin Rosencranz & Richard Campbell, *Foreign Environmental and Human Rights Suits against U. S. Corporations in U. S. Courts*, 18 Stan. Envtl. L. J. 145, 181 (1999).

③ See Amanda Sue Nichols, *Alien Tort Statute Accomplice Liability Cases: Should Courts Apply the Plausibility Pleading Standard of Bell Atlantic v. Twombly?*, 76 Fordham L. Rev. 2177, 2178-2179 (2008).

④ See, e. g., *Aldana v. Del Monte Fresh Produce*, *N. A.*, 416 F. 3d 1242, 1247-50 (11ᵗʰ Cir. 2005). 当然，有的法院采用《联邦民事程序规则》第8（a）条的通知诉答要求（notice pleading requirement），会让原告的请求一直继续下去直到最终通过简易判决或和解而被撤销。See, e. g., *Wiwa v. Royal Dutch Petrol. Co.*, No. 96 CIV. 8386, 2002 WL 319887 (S. D. N. Y. Feb. 28, 2002); *Doe v. Unocal Corp.*, 963 F. Supp. 880, 895 (C. D. Cal. 1997).

没有在表面上满足这个标准，则被告可以根据《联邦民事程序规则》第 12
（b）（6）条以没有声明请求为由要求撤销诉讼。如果法院发现诉状没有声
明请求，可以撤销诉讼或者批准原告修改诉状。（2）战胜不方便法院的动
议；只有在与案件有关的其他国家进行诉讼不能更公平有效时，美国法院才
会审理基于《外国人侵权请求法》提出的请求。否则，美国法院会同意被
告以不方便法院而撤销案件的动议；① （3）要求被告不受主权豁免的保护；
根据 1976 年的《外国主权豁免法》，如果被告根据国际法受到主权豁免的
保护，则地方法院没有事项管辖权。② 当然，豁免仅限于外国的主权或者公
法行为，并不扩及其商业或者私法行为。③ （4）案件不涉及不可审判的政
治问题。④ 根据《外国人侵权请求法》提出的请求不能因其国际性或者政
治性而等同于不可裁判的政治问题。政治问题理论在 *Tel-Oren* 案件中得到
Robb 法官的强烈支持，在 *Kadic* 案中被否决，而最终在 *Sosa* 案中重新确
立。⑤ 此外，对于原告而言，用尽当地救济、国际礼让等仍然是经常遇到的
障碍。

对于起诉的问题，由于我们在第二章论述当事人的主体资格，所以这里
主要论述不方便法院原则、用尽当地救济、国家豁免、政治问题理论、国际
礼让对《外国人侵权请求法》诉讼的影响。另外，判决作出后的承认与执
行也是个很大的问题，如果判决不能真正得到执行，判决书无异于一张白
纸。所以，我们也将论述《外国人侵权请求法》诉讼的判决的承认与执行。

第一节　不方便法院原则

在《外国人侵权请求法》诉讼中，原告是外国人，被告也经常是外国
人，所涉及的事实也经常发生在国外。所以，原告所要面对的一个障碍就是
不方便法院原则。

---

① Lucinda Saunders, *Rich and Rare are the Gems They War: Holding De Beers
Accountable for Trading Conflict Diamonds*, 24 Fordham Int'l L. J. 1402, 1455 (2001).

② See 28 U. S. C. § 1605 (1976).

③ *Restatement (Third) of The Foreign Relations Law of the United States* § 451
(1987).

④ Lucinda Saunders, *Rich and Rare are the Gems They War: Holding De Beers
Accountable for Trading Conflict Diamonds*, 24 Fordham Int'l L. J. 1402, 1408 (2001).

⑤ Anne-Marie Slaughter & David Bosco, *Plaintiff's Diplomacy*, 79 Foreign Aff. 102,
102 (2000).

一、不方便法院原则简介

不方便法院原则，起源于苏格兰，之后开始为美国所采纳。① 在美国，为了所有当事人的利益和正义的目的，防止原告滥用诉讼程序，选择对被告极为"烦扰"、"压迫"的法院，在 1947 年的 *Gulf Oil Corp. v. Gilbert* 案中，② 美国最高法院澄清了如何适用不方便法院原则。③ 当本国法院认为它对案件行使管辖权非常不方便或不公平，且存在其他较为方便审理该案的外国法院时，可以拒绝行使管辖权。为此，法院采用两步分析法，第一步就是确定有一个外国法院可以审理，第二步就是平衡公共利益与私人利益。④

到了 1981 年的 *Piper Aircraft Co. v. Reyno* 一案中，⑤ 美国联邦最高法院对不方便原则有了进一步的阐述，对不方便法院原则的适用的标准已从原来较为严格的"滥用程序"的标准转变为较为灵活的"最适当法院"的标准，更趋向于限制部分外国原告在美国法院提起诉讼。⑥ 一般而言，美国法院还

---

① 英文文献中有不少专门探讨不方便法院原则的起源、历史的。See Edward L. Barrett, Jr., *The Doctrine of Forum Non Conveniens*, 35 Cal. L. Rev. 380 (1947); Alexander M. Bickel, *The Doctrine of Forum Non Conveniens as Applied in the Federal Courts in Matters of Admiralty*, 35 Cornell L. Q. 12 (1950); Paxton Blair, *The Doctrine of Forum Non Conveniens in Anglo-American Law*, 29 Colum. L. Rev. 1 (1929); Robert Braucher, *The Inconvenient Federal Forum*, 60 Harv. L. Rev. 908 (1947); Joseph Dainow, *The Inappropriate Forum*, 29 U. Ill. L. Rev. 867 (1935); Maria A. Mazzola, *Forum Non Conveniens and Foreign Plaintiffs: Addressing the Unanswered Questions of Reyno*, 6 Fordham Int'l L. J. 577 (1983); Jeremy D. Morley, *Forum Non Conveniens: Restraining Long-Arm Jurisdiction*, 68 Nw. U. L. Rev. 24 (1973).

② *Gulf Oil Corp. v. Gilbert*, 330 US 501 (1947).

③ See Russell J. Weintraub, *International Litigation and Forum Non Conveniens*, 29 Tex. Int'l L. J. 321 (1994); Lonny Sheinkopf Hoffman & Keith A. Rowley, *Forum Non Conveniens in Federal Statutory Cases*, 49 Emory L. J. 1137 (2000).

④ *Gulf Oil Corp. v. Gilbert*, 330 U. S. 501, 508, 91 L. Ed. 1055, 67 S. Ct. 839 (1947).

⑤ See *Piper Aircraft Co. v. Reyno*, 454 U. S. 235, 254, 70 L. Ed. 2d 419, 102 S. Ct. 252 (1981).

⑥ 关于不方便法院原则在美国各州的适用情况，有学者曾经作过专门研究。See David W. Robertson & Paula K. Speck, *Access to State Courts in Transnational Personal Injury Cases: Forum Non Conveniens and Antisuit Injunctions*, 68 Tex L. Rev. 937, 950-953 (1990).

是会以不方便法院原则撤销原告的诉讼。① 当然，对于在美国有住所的个人，法院一般认为自己是方便的法院，不会要求其去外国法院起诉，而会驳回被告援引不方便法院原则的抗辩。②

在 2007 年的中国中化集团公司诉马来西亚国际运输公司案中，③ 美国联邦最高法院指出，地方法院有权对被告"不方便法院"的答辩作出即时答复，并可以无须先确定对人管辖权和事项管辖权而直接驳回起诉。这样，不方便法院原则有了新的发展。

二、《外国人侵权请求法》诉讼中的不方便法院原则

（一）相关案例简介

曾经有当事人提出，《外国人侵权请求法》诉讼中不适用不方便法院原则，结果遭到了法院的否定。④ 事实上，《外国人侵权请求法》诉讼中的不方便法院原则一直在适用，⑤ 而且没有什么特殊性，一般情况下也都是尊重原告对法院地的选择，只是法官在考虑是否以不方便法院原则撤销或中止诉讼时，更多地考虑了《外国人侵权请求法》的立法目的与功能以及促进和保护人权这样的政策。此外，是否适用不方便法院原则取决于一审法院的自由裁量，上诉法院一般不会干涉，除非一审法院明显没有正确地适用法律。⑥ 当然，虽然在要求存在替代法院这一点上一致，但是在其他问题上则

---

① See *ICC Indus. v. Isr. Disc. Bank, Ltd.*, 170 Fed. Appx. 766 (2006); *Carey v. Bayerische Hypo-Und Vereinsbank AG*, 370 F. 3d 234 (2004).

② See *Iragorri v. United Technologies Corp.*, 274 F. 3d 65, 75 (2d Cir. 2001) (en banc).

③ *Sinochem Int'l Corp. Lid v. Malaysia Int'l Shipping Corp.*, 127 S Ct. 1184 (2007).

④ See *Flores v. Southern Peru Copper Corp.*, 253 F. Supp. 2d 510 (S. D. N. Y. 2002).

⑤ See, e. g., *In re Estate of Ferdinand E. Marcos Human Rights Litigation*, 978 F. 2d 493, 500 (9th Cir. 1992); *Wiwa v. Royal Dutch Petroleum Co.*, 226 F. 3d 88, 106 (2d Cir. 2000); *Jota v. Texaco, Inc.*, 157 F. 3d 153, 159 n. 6 (2d Cir. 1998); *Aquinda v. Texaco, Inc.*, 142 F. Supp. 2d 534 (S. D. N. Y. 2001), aff 'd as modified, 303 F. 3d 470, 479 (2d Cir. 2002).

⑥ *Wiwa v. Royal Dutch Petroleum Company*, 226 F. 3d 88, 107 (2d Cir. 2000).

存在分歧，例如没有陪审团审判、司法腐败横行、① 不能获得法律援助。②
另外，如果被告不从属于替代法院的送达，则美国法院会以被告同意该替代
法院的管辖为撤销诉讼的条件。③

在认定是否适用不方便法院原则时，法院不但要求表面上存在一个替代
法院，而且要求原告实际上要能在该国行使诉权。在 *Kadic v. Karadzic* 案
中，④ 第二巡回法院拒绝以不方便法院原则撤销诉讼，认为：

> "在目前的诉讼阶段，没有当事人确立了一个更合适的法院，而且
> 我们也知道不存在这样的法院。虽然美国的声明建议考虑不方便法院原
> 则，但显然前南斯拉夫的塞尔维亚、波斯尼亚都不能为原告的请求提供
> 救济。"

在 *Cabiri v. Assasie-Gyimah* 案中，⑤ 法院认为，正如原告所指出的，本
案中的证据来源以及证人都在被告的控制之下，而且本案根据美国的法律提
起，所以法院对于所提出的法律问题进行裁决具有利益。同时，美国法院认
为，不确定加纳法院是否足以成为本案的替代性法院。如果 Cabiri 所说的是
真的，他回到加纳提起诉讼将会面临极大危险。正如 *Rasoulzadeh v.*

---

① 在 *Abdullahi v. Pfizer, Inc.* 案中，原告提出尼日利亚司法腐败，其难以在尼日利
亚法院得到充分的救济，但被法院驳回，法院认为尼日利亚是可替代性的法院，而美国
法院是不方便法院。See *Abdullahi v. Pfizer, Inc.*, 142 F. Supp. 2d 534（S. D. N. Y.
2001），aff'd as modified, 303 F. 3d 470（2d Cir. 2002）. 在另外一起案件中，美国法院则
以玻利维亚存在广泛的司法腐败、不具有公信力为由不同意适用不方便法院原则。See
Eastman Kodak Co. v. Kavlin, 978 F. Supp. 1078（S. D. Fla. 1997）.

② See Phillip J. Blumberg, *American Law in a Time of Global Interdependence*：*U. S.
National Reports to the XVIth International Congress of Comparative Law*：*Section IV Asserting
Human Rights against Multinational Corporations under United States Law*：*Conceptual and
Procedural Problems*, 50 Am. J. Comp. L. 493, 507（2002）.

③ See *Abdullahi v. Pfizer, Inc.*, 142 F. Supp. 2d 534（S. D. N. Y. 2001），aff'd as
modified, 303 F. 3d 470（2d Cir. 2002）. See also, Phillip J. Blumberg, *American Law in a
Time of Global Interdependence*：*U. S. National Reports to the XVIth International Congress of
Comparative Law*：*Section IV Asserting Human Rights against Multinational Corporations under
United States Law*：*Conceptual and Procedural Problems*, 50 Am. J. Comp. L. 493, 523
（2002）.

④ *Kadic v. Karadzic*, 70 F. 3d 232（2d Cir. 1995）.

⑤ *Cabiri v. Assasie-Gyimah*, 921 F. Supp. 1189（S. D. N. Y. 1996）.

Associated Press 案①中所声明的：

> "如果替代法院提供的救济是如此明显的不充分或者不满意以至于根本上说没有救济，地方法院可以认为撤销诉讼不符合正义。如果原告证明外国法是不够的或者很可能不能获得基本的救济，则应拒绝被告提出的撤销诉讼的动议。"

在 *The Presbyterian Church of Sudan v. Talisman Energy* 案中，② 法院认为，如果苏丹政府对原告进行种族清洗而同时又对这些损害提供公平的审判来救济是令人奇怪的，要求原告到自己一直试图逃离的在进行种族清洗的国家提起诉讼是不合情理的。

在 *Wiwa v. Royal Dutch Petroleum Co.* 案中，③ 一审法院接受了被告提出的不方便法院原则，然而在上诉中第二巡回法院认为：

> "如果要以不方便法院原则撤销诉讼，被告有责任证明 Gilbert 案中确立的'强烈支持在外国法院审判'因素。我们认为，被告并没有在法律上满足这个要求。反对撤销诉讼的因素包括一般情形下法院应尊重原告对法院地的选择、如果要求原告在英国提起新的诉讼对原告是沉重的负担而且有很大困难、支持法院审理作为美国居民的原告提起的诉讼的政策以及《酷刑受害人保护法》中明确表示的支持审判违反禁止酷刑的请求的政策。"

此外，根据《外国人侵权请求法》，侵害国际法是"我们的事情"。

第二巡回法院认为，《外国人侵权请求法》和《酷刑受害人保护法》创设了支持裁判因其引起的争议的强大的国内利益，仅谴责违反国际规范的现状难以抚慰受害人。出于美国的法治和政策考虑，虽然英国法院在某些方面可能更方便，但经过综合考虑第二巡回法院还是认为案件在美国审理更合适。

与这种政策一致，第二巡回法院在 *Aquinda* 案中确保原告有裁判其请求的法院。④ 在该案中，法院要求被告 Texaco 从属于厄瓜多尔或者秘鲁的属人管

① 574 F. Supp. 854（S. D. N. Y. 1983），aff'd, 767 F. 2d 908（2d Cir. 1985）.

② *The Presbyterian Church of Sudan v. Talisman Energy*, 2003 U. S. Dist. LEXIS 4085（SDNY 2003）.

③ *Wiwa v. Royal Dutch Petroleum Co.* , 226 F. 3d 99（2d Cir. 2000）.

④ See *Aquinda v. Texaco, Inc.* , 142 F. Supp. 2d 534（S. D. N. Y. 2001），aff'd as modified, 303 F. 3d 470, 479（2d Cir. 2002）.

辖权，然后法院才会支持 Texaco 以不方便法院为由而撤销案件的动议。①

可能觉得原来那种在《外国人侵权请求法》诉讼中限制被告援引不方便法院原则的适用太过宽泛了，在 *Wiwa v. Royal Dutch Petroleum Co.* 案之后，第二巡回法院以及相关的地方法院又将遵从外国原告选择美国法院的范围主要限制于酷刑和法外处决。②

（二）学术争议

对于在《外国人侵权请求法》诉讼中不方便法院原则的适用，目前学术界还是存在争议的。③ 有一种观点认为，在不方便法院原则与《外国人侵

---

① See Aaron Xavier Fellmeth, *Wiwa v. Royal Dutch Petroleum Co. : A New Standard for the Enforcement of International Law in U. S. Courts?*, 5 Yale Hum. Rts. & Dev. L. J. 241, 241 (2002).

② See e. g. , *Aquinda v. Texaco, Inc.* , 142 F. Supp. 2d 534 （S. D. N. Y. 2001）, aff'd as modified, 303 F. 3d 470 （2d Cir. 2002）; *Flores v. Southern Peru Copper Corp.* , 253 F. Supp. 2d 510 （S. D. N. Y. 2002）; *Abdullahi v. Pfizer, Inc.* , 142 F. Supp. 2d 534 （S. D. N. Y. 2001）, aff'd as modified, 303 F. 3d 470 （2d Cir. 2002） . See also, Jeffrey E. Baldwin, *International Human Rights Plaintiffs and the Doctrine of Forum Non Conveniens*, 40 Cornell Int'l L. J. 749, 760-765 （2007）.

③ See Aric K. Short, *Is the Alien Tort Statute Sacrosanct? Retaining Forum Non Conveniens in Human Rights Litigation*, 33 N. Y. U. J. Int'l L. & Pol. 1001 （2001）; Kathryn Lee Boyd, *The Inconvenience of Victims*: *Abolishing Forum Non Conveniens in U. S. Human Rights Litigation*, 39 Va. J. Int'l L. 41 （1998）; See Phillip J. Blumberg, *American Law in a Time of Global Interdependence*: *U. S. National Reports to the XVIth International Congress of Comparative Law*: *Section IV Asserting Human Rights against Multinational Corporations under United States Law*: *Conceptual and Procedural Problems*, 50 Am. J. Comp. L. 493, 526 （2002） . ; Matthew R. Skolnik, *The Forum Non Conveniens Doctrine in Alien Tort Claims Act Cases*: *A Shell of Its Former Self after Wiwa*, 16 Emory Int'l L. Rev. 187 （2002）; John F. Carella, *Of Foreign Plaintiffs and Proper Fora*: *Forum Non Conveniens and ATCA Class Actions*, 2003 U. Chi. Legal F. 717 （2003）; Christopher M. Marlowe, *Forum Non Conveniens Dismissals and the Adequate Alternative Forum Question*: *Latin America*, 32 U Miami Inter-Am L Rev 295 （2001）; Margaret G. Perl, *Not Just Another Mass Tort*: *Using Class Actions to Redress International Human Rights Violations*, 88 Georgetown L J 773 （2000）; Markus Rau, *Domestic Adjudication of International, Human Rights Abuses and the Doctrine of Forum Non Conveniens*, 61 ZaöRV 177 （2001）; Francisco Forrest Martin, *The International Human Rights & Ethical Aspects of the Forum Non Conveniens Doctrine*, 35 U. Miami Inter-Am. L. Rev. 101 （2003-2004）; John R. Wilson, *Coming to America to File Suit*: *Foreign Plaintiffs and the Forum Non Conveniens Barrier in Transnational Litigation*, 65 Ohio State LJ 659 （2004）; Helen E. Mardirosian, *Forum Non Conveniens*, 37 Loyola of Los Angeles Law Review 1643 （2004）; Jeffrey E. Baldwin, *International Human Rights Plaintiffs and the Doctrine of Forum Non Conveniens*, 40 Cornell Int'l L. J. 749 （2007）; Note, *Forum Non Conveniens*: *Whose Convenience and Justice?*, 86Texas Law Review 1079 （2008）.

权请求法》的目的之间存在根本的冲突：仅因不方便法院而撤销原告的请求使国会"为以违反万国法为由而起诉国内实体的外国人提供联邦法院"的意图落空；适用不方便法院原则将使《外国人侵权请求法》无效；美国的利益要求废除不方便法院原则，所以不应该在《外国人侵权请求法》诉讼中适用不方便法院原则。①

有学者指出，在《外国人侵权请求法》诉讼和不方便法院之间存在着明显的张力，在当前的世界上，不方便法院原则已经过时了，不论从替代法院的角度考虑，还是从私人利益与公共利益平衡的角度考虑，不方便法院都是不必要的，而且对人权案件中的受害人非常不公平，美国裁判人权案件的政策超过了不方便法院原则中对方便的关切，所以在人权案件中要废除不方便法院原则。②

相反，有学者认为，《外国人侵权请求法》诉讼与其他诉讼没有本质区别，考虑到不方便法院原则的重要功能与作用以及目的，仍然应该保留不方便法院原则作为看门人的角色，保留不方便法院原则可以使相关的案件留在合适的法院审理，有助于国际习惯法的发展。③

与前面两种对立的观点不同，有学者认为不方便法院原则应该保留，只是各个法院应该采取第二巡回法院在 *Wiwa v. Royal Dutch Petroleum Co.* 案中所认定的，在考虑不方便法院原则时应特别注意到其中所提出的美国裁判国际人权案件的政策与利益。④

关于《外国人侵权请求法》诉讼中不方便法院原则的考虑因素，有学者认为，还是应该注意到其与一般案件的区分。首先，不区分美国原告或外

---

① *Jota v. Texaco, Inc.*, 157 F. 3d 153, 159 (2d Cir. 1998). See also Nancy Morisseau, *Seen But Not Heard: Child Soldiers Suing Gun Manufacturers under The Alien Tort Claims Act*, 89 Cornell L. Rev. 1263, 1298-1299 (2004).

② See Kathryn Lee Boyd, *The Inconvenience of Victims: Abolishing Forum Non Conveniens in U. S. Human Rights Litigation*, 39 Va. J. Int'l L. 41 (1998).

③ See Aric K. Short, *Is the Alien Tort Statute Sacrosanct? Retaining Forum Non Conveniens in Human Rights Litigation*, 33 N. Y. U. J. Int'l L. & Pol. 1001 (2001).

④ Jeffrey E. Baldwin, *International Human Rights Plaintiffs and the Doctrine of Forum Non Conveniens*, 40 Cornell Int'l L. J. 749, 779-780 (2007); Matthew R. Skolnik, *The Forum Non Conveniens Doctrine in Alien Tort Claims Act Cases: A Shell of Its Former Self after Wiwa*, 16 Emory Int'l L. Rev. 187 (2002).

国原告，对外国原告的起诉应该与对美国原告的起诉一样尊重他们的选择。当然，在适用不方便法院原则时也要考虑到外国原告是否能回到本国或其他国家去起诉。其次，美国法院要考虑到外国的集团诉讼程序、实体法等，以免外国原告不能真正得到救济。最后，要考虑到人权价值的重要性与美国保护和促进人权的政策。①

我们认为，美国法院仅是国内法院，并非行使普遍民事管辖权的世界法院，《外国人侵权请求法》诉讼固然有其特殊性，但是无论如何也还是国内诉讼。既然如此，法院在审理案件时，就必须考虑替代法院的存在以及公共利益与私人利益的平衡来决定是否适用不方便法院原则。在《外国人侵权请求法》诉讼中保留不方便法院原则，一方面可以减少美国法院的压力，另一方面可以让更适当的替代法院来审理案件，更好地解决争议。出于司法经济和方便、正义的考虑，不方便法院原则不可废除。当然，在具体的案件中，法院在决定是否应适用不方便法院原则时，应考虑到《外国人侵权请求法》诉讼的特殊性以及通过民事诉讼促进人权保障、为受害人提供救济的政策和利益。

第二节 用尽当地救济

在《外国人侵权请求法》诉讼中，原告是外国人，起诉的事实也常常发生在国外，所以对于是否要求原告用尽当地救济产生了分歧与争论。在 2004 年的 Sosa 案中，欧洲委员会作为法庭之友提交的书面意见中特别提到了美国联邦法院在根据《外国人侵权请求法》行使管辖权时必须要求原告用尽当地救济。② 这样，《外国人侵权请求法》诉讼中是否应有用尽当地救济的限制就更加醒目了，争论也更多了。

一、司法实践中的用尽当地救济

在有的案件中，被告或者相关的法庭之友提出了用尽当地救济的要求，

---

① See John F. Carella, *Of Foreign Plaintiffs and Proper Fora: Forum Non Conveniens and ATCA Class Actions*, 2003 U. Chi. Legal F. 717, 733-739 (2003).

② *Brief of Amicus Curiae of the European Commission in Support of Neither Party* at 24, 124 S. Ct. 2739 (2004) (Nos. 03-339, 03-485).

甚至认为如果原告没有用尽当地救济，法院就不能行使管辖权。① 在 *Doe v. Rafael Saravia* 案中，地方法院认为，在《外国人侵权请求法》诉讼中，原告没有义务要证明已经用尽了所有可能的救济。② 在 *Cabiri v. Assasie-Gyimah* 案中，地方法院认为，由于加纳提供的是不充分且不可接受的救济，所以没有必要要求用尽当地救济。③ 在 *Tachiona v. Mugabe* 案中，地方法院认为被告实际上控制了津巴布韦的司法体制并且使得原告不能诉诸津巴布韦法院，所以原告没有任何义务来用尽国内的救济。④ 在 *Wiwa v. Royal Dutch Petroleum Co.* 案中，在原告证明尼日利亚法院不是充分救济的法院而被告不能证明可以在尼日利亚法院对非尼日利亚人的违反国际法的诉讼进行管辖后，地方法院就认定被告没有满足证明原告没有用尽可以获得的充分救济的条件。⑤

由于之前最高法院一直没有机会全面考虑《外国人侵权请求法》诉讼中的法律问题，当然包括用尽当地救济的要求。因此，一有机会，相关各方都希望最高法院澄清是否存在用尽当地救济的限制。在 *Sosa* 案中，针对欧洲委员会提交的国际法要求当事人在外国法院提出请求前应用尽当地救济的法庭之友意见，最高法院指出，法院可能应要求原告用尽其他诸如国际请求裁判机构之类的救济，但是在本案中法院没有此要求，将在未来的合适案件中考虑这个问题。⑥ 也就是说，最高法院虽然注意到了《外国人侵权请求法》诉讼中用尽当地救济的问题，但是仍然拒绝解决这个问题。

---

① See, e. g., *Sosa v. Alvarez-Machain*, 542 U. S. 692, 697-99 (2004); *Argentine Republic v. Amerada Hess Shipping Corp.*, 488 U. S. 428, 432 (1989); *Sarei v. Rio Tinto, PLC*, 487 F. 3d 1193, 1223 (9th Cir. 2007); *Turedi v. Coca Cola Co.*, 460 F. Supp. 2d 507, 508-09, 523-26 (S. D. N. Y. 2006); *Doe I v. Israel*, 400 F. Supp. 2d 86, 97 (D. D. C. 2005); *In re S. African Apartheid Litig.*, 346 F. Supp. 2d 538, 542-46 (S. D. N. Y. 2004), vacated sub nom. *Khulumani v. Barclay Nat'l Bank Ltd.*, 504 F. 3d 254 (2d Cir. 2007); *Aguinda v. Texaco, Inc.*, 303 F. 3d 470, 473, 476-79 (2d Cir. 2002); *Jama v. INS*, 22 F. Supp. 2d 353, 364 (D. N. J. 1998).

② *Doe v. Rafael Saravia*, 348 F. Supp. 2d 1112, 1157 (E. D. Cal. 2004). See also *Presbyterian Church of Sudan v. Talisman Energy, Inc.*, 244 F. Supp. 2d 289, 343 n. 44 (S. D. N. Y. 2003).

③ See *Cabiri v. Assasie-Gyimah*, 921 F. Supp. 1189 (S. D. N. Y. 1996).

④ *Chiminya Tachiona v. Mugabe*, 216 F. Supp. 2d 262 (S. D. N. Y. 2002).

⑤ See *Wiwa v. Royal Dutch Petroleum Co.*, 96 CIV. 8386 (KMW), 2002 WL 319887, at *17 (S. D. N. Y. Feb. 28, 2002).

⑥ *Sosa v. Alvarez-Machain*, 542 U. S. 692, 733 n. 21 (2004).

由于最高法院并没有作出明确的要求，所以在 2004 年之后的司法实践中，各巡回法院以及地方法院一般都没有强制要求原告在美国法院提起诉讼前用尽当地救济。在 *Sarei v. Rio Tinto PLC* 案中,① 第九巡回法院三名法官组成的审判庭的多数意见认为，国会通过《外国人侵权请求法》时没有加上用尽当地救济的要求，而且国会在通过《酷刑受害人保护法》时规定了用尽当地救济的要求却并没有修改《外国人侵权请求法》来加上同样的限制，这表明国会倾向于排除用尽当地救济规则。之后，法院进一步指出，考虑到国会没有相应的立法，而且最高法院也没有明确的要求，所以对《外国人侵权请求法》诉讼中施加用尽当地救济的限制是不合适的。② 当然，持反对意见的 Bybee 法官则力主《外国人侵权请求法》中应有用尽当地救济的限制，他从用尽当地救济规则已经被国际法和各国国内法接受、《酷刑受害人保护法》中的明确要求以及该规则对司法谨慎的作用等方面来证明自己的观点。后来，第九巡回法院全体法官重审此案，认为要决定是否要求原告用尽当地救济，举证责任在被告。③

在 *Abiola v. Abubakar* 案中,④ Cudahy 法官指出，最高法院在 *Sosa* 案中并没有提供任何指导，而且各个巡回法院也还没有接受用尽当地救济规则，所以目前在美国国内法中，《外国人侵权请求法》是否包括对用尽当地救济的要求是不明确的。

二、学术界对用尽当地救济的争议

(一) 用尽当地救济的要求

对于《外国人侵权请求法》诉讼中是否有用尽当地救济的限制，学术界内部的争议比联邦法院之间的争议更激烈。有学者主张，对于《外国人侵权请求法》诉讼，存在着与《酷刑受害人保护法》一样的用尽当地救济

---

① *Sarei v. Rio Tinto PLC*, 221 F. Supp. 2d 1116, 1127 (C. D. Cal. 2002), aff'd in part, rev'd in part, vacated in part, 487 F. 3d 1193 (9th Cir. 2007), reh'g en banc granted, 499 F. 3d 923 (9th Cir. 2007).

② *Sarei v. Rio Tinto*, PLC, 487 F. 3d 1193, 1223 (9th Cir. 2007).

③ *Sarei v. Rio Tinto*, PLC, 550 F. 3d 822, 08 Cal. Daily Op. Serv. 15,110, 2008 Daily Journal D. A. R. 18,345(9th Cir. (Cal.) Dec 16, 2008)(NO. 02-56256, 02-56390).

④ 435 F. Supp. 2d 830 (N. D. Ill. 2006.)

的限制。① 他们认为，鉴于美国法院实际上起到一个国际人权裁判机构的某些作用，而国际人权裁判机构一般都要求用尽当地救济，同时考虑到人权保护领域事实上也存在挑选法院的现象，为了防止挑选法院，所以美国法院应制定出相应的联邦普通法规则，将用尽当地救济规则并入《外国人侵权请求法》之中。② 还有学者认为，加上用尽当地救济的限制是对外国主权的尊重、避免不当地干涉外国对争议的解决、将使《外国人侵权请求法》与国际习惯法相一致而且会促进国外的人权保护和法治进程。③ 当然，还有学者走得更远，认为用尽当地救济规则已经成了一项具有普遍约束力的规范，因此，美国必须遵守该规则，在《外国人侵权请求法》诉讼中要求原告用尽当地救济才能在美国联邦法院提起诉讼。对此，有学者提出了针锋相对的主张，认为既然法律没有明确规定，那么就不应有用尽当地救济的限制。④ 此外，用尽当地救济对原告是一个很大的负担，给原告造成了很大的不便。正如有学者所指出的，正是由于《酷刑受害人保护法》对用尽当地救济的限

---

① See, e. g., Eric Engle, *The Torture Victim's Protection Act*, *The Alien Tort Claims Act*, *and Foucault's Archaeology of Knowledge*, 67 Alb. L. Rev. 501, 504 (2003); Gregory G. A. Tzeutschler, *Corporate Violator*: *The Alien Tort Liability of Transnational Corporations for Human Rights Abuses Abroad*, 30 Colum. Hum. Rts. L. Rev. 359, 396 (1999).

② Note, *The Alien Tort Statute*, *Forum Shopping*, *and the Exhaustion of Local Remedies Norm*, 121 Harv. L. Rev. 2110 (2008).

③ See Steffanie Bevington, *Requiring Exhaustion*: *An International Law Perspective of the Alien Tort Claims Act in Sarei v. Rio Tinto*, 38 Golden Gate U. L. Rev. 461 (2008).

④ See, e. g., Tracy Bishop Holton, *Cause of Action to Recover Civil Damages Pursuant to the Law of Nations and/or Customary International Law*, 21 Causes of Action 2d 327, § 5 (2005); Jennifer Correale, *The Torture Victim Protection Act*: *A Vital Contribution to International Human Rights Enforcement or Just a Nice Gesture?*, 6 Pace Int'l L. Rev. 197, 214 (1994); Symeon C. Symeonides, *Choice of Law in the American Courts in 2002*: *Sixteenth Annual Survey*, 51 Am. J. Comp. L. 1, 48 (2003); Michelle M. Meloni, *The Alien Tort Claims Act*: *A Mechanism for Alien Plaintiffs to Hold Their Foreign Nations Liable for Tortious Conduct*, 5 J. Int'l L. & Prac. 349, 360 (1996); Kathryn L. Pryor, *Does the Torture Victim Protection Act Signal the Imminent Demise of the Alien Tort Claims Act?*, 29 Va. J. Int'l L. 969, 1017 (1989); Eric Gruzen, *The United States as a Forum for Human Rights Litigation*: *Is This the Best Solution?* 14 Transnat'l L. 207, 232 (2001); Nancy Morisseau, *Seen But Not Heard*: *Child Soldiers Suing Gun Manufacturers under the Alien Tort Claims Act*, 89 Cornell L. Rev. 1263, 1291 n. 220 (2004).

制，所以才导致一些原告避免援引该法而是援引《外国人侵权请求法》。①

与前面两种立场清晰的观点相比，还有一种稍微中庸一点的观点，不过总体上还是倾向于希望在《外国人侵权请求法》诉讼中加上用尽当地救济的限制。他们认为，考虑到国际法上的用尽当地救济规则以及当前国际社会的现实和美国法院所审理的相关诉讼，应在《外国人侵权请求法》诉讼中原则性地要求原告用尽当地救济。②

（二）用尽当地救济的举证责任

用尽当地救济规则在国际法上到底是程序性的还是实体性的是存在争议的。如果认为该规则是程序性的，则被告应举证证明原告没有用尽当地救济；相反，如果认为该规则是实体性的，则应由原告证明自己已经用尽当地救济。③

在《酷刑受害人保护法》诉讼中，法院一般是认定证明没有用尽当地救济的责任在被告。在 Collett v. Socialist Peoples' Libyan Arab Jamahiriya 案中，被告认为，由于原告没有证明用尽了所有可以在黎巴嫩获得的救济，所以不能根据《酷刑受害人保护法》提起诉讼。对此，原告没有提出抗辩，但是法院拒绝认同被告承认原告的观点。法院认为，《酷刑受害人保护法》是要求被告负担举证责任来证明原告没有用尽当地救济，被告提出了在黎巴嫩救济的可能性，但是并没有提供细节以及相关的分析，虽然原告因为疏忽没有对被告的观点进行回击，但是法院依据自由裁量权以及国会的立法目的

---

① David J. Bederman, *Dead Man's Hand: Reshuffling Foreign Sovereign Immunities in U. S. Human Rights Litigation*, 25 Ga. J. Int'l & Comp. L. 255, 277 (1996). See also, G. Michael Ziman, *Holding Foreign Governments Accountable for their Human Rights Abuses: A Proposed Amendment to the Foreign Sovereign Immunities Act of 1976*, 21 Loy. L. A. Int'l & Comp. L. J. 185, 196 (1999).

② See Elliot J. Schrage, *Judging Corporate Accountability in the Global Economy*, 42 Colum. J. Transnat'l L. 153 (2003); Gary Clyde Hufbauer & Nicholas K. Mitrokostas, *Awakening Monster: the Alien Tort Statute of 1789*, Institute for International Economics, 2003; Stephen W. Yale-Loehr, *The Exhaustion of Local Remedies Rule and Forum Non Conveniens in International Litigation in U. S. Courts*, 13 Cornell Int'l L. J. 351, 357-59 (1980); Brad J. Kieserman, *Profits and Principles: Promoting Multinational Corporate Responsibility by Amending The Alien Tort Claims Act*, 48 Cath. U. L. Rev. 881, 935 n. 374 (1999).

③ See Sean D. Murphy, *The ELSI Case: An Investment Dispute at the International Court of Justice*, 16 Yale J. Int'l L. 391, 413 n. 97 (1991).

而认定被告没有满足其举证责任。①

三、现状总结与未来走向

起源于外交保护领域的用尽当地救济规则历史久远，在国际法领域有可能已经成为国际习惯法规则，正在扩张至人权保护等领域，而且在适用领域上有继续扩大的趋势。② 然而，如果因此认为应在《外国人侵权请求法》诉讼中强制要求原告用尽当地救济，否则联邦法院就不应行使管辖权则是有问题的。第一，美国国会的立法以及联邦最高法院的判例③都没有对用尽当地救济作出明确的要求。一方面，《外国人侵权请求法》本身并没有施加用尽当地救济的限制，另一方面，也没有法院在纯粹的《外国人侵权请求法》诉讼中要求原告必须用尽当地救济。④ 相反，第十一巡回法院曾经认定，《外国人侵权请求法》并没有包括要求用尽当地救济。⑤ 第二，《外国人侵权请求法》诉讼涉及的都是主张被告违反万国法或美国缔结的条约的侵权民事诉讼，原告之所以走进美国法院提起诉讼，很大程度上都是因为无法在本国得到救济，要求原告用尽当地救济有点强人所难。第三，正如我们在本章所论述的，《外国人侵权请求法》诉讼面临着诸多抗辩和障碍，许多诉讼因为程序性的事由而被撤销了，如果再施加用尽当地救济的限制，那么原告就更难得到救济了。因此，我们认为，不应在《外国人侵权请求法》诉讼中强制要求原告用尽当地救济。

---

① See *Collett v. Socialist Peoples' Libyan Arab Jamahiriya*, 362 F. Supp. 2d 230, 242 (D. D. C. 2005).

② 对于国际法上的用尽当地救济，有学者有专门的研究。See Chittharanjan Felix Amerasinghe, *Local Remedies in International Law* (2d ed.), Cambridge University Press, 2004.

③ 在 *Sosa* 案中，最高法院在脚注中提到在合适的情形下要求用尽当地救济是合法的。See *Sosa v. Alvarez-Machain*, 542 U. S. 692, 733 n. 21 (2004).

④ 在涉及《酷刑受害人保护法》的《外国人侵权请求法》诉讼中，由于《酷刑受害人保护法》明确要求用尽当地救济，所以用尽当地救济则是一个必须要解决的问题。See; e. g., *Xuncax v. Gramajo*, 886 F. Supp. 162, 178 (D. Mass. 1995); *Alomang v. Freeport-McMoran Inc.*, Civ. A. No. 96-2139, 1996 WL 601431, at *3 (E. D. La. Oct. 17, 1996); *Cabiri v. Assasie-Gyimah*, 921 F. Supp. 1189, 1197 n. 6 (S. D. N. Y. 1996).

⑤ *Jean v. Dorelien*, 431 F. 3d 776, 781 (11th Cir. 2005).

第三节　国　家　豁　免

一、美国国家豁免的理论与实践

(一) 外交、领事特权与豁免

所谓的外交特权与豁免，是指按照国际习惯法或有关协议，在国家间互惠的基础上，主要是为使一国的外交代表机关及其人员在驻在国能够有效地执行职务，而由驻在国给予的特别权利和优惠待遇。① 领事特权与豁免，是指为了领事馆及其人员能在接受国有效地执行领事职务，而由接受国给予的特别权利和优惠待遇。② 由于二者都有免于被诉、可以享受管辖豁免的权利，为了论述方便，下文将把外交、领事特权与豁免简称为外交特权与豁免。

在美国的外交人员和领事人员都可以享受豁免，不受美国法院的管辖。当然，外交豁免必须基于接受国的承认。③ 否则，就不能享受豁免。对于去美国的外国地方政府的官员，如果不是负有外交使命，那么一般是不能享受外交豁免的。"外交身份的全部特权与豁免一直以来都是这些受到承认、执行外交职能的外交人员。"④ 在 *United States v. Foutanga Dit Babani Sissoko* 案中，法院认为被告作为"特别顾问"（special advisor）的身份并不能享受外交豁免，因为美国国务院并没有向其出具证明。⑤ 当然，法院注意到实践中美国国务院在诉讼中出具的证明。在 *Republic of Philippines by Cent. Bank of Philippines v. Marcos* 案中，国务院授予在美国作证的菲律宾总检察长外交身份；⑥ 在 *Abdulaziz v. Metro. Dade County* 案中，沙特王子及其家人在诉讼开

---

① 梁西主编：《国际法》，武汉大学出版社 2000 年修订版，第 387 页。

② 梁西主编：《国际法》，武汉大学出版社 2000 年修订版，第 396 页。

③ See *United States v. Lumumba*, 741 F. 2d 12, 15 (2d Cir. 1984).

④ *United States v. Enger*, 472 F. Supp. 490, 506 (D. N. J. 1978). See also *Tabion v. Faris Mufti*, 73 F. 3d 535, 536 (4th Cir. 1996)，在该案中，外交豁免给予苏丹大使馆的一秘和顾问；*Logan v. Dupuis*, 990 F. Supp. 26, 26 (D. D. C. 1997)，在该案中，外交豁免给予加拿大常驻美洲国家组织代表团的代表；*Fatimeh Ali Aidi v. Amos Yaron*, 672 F. Supp. 516, 516 (D. D. C. 1987)，在该案中，外交豁免给予以色列大使馆的军事参赞。

⑤ 995 F. Supp. 1469, 1470 (S. D. Fla. 1997).

⑥ 665 F. Supp. 793, 799 (N. D. Cal. 1987).

始后获得外交身份。①

关于外交特权与豁免，国际社会通过了《维也纳外交关系公约》和《维也纳领事关系公约》，为了履行由此而产生的国际义务，各国一般也都通过了相应的国内法。② 因此，如果对享有外交特权与豁免的人提起诉讼，其诉权的行使一般都难以实现，在《外国人侵权请求法》诉讼中也是如此。

（二）传统的国家豁免

国家豁免主要是指一个国家及其财产免受其他国家国内法院的司法管辖。③ 作为一项古老的国际法原则，国家豁免一直以来都为世界各国所接受、奉行和遵守，至少各国在公开场合都不否认。

传统上各国一般都主张绝对豁免，现在主张限制性豁免的国家越来越多，联合国也制定通过了《国家及其财产管辖豁免公约》，主张限制性豁免。对于国家的商业活动，一般都不能再享受豁免，其他国家也可以行使管辖权了。然而，各国法院一般是首先推定豁免，在 *Saudi Arabia v. Nelson* 案中，美国法院认为："根据《外国主权豁免法》，推定外国是不受美国法院的管辖而是享受豁免的。"④ 不过，被告要证明《外国主权豁免法》上的所有例外都不适用。⑤

实践中经常提出的例外主要是放弃豁免与商业行为例外。《美国法典》第 1605（a）（1）条规定可以明示或默示的放弃豁免，但是在解释上一般都是狭义解释。⑥ 外国参加承认人权的国际公约⑦或者违反国际人权的强行法

---

① 741 F. 2d 1328, 1329（11th Cir. 1984）.

② See generally Sir Arthur Watts, *The Legal Position in International Law of Heads of State*, *Heads of Government and Foreign Ministers*, 242 Recueil Des Cours 13（1994-III）. See also Ernest K. Bankas, *The State Immunity Controversy in International Law*：*Private Suits against Sovereign States in Domestic Courts*, Springer Berlin Heidelberg, 2005, p. 255.

③ 龚刃韧：《国家豁免问题的比较研究》，北京大学出版社 2005 年第 2 版，第 1 页；另见黄进：《国家及其财产豁免问题研究》，中国政法大学出版社 1987 年版，第 1 页。

④ 507 U. S. 349, 355, 123 L. Ed. 2d 47, 113 S. Ct. 1471（1993）.

⑤ *Doe v. Unocal Corp.*, 963 F. Supp. 880, 886（C. D. Cal. 1997）.

⑥ *Saudi Arabian Airlines Corp. v Tamimi*（*In re Tamimi*）, 176 F3d 274（CA 4 1999）. See also Adam C. Belsky, Mark Merva & Naomi Rhot-Arriaza, *Implied Waiver under the FSIA*：*A Proposed Exception to Immunity for Violation of Peremptory Norms of International Law*, 77 Calif LR 365（1989）.

⑦ *Argentine Republic v. Amerada Hess Shipping Corp.*, 488 U. S. 428, 442-443（1989）.

规范①并不表示就是默示的放弃豁免，除非在一份文件中明白无误地包括了放弃豁免的条款。

第 1605（a）（2）条规定的"商业行为"例外主要是两个问题，即行为在性质上是不是"商业性的"以及该商业行为是否与美国有联系，要么是在美国境内进行要么在美国境内有"直接影响"。在 *Saudi Arabia v. Nelson* 案中，② 最高法院认为所诉的行为不是"商业行为"，因为该行为是行使警察权的结果，本质上是政府性的。在 *Letelier v. Republic of Chile* 案中，③ 第二巡回法院认定使用汽车炸弹并没有使谋杀成为《外国主权豁免法》上的商业行为。即使法院认定原告所提出的请求是基于商业行为，该行为可能在美国没有直接影响。在 *Republic of Argentina v. Weltover* 案中，④ 美国最高法院以债券在纽约付款为由就认为被告的行为与美国有联系继而不承认阿根廷的豁免。在 *Barry J. Martin v. The Republic of South Africa* 案中，法院认定《外国主权豁免法》禁止了产生于南非一家国有医院拒绝治疗一名美国黑人而导致的损害的请求，因为所谓的直接影响仅是原告回到了美国。⑤ 在 *Prinz v. Republic of Germany* 案中，⑥ 海外产生的人身伤害的影响不足以满足《外国主权豁免法》上的"直接影响"要求。

我们认为，虽然现在主张限制豁免的国家越来越多，但无论如何都不应以限制豁免为借口而对国家的主权行为进行管辖，不能受理、审理当事人对国家主权行为提起的诉讼。

需要注意的是，在 2004 年的 *Republic of Austria v. Altmann* 案中，美国联邦最高法院认定《外国主权豁免法》具有溯及力，可以适用于其生效前的行为。⑦

（三）外国国家元首与政府官员的豁免

需要注意的是，在实践中，美国法院认为《外国主权豁免法》并没有明确规定豁免适用于个人，甚至包括国家元首，但法院在判例中已经指出其适用于在自己权力范围内行使权力的外国官员。⑧ 正如美国法院在判决中所

---

① *Princz v. Federal Republic of Germany*, 26 F. 3d 1166（D. C. Cir. 1994）; *Smith v Socialist People's Libyan Arab Jamahiriya*, 101 F. 3d 239（2d Cir. 1996）.

② *Saudi Arabia v. Nelson*, 126 507 U. S. 349（1993）.

③ *Letelier v. Republic of Chile*, 748 F. 2d 790（1983）.

④ *Republic of Argentina v. Weltover*, 504 U. S. 607（1992）.

⑤ *Barry J. Martin v. The Republic of South Africa*, 836 F. 2D 91（1st Cir. 1987）.

⑥ *Prinz v. Republic of Germany*, 26 F. 3d 1166, 1173（D. C. Cir. 1994）.

⑦ 541 U. S. 677, 124 S. Ct. 2240, 159 L. Ed. 2d 1, 2004 U. S. LEXIS 4030.

⑧ *Chuidian v. Philippine Nat'l Bank*, 912 F. 2d 1095, 1103, 1106-1107（9th Cir. 1990）.

指出的,《外国主权豁免法》并没有规定外国元首的豁免,而是规定国家的豁免,因此法院就只好根据 1976 年之前的实践来作出判断,也就必须考虑行政部门的意见。① 在 1976 年以前的案件中,美国联邦最高法院和下级法院认为:"行政部门对豁免的意见是最终的,应该为法院所遵守,不受法院的司法审查。"② 在 1945 年的 *Republic of Mexico v. Hoffman* 案中,美国法院认定"法院并不拒绝政府认为合适的豁免理由,即使原来不承认某些豁免理由,但如果现在承认了,我们法院也不拒绝"。③

在《酷刑受害人保护法》诉讼中,美国法院对于外国国家元首也是授予豁免权的。在 *Tachiona v. Mugabe* 案中,美国法院认为,《酷刑受害人保护法》也没有否定普通法上的国家元首的豁免,所以津巴布韦总统穆加贝应有豁免权。④

虽然对国家豁免的批评在增加,不过有学者指出,国家豁免促进了稳定,避免剑拔弩张而且防止骚扰外国或其国家元首和外交部长。⑤ 而且对于外国国家元首和政府官员授予豁免,⑥ 这既是国际礼让的要求,也是国际法原则的应有之意,更是《外国主权豁免法》的可以推定出来的精神。如果

---

① *United States v. Noriega*, 117 F. 3d 1206, 1212 (11th Cir. 1997).

② *Spacil v. Crowe*, 489 F. 2d 614, 617 (5th Cir. 1974); *Isbrandtsen Tankers, Inc. v. President of India*, 446 F. 2d 1198, 1201 (2d Cir. 1971); *Rich v. Naviera Vacuba S. A.*, 295 F. 2d 24, 26 (4th Cir. 1961); *Ex Parte Republic of Peru*, 318 U. S. 578, 589, 87 L. Ed. 1014, 63 S. Ct. 793 (1943); *Compania Espanola de Navegacion Maritima, S. A. v. The Navemar*, 303 U. S. 68, 74, 82 L. Ed. 667, 58 S. Ct. 432 (1938).

③ 324 U. S. 30, 35, 89 L. Ed. 729, 65 S. Ct. 530 (1945).

④ *Tachiona v. Mugabe*, 169 F. Supp. 2d 259 (S. D. N. Y. 2001). See also Ernest K. Bankas, *The State Immunity Controversy in International Law: Private Suits against Sovereign States in Domestic Courts*, Springer Berlin Heidelberg, 2005, pp. 265-266.

⑤ See generally Sir Arthur Watts, *The Legal Position in International Law of Heads of State, Heads of Government and Foreign Ministers*, 242 Recueil Des Cours 13 (1994-III). See also Ernest K. Bankas, *The State Immunity Controversy in International Law: Private Suits against Sovereign States in Domestic Courts*, Springer Berlin Heidelberg, 2005, pp. 255-256.

⑥ See Shobha Varughese George, *Head-of-State Immunity in the United States Courts: Still Confused after All These Years*, 64 Fordham L. Rev. 1051 (1995); Michael A. Tunks, *Diplomats or Defendants? Defining the Future of Head-of-State Immunity*, 52 Duke L. J. 651 (2002); Daryl A. Mundis, *Tachiona v. Mugabe: A US Court Bows to Personal Immunities of a Foreign Head of State*, 1 J Int'l Crim Justice 462 (2003). 有学者提出,应该限制对于前国家元首的豁免,以更符合美国的国内政策。See Peter E. Bass, *Ex-Head of State Immunity: A Proposed Statutory Tool of Foreign Policy*, 97 Yale L. J. 299 (1987).

毫无限制地允许对行使权力的外国官员提起诉讼，这无异于减损外国主权豁免，毕竟《外国主权豁免法》是阻止直接对外国主权提起诉讼的。①

虽然美国各个法院都承认对于外国国家元首和政府官员应授予豁免，但有的法院却认为外国国家元首和政府官员的私人行为不能享受豁免。至于是否授予豁免，通常关键的问题是判断该外国官员是以个人身份行为还是作为政府官员行使权力的行为。② 对此问题，要考虑一个针对外国官员的诉讼是否"仅是一个对其所代表的国家的伪装的诉讼，因而实际上等于直接对主权提起诉讼"。在 *Park v. Shin* 案中，第九巡回法院裁定关键是否会因此而干涉了雇佣该官员的外国的主权或者政策制定权。③ 此外，美国法院还认为如果外国官员超越了其权限，那么就是个人行为，就不适用于《外国主权豁免法》，也就无权享受豁免。④ 即使在起诉时仍然在任也不例外。⑤

至于如何判断外国官员的行为是否合法、是否在其权限内，这不应根据所谓的国际法或者法院地法来判断，只能根据该外国的国内法来判断。因此，菲律宾前总统马科斯被判不能享受豁免，因为其行为不是根据作为菲律宾总统的权力作出的。马科斯虽然是总统，但并不是国家，也必须遵守适用于他的法律。⑥ 在 *Trajano v. Marcos* 案中，Marcos-Manotoc 也不能享受豁免，因为她承认不是根据菲律宾法律而是擅自行事。⑦

然而，有的法院对于被告的行为都一律豁免，不问其是否为官方行为。在 *Lafontant v. Aristide* 案中，原告声称海地流亡总统在任期内非法杀害政治反对派而提起民事诉讼，虽然该谋杀行为是私人的而非官方的，但法院仍然认定不管被告的行为是私人的还是官方的，《外国主权豁免法》和《酷刑受

---

① *Chuidian v. Philippine Nat'l Bank*, 912 F. 2d 1095, 1102 (9th Cir. 1990).

② *Chuidian v. Philippine Nat'l Bank*, 912 F. 2d 1095, 1106 (9th Cir. 1990) . See e. g. , *Jungquist v. Sheikh Sultan Bin Khalifa Al Nahyan*, 115 F. 3d 1020 1028 (D. C. Cir. 1997) (认为是个人行为，不能享受豁免)；*Doe v. Bolkiah*, 74 F. Supp. 2d 969, 974 (D. Haw. 1998) (认为是职务行为，授予豁免).

③ 313 F. 3d 1138, 1144 (9th Cir. 2002) .

④ *United States v. Yakima Tribal Court*, 806 F. 2d 853, 859 (9th Cir. 1986)；*Chuidian v. PhilippineNat'l Bank*, 912 F. 2d 1095, 1106 (9th Cir. 1990)；*Re Estate of FerdinandMarcos*, *Human Rights Litig.* 25 F. 3d 1467, 1472 (9th Cir. 1994).

⑤ *Cabiri v. Assasie-Gyimah*, 921 F. Supp. 1189, 1198 (S. D. N. Y. 1996) .

⑥ *Re Estate of Ferdinand Marcos*, *Human Rights Litig.* 25 F. 3d 1467, 1471 (9th Cir. 1994) . See also *Republic of the Philippines v. Marcos*, 862 F. 2d 1355, 1362 (9th Cir. 1988).

⑦ 978 F. 2d 493, 498 (9th Cir. 1992).

害人保护法》均没有否定国家元首的豁免权，因此被告可以享受豁免。①

（四）豁免的主动授予

虽然美国法院不时受理针对外国国家、国家元首、政府官员、国家财产的起诉，但实践中法院也可能是依职权审查是否涉及国家豁免。在美国宪法的传统上，法院根据"政治问题理论"② 一般不会对政治问题进行司法审查，表现在国际民事诉讼中，由于可能影响外交关系，不利于行政部门解决对外交往这样的"政治问题"，所以法院也会主动审查主权豁免的问题。即使外国被告没有出庭抗辩，对诉讼不理睬，法院仍然可能以国家豁免而裁定没有管辖权，宣布撤销案件。在这一点，与后面提到的国家行为理论有相似之处。

虽然《外国主权豁免法》结束了"双轨制"，把国家豁免问题的决定权完全转移到法院中，但美国国务院不涉足外国国家豁免问题并不是绝对的。美国国务院法律顾问在 1976 年 11 月 2 日致司法部长的信中表示，美国国务院对于在法院诉讼中涉及美国重大利益的外交关系问题仍将以"法庭之友"的身份进行干预。③ 实践中，美国国务院会出具一个利益声明（Statement of Interest），宣称法院如果行使管辖权可能会对美国的外交政策、对外关系、国家利益产生影响，要求法院撤销案件。

二、豁免的强行法例外

关于国家豁免，除了 1976 年《外国主权豁免法》规定的例外之外，晚近比较重要的是 1996 年美国国会通过立法增加了恐怖主义的例外。④ 对于

---

① *Lafontant v. Aristide*, 844 F. Supp. 128（E. D. N. Y. 1994）.

② 本章第六节对政治问题理论有专门介绍。

③ 黄进：《国家及其财产豁免问题研究》，中国政法大学出版社 1987 年版，第 140 页。

④ *Antiterrorism and Effective Death Penalty Act* of 1996, Pub. L. No. 104-132, § 221, 110 Stat. 1214, 1241（1996）. See also Ernest K. Bankas, *The State Immunity Controversy in International Law*: *Private Suits against Sovereign States in Domestic Courts*, Springer Berlin Heidelberg, 2005, pp. 293-295；Jennifer K. Elsea, *CRS Report for Congress*: *Suits against Terrorist States by Victims of Terrorism*, Updated July 31, 2008, http://assets. opencrs. com/rpts/RL31258_20080731. pdf（last visited August 18, 2008）. 该报告是比较权威的，非常具有参考价值。中文资料参见汪自勇：《恐怖主义受害者的救济与主权豁免——美国公民针对支持恐怖主义国家的诉讼评介》，载《武大国际法评论》(第五卷)，武汉大学出版社 2006 年版，第 373 ~ 396 页。除了汪自勇本人及其论文中所援引的文献外，美国还有其他学者对国家豁免的恐怖主义例外持批评态度。See e. g., Marc Rosen, *The Alien Tort Claims Act and the Foreign Sovereign Immunities Act*: *A Policy Solution*, 6 Cardozo J. Int'l & Comp. L. 461（1998）.

恐怖主义的例外，由于有立法支持，虽然理论界和实务界都有争议，但是法院的诉讼却是一直在进行。① 相比之下，对于豁免的强行法例外，理论界相当不满。② 实践中，也不断出现当事人起诉外国政府或领导人希望能对违反强行法的行为不予豁免。③

主权豁免的一个重要目的在于授予主权者免于被诉的权利，如果根据国际法或者法院地法来判断外国主权者的行为是否合法，那么就必然需要实体审理，而这与免予被诉的目的和意义相背。④ 因此，在 *Siderman de Blake v. Republic of Arg* 案中，第九巡回法院甚至裁定即使违反国际人权法的强行法

① See e. g. , *Flatow v. Islamic Republic of Iran*, 999 F. Supp. 1 (D. D. C. 1998); *Cicippio v. Islamic Republic of Iran*, 18 F. Supp. 2d 62 (D. D. C. 1998); *Alejandre v. Republic of Cuba*, 996 F. Supp. 1239 (S. D. Fla. 1997); *Alejandre v. Telefonica Langa Distancia de P. R.* , *Inc.* , 185 F. 3d 1277 (11th Cir. 1999).

② See e. g. , Jürgen Bröhmer, *State Immunity and the Violation of Human Rights*, Martinus Nijhoff Publishers, 1997; Magdalini Karagiannakis, *State Immunity and Fundamental Human Rights*, 11 Leiden J Int'l L 11 (1998); Maria Gavouneli, *War Reparation Claims and State Immunity*, 50 Revue hellénique de droit international 595 (1997); Jennifer A. Gergen, *Human Rights and the Foreign Sovereign Immunities Act*, 36 Virginia J Int'l L 765 (1995); Adam C. Belsky, Mark Merva & Naomi Rhot-Arriaza, *Implied Waiver under the FSIA: A Proposed Exception to Immunity for Violation of Peremptory Norms of International Law*, 77 Calif LR 365 (1989); Mathias Reimann, *A Human Rights Exception to Sovereign Immunity: Some Thoughts on Princz v. Federal Republic of Germany*, 16 Mich J Int'l L 403 (1995); Zimmerman, *Sovereign Immunity and Violation of International Jus Cogens: Some Critical Remarks*, 16 Mich J Int'l L 433 (1995); Lee M. Caplan, *State Immunity, Human Rights, and Jus Cogens: a Critique of the Normative Hierarchy Theory*, 97 AJIL 741 (2003) . See also E. de Wet, *The Prohibition of Torture as an International Norm of Jus Cogens and Its Implications for National and Customary Law*, 15 EJIL 97 (2004); Micaela Frulli, *When are States Liable Towards Individuals for Serious Violations of Humanitarian Law? The Markovic Case*, 1 J Int'l Crim Justice 406 (2003); Antonio Cassese, *When May Senior State Officials Be Tried for International Crimes? Some Comments on the Congo v. Belgium Case*, 13 EJIL 869 (2002).

③ See e. g. , *Letelier v. Republic of Chile*, 488 F Supp 665 (DDC 1980); *Liu v Republic of China*, 892 F Supp 1419 CA 9th Cir (1993); *Frolova v Union of Soviet Socialist Republic*, 761 F 2d 370 (CA 7th Cir 1985); *Von Dardel v Union of Soviet Socialist Republics*, 623 F Supp 246 (DDC 1985); *Argentine Republic v Amerada Hess Shipping*, 102 L Ed 2d 818 (SC 683 1989); *Nelson v Saudi Arabia*, 923 F 2d 1528 (CA 1991), reversed by the Supreme Court, 507 U. S. 349 (1993); *Siderman de Blake and others v Republic of Argentina*, 965 F 2d 699 (CA 9th Cir 1992); *Princz v. Federal Republic of Germany*, 26 F 3d 1166 (DC Cir 1994).

④ *El-Fadl v. Cent. Bank of Jordan*, 75 F. 3d 668, 671 (D. C. Cir. 1996).

也不减损《外国主权豁免法》对外国主权的豁免。① 在 *Sampson v. Federal Republic of Germany* 案中，原告主张被告的行为违反了强行法，是默示的放弃豁免。对此，美国联邦第七巡回法院不予认同，认为《外国主权豁免法》并没有规定违反强行法的默示的放弃豁免。对于默示的放弃豁免，法院也都是作了严格解释的，认定德国声明愿意赔偿被强迫的劳工不足以放弃德国的主权豁免。法院还认为，违反国际强行法并不是《外国主权豁免法》规定的豁免例外，也即是说，即使外国违反了国际强行法，仍然可能享受豁免，② 当然，如果损害发生在美国境内则除外。③

如前所述，对于 *Siderman De Blake v. Republic of Argentina* 案，也涉及强行法与豁免的关系，有学者认为，应将《外国主权豁免法》解释为不对违反强行法的行为给予豁免，因为不能将国会的立法解释为违反国际法，而对于违反强行法的行为授予豁免就等同于违反国际法。④ 事实上，美国政府是有权违反国际法的。美国联邦最高法院曾经指出，虽然美国政府有权违反国际法，但是通常推定国会并没有超越国际习惯法对管辖权所施加的限制。⑤ 在另外一起案件中，美国最高法院宣布，美国法与国际习惯法相冲突是允许的，只是如果美国立法存在多种解释时，应优先将其解释为与国际法一致。⑥ 因此，在可以预见的将来，国家豁免将继续是《外国人侵权请求法》诉讼的巨大障碍，以强行法为由而挑战豁免将注定是劳而无功。

总之，通过上面的论述，我们发现，至少在目前的美国，不存在豁免的强行法例外。⑦

---

① 965 F. 2d 699, 717-718 (9th Cir. 1992).

② 250 F. 3d 1145 (7th Cir. 2001).

③ *Letelier v. Republic of Chile*, 488 F. Supp. 665, 672 (D. D. C. 1980).

④ See Scott A. Richman, *Siderman De Blake v. Republic of Argentina: Can the FSIA Grant Immunity for Violations of Jus Cogens Norms?*, 19 Brook. J. Int' L L. 967, 994-96 (1993).

⑤ See *Hartford Fire Ins. Co. v. California*, 509 U. S. 764, 814-15 (1993).

⑥ See *Murray v. Charming Betsy*, 6 U. S. 64, 118 (1804). See also *United States v. Yousef*, 327 F. 3d 56, 92 (2d Cir. 2003).

⑦ See Ernest K. Bankas, *The State Immunity Controversy in International Law: Private Suits against Sovereign States in Domestic Courts*, Springer Berlin Heidelberg, 2005, p. 265, pp. 287-293. 有学者希望借用美国《宪法》第 11 修正案以及相关的涉及美国政府的豁免判例来论证违反强行法的行为不应享有主权豁免，不过这好像并没有得到认同。See, e. g., Jeffrey Rabkin, *Universal Justice: The Role of Federal Courts in International Civil Litigation*, 95 Colum. L. Rev. 2120, 2151-2154 (1995).

第四节 国家行为理论

国家行为理论是一个谨慎的考虑，建立在"一国法院对于另一国政府在其领土内的行为不作判断"的观念基础上。① 最高法院适用三因素测试来决定国家行为理论是否适用：

（1）关于国际法某一特定领域的一致意见或者法典化的程度越高，法院对其作出判决就越合适；（2）所涉问题相对于我们的外交政策越不重要，遵从政治部门的判断的合理性就越弱；（3）如果所声称的政府实施的违反行为不再存在，对相关考虑因素的平衡也可以转化。②

在 *Unocal* 案中，第九巡回法院加上了第四个因素，即"外国国家是否为了公益而行为"。③

一、国家行为理论简介

对国家行为理论最经典的阐述是 *Underhill v. Hernandez* 案，美国最高法院宣称："每一主权国家都应尊重其他主权国家的独立，而一国法院不会判断别国政府在其领域范围内的行为。"④ 在 *Oetjen v. Cent. Leather Co.* 案中，美国最高法院也认为，重新审查外国政府的行为将损害政府间的友好关系与各国间的和平。⑤ 在 *Banco Nacional de Cuba v. Sabbatino* 案中，⑥ 最高法院再次确认了国家行为理论。

在 *Int'l Ass'n of Machinists & Aerospace Workers v. OPEC* 案中，最高法院指出，国家行为理论与主权豁免是不同的：

---

① *Doe v. Unocal Corp.* , 395 F. 3d 932, 958 (9th Cir. 2002) vacated by reh'g en banc 395 F. 3d 978 (9th Cir. 2003).

② *Banco Nacional de Cuba v. Sabbatino*, 376 U. S. 398, 428 (1964).

③ *Doe v. Unocal Corp.* , 395 F. 3d 932, 959 (9th Cir. 2002) vacated by reh'g en banc 395 F. 3d 978 (9th Cir. 2003).

④ 168 U. S. 250, 252, 18 S. Ct. 83, 42 L. Ed. 456 (1897).

⑤ 246 U. S. 297, 38 S. Ct. 309, 311, 62 L. Ed. 726 (1918).

⑥ 376 U. S. 398, 84 S. Ct. 923, 11 L. Ed. 2d 804 (1964).

主权豁免涉及的是法院的管辖权，而国家行为理论则是出于审慎的考虑；主权豁免是一项国际法原则并且美国制定了豁免的法律，而国家行为理论则是由美国法院的特殊角色和作用而在实践中产生的一个国内法原则。国家行为理论不但承认外国的主权，而且承认政府各部门的平等，以利于更好地处理美国的对外关系。①

当然，美国政府有时候立场也在变化，也导致法院的判决有所不同。②

关于适用国家行为理论的理由，历史上曾经被认为是建立在礼让观念的基础上的，③ 之后则被认为主要是出于分权的宪法架构和美国的利益。"为了国家利益和在各国间实现法治，适用国家行为理论是必须的。"④ 虽然美国宪法中并没有规定国家行为理论，然而，从分权的角度而言，如果不予以承认则法院就可能卷入干涉本应由行政部门主导的外交关系的危险，而且可能阻碍而不是促进国家的利益。⑤ 此外，法院一般不愿意去挑战别国的主权、其政策是否明智、行为的动机等。⑥ 现在，则认为国家行为理论是作为法院裁判规则的法律选择规则之一。⑦

与司法实践相对应，理论界关于国家行为理论的适用原因与基础也存在分歧。有学者认为，国家行为理论的适用是一种法律选择规则。⑧ 有学者认为，国家行为理论没有新意，仅是对国际礼让的扩张，以更好地遵从外国政府而已。⑨ 还有学者认为，国家行为理论只是法院为了解决对非自由国家的

---

① 649 F. 2d 1354, 1359 (9th Cir. 1981).

② See e. g., *Bernstein v. Van Heyghen Freres Societe Anonyme*, 163 F. 2d 246 (2d Cir. 1947) and *Bernstein v. N. V. Nederlandsche-Amerikaansche Stoomvaart-Maatschappij*, 173 F. 2d 71 (2d Cir. 1949).

③ *Doe v. Unocal Corp.* 963 F. Supp. 880, 892 (C. D. Cal. 1997).

④ *Banco Nacional de Cuba v. Sabbatino*, 376 U. S. 398, 84 S. Ct. 923, 11 L. Ed. 2d 804 (1964).

⑤ *Banco Nacional de Cuba v. Sabbatino*, 376 U. S. 398, 84 S. Ct. 923, 11 L. Ed. 2d 804 (1964).

⑥ *Timberlane Lumber Co. v. Bank of Am.*, 549 F. 2d 597, 607 (9th Cir. 1976).

⑦ *W. S. Kirkpatrick & Co. v. Environmental Tectonics Corp., Int'l.*, 493 U. S. 400, 405 (1990).

⑧ Louis Henkin, *Act of State Today: Recollections in Tranquility*, 6 Colum. J. Transnat'l L. 175, 178 (1967).

⑨ Joel R. Paul, *Comity in International Law*, 32 Harv. Int'l L. J. 1, 66-67 (1991).

行为的管辖权而创的。①

虽然证明国家行为的责任在主张适用该原则的一方当事人，② 但是为了避免干涉行政部门以及让行政部门尴尬，法院可能会主动根据国家行为理论来审查。

二、国家行为的认定

（一）认定标准

国家行为理论强调的是"国家的行为"，这只有在法院要裁定外国主权国家在其领域内所为之官方行为之合法性的条件下才产生。③ 官方或者公共行为构成国家行为，如果其涉及"主权国家的公共和政府行为"，例如国家的统治职能。④ 如果为了公共利益而行为，则也可以认定为是国家行为。⑤ 在 Corrie v. Caterpillar, Inc. 案中，原告认为以色列的官方政策违反了国际法，寻求补偿性和惩罚性赔偿、合理的律师费以及包括命令推土机厂家终止向以色列国防军提供设备和服务的禁令和宣告性救济。⑥ 法院认为，国家行为理论禁止美国法院判断外国主权的官方行为的合法性，阻却了原告提起的诉讼。

起初，美国法院认为，对于国家的行为是否符合法院地法或国际法，不是法院所能判断的，也不应由法院来审查。在 Banco Nacional de Cuba v. Sabbatino 案中，美国法院甚至认为，"即使违反国际法，国家行为理论仍然可以适用"，因为"国家行为理论不是由国际法所强加的，自然也不受国际法控制"。相反，在 Filartiga 案中，法院又认为，国家官员违反其本国法律

---

① Anne-Marie Burley, *Law among Liberal States: Liberal Internationalism and the Act of State Doctrine*, 102 Colum. L. Rev. 1907, 1935-36 (1992).

② *Alfred Dunhill of London Inc. v. Republic of Cuba*, 425 U. S. 682, 694-95, 96 S. Ct. 1854, 48 L. Ed. 2d 301 (1976); see also *Liu v. Republic of China*, 892 F. 2d 1419, 1432 (9th Cir. 1989).

③ *W. S. Kirkpatrick & Co. v. Envtl. Tectonics Corp.*, 493 U. S. 400, 405-406, 110 S. Ct. 701, 107 L. Ed. 2d 816 (1990).

④ *Alfred Dunhill of London Inc. v. Republic of Cuba*, 425 U. S. 682, 695-696, 96 S. Ct. 1854, 48 L. Ed. 2d 301 (1976).

⑤ *Int'l Ass'n of Machinists & Aerospace Workers v. OPEC*, 649 F. 2d 1354, 1360 (9th Cir. 1981).

⑥ *Corrie v. Caterpillar, Inc.*, 403 F. Supp. 2d 1019 (W. D. Wash. 2005).

或万国法的行为不是国家行为。① 在 *Sarei v. Rio Tinto PLC* 案中，第九巡回法院也认定强行法规范排除国家行为理论的适用。②

从另一方面来说，在什么情况下不构成国家行为呢？美国的判例表明，如果违反该外国国内法或完全没有得到该外国国民政府的同意或者批准，则很可能不被认为是国家行为。③ 此外，法院也可以考虑行为的目的。在 *Mujica v. Occidental Petroleum Corp.* 案中，哥伦比亚军队轰炸村庄时导致一些村民伤亡，受害人及其亲属根据《外国人侵权请求法》和《酷刑受害人保护法》对石油公司和私人保安企业提起诉讼要求给予赔偿，尽管哥伦比亚政府表明不希望案件继续下去，但在认定轰炸行为违反了国际法规范上有高度的一致，而且军队在执行轰炸时是为了石油公司的私人利益，因此国家行为理论并不禁止该诉讼。④ 如果作出某行为的政府不再执政，则法院一般不会适用国家行为理论。⑤

起初，在适用国家行为理论时有一个悖论，一方面，在管辖权认定阶段要认定被告的行为存在国家干预因素才能行使管辖权；另一方面，如果满足了管辖权的条件，有的法院却又不承认国家行为理论在案件中的适用。正如有的法院所说，根据《外国人侵权请求法》而行使管辖权，所声称"官方的"行为并不能自动地表示国家行为理论可以适用从而阻却裁判原告的请求。⑥ 后来，法院又发展出新的理论，认为根据《外国人侵权请求法》提起的诉讼，万国法并不限于国家行为，违反万国法的行为可能是在国家支持下所为的，也可能纯粹是个人所为，例如海盗、奴隶贸易和战争犯罪。⑦ 此外，法院将美国国内法尤其是《美国法典》第 1983 条对于国内民权诉讼所要求的国家行为要求（state action requirement）引入，要求原告证明被告的

---

① *Filartiga v. Pena-Irala*, 630 F. 2d 876, 889 (2d Cir. 1980).

② *Sarei v. Rio Tinto PLC*, 221 F. Supp. 2d 1116 (C. D. Cal. 2002).

③ See *Kadic v. Karadzic*, 70 F. 3d 232 (2nd Cir. 1995); *Filartiga v. Pena-Irala*, 630 F. 2d 876, 889 (2d Cir. 1980); *Sharon v. Time, Inc.*, 599 F. Supp. 538, 544 (S. D. N. Y. 1984); *Republic of the Philippines v. Marcos*, 862 F. 2d 1355 (9th Cir. 1988) (en banc).

④ *Mujica v. Occidental Petroleum Corp.*, 381 F. Supp. 2d 1164 (C. D. Cal. 2005).

⑤ *Bigio v. Coca-Cola Co.*, 239 F. 3d 440, 453 (2d Cir. 2000).

⑥ *Forti v. Suarez-Mason*, 672 F. Supp. 1531 (N. D. Cal. 1987).

⑦ *Kadic v. Karadzic*, 70 F. 3d 232 (2d Cir. 1995).

行为与国家有一定的联系，那么就可以对被告提出请求。① 所以，解决了原来的悖论。当然，有学者持不同看法，认为美国法院将国内的民权诉讼中的国家行为要求引进《外国人侵权请求法》诉讼是没有必要的，也是错误的，因为非国家行为者本来就要就违反国际法的行为承担责任，将美国国内法对应于国际法规范是有问题的，在国际法上并没有规定将国家行为要求作为违反国际法的要件。② 有学者提出了如何解决这个问题的方法，他认为，与其将美国国内法上的标准适用于《外国人侵权请求法》诉讼，不如借用国际法上的国家责任理论，将私人的行为归咎于国家或者认定被告帮助教唆了国家的违法行为，从而认定私人的行为是违反国际法的行为。③

（二）美国国务院的作用

针对国家行为理论的适用，美国《对外关系法（第三次）重述》指出："如果国务院出具意见要求法院不审查某一行为的合法性，这样的意见即使没有拘束力，也将是非常有说服力的。"④ 在实践中，美国法院也认为：

---

① *Forti v. Suarez-Mason*, 672 F. Supp. 1531（N. D. Cal. 1987）. Forti 案是美国联邦法院第一次将《美国法典》第 1983 条引入《外国人侵权请求法》诉讼。当然，影响最大的则是第二巡回法院对于 Kadic v. Karadzic 的判决。See *Kadic v. Karadzic*, 70 F. 3d 232, 245（2d Cir. 1995）. 此后，一系列案件都遵从第二巡回法院的意见。See, e. g., *Sinaltrainal v. Coca-Cola Co.*, 256 F. Supp. 2d 1345, 1353（S. D. Fla. 2003）; *Abdullahi v. Pfizer, Inc.*, 2002 U. S. Dist. LEXIS 17436, at ＊10（S. D. N. Y. 2002）; *Beanal v. Freeport-McMoRan, Inc.*, 969 F. Supp. 362, 375（E. D. La. 1997）; *Doe v. Saravia*, 348 F. Supp. 2d 1112, 1150（E. D. Cal. 2004）; *Wiwa v. Royal Dutch Petroleum Co.*, 2002 U. S. Dist. LEXIS 3293, at ＊8-9（S. D. N. Y. 2002）; *Estate of Rodriquez v. Drummond Co.*, 256 F. Supp. 2d 1250, 1264-65（N. D. Ala. 2003）; *Presbyterian Church of Sudan v. Talisman Energy, Inc.*, 244 F. Supp. 2d 289, 328（S. D. N. Y. 2003）. 在 2004 年美国联邦最高法院对 Sosa 案作出判决后，一些法院就不再将第 1983 条引入《外国人侵权请求法》诉讼，认为这个标准不足以认定被告承担责任。See *Bowoto v. Chevron Corp.*, No. C 99-02506 SI, 2006 WL 2455752, at ＊6（N. D. Cal. Aug. 22, 2006）; see also *Doe v. Exxon Mobil Corp.*, 393 F. Supp. 2d 20, 25-26（D. D. C. 2005）. 当然，还有一些法院仍然坚持以前的做法。See, e. g., *Aldana v. Del Monte Fresh Produce, N. A., Inc.*, 416 F. 3d 1242, 1247-48（11th Cir. 2005）; *Chavez v. Carranza*, 413 F. Supp. 2d 891, 899（W. D. Tenn. 2005）.

② Eric Engle, *Private Law Remedies for Extraterritorial Human Rights Violations*, Inauguraldissertation, zur Erlangung der Doktorwürde, der Fakultät für Rechtswissenschaft, der Universität Bremen, 2006, pp. 70-71.

③ Jessica Priselac, *The Requirement of State Action in Alien Tort Statute Claims: Does Sosa Matter?*, 21 Emory Int'l L. Rev. 789（2007）.

④ *Restatement（Third）of Foreign Relations Law* § 443 n. 9（1987）.

"对法院而言，关键的是裁决会否影响美国的对外关系，而不是美国的立场是否有根据或者适当。"① "法院必须接受行政部门就该事项提出的外交政策声明，而不评估所涉政策是否明智或者是否基于错误的信息情报或推理。" 如果法院对案件的审判与美国的外交政策一致，则法院基本上就不会适用国家行为理论。② 还有学者认为，将美国国内法中的《美国法典》第1983条适用于《外国人侵权请求法》诉讼实际是具有误导性的，而且给原告增加了不必要的障碍，另一方面又扩大了私人个人以及跨国公司的责任，所以，不应该将国内法上的理论适用于《外国人侵权请求法》诉讼。③

在 Sarei v. Rio Tinto PLC. 案中，④ 法院就考虑了美国国务院提出的一件人权诉讼将会对外交关系产生严重不利的影响。法院还认为，如果美国国务院主动表示所涉及的诉讼可能会对外交事务有所干涉的关切，则法院就更可能适用国家行为理论。

与国家豁免一样，对于在《外国人侵权请求法》诉讼中是否应对违反强行法的行为不承认适用国家行为理论也是存在分歧的。⑤ 我们认为，对于这个问题，联邦最高法院在 Banco Nacional de Cuba v. Sabbatino 案⑥的指导意见仍然是适用的，只有在相关的条约规定和国际习惯法规则不明确时才有国家行为理论适用的前提。虽然判断一个行为是否为国家行为还是要以行为地国度法律为准，但是如果国际法规范是明确的，也即存在禁止某行为的国际强行法，则美国法院在《外国人侵权请求法》诉讼中就不应该适用国家行为理论。毕竟，国家行为理论不同于国家豁免，后者受国际法规范也受美国国内的《外国主权豁免法》的调整，如果不存在豁免的例外，即使违反强行法也应授予豁免，国家行为理论则相反，它不是一个法定的原则，而是一个实践中发展出来的联邦普通法规则，法院在适用时是有自由裁量权的。

---

① *Sarei v. Rio Tinto PLC.*，221 F. Supp. 2d 1116, 1192（C. D. Cal. 2002）.

② See *Presbyterian Church of Sudan v. Talisman Energy, Inc.*，244 F. Supp. 2d 289, 346（S. D. N. Y. 2003）.

③ Samuel A. Khalil, *The Alien Tort Claims Act And Section* 1983：*The Improper Use Of Domestic Laws To "Create" And "Define" International Liability For Multi-National Corporations*, 31 Hofstra L. Rev. 207（2002）.

④ *Sarei v. Rio Tinto PLC.*，221 F. Supp. 2d 1116, 1181（C. D. Cal. 2002）.

⑤ Joshua Gregory Holt, *The International Law Exception to the Act of State Doctrine：Redressing Human Rights Abuses in Papua New Guinea*, 16 Pac. Rim L. & Pol'y J. 459（2007）.

⑥ 376 U. S. 398, 84 S. Ct. 923, 11 L. Ed. 2d 804（1964）.

如果一个行为明显违反了国际强行法，那么仍然还认定其是国家行为而要适用国家行为理论撤销诉讼就不符合国家行为理论的本意以及最高法院的相关判例了。毕竟，对于国家行为理论的适用，以后可以在 *Banco Nacional de Cuba v. Sabbatino* 案所确定的原则上不断地进行限制，但是绝对不能扩张了。①

另一方面，国家行为理论固然在实践中存在一些问题，各个法院甚至同一法院在不同的案件的判断标准不同，行政部门的意见也变来变去、摇摆不定，但是还是不应该像有的学者所提出的那样废除国家行为理论。② 毕竟，保留国家行为理论，法院就可以有更多的自由裁量权，在具体的案件中根据案情而作出具体的认定，保持一定的灵活性以更好地实现个案公正。

第五节 国际礼让

一、美国国内法上的国际礼让

国际礼让要求司法机关尊重外国立法、司法和行政机关根据法律作出的约束其本国公民或者其所保护的人的行为。③ 在之后的司法实践中，美国法院不认为国际礼让是一项法律规则，而是出于与外国合作和互惠的一项惯例……如果外国的行为或利益违背法院地的公共政策，则不能援引国际礼让来要求法院撤销诉讼。④

国际礼让不是实体法规则，而是程序法规则。⑤ 与国家行为理论要判断

---

① *W. S. Kirkpatrick & Co. v. Environmental Tectonics Corp.*, *Int'l.*, 493 U. S. 400, 409 (1990).

② See Michael J. Bazyler, *Abolishing the Act of State Doctrine*, 134 U. Pa. L. Rev. 325 (1986).

③ *Hilton v. Guyot*, 159 U. S. 113, 164 (1895). 对于国际礼让的起源与发展，有学者专门作了研究。See Joel R. Paul, *Comity in International Law*, 32 Harv. Int'l L. J. 1 (1991); Michael D. Ramsey, *Escaping "International Comity,"* 83 Iowa L. Rev. 893 (1998); Spencer Weber Waller, *The Twilight of Comity*, 38 Colum. J. Transnat'l L. 563 (2000).

④ *Pravin Banker Assoc. v. Banco Popular Del Peru*, 109 F. 3d 850, 854 (2d Cir. 1997).

⑤ Richard H. M. Maloy & Desamparados M. Nisi, *A Message to the Supreme Court: Next Time You Get a Chance, Please Look at Hilton v. Guyot; We Think it Needs Repairing*, 5 J. Int'l Legal Stud. 1, 15 (1999).

实体不同，国际礼让只是用来确定行使管辖权是否合适。① 因此，国际礼让也是一项法院具有自由裁量权的原则，但是法院还是经常援引国际礼让以免不当地卷入相关的纠纷。

二、《外国人侵权请求法》诉讼中国际礼让的适用

对于《外国人侵权请求法》诉讼中国际礼让的适用，由于没有立法指引和最高法院的判例指导，所以，我们只能通过相关的下级法院的判决来论述。

关于国际礼让的适用的一般要求是，只有在《外国人侵权请求法》诉讼与外国的某一具体行为存在特定冲突时，才能适用国际礼让。例如，如果《外国人侵权请求法》被告已经赔偿了原告，则可能要适用国际礼让。② 在 *Sarei v. Rio Tinto PLC.* 案中，③ 法院认为，对于原告提出的种族歧视等请求，《外国人侵权请求法》上的管辖权与巴布亚新几内亚的《赔偿法》有可能相冲突，所以出于礼让的考虑，就不行使管辖权。当然，法院也要进行相关的利益分析。④

美国法官对国际礼让原则是具有自由裁量权的，如果认为让其他法院行使管辖权更合适的话，才可能出于礼让的考虑而不行使管辖权。⑤ 换句话说，除非能证明存在替代法院可以让原告进行救济，否则法院是不会撤销案件的。⑥ 这一点，经常是与不方便法院原则一起考虑的。例如，在 *Mujica v. Occidental Petroleum Corp.* 案中，法官虽然以其他理由撤销了案件，但并没有以国际礼让为由而撤销，因为法官认为原告难以在哥伦比亚安全地寻求救济，而且关于石油公司和私人保安企业煽动哥伦比亚政府军攻击村庄的责任，美国法和哥伦比亚法之间不存在真正的冲突，因而国际礼让理论并不能妨碍生还者对公司提起的诉讼，尽管美国法院和哥伦比亚法院对未来潜在的

---

① 对于国家行为理论和国际礼让的区别与适用，see Jake S. Tyshow, *Informal Foreign Affairs Formalism: the Act of State Doctrine and the Reinterpretation of International Comity*, 43 Va. J. Int'l L. 275 (2002).

② See *Hartford Fire Ins. v. California*, 509 U. S. 764, 798 (1993). 在该案中，最高法院要求国内法和外国法存在真实冲突时才能适用国际礼让原则。

③ *Sarei v. Rio Tinto PLC.*, 221 F. Supp. 2d 1116 (C. D. Cal. 2002).

④ Peter Little, *What Are the Consequences of the Alien Tort Claims Act (US) on Mining and Petroleum Corporation Operating in the Third World States in the Asian Pacific Region*, 23 Australian Resources and Energy Law Journal 63 (2004).

⑤ *Bigio v. Coca-Cola Co.*, 239 F. 3d 440, 453-54 (2d Cir. 2001).

⑥ See *Presbyterian Church of Sudan v. Talisman Energy Inc.*, No. 01 Civ. 9882 (DLC), 2005 WL 2082846 (S. D. N. Y. Aug. 30, 2005).

案件的判决可能存在不一致，但没有理由认为公司不能遵守美国法院的判决或者命令。①

在 *Doe v. Rafael Saravia* 案中，美国法院认为，在根据《外国人侵权请求法》和《酷刑受害人保护法》而提起的诉讼中，鉴于美国和萨尔瓦多法律制度以及对一些重大问题的不同，对于萨尔瓦多最高法院撤销对 1980 年的刺杀主教的行为的起诉，美国法院不考虑礼让或者其他排斥性的效果。②

在 *Presbyterian Church of Sudan v. Talisman Energy, Inc.* 案中，原告声称能源公司与苏丹政府共谋种族清洗以方便石油开采活动，基于苏丹政府的利益而要求授予礼让的请求没得到支持。因为在苏丹不存在任何已经作出的判决或者在审理的案件，而如果授予礼让的话将极大地违反美国在解决违反强行法问题上的利益，而且原告现实中也不可能在苏丹提起诉讼来主张其权利。③

国际礼让有时也被法院拿来作为授予豁免的根据。在 *Sampson v. Federal Republic of Germany* 案中，法院就认为礼让是授予德国豁免的正当性之一。④

第六节　政治问题理论

一、政治问题理论概述

（一）起源

政治问题理论要求法院考虑如果案件中的问题可能影响到外交关系，则对此类问题的解决留给政治部门处理更好。⑤ 政治问题理论引起学者之间的

---

① 381 F. Supp. 2d 1164, 1182-1183（C. D. Cal. 2005）. See also, Amy Apollo, *Mujica v. Occidental Petroleum Corporation: A Case Study of the Role of the Executive Branch in International Human Rights Litigation*, 37 Rutgers L. J. 855（2006）.

② *Doe v. Rafael Saravia*, 348 F. Supp. 2d 1112（E. D. Cal. 2004）.

③ *Presbyterian Church of Sudan v. Talisman Energy, Inc.*, 244 F. Supp. 2d 289（S. D. N. Y. 2003）.

④ 250 F. 3d 1145, 1149 n. 3（7th Cir. 2001）.

⑤ 关于政治问题的历史发展，有几篇文章比较有参考价值。See Robert F. Nagel, *Political Law, Legalistic Politics: A Recent History of the Political Question Doctrine*, 56 U. Chi. L. Rev. 643（1989）; Mark Tushnet, *Law and Prudence in the Law of Justiciability: the Transformation and Disappearance of the Political Question Doctrine*, 80 N. C. L. Rev. 1203（2002）; Rachel E. Barkow, *More Supreme than Court? The Fall of the Political Question Doctrine and the Rise of Judicial Supremacy*, 102 Colum. L. Rev. 237（2002）. See also, Louis Henkin, *Is There a "Political Question" Doctrine?* 85 Yale L. J. 597（1976）; David J. Bederman, *Deference or Deception: Treaty Rights as Political Questions*, 70 U. Colo. L. Rev. 1439, 1441-1445（1999）.

激烈争论，尤其是在外交事务背景下。支持的一方认为其基础在 *Marbury v. Madison* 案中，① 当时 Marshall 法官写道：

> 总统因美国《宪法》而被授予一些重要的政治权力，在行使其自由裁量权而且仅在政治上对国家及他自己的良心负责……通过注意国会设立外交事务部门的行为可以感知到这种评论的适用……作为这样的官员，他的行为永不能受法院的审查。②

自从 *Marbury* 案后，许多案件已经涉及了行政部门在外交政策上的独特作用。③ 在 *Baker v. Carr* 案中，④ 法院确定了一个案件是否涉及政治问题的 6 个因素，而且声称如果任何一个因素是"无法解脱的"法院应基于政治问题而撤销案件。最后的 3 个因素特别与《外国人侵权请求法》请求相关：

> "法院在没有明确缺乏对相关部门的尊重时独立解决争议的不可能性；对政治部门已经作出的决定的遵循的不寻常的需要；不同部门对同一个问题多种态度引起的潜在的尴尬。"

有学者认为，《外国人侵权请求法》虽然授予了联邦法院管辖权，但是法院行使管辖权的话会干涉行政部门对外交事务的处理。⑤ 当然，对于法院以政治问题理论而撤销《外国人侵权请求法》请求，也有学者提出了反对的三个理由。第一，政治问题理论是"一个不必要的、对一些确定的原则的欺骗性包装，误导律师和法院寻找根本不存在的事物"。⑥ 第二，他们认

---

① 5 U.S. (1 Cranch) 137 (1803).

② See *Marbury v. Madision*, 5 U.S. (1 Cranch) 137, 170 (1803).

③ See, e.g., *Baker v. Carr*, 369 U.S. 186, 211 (1962); *Chicago & S. Air Lines, Inc. v. Waterman S.S. Corp.*, 333 U.S. 103, 111 (1948); *United States v. Curtiss-Wright Exp. Corp.*, 299 U.S. 304, 319-320 (1936).

④ 369 U.S. 186 (1962).

⑤ See Russell J. Weintraub, *Establishing Incredible Events by Credible Evidence: Civil Suits for Atrocities That Violate International Law*, 62 Brook. L. Rev. 753, 773 (1996).

⑥ Louis Henkin, *Is There a "Political Question" Doctrine?* 85 Yale L. J. 597, 622 (1976); see also John Hart Ely, *Suppose Congress Wanted a War Powers Act That Worked*, 88 Colum. L. Rev. 1379, 1407 (1988).

为法院只有在审查《宪法》所赋予政治部门的行为时，例如总统的承认外国政府的特权，才能服从政治问题的理由。① 第三，在一个相关的批评中，一些学者认为《外国人侵权请求法》请求应从政治问题理论中分离出来，因为该理论并不表明司法部门在解释该法时的节制是正当的，即使该法涉及外交政策也是一样。② 尽管存在这些批评，但自从 2001 年后，美国法院已经在行政部门的要求下根据政治问题理论撤销了很多《外国人侵权请求法》请求。

（二）历届总统对《外国人侵权请求法》诉讼中政治问题理论的态度

美国行政部门对《外国人侵权请求法》的支持看上去在党派之间有分歧，③ 总体上来看，民主党政府倾向于支持《外国人侵权请求法》诉讼，而共和党政府则持保留态度。④ 所以，美国法院在这个问题上存在不同意见也不奇怪。⑤ 卡特总统（民主党）领导下的国务院和司法部共同提交的一份备忘录强烈支持《外国人侵权请求法》及其在 Filartiga 案的适用，该备忘录宣布对人权的司法执行并不损害美国的外交政策，认为拒绝承认侵犯人权的私人诉因将损害美国政府承诺保护人权的信誉，⑥ 该备忘录也声明《外国人侵权请求法》包括随着时间演化的国际法。⑦ 里根总统（共和党）领导下的司法部的观点急剧改变了，当时的司法部单独提出了一份意见，要求尽可能地限制《外国人侵权请求法》，认为《外国人侵权请求法》的管辖权

---

① Michael E. Tigar, *Judicial Power, the "Political Question Doctrine," and Foreign Relations*, 17 UCLA L. Rev. 1135, 1156 (1970).

② See *Japan Whaling Ass'n v. Am. Cetacean Soc'y*, 478 U.S. 221, 230 (1986).

③ Lucien J. Dhooge, *The Alien Tort Claims Act and the Modern Transnational Enterprise: Deconstructing the Mythology of Judicial Activism*, 35 Geo. J. Int'l L. 3, 84-86 (2003). See also, Beth Stephens, *Judicial Deference and the Unreasonable Views of the Bush Administration*, 33 Brook. J. Int'l L. 773 (2008).

④ See Jennifer K. Elsea, *The Alien Tort Statute: Legislative History and Executive Branch Views*, CRS Report for Congress, Order Code RL32118, CRS-1, http://digital. library. unt. edu/govdocs/crs/permalink/meta-crs-8433: 1 (last visited August 18, 2008).

⑤ Elliot J. Schrage, *Judging Corporate Accountability in the Global Economy*, 42 Colum. J. Transnat'l L. 153, 161 (2003).

⑥ Lorelle Londis, *The Corporate Face of the Alien Tort Claims Act: How an Old Statute Mandates a New Understanding of Global Interdependence*, 57 Me. L. Rev. 141, 188 (2005).

⑦ *Memorandum for the United States as Amicus Curiae* at 22, *Filartiga v. Pena-Irala*, 630 F. 2d 876 (2d Cir. 1980) (No. 79-6090), 1980 WL 340146.

应限于美国政府可能承担违反国际法的责任的案件。① 乔治·布什总统（共和党）领导下的政府表达了对《外国人侵权请求法》影响的关切，然而，也通过签署授权《酷刑受害人保护法》表明了对《外国人侵权请求法》诉讼目标的支持。② 克林顿总统（民主党）领导下的行政部门支持在 *Kadic* 案和 *Unocal* 案上适用《外国人侵权请求法》，③ 认为对该案件的裁判将不会对美国的外交政策造成任何影响。④ 小布什政府（共和党）在很多案件中已经表明反对裁判《外国人侵权请求法》请求。⑤ 小布什政府声称，承认公司帮助与教唆侵犯人权的责任会干涉美国的外交政策，因为会威慑对外投资并束缚行政部门的手脚。⑥ 有人认为，小布什政府之所以屡次反对审判涉及《外国人侵权请求法》的请求，原因在于可能会对商业投资的影响或者是外国政府不愿意支持该请求。⑦ 对于小布什的立场的背后缘由，我们后面还将继续论述。

---

① Beth Stephens & Michael Ratner, *International Human Rights Litigation in US Courts*, Transnational Publishers Inc. , 1996, p. 18.

② Beth Stephens, *U.S. Foreign Policy and Human Rights：Upsetting Checks and Balances：The Bush Administration's Efforts to Limit Human Rights Litigation*, 17 Harv. Hum. Rts. J. 169, 189（2004）. 关于乔治·布什总统当时的立场，可以参见他于 1992 年 3 月 12 日发表的声明，http：//www. presidency. ucsb. edu/ws/index. php? pid = 20715（last visited January 6, 2009）.

③ Lorelle Londis, *The Corporate Face of the Alien Tort Claims Act：How an Old Statute Mandates a New Understanding of Global Interdependence*, 57 Me. L. Rev. 141, 189（2005）.

④ Beth Stephens, *Sosa v. Alvarez-Machain "The Door Is Still Ajar" for Human Rights Litigation in U.S. Courts*, 70 Brook. L. Rev. 533, 566（2004）（citing *Letter of Michael J. Matheson, Acting Legal Advisor*（July 8, 1997）, reprinted in *Nat'l Coalition Gov't of the Union of Burma v. Unocal, Inc.*, 176 F. R. D. 329, 362（C. D. Cal. 1997）.

⑤ Lorelle Londis, *The Corporate Face of the Alien Tort Claims Act：How an Old Statute Mandates a New Understanding of Global Interdependence*, 57 Me. L. Rev. 141, 189（2005）. See also, Lucien J. Dhooge, *The Alien Tort Claims Act and the Modern Transnational Enterprise：Deconstructing the Mythology of Judicial Activism*, 35 Geo. J. Int'l L. 3, 87-88（2003）.

⑥ Beth Stephens, *Sosa v. Alvarez-Machain "The Door Is Still Ajar" for Human Rights Litigation in U.S. Courts*, 70 Brook. L. Rev. 533, 566（2004）.

⑦ Beth Stephens, *U.S. Foreign Policy and Human Rights：Upsetting Checks and Balances：The Bush Administration's Efforts to Limit Human Rights Litigation*, 17 Harv. Hum. Rts. J. 169, 196-202（2004）.

二、《外国人侵权请求法》诉讼中的政治问题理论

（一）概述

20 世纪 80 年代开始，《外国人侵权请求法》开始复兴。进入 20 世纪 90 年代，自从 Kadic 案后，《外国人侵权请求法》请求的数量急剧地放大。① 《外国人侵权请求法》请求人要么声称被告在国家法律的名义下行为，要么声称该行为是这样的性质以至无须在国家法律的名义下行为的私人行动者违反了万国法。此外，很多公司被控与国家合谋实施侵权行为。② 将《外国人侵权请求法》的范围扩大到涵盖私人和公司引起了学者们和商人③的强烈批评。2004 年，最高法院在 Sosa 案中对《外国人侵权请求法》的性质作了部分认定。④ 小布什政府认为《外国人侵权请求法》不应解读为提供了诉因。⑤ 然而，法院并不同意这点，并且认定"虽然《外国人侵权请求法》是一部管辖权立法……但最好解读为是在对普通法对那些基本的违反万国法的行为提供了潜在个人责任的诉因"。虽然法院认为普通法的演化会包括现代的违反万国法，但仍然限制了对《外国人侵权请求法》请求的扩张，认为"联邦法院不应承认对违反内容不明确、并没有得到文明各国普遍接受的国际法规范的私人请求"。⑥ 在 Sosa 案中，法院阐述了《外国人侵权请求法》的一些重要关切，但是对于私人和公司是否应根据《外国人侵权请求法》承担责任这样的问题没有回答。

---

① See Natalie L. Bridgeman, *Human Rights Litigation under the ATCA as a Proxy for Environmental Claims*, 6 Yale Hum. Rts. & Dev. L. J. 1, 9 & n. 40 (2003).

② See, e. g., *Doe v. Unocal Corp.*, 395 F. 3d 932, 953 (9th Cir. 2002). See Marc Lifsher, *Unocal Settles Human Rights Lawsuit over Alleged Abuses at Myanmar Pipeline*; *A Deal Ends a Landmark Case Brought by Villagers who Said Soldiers Committed Atrocities*, L. A. TIMES, Mar. 22, 2005, at C1; *Doe v. Unocal Corp.*, 403 F. 3d 708 (9th Cir. 2005).

③ See John E. Howard, Vice President of International Policy and Programs, U. S. Chamber of Commerce, Op-Ed., *The Alien Tort Claims Act: Is Our Litigation-Run-Amok Going Global?* http://www.uschamber.com/press/opeds/0210howarditigation.htm (last visited August 8, 2008).

④ See David G. Savage, *Foreign Abduction Case Goes to Court: The Justices Today Will Consider Whether a 1789 Law Allows Victims of Human Rights Abuses Overseas to File Lawsuits in U. S. Courtrooms*, L. A. TIMES, Mar. 30, 2004, at A10.

⑤ See *Brief for United States as Respondent Supporting Petitioner* at 6, Sosa v. Alvarez-Machain, 542 U. S. 692 (2004) (No. 03-339), 2004 WL 182581.

⑥ See *Sosa v. Alvarez-Machain*, 542 U. S. 692, 732 (2004).

对于小布什政府将《外国人侵权请求法》仅理解为管辖权性质的要求，法院拒绝了。然而，小布什政府想出了一些新的对策。从 2001 年开始，① 小布什政府主张，裁判《外国人侵权请求法》诉讼干涉了美国的外交政策利益，因此这些案件应根据政治问题理论予以撤销。为此，法院遵从行政部门的意见从而撤销了原告根据《外国人侵权请求法》提出的请求。② 结果，行政部门就能有效地对在美国法院的被告授予豁免。这是一个巨大的转变，虽然过去共和党政府主张限制解释《外国人侵权请求法》，但没有任何政府要求以政治问题理论撤销《外国人侵权请求法》诉讼。③

事实上，在 2002 年之前，没有任何一个《外国人侵权请求法》诉讼是由于政治问题的原因而被撤销的。④ 有些政府还曾经支持《外国人侵权请求法》请求。在 Filartiga 案中，应第二巡回法院之请，卡特政府提交了一份备忘录，该备忘录由国务院和司法部合署，明确表示支持《外国人侵权请求法》，声称一旦存在一个有效的诉因，"司法执行诉因不会损害我们的外交政策，相反，拒绝承认私人诉因可能严重损害我们国家承诺保护人权的信誉"。⑤ 在 Kadic 案中，克林顿政府认为该案没有引起任何政治问题，⑥ 即使被告处于协商结束当地内战之中。⑦ 虽然里根政府反对根据《外国人侵权请求法》起诉 Ferdinand Marcos，但也只是主张《外国人侵权请求法》的管

---

① See *Sarei v. Rio Tinto PLC*, 221 F. Supp. 2d 1116, 1118, 1208-1209（C. D. Cal. 2002），rev'd, 456 F. 3d 1069（9th Cir. 2006）.

② See *Mujica v. Occidental Petroleum Corp.*, 381 F. Supp. 2d 1164（C. D. Cal. 2005）；*Hwang Geum Joo v. Japan*, 413 F. 3d 45（D. C. Cir. 2005），cert. denied, 126 S. Ct. 1418（2006）.

③ See Brian C. Free, *Awaiting Doe v. Exxon Mobil Corp.：Advocating the Cautious Use of Executive Opinions in Alien Tort Claims Litigation*, 12 Pac. Rim. L. & Pol'y J. 467, 474-476（2003）.

④ Brian C. Free, *Awaiting Doe v. Exxon Mobil Corp.：Advocating the Cautious Use of Executive Opinions in Alien Tort Claims Litigation*, 12 Pac. Rim. L. & Pol'y J. 467, 475-476（2003）.

⑤ *Memorandum for the United States as Amicus Curiae, Filartiga v. Pena-Irala*, 630 F. 2d 876（2d Cir. 1980）（No. 79-6090），1980 WL 340146, reprinted in David Cole et al., *Interpreting the Alien Tort Statute：Amicus Curiae Memorandum of International Law Scholars and Practitioners in Trajano v. Marcos*, 12 Hastings Int'l & Comp. L. Rev. 1, 34-47（1988）.

⑥ 70 F. 3d 232, 250（1995）.

⑦ *Elaine Sciolino, Sarajevo Pact：Diplomacy on a Roll*, N. Y. Times, Sept. 15, 1995, at A8.

辖权应该更狭义地解读,①　而不是以政治问题为由而撤销案件。

（二）小布什政府对政治问题理论的运用

与以前各届政府不同,小布什政府认为《外国人侵权请求法》本身就构成一个糟糕的政策。因此,在横跨克林顿政府和小布什政府的 *Unocal* 案中,小布什政府改变了前任的政策,声称《外国人侵权请求法》诉讼会干涉美国的外交政策以及损害对外投资。②　在 *Sosa* 案中,③　小布什政府也大肆攻击《外国人侵权请求法》,认为《外国人侵权请求法》诉讼与"行政部门承担国际关系的责任不符合"。④　当然,这没有得到法院的认可。

2008 年 4 月 11 日,美国国务院法律顾问 John B. Bellinger, III 在范德比尔特大学法学院发表演讲,阐述了美国国务院在过去的《外国人侵权请求法》诉讼中的立场与实践,⑤　他认为:

> 《外国人侵权请求法》诉讼的提起并不总是为了追求正义,与所有其他私人诉讼一样,也可能是出于金钱或政治的考虑……在美国法院诉讼的问题并不总是促进在外国的有效救济机制的发展……让美国参与国际法的发展也并不明确,因为很多《外国人侵权请求法》诉讼集中于界定美国的国内法及其范围……如果美国法院确实考虑了国际法,它们的解释也可能与行政部门在国际上进行的存在张力……此外,作为政策事项,评估《外国人侵权请求法》应考虑到其引起的巨大代价。这种代价不仅是财务上的,在花费巨大后判决不能得到真正执行……另一方面,外国政府并不将《外国人侵权请求法》作为美国试图参与解释国

---

①　*Trajano v. Marcos*, Nos. 86-2448, 86-15039, 1989 WL 76894 (9th Cir. 1989) (mem.).

②　See *Supplemental Brief for the United States of America*, as Amicus Curiae at 10-17, *Doe v. Unocal Corp.*, 403 F. 3d 708 (9th Cir. 2005) (Nos. 00-56603, 00-56628), available at http: // www. sdshh. com/Unocal/UnocalBriefs/US-Supp-brief. pdf (last visited August 8, 2008).

③　542 U. S. 692 (2004).

④　*Brief for the United States as Respondent Supporting Petitioner* at 40, *Sosa*, 542 U. S. 692 (No. 03-339), available at http: // www. sdshh. com/Alvarez/SOSA_ DTP_ BR (□03-339). pdf (last visited August 8, 2008).

⑤　John B. Bellinger, III, *Enforcing Human Rights in U. S. Courts and Abroad: The Alien Tort Statute and Other Approaches*, http: //www. state. gov/s/l/rls/103506. htm (last visited August 4, 2008).

际法的努力。相反，美国被认为是流氓无赖……外国政府认为通过美国
法上的权利与救济的域外适用，美国事实上设立了一个国际民事法院，
有权审理外国人在世界上任何地方产生的请求而提起的诉讼……外国政
府在提交给国务院或在联邦法院的法庭之友意见中指出，美国法院对与
美国没有什么联系的案件行使管辖权不符合国际习惯法原则而且干涉了
外国的主权。

1. 介入方式与案件类型

在实践中，小布什总统通过国务院、司法部等积极介入《外国人侵权
请求法》诉讼。自从 2001 年后，布什政府已经提交了许多"利益声明"，
要求法院根据政治问题理论认定《外国人侵权请求法》请求是不可裁判的。
这些要求可以分为两类：涉及私人行动者为被告的案件和涉及公共官员为被
告的案件。

关于私人行动者，第一个以政治问题而撤销《外国人侵权请求法》请
求的案件是 *Sarei v. Rio Tinto PLC* 案，该案涉及一家英国矿业公司 Rio Tinto，
其在美国拥有加工厂，而且在巴布亚新几内亚的布干维尔地区拥有一个铜
矿。① 原告声称，在因矿业引发的十年内乱间，Rio Tinto 与巴布亚新几内亚
政府共谋实施战争罪。被告以缺乏事项管辖权和没有陈述请求为由要求撤销
案件，对此，法院不予认同，之后，法院转向其于 2001 年 11 月收到的（代
表国务院）司法部长的"利益声明"。在"利益声明"中，政府以"继续
裁判该案'将可能对布干维尔的和平进程产生严重的不利影响，因而影响
美国的外交关系行为'"作为回应，原告提交了《布干维尔和平协定》谈判
代表的声明，该声明认为诉讼"并未影响而且也不会干扰和谈"。然而，法
院认为政府的"利益声明"优先："法院必须接受行政部门提交的外交政策
声明是政府对该问题的决定性观点；法院不会评估其中的政策是否明智或者
是否建立在误传或错误的推理的基础上。"结果，法院认定"所有的请求都
必须基于政治问题理论而撤销"。根据法院的逻辑，总统几乎可以在美国法
院前消灭所有的请求，只需主张该请求不利于美国的外交政策，因为法院显
然是不能质疑这样的主张的。幸运的是，第九巡回法院后来又重新审理了此

---

① 221 F. Supp. 2d 1116, 1121（C. D. Cal. 2002），rev'd, 456 F. 3d 1069（9th Cir.
2006）.

案，否定了之前的认定。①

在 *Presbyterian Church of Sudan v. Talisman Energy, Inc.* 案中，小布什政府要求认定原告的请求是不可裁判的，法院并未遵从政府的要求。在该案中，地方法院审查了苏丹公民根据《外国人侵权请求法》提出的请求，原告声称，一家在美国有分支机构的加拿大能源公司 Talisman "与苏丹政府合谋对围绕苏丹南部的石油特许协议的平民'进行种族清洗'以方便石油开采和提炼"。② 国务院提交了一份"利益声明"，附在"利益声明"之后的是加拿大政府要求法院克制的信，该"利益声明"声称，"当苏丹政府抗议美国的诉讼干涉了其与美国共享的外交政策的目标时，我们认为考虑国际礼让和司法克制可能比较合适"。法院将这个"利益声明"与在早期案件中提交的"利益声明"区分开来，认为政府"一直没有告诉本院持续审理此案会对政府与加拿大的关系产生不利影响或者威胁到在苏丹的和平目标"。尽管有加拿大和美国国务院的要求，法院仍然保留管辖权，认定"只有在诉讼与外交政策之间的联系足够明显而且相关外交政策的重要性超过通过诉讼维护公益的价值时……才允许撤销案件"。

在 *Mujica v. Occidental Petroleum Corp.* 案中，原告声称被告向哥伦比亚军队提供财政协助以获得免受左翼游击队袭击的保护。③ 根据原告所说，被告曾经在明知哥伦比亚军队偷袭轰炸多米尼加首都圣多明各的平民时向哥伦比亚军队提供协助。圣多明各公民以战争罪、法外处决、酷刑和反人类罪对被告提出《外国人侵权请求法》请求，法院驳回了被告提出的撤销原告请求的动议。国务院提交了一份"利益声明"，其中"明确表示本诉讼会干涉在哥伦比亚的人权保护。"与 *Doe v. Exxon Mobil Corp.* 案④一样，美国国务院公开批评这样的国际诉讼是"不公平、难以预见、浪费纳税人的钱、损害美国的外交政策和国家安全目标"。⑤ 适用 *Baker* 案的测试，法院认定"两个因素——缺少对部门协调的尊重及对政策决定的遵循——得以适用"。

---

① *Sarei v. Rio Tinto, PLC*, 550 F.3d 822, 08 Cal. Daily Op. Serv. 15, 110, 2008 Daily Journal D. A. R. 18, 345（9th Cir.（Cal.）Dec 16, 2008）（NO. 02-56256, 02-56390）.

② 244 F. Supp. 2d 289, 296（S. D. N. Y. 2003）.

③ *Mujica v. Occidental Petroleum Corp.*, 381 F. Supp. 2d 1164, 1168-1169（C. D. Cal. 2005）.

④ 393 F. Supp. 2d 20（D. D. C. 2005）.

⑤ See *Adam Liptak*, *U. S. Courts' Role in Foreign Feuds Comes under Fire*, N. Y. TIMES, Aug. 3, 2003, at N1.

因而法院以提出了不可裁判的政治问题为由撤销了诉讼。由于政府的一般外交政策关切，法院认定该请求是不可裁判的，以致美国公司在被指违反万国法后仍得到有效的豁免，这说明美国国务院已经代表众多跨国公司开始介入《外国人侵权请求法》诉讼了。通过"利益声明"的方式，小布什政府希望遏制《外国人侵权请求法》诉讼、扩张行政权力、保护公司不受诉讼风险威胁。

第二类案件涉及公共官员的被告。在 *Hwang Geum Joo v. Japan* 案中，法院考虑了在"二战"期间受到日本性奴役和酷刑的中国、韩国和菲律宾妇女对日本外务省提起的《外国人侵权请求法》请求。① 美国提交了一份"利益声明"，要求法院认定该请求是不可裁判的，因为"对日本和其他外国政府之间关系的司法侵扰会冲击总统执行美国外交关系的能力"。法院考虑了政治问题理论以及"二战"结束后该地区国家所签署的和平条约，认为，"国内法院作出的裁判不但'将取消'各国与日本已经确立的外交政策，而且破坏日本与中国和韩国的'微妙'（delicate）关系，从而'严重影响该地区的稳定'"。虽然法院接受了政府提出的司法节制的要求，但只是在考虑了政府论断的说服力后才如此认定的。

2. 介入理由

尽管涉及不同国家、情势、事实，小布什政府提交的利益声明却是类似的，即认为《外国人侵权请求法》诉讼会损害外交关系、抑制投资、损害经济。②

三、政治问题理论不断被提起的原因

（一）利益团体的压力

最近几年，在美国法院对跨国公司提起诉讼的案件在不断增多，③ 已经引起了广泛关注，公司责任问题目前是最重要的问题之一。④ 虽然各个公司

---

① *Hwang Geum Joo v. Japan*, 413 F. 3d 45（D. C. Cir. 2005），cert. denied, 126 S. Ct. 1418（2006）.

② See The Center for Justice & Accountability, http：// www. cja. org/legalResources/ StateDepartmentBriefdocs. shtml（last visited May 16, 2008）.

③ See Beth Stephens, *Corporate Liability*：*Enforcing Human Rights through Domestic Litigation*, 24 Hastings Int'l & Comp. L. Rev. 401, 401（2001）.

④ See Ralph G. Steinhardt, *Laying One Bankrupt Critique to Rest*：*Sosa v. Alvarez-Machain and the Future of International Human Rights Litigation in U. S. Courts*, 57 VAND. L. REV. 2241, 2289-90（2004）.

认为《外国人侵权请求法》和《酷刑受害人保护法》不能适用于它们，但是仍然有很多法院认为根据《外国人侵权请求法》可以起诉公司。① 为此，有人认为允许《外国人侵权请求法》诉讼无异于给人权团体发放反商业的许可证，并且列出了众多的经济因素。

美国商业团体长期以来一直是反对《外国人侵权请求法》的，这种反对由美国对外贸易协会（National Foreign Trade Council）、美国商会（U. S. Chamber of Commerce）、美国国际商业委员会（the U. S. Council of International Business）和美国国际商会（the International Chamber of Commerce）所领导。② 其中的一些反对者使用杞人忧天的花言巧语来表达对《外国人侵权请求法》的反对。例如，在 2002 年，有人撰文指出："你知道吗，根据美国法律，如果你在外国营业、纳税并遵守该国的法律，外国人就可以在美国法院起诉你的公司。"③ 另外，有学者预测，《外国人侵权请求法》"诉讼将减少美国与目标国家 500 至 600 亿美元的商业贸易"。④ 为了回应《外国人侵权请求法》，已经出现了各种各样的策略来帮助公司避免《外国人侵权请求法》上的责任，其中包括游说总统和国会修订《外国人侵权请求法》，将其仅限于管辖权性质;⑤ 鼓励被告在面临《外国人侵权请求法》诉讼时考虑政治问题理论抗辩,⑥ 并且要求"行政部门主张任何卷入

---

① See, e. g., *Presbyterian Church of Sudan v. Talisman Energy, Inc.*, 374 F. Supp. 2d 331, 335-337（S. D. N. Y. 2005）; *Bowoto v. Chevron Texaco Corp.*, 312 F. Supp. 2d 1229, 1247-1248（N. D. Cal. 2004）; *Wiwa v. Royal Dutch Petroleum Co.*, No. 96 Civ. 8386（KMW）, 2002 WL 319887（S. D. N. Y. Feb. 28, 2002）; *Iwanowa v. Ford Motor Co.*, 67 F. Supp. 2d 424, 445（D. N. J. 1999）.

② See Emeka Duruigbo, *The Economic Cost of Alien Tort Litigation: A Response to Awakening Monster: The Alien Tort Statute of* 1789, 14 Minn. J. Global Trade 1, 7（2004）.

③ John E. Howard, Vice President of International Policy and Programs, U. S. Chamber of Commerce, Op-Ed., *The Alien Tort Claims Act: Is Our Litigation-Run-Amok Going Global*? http: // www. uschamber. com/press/opeds/0210howarditigation. htm（last visited August 8, 2008）.

④ Gary Clyde Hufbauer & Nicholas K. Mitrokostas, *Awakening Monster: The Alien Tort Statute of* 1789, Institute for International Economics, 2003, p. 38.

⑤ See Daniel T. Griswold, *USA Engage, Abuse of* 18*th Century Law Threatens U. S. Economic and Security Interests*（Jan. 25, 2003）, http: // www. usaengage. org/legislative/ 2003/alientort/cato_ griswold. html（last visited August 8, 2008）.

⑥ See Richard T. Marooney & George S. Branch, *Corporate Liability under the Alien Tort Claims Act: United States Court Jurisdiction over Torts*, 12 Currents: Int'l Trade L. J. 3, 11（2003）.

此类争议都会干涉美国外交政策决策的'利益声明'。① 所有这些策略都是向行政部门施压，让行政部门帮助公司被告获得理想的结果。考虑到商业领导人对美国外交政策的强大影响，② 这种游说可能比所涉的外国政府的游说更有效。

一些大公司已经联合起来要求废除或者遏制《外国人侵权请求法》。在 Sosa 案中，美国一些大公司作为法庭之友提交意见，要求认定《外国人侵权请求法》在当今世界没有实际的法律效果，声称《外国人侵权请求法》损害经济发展、破坏国家外交政策。③ 尽管一些公司公开宣称要严格遵守人权标准，却在抱怨根据《外国人侵权请求法》满足人权标准是沉重的负担。④

虽然要求废除《外国人侵权请求法》的努力已经失败了，但是反《外国人侵权请求法》的商业运动还在。例如，参议员 Dianne Feinstein 曾经要求授权国务院在认为《外国人侵权请求法》诉讼影响美国外交政策时撤销案件。⑤ 公司一旦被起诉，马上会游说国务院提交利益声明。⑥

（二）外国政府的压力

虽然当前政府并未抱怨外国就《外国人侵权请求法》诉讼向国务院施加压力，但有迹象表明这样的压力是存在的。在有的案件中，外国政府与美

---

① Kenny Bruno, *De-Globalizing Justice: The Corporate Campaign to Strip Foreign Victims of Corporate-Induced Human Rights Violations of the Right to Sue in U.S. Courts*, Multinat'l Monitor, Mar. 1, 2003, at 13.

② See Lawrence R. Jacobs & Benjamin I. Page, *Who Influences U.S. Foreign Policy?* 99 Am. Pol. Sci. Rev. 107, 120 (2005).

③ *Brief for the National Foreign Trade Council et al. as Amici Curiae in Support of Petitioner at 4*, Sosa v. Alvarez-Machain, 542 U.S. 692 (2004) (No. 03-339), available at http://www.sdshh.com/Alvarez/NFTC □AmicusB□rief.pdf (last visited August 8, 2008).

④ See Terry Collingsworth, "*Corporate Social Responsibility*," Unmasked, 16 ST. THOMAS L. REV. 669, 685 (2004).

⑤ S. 1874, 109th Cong. § 2 (e) (2005), available at http://www.laborrights.org/projects/corporate/ATSFeisteinLetterOct05.pdf (last visited August 8, 2008). 当然，Feinstein 后来撤回了该提案。See *Letter from Senator Feinstein to Senator Specter, Chairman, Committee on the Judiciary*, Oct. 25, 2005, available at http://www.earthrights.org/content/view/126/56/ (last visited August 8, 2008). See also Anthony J. Sebok, *Senator Feinstein's Now-Withdrawn Statute Limiting Non-Citizens' Tort Claims: How Would It Have Affected Abu-Ghraib-Related Civil Suits and Other Similar Civil Actions?* http://writ.news.findlaw.com/sebok/20051031.html (last visited August 20, 2008).

⑥ *In re South African Apartheid Litigation*, 346 F. Supp. 2d 538 (S.D.N.Y. 2004).

国国务院一起提交利益声明。在 *Presbyterian Church of Sudan v. Talisman Energy, Inc.* 案中，加拿大政府代表总部在加拿大的能源公司提交了一份"利益声明"。法院注意到国务院提交的"利益声明"的措辞并不如在其他案件中的"利益声明"一样强烈，而且没有就案件的实体问题表明立场。虽然国务院本可能不表明任何立场，但考虑到美国与加拿大的密切关系，国务院可能觉得是被迫提交这样一份半心半意的"利益声明"。

在 *Doe v. Exxon Mobile Corp.* 案中，国务院将印度尼西亚驻美国大使的信附在"利益声明"之后。① 国务院明确表示审理印度尼西亚军队的行为"事实上将对美国的重大利益产生严重不利的影响，包括与正在进行的反对国际恐怖主义的斗争相关的利益"。考虑到外国政府在《外国人侵权请求法》诉讼中的反对意见，可以预计美国国务院所面临的压力不会少。

四、法院对政治问题理论的态度

（一）一般原则

如前所述，在有的案件中，法院将政府的意见作为定案根据。例如，在 *Sarei v. Rio Tinto PLC* 案中，② 美国国务院认为审理该案将对联合国开启的和平进程不利，法院就因此而撤销了案件。对此，第九巡回法院不予认同，撤销了下级法院的判决，认为不能仅因为行政部门的意见就撤销案件，而必须由法院来判断是否存在政治问题。③

对于向德国摩托车制造商提出的在"二战"期间强迫劳动的诉讼，由于该请求是战争赔偿，而这是属于政治部门的权限，不受司法审查，司法救济将是不尊重政府行政部门所进行的赔偿协商，如果法院作出判决，可能导致政府各部分意见不一，引起尴尬。因此，政治行为理论排除了该诉讼。④

当然，在有些案件中，法院并不认同政治问题理论。在 *Abebe-Jira v. Negewo* 案中，法院认为，政治问题理论并不能妨碍根据《外国人侵权请求法》对埃塞俄比亚前政府官员的虐囚行为而提起的侵权诉讼。⑤ 在 *In re Agent Orange Product Liability Litigation* 案中，法院认为，审理越南国民根据《外国人侵权请求法》对美军在越战之中所使用的除草剂的制造商提起的诉

---

① 393 F. Supp. 2d 20, 22 (D. D. C. 2005).

② 221 F. Supp. 2d 1116 (C. D. Cal. 2002).

③ *Sarei v. Rio Tinto PLC*, Nos. 02-56256, 02-56390, 2006 WL 2242146 (9th Cir. Aug. 7, 2006).

④ *Iwanowa v. Ford Motor Co.*, 67 F. Supp. 2d 424 (D. N. J. 1999).

⑤ *Abebe-Jira v. Negewo*, 72 F. 3d 844 (11th Cir. 1996).

讼不是司法部门对立法和行政部门所行使的外交关系所不允许的干预，因为所涉及的问题需要解释包括条约在内的国际法和适用在私人诉讼之间的国内侵权法。① 在 *Ibrahim v. Titan Corp.* 案中，法院认为，伊拉克的被拘禁国民对向与驻伊美军提供翻译和问讯人（interrogators）的私人承包商的酷刑行为提出的请求虽然与外交关系有点联系，而且原告认为涉及战争赔偿问题，但目前没有缔结与法院规则或者裁判相悖的战争赔偿协定，而且原告正在对私人提起的是违反联合国政策的行为，同时美国军事法庭对美军士兵开始了诉讼程序，因此不受政治问题理论禁止，是可裁判的。②

那么，虽然政府可以介入个案，③ 但是在《外国人侵权请求法》并没有规定可以介入深度的情况下，法院应如何对待政治问题理论？ 在 *Sosa* 案中，联邦最高法院并没有认定政府的意见应作为法律结论而被接受，也没有确立基于外交政策关切的不可裁判性标准。④ 因此，对于政府提交的意见，法院不应将其认定为具有约束力，最多类似于法庭之友，只有说服力，作为相关证据予以考虑。

（二）考虑因素

在决定是否遵从美国政府的意见时，法院必须平衡行政部门的利益、判决结果的一致性、诉讼的成本。也就是说，要考虑尽量减少国际人权诉讼的成本、平衡个人权利与政府利益、维护司法独立。⑤ 这样，对于政府提交的意见，法院只能是个案考虑的，不能也不应该不加分析地接受而撤销案件。这也符合联邦最高法院在 *Altmann* 案中所确立的要求，⑥ 而且在 *Sosa* 案中，最高法院也要求个案审查以免干涉美国的外交政策。⑦ 事实上，联邦法院一直以来基本都是根据行政部门所关切的问题的特定性与可预见性来决定是否撤销案件的。在 *Whiteman* 案和 *Ungaro-Benages* 案中，第二和第十一巡回法院最后都因政府部门提出的关切问题具有特定以及可预见的代价为由而撤销

---

① *In re Agent Orange Product Liability Litigation*, 373 F. Supp. 2d 7 (E. D. N. Y. 2005).

② *Ibrahim v. Titan Corp.*, 391 F. Supp. 2d 10 (D. D. C. 2005).

③ 28 U. S. C. § 517 (2000).

④ 542 U. S. 692, 728-729 (2004).

⑤ Margarita S. Clarens, *Deference, Human Rights and the Federal Courts: the Role of the Executive in Alien Tort Statute Litigation*, 17 Duke J. Comp. & Int'l L. 415, 431-432 (2007).

⑥ See *Republic of Austria v. Altmann*, 541 U. S. 677, 702 (2004).

⑦ *Sosa v. Alvarez-Machain*, 542 U. S. 692, 733 n. 21 (2004).

原告的请求。① 相反，在 Sarei 案中，第九巡回法院则因政府提出的利益声明"没有明确指明诉讼对和平进程的威胁"而拒绝遵从政府的立场。②

除了特定性标准，法院在承认《外国人侵权请求法》请求上设定了其他可能的限制。法院认为，对一个规范是否足够确定以支持诉因的判决必须涉及决定其对联邦法院可能引起的实际后果。③ 在 Sosa 案中，联邦最高法院设定了在接受根据《外国人侵权请求法》而提出新的请求上的司法限制的五点理由，④ 其中的一个理由就是对美国外交关系的潜在影响。

在考虑行政部门对《外国人侵权请求法》影响的意见的分量之前，法院应详细审查这些诉讼的影响。行政部门的此类意见看上去主观多于实际，而且可能是努力保护强大的被告公司而非美国的外交政策。⑤ 当然，行政部门向法院提交的这些声明是有说服性的。⑥ 然而，最高法院看似已经在2004 年底的一系列案件中并不注意小布什政府的指导了，即使政府所提出的建议是建立在国家安全的基础上。⑦ 非常有趣的是，在 Sosa 案中，法院并没有提及行政部门提出的《外国人侵权请求法》诉讼会危害美国的外交政策的观点。下级法院应接受来自最高法院的指导，并且拒绝行政部门认为《外国人侵权请求法》并不承认违反国际习惯法的请求的论断。⑧

---

① See *Whiteman v. Dorotheum GmbH & Co KG*, 431 F. 3d 57, 59-60 (2d Cir. 2005); *Ungaro-Benages v. Dresdner Bank AG*, 379 F. 3d 1227, 1235-1236 (11th Cir. 2004).

② See *Sarei v. Rio Tinto, PLC.*, 456 F. 3d 1069, 1082 (9th Cir. 2006).

③ *Sosa v. Alvarez-Machain*, 542 U. S. 692, 732-733 (2004).

④ *Sosa v. Alvarez-Machain*, 542 U. S. 692, 726-728 (2004).

⑤ Beth Stephens, *Sosa v. Alvarez-Machain "The Door Is Still Ajar" for Human Rights Litigation in U. S. Courts*, 70 Brook. L. Rev. 533, 566 (2004). See also Elliot J. Schrage, *Judging Corporate Accountability in the Global Economy*, 42 Colum. J. Transnat'l L. 153, 161 (2003); Beth Stephens, *U. S. Foreign Policy and Human Rights: Upsetting Checks and Balances: The Bush Administration's Efforts to Limit Human Rights Litigation*, 17 Harv. Hum. Rts. J. 169, 170 (2004).

⑥ See Lorelle Londis, *The Corporate Face of the Alien Tort Claims Act: How an Old Statute Mandates a New Understanding of Global Interdependence*, 57 Me. L. Rev. 141, 191 (2005).

⑦ Beth Stephens, *Sosa v. Alvarez-Machain "The Door Is Still Ajar" for Human Rights Litigation in U. S. Courts*, 70 Brook. L. Rev. 533, 567 (2004).

⑧ Beth Stephens, *Sosa v. Alvarez-Machain "The Door Is Still Ajar" for Human Rights Litigation in U. S. Courts*, 70 Brook. L. Rev. 533, 567 (2004). See also *Brief for the United States in Support of the Petition at 18, as Amici Curiae Supporting Petitioner, Jose Francisco Sosa, Petitioner v. Humberto Alvarez-Machain, et al.*, 542 U. S. 692 (2004) (No. 03-339).

对于小布什政府认为《外国人侵权请求法》诉讼将损害外交政策及妨碍反恐的观点，来自宾夕法尼亚州的共和党参议员及参议院司法委员会主席Specter并不支持。他认为，美国必须向世界表明美国是认真对待人权的，《外国人侵权请求法》诉讼将促进而不是妨碍美国的外交政策及对恐怖主义的斗争，美国只有执行《外国人侵权请求法》此类保护无辜受害人的法律，才有助于美国在反恐上的信誉。①

有专家指出，《外国人侵权请求法》诉讼与美国促进国际人权的外交政策是一致的。② 如果因人权诉讼损害到美国私人的商业利益而予以否定，则有损于美国的人权外交政策和信誉。很多原来的高级公务员都曾经指出，外国政府一般都能理解通过美国法院的私人诉讼与美国官方外交政策的不同，也不会因为在美国法院的个别诉讼而不参与诸如反恐战争这样的集体行动。③ 对此，法院都是比较赞同的。④ 法院在一些案件中已经指出，政府的利益声明必须符合现存的可裁判性原则，否则不会予以考虑，⑤ 而且在没有明显的外交政策关切时，法院一般都不会主动要求政府提交利益声明。

正如有学者所指出的，对于行政部门提出的《外国人侵权请求法》诉讼将损害外交政策的意见，法院不应予以重视的另一个原因是全球社会已经通过各种方法承认个人权利并将其法典化。因此，认为法院应避免裁判人权案件以免可能导致一些当事方在世界舞台上的尴尬的说法现在已经不像过去那么有说服力了。此外，司法判决可能使行政部门处于尴尬境地或者与其他国家冲突的机会也小了很多。现在，通过交流或者其本国的同样制度，大多数政府知道我们独立的行政部门如何运作。因此，司法部门作出的判决不一定是行政部门的观点的看法得到了更广泛的理解。如果司法部门过于倚重行政部门的意见，那么法律将随着特定政府的政策而演化，⑥ 而这是分权原则

---

① Arlen Specter, *The Court of Last Resort*, N. Y. Times, Aug. 7, 2003, at A23.

② See Sarah H. Cleveland, *The Alien Tort Statute, Civil Society, and Corporate Responsibility*, 56 RUTGERS L. REV. 971, 974 n.8 (2004).

③ *Brief of Amici Curiae Career Foreign Service Diplomats in Support of Respondent* at 11, 13, *Sosa v. Alvarez-Machain*, 542 U. S. 692 (2004) (No. 03-339), available at http://www.sdshh.com/Alvarez/DiplomatsAmicusBrief $1. pdf (last visited August 17, 2008).

④ See, e.g., *Presbyterian Church of Sudan v. Talisman Energy, Inc.*, No. 01 Civ. 9882 (DLC), 2005 WL 2082846 (S. D. N. Y. Aug. 30, 2005).

⑤ See *In re Agent Orange Prod. Liab. Litig.*, 373 F. Supp. 2d 7, 64 (E. D. N. Y. 2005).

⑥ Lorelle Londis, *The Corporate Face of the Alien Tort Claims Act: How an Old Statute Mandates a New Understanding of Global Interdependence*, 57 Me. L. Rev. 141, 188 (2005).

所竭力避免的。① Douglas 法官曾经警告说，毫不置疑地遵从行政部门对诉讼将损害外交政策的抱怨将导致法院"仅成为火中取栗的行政部门的仆人，而不是其他"。② 此外，全球化要求法院对于侵犯人权和国际法而非对外交政策的可能影响给予更多的考量。③

五、学者对政治问题理论的争论

（一）总统干预诉讼的弊端

政治考虑是不稳定的，这可能导致提出类似请求的当事人所获得的待遇不同，④ 小布什政府和克林顿政府在 *Unocal* 案中不同的立场就是典型例子。在另外一起《外国人侵权请求法》诉讼中，第九巡回法院认定，法院不受政府变更后的新政府的意见的约束。⑤ 同样，如果美国国务院对于同一案件前后立场不同，法院也不会完全遵从政府，⑥ 而且在国务院改变原来的解释后也可能拒绝认可。⑦

对政府意见的全盘接受会弱化联邦司法系统的权力并进而失去自主性。此外，这样也将政治考虑放进涉及个人基本权利的案件中，是不利于保护个人权利的。在 *Rasul v. Bush* 案中，⑧ 联邦最高法院认定被关押在关塔那摩的人可以提起《外国人侵权请求法》诉讼，否定了政府提出的法院不能审查军事决定的理由，毕竟虽然政府对可裁判性这些的问题的看法对法院的认定

---

① Lorelle Londis, *The Corporate Face of the Alien Tort Claims Act: How an Old Statute Mandates a New Understanding of Global Interdependence*, 57 Me. L. Rev. 141, 193 (2005). See also Beth Stephens, *U. S. Foreign Policy and Human Rights: Upsetting Checks and Balances: The Bush Administration's Efforts to Limit Human Rights Litigation*, 17 Harv. Hum. Rts. J. 169, 171 (2004).

② *First Nat'l City Bank v. Banco Nacional de Cuba*, 406 U. S. 759, 773 (1972).

③ Lorelle Londis, *The Corporate Face of the Alien Tort Claims Act: How an Old Statute Mandates a New Understanding of Global Interdependence*, 57 Me. L. Rev. 141, 193 (2005).

④ *First Nat'l City Bank v. Banco Nacional de Cuba*, 406 U. S. 759, 792 (1972) (Brennan, J., dissenting).

⑤ *In re Estate of Marcos Human Rights Litig.*, 978 F. 2d 493, 500 (9th Cir. 1992); See also *Sarei v. Rio Tinto PLC*, Nos. 02-56256, 02-56390, 2006 WL 2242146 (9th Cir. Aug. 7, 2006).

⑥ *Abourezk v. Reagan*, 785 F. 2d 1043, 1055-1056 (D. C. Cir. 1986), aff'd per curiam, 484 U. S. 1 (1987).

⑦ *Turtle Island Restoration Network v. Evans*, 299 F. 3d 1373, 1377 (Fed. Cir. 2002).

⑧ 542 U. S. 466 (2004).

有影响，但政府的看法本身不具有最终决定性。

事实上，与小布什总统的看法相反，《外国人侵权请求法》诉讼有助于美国履行国际义务，① 提高美国在海外的形象。甚至有法官认为，政府部门在《外国人侵权请求法》诉讼中不起作用，因为"如果国会决定外国人可以在联邦法院起诉，则只有国会才有权决定这些诉讼不被审理"。②

（二）如何解决总统干预诉讼的弊端

许多学者已经认识到了在《外国人侵权请求法》诉讼中过度地遵从行政部门所引发的问题。对此，有学者认为，国会应该对遵从行政部门的决定予以限制，③ 以免行政部门作出对外国政府不利的决定时损害美国的外交政策利益。

很多学者提出了在《外国人侵权请求法》诉讼中如何限制遵从行政部门的三种解决方案：第一，法院应停止继续遵从行政部门，因为这种司法创造的遵从在《外国人侵权请求法》请求中是不合适的；第二，跨国公司应管好自己的行为以限制《外国人侵权请求法》诉讼的动机；最后，有些学者提出建立一个国际规制体制来让跨国公司对其违反万国法的行为承担责任。

一位著名的外交关系法学者认为：

> "全球相互联系的日益加强以及国际公法与国际私法之间的分解意味着几乎任何涉外问题现在都可以视为'影响'外交事务……随着'外交关系'种类……的扩张，司法上的外交关系影响测试（a judicial foreign relations effects test）削弱了。"④

另一位学者认为，由于日益全球化的影响，个人权利应比外交事务得到

---

① Brief of Professors of Federal Jurisdiction and Legal History as Amici Curiae in Support of Respondents at 8, Sosa, 542 U. S. 692（No. 03-339）, available at http://www. sdshh. com/Alvarez/SosaHistoriansAmicus $1. pdf（last visited December 4, 2008）.

② Tel-Oren v. Libyan Arab Republic, 726 F. 2d 774, 789（D. C. Cir. 1984）（Edwards, J., concurring）.

③ David D. Christensen, Corporate Liability for Overseas Human Rights Abuses: The Alien Tort Statute after Sosa v. Alvarez-Machain, 62 Wash. & Lee L. Rev. 1219, 1257-1265（2005）.

④ Jack L. Goldsmith, The New Formalism in United States Foreign Relations Law, 70 U. Colo. L. Rev. 1395, 1413（1999）.

更大的关注和遵从。① 然而，考虑到法院长期在外交事务领域遵从行政部门的历史，② 期望法院突然在《外国人侵权请求法》诉讼中改变这种遵从的程度看上去是徒劳的。

还有学者认为，最好是通过立法限制法院对政府的遵从。③ 该学者认为，通过《外国主权豁免法》的历史可以看出，将豁免的决定从政府部门转移到司法机关就可以减少政府部门所面临的外交压力。对于《外国人侵权请求法》也同样如此，一方面可以减少政府的干预；另一方面由法院来裁判，可以减少政府部门的外交压力。毕竟，国会在外交事务中也是发挥着重大作用的。

至于如何利用立法来解决，有学者提出两点意见：首先，国会在《外国人侵权请求法》诉讼中区分私人行动者和公共官员被告；其次，国会可以明确地表明行政部门关于美国的外交政策的关切何时是最相关的。参议员 Feinstein 于 2005 年提出议案，建议将《外国人侵权请求法》修正为：

"如果总统或者总统指派的人以书面形式向法院充分地证明根据《外国人侵权请求法》行使管辖权会对美国的外交政策利益产生不利影响，则法院不应继续审理案件的实体问题。"④

这一议案极大地扩张了行政部门的权限，不利于法院审理《外国人侵权请求法》诉讼，遭到众多的反对和批评。在提出该议案一周后，Feinstein 就主动撤回了该议案。⑤

在当前背景下，如有的学者所希望的那样在《外国人侵权请求法》诉

---

① See Peter J. Spiro, *Globalization and the (Foreign Affairs) Constitution*, 63 Ohio St. L. J. 649, 653 (2002).
② See *United States v. Curtiss-Wright Exp. Co.*, 299 U. S. 304, 320 (1936).
③ Aron Ketchel, *Deriving Lessons for the Alien Tort Claims Act from the Foreign Sovereign Immunities Act*, 32 Yale J. Int'l L. 191, 211 (2007).
④ S. 1874, 109th Cong. <section> 1350 (e) (2005).
⑤ See Anthony J. Sebok, *Senator Feinstein's Now-Withdrawn Statute Limiting Non-Citizens' Tort Claims: How Would It Have Affected Abu-Ghraib-Related Civil Suits and Other Similar Civil Actions?*, http://writ. news. findlaw. com/sebok/20051031. html (last visited August 20, 2008).

讼中完全不适用政治问题理论，① 恐怕是不现实的。毕竟，政治问题理论在平衡立法、行政、司法各机关上有不可或缺的作用。② 然而，作为一项自由裁量的原则，政治问题理论适用时也必须非常谨慎，不能仅因为《外国人侵权请求法》诉讼涉及政治背景就认为该诉讼提出了法院不可裁判的政治问题。在决定是否应在《外国人侵权请求法》诉讼中适用政治问题理论时，美国行政部门必须非常谨慎，③ 避免过多干预司法审判和司法独立；同时，法院对于行政部门提出的意见，也仅是参考而已，不应不加审查地就予以遵从继而以政治问题理论为由撤销诉讼，这样将损害被害人的利益，也无助于相关国际法规范的执行和美国政府在维护和遵守国际法规范上的形象。

第七节　判决的承认与执行问题

由于很多被告在美国没有资产，对于受害人而言，在《外国人侵权请求法》基础上作出的司法裁决的实际价值常常没那么重大，他们很难得到裁决给他们的金钱。根据美国学者的统计，只有 3 起《外国人侵权请求法》判决得到真正的执行，分别是从菲律宾前总统马科斯的遗产中获得 100 多万美元；从 Suarez-Mason 和 Kelbessa Negewo 处各获得近 1,000 美元；2003 年从 Romagoza 案中的被告处获得 270,000 美元。④ 当然，要求执行判决的努力仍在继续。例如，Filartiga 家族要求延长执行 Filartiga v. Pena-Irala 案的判决，而且要求被告 Pena-Irala 所在的巴拉圭法院予以执行。

另外，由于目前国际上并没有统一的对外国判决的承认与执行的机制，判决的域外执行也比较困难，美国法院作出的《外国人侵权请求法》判决也难以在外国得到承认与执行。有学者原来寄希望于《海牙民商事管辖权

---

① Nancy S. Williams, *Political Question or Judicial Query: An Examination of the Modern Doctrine and Its Inapplicability to Human Rights Mass Tort Litigation*, 28 Pepp. L. Rev. 849 (2001).

② J. Peter Mulhern, *In Defense of the Political Question Doctrine*, 137 U. Pa. L. Rev. 97 (1988).

③ Brian C. Free, *Awaiting Doe V. Exxon Mobil Corp.: Advocating the Cautious Use of Executive Opinions in Alien Tort Claims Act Litigation*, 12 Pac. Rim L. & Pol'y J. 467 (2003).

④ Sandra Coliver, Jennie Green & Paul L. Hoffman, *Holding Human Rights Violators Accountable by Using International Law in U. S. Courts: Advocacy Efforts and Complementary Strategies*, 19 EMORY INT'L L. REV. 169, 179 (2005).

和外国判决公约》,① 但最终该公约草案没有通过,取而代之的是《协议选择法院公约》,这并没有为《外国人侵权请求法》判决在外国的承认和执行提供法律基础。

正如有学者所指出的:

> 《外国人侵权请求法》诉讼的影响是理论多于实际……*Filartiga* 案之后的很多判决都没有得到执行……对于原告而言,这些诉讼的主要收获是所产生的舆论关注。②

小　结

表面上看,《外国人侵权请求法》赋予了外国原告广泛的救济机会,外国人可以在美国联邦法院提起民事诉讼,要求法院追究被告的民事责任。然而,由于美国国内法律制度的影响以及全球民事诉讼制度的协调不够,《外国人侵权请求法》诉讼要真正被受理,受害人的请求被法院审判并且在胜诉后得到赔偿金,原告还要经历很长一段的考验。

对于原告提起的《外国人侵权请求法》诉讼,被告首先就是从程序上进行抗辩,即使原告证明法院具有对人管辖权和事项管辖权,被告仍然可以提出不方便法院、用尽当地救济、国家豁免、国家行为理论、国际礼让、政治行为理论等各方面的抗辩,加上美国国务院、司法部等的从中干涉,许多《外国人侵权请求法》诉讼最终都没有走到实质的审判阶段,法院同意了被告提出的撤销诉讼或者简易判决的动议,让许多原告希望越大失望越大。

围绕着《外国人侵权请求法》诉讼,各方当事人以及相关的利益团体各显神通,在诉讼中和诉讼外提出各种各样的理论与观点,法院在各个诉讼之中也就这些问题表明自己的立场。这样一来,不方便法院、国家豁免、国家行为理论、国际礼让、政治行为理论在实践中经受了检验与挑战,也产生了一些新的变化。对此,Jeffrey Davis 曾经有专门的研究,他通过利益团体、公司的资源、被告的身份、主权豁免、国家行为理论、政治问题理论、总统

---

① Beth Van Schaack, *The Civil Enforcement of Human Rights Norms in Domestic Courts*, 6 ILSA J. Int'l & Comp. L. 295, 298-299 (2000).

② Anne-Marie Slaughter & David Bosco, *Plaintiff's Diplomacy*, 79 Foreign Aff. 102 (2000).

的党派、法官的党派与意识形态等定量分析了《外国人侵权请求法》诉讼的胜败，得出的结论是：法官正在接受普遍性与国际主义、不再重视主权豁免之类的抗辩、政治行为理论等仍然发挥作用。① 随着实践的继续和《外国人侵权请求法》诉讼在不断兴起，对人的尊重更加得到承认，相关的理论也必将有所变化和更新，《外国人侵权请求法》诉讼的障碍或许会有所减少。

---

① Jeffrey Davis, *Justice without Borders: Human Rights Cases in U. S. Courts*, 28 Law & Policy 60（2006）.

第六章　美国《外国人侵权请求法》诉讼与其他国家相关实践之比较

随着国内法院面对越来越多的涉及国际法律事项的案件，法官们发现他们自己积极地参与国际法的演化。① 当面对这些常常是未知而又模糊的法律领域的裁判时，国内法院的法官开始向外国的法律先例寻求司法指导，外国的司法判决因而成了国内判决的重要渊源，因为它们帮助澄清和阐述国际法问题并且提供了法律框架。②

Filártiga 案及随后的其他类似案件并没有在美国领域外引起任何兴趣，直到 20 世纪 90 年代中期，*Kadic* 案在欧洲引发了越来越多的关注。③ 同时，与 *Filártiga* 案类似的 *Al-Adsani v. Kuwait* 案英国出现。④ 20 世纪 90 年代末期，一些指向公司被告的案件引起了欧洲的注意，包括针对两家欧洲公司的 *Wiwa v. Royal Dutch Petroleum Co.* 案。⑤ 在 *Wiwa* 案中，被告要求以不方便法院撤销案件，因此引起了原告和被告对在英国或者荷兰提起诉讼的可能性的争论。

遵循 *Filartiga* 案，美国法院为在各国国内法院对遥远的政府或者私人行动者所实施的侵犯人权提起民事诉讼提供了先例。⑥ 少数国家的法院在面临与《外国人侵权请求法》诉讼类似的案件时，注意到了美国的实践，⑦ 甚

---

① See Charlotte Ku & Christopher J. Borgen, *American Lawyers and International Competence*, 18 Dick. J. Int'l L. 493, 499 (2000); see also Karen Knop, *Here and There: International Law in Domestic Courts*, 32 N. Y. U. J. Int'l L. & Pol. 501, 504 (2000).

② See Melissa A. Waters, *Mediating Norms and Identity: The Role of Transnational Judicial Dialogue in Creating and Enforcing International Law*, 93 Geo. L. J. 487, 494 (2005).

③ *Kadic v. Karadzic*, 70 F. 3d 232 (2d Cir. 1995).

④ *Al-Adsani v. Government of Kuwait*, 107 I. L. R. 536, 538-39 (Eng. C. A. 1996).

⑤ 226 F. 3d 88 (2d Cir. 2000), cert. denied, 121 S. Ct. 1402 (2001).

⑥ See Dapo Akande, *International Law Immunities and the International Criminal Court*, 98 Am. J. Int'l. L. 407, 408 (2004).

⑦ 即本章将讨论的 *Bouzari* 案、*Jones* 案、*Ferrini* 案和 *Voiotia* 案。

至对于公司的域外行为也适用国内侵权法。① 在加拿大，对 Cambior 提起了
诉讼，类似的诉讼在澳大利亚和解了。② 在英国，也出现了类似诉讼。③ 在
比利时，还对 Total 提起了刑事诉讼。④ 至于结果，仍然存在着许多法律障
碍。⑤ 加拿大法院最终撤销了 Cambior 案，理由是圭亚那是更合适的法院。⑥
很多国家采双重可诉原则，以至于域外侵权请求难以得到支持。⑦ 此外，主
权豁免是这些诉讼的潜在障碍，这些国内法院通过考虑主权豁免的相关争点
而解决了违反国际法的侵权诉讼。⑧ 由于英国、加拿大、意大利和希腊对于
违反国际法的侵权诉讼的实践比较有代表性，影响也大，下面我们将予以讨
论。在案例分析的基础上，我们分析了其他国家没有美国《外国人侵权请

① See Halina Ward, *Securing Transnational Corporate Accountability through National Courts: Implications and Policy Options*, 24 Hastings Int'l & Comp. L. Rev. 451, 456 (2001); see also Richard Meeran, *Accountability of Transnationals for Human Rights Abuses*, 148 New L. J. 1686 (1998).

② See Halina Ward, *Securing Transnational Corporate Accountability through National Courts: Implications and Policy Options*, 24 Hastings Int'l & Comp. L. Rev. 451, 457-458 (2001).

③ 英国上议院拒绝撤销案件，认为如果撤销案件而在南非诉讼的话原告难以得到救济。See *Lubbe v. Cape PLC* (No. 2), 1 E. L. R. 1545 (H. L. 2000).

④ See Caroline Kaeb, *Emerging Issues of Human Rights Responsibility in the Extractive and Manufacturing Industries: Patterns and Liability Risks*, 6 Nw. U. J. Int'l Hum. Rts. 327, 328 (2008).

⑤ See Caroline Kaeb, *Emerging Issues of Human Rights Responsibility in the Extractive and Manufacturing Industries: Patterns and Liability Risks*, 6 Nw. U. J. Int'l Hum. Rts. 327 (2008); Halina Ward, *Securing Transnational Corporate Accountability through National Courts: Implications and Policy Options*, 24 Hastings Int'l & Comp. L. Rev. 451, 457-458 (2001).

⑥ Halina Ward, *Securing Transnational Corporate Accountability through National Courts: Implications and Policy Options*, 24 Hastings Int'l & Comp. L. Rev. 451, 457 (2001).

⑦ See generally Beth Stephens, *Translating Filartiga: A Comparative and International Law Analysis of Domestic Remedies for International Human Rights Violations*, 27 Yale J. Int'l 1, 32 (2002). 英国虽然从成文法上废除了双重可诉规则，但是在判例法上，通过实体与程序的识别、更密切联系地法的适用等方法，双重可诉规则实际上是在"复辟"的。参见宋晓：《双重可诉规则：进退之际》，载《改革开放三十年与中国国际私法 2008 年中国国际私法学会年会论文集》，第 511～513 页。

⑧ See Markus Rau, *After Pinochet: Foreign Sovereign Immunity in Respect of Serious Human Rights Violations - The Decision of the European Court of Human Rights in the Al-Adsani Case*, 3 Ger. L. J. 6 (2002).

求法》这样的立法、类似的诉讼实践也缺乏的原因。

第一节　英国以及欧洲人权法院的案例

英国法院、欧洲人权法院审理的 *Al-Adsani* 案和英国上议院审理的 *Jones* 案影响比较大，也比较有代表性，下面，我们分别予以介绍。而对于 *Bankovic* 案和 *Loizidou* 等案例，① 我们则不予介绍。

一、*Al-Adsani* 案

在英国法院审理的 *Al-Adsani v. Government of Kuwait* 案中，② Al-Adsani 是英国公民，同时也具有科威特国籍，声称其于 1991 年在科威特被一名科威特王子绑架、殴打以及非法拘禁。在回到英国后，Al-Adsani 住院 6 周，之后因精神创伤而引发的问题接受治疗。在英国期间，他受到严重的威胁，病情加重，被要求不能曝光或者对侵权人采取措施或者提起诉讼。Al-Adsani 声称，该王子是科威特埃米尔的亲戚，曾经与其他人一起使用科威特政府的汽车、房屋和工作人员实施侵权行为。

为此，Al-Adsani 在英国对该王子和其他人以及科威特政府提起民事诉讼。之后，Al-Adsani 获得了针对该王子的缺席判决，③ 法院认为，根据 *Filártiga* 案确立的原则，不管可以适用的豁免是什么，对于违反国际人权规范的行为可以提起诉讼，被告的行为不能享有豁免。但应科威特政府的申请，针对科威特政府的诉讼被法院撤销了。英国上诉法院认为，Al-Adsani 并没有盖然性地证明科威特政府对于 Al-Adsani 在英国所受到的威胁负有责任，而且 *Filártiga* 案并没有讨论豁免问题，也没有承认存在主权豁免的例外。根据 1978 年的《国家豁免法》，不存在原告所主张的豁免例外。同时，考虑到 Al-Adsani 所诉的行为发生在科威特，法院并不认为关于酷刑的国际法高于阻止当事人起诉国家的主权豁免原则，针对该王子的判决也被推翻。

Al-Adsani 向欧洲人权法院提起诉讼，认为英国法院撤销其诉讼是不当

---

① See Eric Engle, *Private Law Remedies for Extraterritorial Human Rights Violations*, Inauguraldissertation, zur Erlangung der Doktorwürde, der Fakultät für Rechtswissenschaft, der Universität Bremen, 2006, pp. 187-194.

② *Al-Adsani v. Government of Kuwait*, 107 I. L. R. 536, 538-539 (Eng. C. A. 1996).

③ 尽管可以对私人被告作出缺席判决，然而 Al-Adsani 的律师认为，当被告在英国没有可供扣押或者执行的财产时，缺席判决也没什么意义。Geoffrey Bindman, *How Courts Condone Torture*, The Times, Mar. 25, 1997, at 41.

的，侵犯了其诉诸法院以及寻求违反强行法规范的酷刑的救济的权利。2001年 11 月 21 日，欧洲人权法院以 9 比 8 的多数意见驳回了他的请求。① 虽然多数意见承认禁止酷刑是国际强行法规范，但是区分了个人的刑事责任与国家的民事责任，认为强行法在刑事诉讼中具有程序效力，而在民事诉讼中则没有。多数意见指出，虽然豁免是对法院裁判实体权利的程序性限制，诉诸法院的权利并不是绝对的。主权豁免是一个源于平等者之间无管辖权的国际法概念，意味着一国不受另一国的管辖，在民事诉讼中授予一国主权豁免符合通过尊重另一国主权而促进各国礼让和友好关系并且遵守国际法的合法目的。多数意见认为，对《欧洲人权公约》第 6（1）条诉诸法院的规定进行限制是合理的，如果这些限制被各国普遍接受为国家豁免的一部分。多数意见承认，皮诺切特案这样的刑事诉讼与本案这样的民事诉讼之间存在差别。持反对意见的法官认为，既然禁止酷刑是国际强行法规范，就必然高于任何其他不具有强行法规范性质的规范，因此，不管被告是主权国家还是个人，也不管是民事还是刑事案件，既然国家豁免不是强行法规范，则应该从属于禁止酷刑的规范，不能授予被告豁免。

对于欧洲人权法院的判决，我们可以追问一句：既然豁免的程序性特征并不妨碍对违反强行法的犯罪的刑事追诉，为什么在民事诉讼中就妨碍了诉讼呢？事实上，国际法上并没有区分实体规范与程序规范的明确标准。即使豁免在国内法层面上是程序性的，根据国际法，它也是与任何其他规范一样的规范，会与禁止酷刑这样的强行法规范相冲突。另外，对于是否要授予豁免，判断的标准一般也是行为的目的或性质，与诉讼的程序性质是刑事的抑或民事的不相关，以诉讼程序的不同而决定是否豁免没有任何历史的或者理论的根据。②

对于欧洲人权法院的判决，一些学者有相关的评论。③ 有学者认为，并没有证据表明不予豁免可能恶化法院地国与被告国的双边关系，也没有必要担心诉讼泛滥。如果国内法院在面临严重侵犯人权时不予国家豁免，所有的

---

① *Al-Adsani v. United Kingdom*, App. 35763/97（Eur. Ct. H. R. Nov. 21, 2001）.

② Lorna McGregor, *State Immunity and Jus Cogens*, 55 ICLQ 437, 444（2006）.

③ See Ed Bates, *The Al-Adsani Case, State Immunity and the International Legal Prohibition on Torture*, 3 Human Rights Law Review 193（2003）; Ed Bates,（*Case Comment*）*Article* 6: *Right to A Fair Trial*, E. L. Rev. 2002, 27 Supp（Human rights survey 2002）; Emmanuel Voyiakis, *Access to Court v State Immunity*, 52 ICLQ 297（2003）; Richard Garnett, *Access to Justice*; *Right to Fair Trial*; *State Immunity. State Immunity Triumphs in the European Court of Human Rights*, 118 Law Quarterly Review 367（2002）.

受害人都会到法院地来起诉，这个风险也是理论上的。不予豁免在实践中会起到预防作用，威慑在国外有资产的政府实施酷刑行为，更少的酷刑行为就意味着更少的诉讼。更重要的是，存在很多程序保障来避免诉讼泛滥，例如不方便法院原则。在 *Al-Adsani* 案中，受害人不能从科威特获得救济，进入英国法院是唯一能获得正义的选择。①

此外，前南国际刑事法庭、塞拉利昂特别法庭都已经确认，违反强行法的大赦无效。② 不少学者也持类似观点。③ 对此，也有学者从另外的视角来评论，认为欧洲人权法院所面对的不是禁止酷刑的强行法与国家豁免原则的冲突，而是国家豁免原则与诉诸法院的权利的冲突，在涉及侵犯基本人权与自由的争议时，国家豁免原则在慢慢调适，以适应国际社会的现实与需要。④

二、*Jones* 案

(一) 案情简介

在 *Jones v. Saudi Arabia* 案中，酷刑受害人对外国国家和外国官员提起

---

① Alexander Orakhelashvili, *State Immunity and Hierarchy of Norms*: *Why the House of Lords Got It Wrong*, 18 Eur. J. Int'l L. 955, 956-957 (2007).

② *The Prosecutor v. Furundzija*, Judgment of 10 Dec. 1998, IT-95-17/I-T, at para. 155; *Prosecutor v. Morris Kallon & Brimma Bazzy Kamara*, SCSL-2004- 15-AR72 (E) & SCSL-2004-16-AR72 (E), Decision of 13 Mar. 2004, at para. 71; *Prosecutor v. Augustine Gbao*, SCSL-2003-01-I, Decision of 31 May 2004, at para. 9.

③ Adam C. Belsky, Mark Merva & Naomi Rhot-Arriaza, *Implied Waiver under the FSIA*: *A Proposed Exception to Immunity for Violations of Peremptory Norms of International Law*, 77 California L Rev 365 (1989); Reinmann, *A Human Rights Exception to Sovereign Immunity*: *Some Thoughts on Princz v Federal Republic of Germany*, 16 Michigan J Int'l L 403 (1995); Magdalini Karagiannakis, *State Immunity and Fundamental Human Rights*, 11 Leiden J Int'l L 9 (1998); Katherine Reece Thomas & Joan Small, *Human Rights versus State Immunity*: *Is there Immunity from Civil Liability for Torture?* 50 Netherlands Int'l L Rev. 1 (2003); Kerstin Bartsch & Björn Elberling, *Jus Cogens vs. State Immunity*, *Round Two*: *The Decision of the European Court of Human Rights in the Kalogeropoulou et al. v. Greece and Germany Decision*, 4 German LJ 477 (2003); Christopher Keith Hall, *UN Convention on State Immunity*: *The Need for a Human Rights Protocol*, 55 ICLQ 411 (2006); Lorna McGregor, *State Immunity and Jus Cogens*, 55 ICLQ 437 (2006).

④ Leandro de Oliveira Moll, *Case Note*: *Al-Adsani v United Kingdom - State Immunity and Denial of Justice with respect to Violations of Fundamental Human Rights*, 4 Melbourne Journal of International Law 561 (2003).

侵权诉讼，这就需要决定英国法院能否对该诉讼行使管辖权。① 在该案中，原告是英国公民，声称在沙特被监禁期间遭受了系统性的酷刑，故对沙特及其高级政府官员提起民事诉讼。原告声称，酷刑是一种侵权行为，而且他们有权因被告的酷刑行为而遭受的身体和精神上的损害要求赔偿。在答辩中，沙特提出主权豁免的抗辩。

上诉法院将判决意见分为两部分，首先处理国家的主权豁免问题，其次讨论国家官员的主权豁免问题。在第一个问题上，法院快速地撤销了对沙特的请求。法院支持主权豁免适用于民事诉讼中的国家的观点，即使国家违反了诸如禁止酷刑这样的国际法的强制规范。法院认为，这样的判决与国际法的一般原则是一致的。关于涉及国际犯罪的国家官员在民事诉讼中的主权豁免，法院承认国际法继续在演化，因而审查了外国的和国际的案例来寻求指导。法院广泛地审查了美国的案例和评论，承认美国的判例法与所讨论的问题相关。特别是，法院考虑了美国《外国人侵权请求法》诉讼的相关判例，尤其是涉及国家官员的主权豁免问题的 *Filartiga* 案及相关案例，接受了源自美国判例法的理论，即主权豁免并不绝对排斥对个人所实施的国际犯罪提起民事诉讼。法院认定，国家官员或者任何其他行使官方权力的人如果参与了系统性的酷刑，则不能享有主权豁免。通过这样的推理论证，法院依据《联合国禁止酷刑公约》中所支持的原则及美国对《外国人侵权请求法》判例法的立场，表明了维护个人人权的变化。②

被告认为，刑事和民事豁免之间存在根本性的差异，对此，法院依据美国的理论与实践予以反驳。关于两种诉讼的相似性，法院尊重了 Breye 法官在 *Sosa* 案中的并存意见。此外，法院注意到了为酷刑受害人提供民事救济的积极功能，拒绝授予实施了系统性酷刑的国家官员以绝对豁免。然后，着眼于美国的判例法，法院说明这种管辖权障碍不至于要求英国绝对禁止裁判涉及侵犯人权的案件。对于美国法院所认为的裁判涉及外国当事人的案件并不会彻底地损害外交关系与国际和谐的观点，英国上诉法院慎重地予以采用，因而认定不应禁止审理国际人权民事请求。

英国上诉法院认为，根据国际法、英国普通法和 1978 年的《国家豁免

---

① See *Jones v. Saudi Arabia*, 2004 EWCA（Civ）1394（2004）.

② See Jean Allain & John R. W. D. Jones, *A Patchwork of Norms: A commentary on the 1996 Draft Code of Crimes against the Peace and Security of Mankind*, 18 Eur. J. I. L. 1（2003）.

法》，实施了酷刑行为的国家官员无权主张绝对的国家豁免。相反，上诉法院授予英国法院是否审理这些类别的案件的自由裁量权。在决定是否要审理这些系统性酷刑的请求时，上诉法院为英国法院规定了一个"平衡测试"作为参考。这种比例方法权衡各种因素，包括是否能在酷刑行为发生地国得到充分的救济以及管辖权障碍的存在，含不方便法院原则和民事判决得到执行的可能性。法院然后指出，并不预想这个判决会导致外国侵权请求流入英国法院，因为在英国司法制度不是没有管辖权障碍的。最后，上诉法院将案件发回下级法院以对判决作进一步考虑。

上诉法院的判决作出后，当事人上诉到上议院，英国政府宪法事务部提交声明，支持沙特王国；布莱尔首相声称，我们在本案中的干预是为了确保国际法规则和国家豁免得到充分、准确的阐释与维护，我们反对酷刑的立场并未改变，我们在任何情形下都谴责酷刑。① 另一方面，大赦国际等非政府组织则希望确认上诉法院的判决。经过审理，Bingham 勋爵和 Hoffman 勋爵代表上议院发表意见，一致认定，1978 年《国家豁免法》规定的国家豁免授予沙特王国享有管辖豁免，而且这种豁免延伸适用于国家官员、公务员或代理人。另外，就豁免而言，并不表示就是不成比例地干涉《欧洲人权公约》第 6（1）条规定的诉诸法院的权利。

上议院的判决主要基于两个原则：第一，酷刑是国家的官方行为，所以就民事请求而言，属物理由的豁免（ratione materiae immunity）附属于国家；第二，附属于国家的属物理由的豁免不能通过对代表国家的个人提起诉讼的方式来规避。Bingham 勋爵认为：

> 外国国家有权为其公务员主张豁免，就如同国家自身被起诉一样……一个国家只能通过公务员和代理人来行为，他们的职权行为就是国家的行为，而这方面的国家豁免是国家豁免原则的根基……一个行为不合法或者是可以反对的本身并不能否定豁免，而且《联合国国家及其财产管辖豁免公约》第 2（1）（b）（iv）条明确规定"国家"包括"国家的代表者"。②

---

① HC Deb. , Vol. 447, col. 768（14 June 2006）.

② [2006] UKHL 26.

（二） 对 Jones 案的分析

Jones 案说明了 Filartiga 案之后美国之外的其他国家的态度。该案不同于美国《外国人侵权请求法》案例之处在于，不像《外国人侵权请求法》诉讼中原告是外国国民，Jones 案的原告是法院地所在国家的公民。不过，本案在性质上与《外国人侵权请求法》诉讼是一样的，都属于违反国际法的侵权诉讼，因为酷刑行为发生在法院地之外，而且所声称的酷刑等同于侵犯人权和侵权法上的民事诉因。最有意义的是，英国上诉法院拒绝承认存在提起这些种类的请求的绝对障碍，宣布主权豁免并不适用于实施了侵犯国际人权的主权官员。这样做，审理 Jones 案的上诉法院成了国际人权侵权诉讼的法院地，然而该法院警告英国其他法院要注意平衡其所提出的测试。

在 Jones 案中，上诉法院承认没有任何其他国家像美国一样发展出如此程度的违反国际法的侵权诉讼的判例法。因此，虽然在 Jones 案中英国上诉法院注意到了美国《外国主权豁免法》与英国《国家豁免法》的不同以及英国没有与《外国人侵权请求法》类似的立法，上诉法院仍然将美国的相关做法作为处理此类诉讼的法律框架，主要的意义在于审理 Jones 案的上诉法院通过援引美国法院对限制主权豁免是符合国际法的一般原则的认定，判决主权豁免不是参与侵犯人权的国家官员的绝对护身符，最终遵从了美国法院对国际习惯法的解释。

上诉法院和上议院分歧的关键之处在于，像酷刑这样的国际罪行是否能被认为是国家的官方行为而享受豁免。

Al-Adsani 案中提出的禁止酷刑这样的强行法是国家豁免规则的上位法，这个观点受到批评，① 而且希腊、意大利和加拿大的司法实践也不一致。在国际法上，毫无疑问，皮诺切特案以及所受到的广泛的舆论关注，都导致支持这样一个观点，即不论在民事还是刑事诉讼中，国家官员实施的酷刑行为无权享受豁免。② 然而，国际法院在逮捕令案中指出，强行法规范并不自动

---

① Lee M. Caplan, *State Immunity, Human Rights, and jus cogens: A Critique of the Normative Hierarchy Theory*, 97 Am. J. Int'l. L. 741 (2003); Andrea Gattini, *War Crimes and State Immunity in the Ferrini Decision*, 3 J. Int'l Crim. Just. 224 (2005).

② International Law Commission, *Report of the Working Group on Jurisdictional Immunities of States and their Property*, A/CN. 4/L. 576 (1999), Appendix at para. 12.

地使得其他国际法规则无效。① 在刚果民主共和国诉卢旺达一案中，国际法院也确认，违反强行法规范并不能就自动地触发管辖权。② 另外，《联合国国家及其财产管辖豁免公约》也并没有规定强行法或者禁止酷刑这样的规范的效果。在理论界，Fox 指出，国家豁免是国内法院管辖权的程序性规则，并不是实体法，并不因为违反强行法而影响国家豁免的程序性。③ 在 Al-Adsani 案四年半后，所谓的等级规范理论被 Jones 案废除了。

Hoffman 勋爵认为，《联合国禁止酷刑公约》仅仅是不承认刑事追诉中的豁免而已，但是这并不影响民事责任的豁免。根据《联合国禁止酷刑公约》第 1 条对酷刑的定义，酷刑必然是国家的官方行为。对于 Ferrini 案，④ Bingham 勋爵认为，这并没有构成一项国际法规则。他认为 Bouzari 案⑤比较合理，该案坚持了酷刑在民事诉讼中的豁免。国家豁免是确立的规则，只有各国实践和协定才能规定例外，不受所争议的问题是否属于官方性或者违反强行法规范的影响。

至于大赦国际等援引美国的《外国人侵权请求法》以及相关的判决的立场，上议院认为，在逮捕令案中，国际法院的 Higgins 等法官指出，美国的《外国人侵权请求法》规定了广泛的域外管辖权，但这并没有成为各国

---

① *Democratic Republic of the Congo v Belgium* ('*Case concerning Arrest Warrant of* 11 *April* 2000'), ICJ Reports 2002, 3. 对于该案的判决书以及法官们的各自立场与意见，可以在国际法院的网站上找到，http：//www. icj-cij. org/docket/index. php? p1 = 3&p2 = 3&k = 36&case = 121&code = cobe&p3 = 4（last visited August 4，2008）.

② *Democratic Republic of the Congo v Rwanda*，ICJ Reports 2006，6. 3. 对于该案的管辖权裁定以及法官们的各自立场与意见，可以在国际法院的网站上找到，http：//www. icj-cij. org/docket/index. php? p1 = 3&p2 = 3&k = 19&case = 126&code = crw&p3 = 4&PHPSESSID = 3fd7e86529126721da3955fbe9a27b6c（last visited August 4，2008）. 中文本的简单介绍参见国际法院 2006 年的报告，http：//www. un. org/chinese/ga/61/docs/a61 _ 4/judical7. htm（last visited August 4，2008）.

③ Hazel Fox，*The Law of State Immunity*，Oxford University Press，2004，p. 525.

④ 对于该案，后面有专门介绍。

⑤ *Bouzari v Iran*（*Islamic Republic*），2002 CarswellOnt 1469，[2002] O. J. No. 1624，[2002] O. T. C. 297（Ont. S. C. J. May 01，2002）；Affirmed by *Bouzari v Iran*（*Islamic Republic*），243 D. L. R.（4th）406，220 O. A. C. 1，2004 CarswellOnt 2681，71 O. R.（3d）675，122 C. R. R.（2d）26，[2004] O. J. No. 2800（Ont. C. A. Jun 30，2004）；Leave to appeal refused by *Bouzari v Iran*（*Islamic Republic*），[2005] 1 S. C. R. vi，204 O. A. C. 399（note），337 N. R. 190（note），2005 CarswellOnt 292，2005 CarswellOnt 293，122 C. R. R.（2d）376（note），[2004] S. C. C. A. No. 410（S. C. C. Jan 27，2005）.

的一般实践。因此，在本案中对沙特王国进行管辖是没有根据的。至于前南国际刑事法庭在 *Furundzija* 案①中提出的对于酷刑可以提起国际民事诉讼的建议，上议院认为这只是附带性意见，所以不被上议院接受。

此外，《联合国禁止酷刑公约》第 14 条也明确表明，② 缔约国仅有义务对于在自己管辖范围内发生的而非国际性的酷刑行为提供民事救济。同时，对于禁止酷刑委员会提出的要求缔约国允许国际民事诉讼的建议，③ 也遭到了上议院的拒绝。所以，Bingham 勋爵也同意这样的观点，即上诉法院的判决是一国法院单边性地行使管辖权，④ 试图在实践中创造一种普遍侵权管辖权没有任何国际条约、国家实践或者学理依据。

与上诉法院赞同美国的《外国人侵权请求法》实践相反，上议院援引在 *Sosa* 案中英国、澳大利亚和瑞士政府作为法庭之友提交的意见，认为潜在地允许对违反万国法的行为提出民事诉讼行使普遍管辖权，不管当事人的国籍在哪里，也不管行为发生在哪里，这样会在主权国家之间产生不一致、侵犯其他国家的主权、破坏贸易与投资；此外，从长远来看，通过建立更强有力的民主和法律制度比国际民事诉讼更能保护人权。⑤

从实践来看，豁免仍然是主流。至于有的学者提出要通过一个人权议定书来限制豁免，⑥ 短期内恐怕是难以实现的。因此，对《欧洲人权公约》第 6 (1) 条的诉诸法院的规定进行限制将会继续存在。

《联合国禁止酷刑公约》对于酷刑的豁免问题是什么样的立场呢？在起草《联合国禁止酷刑公约》时并没有考虑国家元首、政府部长的豁免

---

① *Prosecutor v Furundzija*, 38 ILM 317 (1998).

② 该条规定：

每一缔约国应在其法律体制内确保酷刑受害者得到补偿，并享有获得公平和充分赔偿的强制执行权利，其中包括尽量使其完全复原。如果受害者因受酷刑而死亡，其受抚养人应有获得赔偿的权利。

本条任何规定均不影响受害者或其他人根据国家法律可能获得赔偿的任何权利。

③ *Conclusions and Recommendations of the Committee against Torture*: *Canada*, 7 July 2005, CAT/C/CR/34/CAN at para. 5 (f).

④ Hazel Fox, *Where Does the Buck Stop? State Immunity from Civil Jurisdiction and Torture*, 121 Law Quarterly Review 353 (2005).

⑤ *Brief Amicus Curiae of the Governments of Australia, Switzerland and the United Kingdom in support of the Petitioner Sosa*.

⑥ Christopher Keith Hall, *UN Convention on State Immunity*: *The Need for a Human Rights Protocol*, 55 ICLQ 411 (2006).

问题。从实践来看,虽然存在着以塞内加尔违反了或引渡或起诉的义务的 *Guengueng* 案（也称为 *Hissere Habre* 案）,① 但是该案的背景是乍得放弃了豁免。②

事实上,上议院所依赖的国际法院的判决一直受到激烈的批评。很多学者认为,在国内层面对国际罪行进行追诉、否定豁免,如果说不是国际习惯法规则的话,那也是很多国家的实践。国际罪行因为其非法性而总是在私人权限内实施的,③ 也就是说,很多学者主张国际罪行不能被认为是官方行为,因为它们既不是正常的国家职能,也不是国家本身可以行使的职能。④ 不过,从目前的实践来看,以强行法为由要求不予豁免很难得到支持。在涉及利比亚总统卡扎菲的案件中,法国最高法院就以豁免为由终止了刑事诉讼,也就没有刑事附带民事诉讼的问题了。⑤

---

① http：//www. unhchr. ch/tbs/doc. nsf/0/aafdd8e81a424894c125718c004490f6? Opendocument（last visited July 30, 2008）.

② Paola Gaeta, *Ratione Materiae Immunities of Former Heads of State and International Crimes：The Hissene Habre Case*, 1 J. Int'l Crim. Just. 186（2003）. See also Ernest K. Bankas, *The State Immunity Controversy in International Law：Private Suits against Sovereign States in Domestic Courts*, Springer Berlin Heidelberg, 2005, pp. 261-262.

③ Andrea Bianchi, *Denying State Immunity to Violators of Human Rights*, 46 Austrian Journal of Public and International Law 195（1994）; Paola Gaeta, *Ratione Materiae Immunities of Former Heads of State and International Crimes：The Hissene Habre Case*, 1 J. Int'l Crim. Just. 186（2003）; Marina Spinedi, *State Responsibility v Individual Responsibility for International Crimes：Tertium Non Datur*, 13 Eur. J. Int'l L. 895（2002）; Steffen Wirth, *Immunity for Core Crimes? The ICJ's Judgment in the Congo v Belgium Case*, 13 Eur. J. Int'l L. 877（2002）.

④ Ed Bates, *State Immunity for Torture*, 7 Hum. Rts. L. Rev. 651（2007）. See also, Stacy Humes-Schulz, *Limiting Sovereign Immunity in the Age of Human Rights*, 21 Harv. Hum. Rts. J. 105（2008）.

⑤ See Salvatore Zappala, *Do Heads of State in Office Enjoy Immunity from Jurisdiction for International Crimes? The Ghaddafi Case before the French Cour de Cassation*, 12 Eur. J. Int'l L. 595（2001）. See also Ernest K. Bankas, *The State Immunity Controversy in International Law：Private Suits against Sovereign States in Domestic Courts*, Springer Berlin Heidelberg, 2005, pp. 263-264.

第二节　加拿大的 *Bouzari* 案

加拿大的 *Bouzari* 案是①加拿大对违反国际法的侵权诉讼的典型代表，下面我们简单介评一下该案。

一、案情简介

（一）案件背景

Houshang Bouzari 是伊朗公民，1952 年 6 月 10 日出生于伊朗首都德黑兰，获得意大利 Turin 大学物理学博士学位。1979 年伊朗革命后回到伊朗并进入政府部门工作，几年后成了石油部部长以及国有的伊朗石油公司顾问，一直到 1987 年。之后，他离开伊朗政府，全家移居意大利并且组建了自己的咨询公司，为寻求在伊朗从事石油和天然气业务的外国公司提供服务。1992 年 4 月，经过 Houshang Bouzari 的努力，一家外国集团公司与伊朗石油公司就伊朗南部的石油天然气等资源的开采缔结了合同，该集团公司预计获得18 亿美元，而 Houshang Bouzari 获得其中 2% 的佣金。1992 年 11 月，Houshang Bouzari 为该项目在德黑兰出差，遇到伊朗总统的次子 Mehdi Hashemi Bahramani，后者主动提出利用其父亲的关系保证执行该合同，代价是 Houshang Bouzari 支付 5,000 万美元，但遭到了拒绝。之后，Mehdi Hashemi Bahramani 又在不同的场合重复了其要求，一直到 1993 年 5 月 21 日，但仍然被拒绝了。1993 年 6 月 1 日，伊朗政府的一些间谍持枪闯入 Houshang Bouzari 在德黑兰的公寓，抢走了现金、珠宝、文件和电子设备并且强制性地带走了他。此后一直到 1994 年 1 月 22 日，Houshang Bouzari 被拘禁在德黑兰，没有任何正当程序，而且不断被折磨。1993 年夏，伊朗间谍要求 Houshang Bouzari 那些居住在意大利的家人支付 500 万美元的赎金，但直到 1994 年 1 月仅拿到 300 万美元。在承诺支付剩下的钱后，Houshang Bouzari 于 1994 年 1 月 22 日被释放，最终成功地于 1994 年 7 月 27 日逃离伊

① *Bouzari v Iran* (*Islamic Republic*), 2002 CarswellOnt 1469, [2002] O. J. No. 1624, [2002] O. T. C. 297 (Ont. S. C. J. May 01, 2002); Affirmed by *Bouzari v Iran* (*Islamic Republic*), 243 D. L. R. (4th) 406, 220 O. A. C. 1, 2004 CarswellOnt 2681, 71 O. R. (3d) 675, 122 C. R. R. (2d) 26, [2004] O. J. No. 2800 (Ont. C. A. Jun 30, 2004); Leave to appeal refused by *Bouzari v Iran* (*Islamic Republic*), [2005] 1 S. C. R. vi, 204 O. A. C. 399 (note), 337 N. R. 190 (note), 2005 CarswellOnt 292, 2005 CarswellOnt 293, 122 C. R. R. (2d) 376 (note), [2004] S. C. C. A. No. 410 (S. C. C. Jan 27, 2005).

朗。在到加拿大前，Houshang Bouzari 及其家人在欧洲各国居住，多次遭到伊朗间谍的威胁要求付钱。此外，通过系列安排，伊朗政府最终使 Houshang Bouzari 拿不到佣金。Houshang Bouzari 及其家人于 1998 年 7 月移民加拿大，但仍然是伊朗公民（在提起诉讼时正在申请成为加拿大公民，在上诉程序中被批准，从而成了加拿大公民）。

（二）诉讼程序

2000 年 12 月 24 日，Houshang Bouzari 与妻子 Fereshteh Yousefi 和孩子 Shervin Bouzari 以及 Narvan Bouzari（Houshang Bouzari 的妻子与孩子是根据加拿大《家庭法》提起诉讼的，以下将 Houshang Bouzari 一家简称为原告）在加拿大安大略省高级法院对伊朗提起诉讼，指控伊朗政府官员于 1993 年 6 月至 1994 年 1 月期间在伊朗对 Houshang Bouzari 进行诱拐、监禁和酷刑，原告要求对伊朗作出惩罚性赔偿判决。伊朗并没有提交抗辩声明而且被通知可能缺席判决——如果安大略省高级法院具有管辖权。

多伦多大学法学院的 Ed Morgan 教授作为国际法专家以原告聘请的专家证人身份出庭。对于此案，因涉及国际法问题，加拿大总检察长通过作为国际法专家证人的伦敦经济学院的 Christopher Greenwood 教授进行干预。法官还听取了大赦国际（加拿大分部）的意见。

原告提出，Houshang Bouzari 在加拿大的伤害和痛苦是源于在伊朗期间所受到的伤害，所以在加拿大的持续伤害和痛苦构成了《国家豁免法》第 6（a）条上的加拿大内的损害。然而，法官否定了这个主张。法官认为，不管其目的是什么，在伊朗的酷刑是国家警察权的行使，《国家豁免法》第 5 条规定的国家豁免的商业行为例外并不适用。至于原告提出的惩罚性赔偿的要求，并不符合《国家豁免法》第 18 条规定的刑事诉讼例外。因此，法官裁定该诉讼被加拿大《国家豁免法》第 3 条的时效阻止了，认定该案与安大略省没有真实与实质的联系，《国家豁免法》上的例外、国际法以及《加拿大权利与自由宪章》并不禁止对该诉讼的阻止。

对此，原告不服，向安大略省上诉法院提起上诉。安大略省上诉法院驳回了上诉，维持原判。上诉法院认为，在酷刑行为发生时，Houshang Bouzari 绝对与安大略省没有任何联系。在本案中，不存在任何偏离真实与实质联系测试（the real and substantial connection test）的依据。对于发生在国外的外国实施的酷刑行为，《国家豁免法》、对加拿大具有约束力的任何条约以及国际习惯法都没有要求安大略省适用普遍管辖权规则。法官认为，《联合国禁止酷刑公约》第 14 条并没有为加拿大规定义务，要求加拿大对于发生在加拿大领域外的酷刑行为行使民事管辖权。另外，虽然禁止酷刑是强行法，但是禁止酷刑的强行法并没有设定义务，要求对于发生在外国的酷刑提供民事救济。从各国的一般法律实践、法律认知来看，要求对外国酷刑行为授予民事管辖权并没有成为国际习惯法。

上诉法院认为，一审法官是对的，国家豁免的例外限于产生于在加拿大发生的侵犯人身完整性的生理伤害的请求。由于酷刑发生在伊朗，Houshang Bouzari 并没有满足《国家豁免法》上的例外。既然《国家豁免法》第 5 条规定的商业行为例外要求诉讼与商业行为有关，所以该条并不适用，而酷刑的目的与原告寻求赔偿的能力没有相关性。就第 5 条的目的而言，本案的诉讼与伊朗的目的和商业行为无关。由于《国家豁免法》第 3 条完全替代了普通法上的国家豁免，所以原告只能根据《国家豁免法》上的例外进行主张。

对于上诉法院的判决，Houshang Bouzari 仍然不服，希望上诉到加拿大最高法院。2005 年 1 月 17 日，加拿大最高法院作出判决，拒绝批准 Houshang Bouzari 的上诉。

二、分析讨论

（一）国际法在加拿大的地位

加拿大的国际法义务源于协定国际法和国际习惯法。[1] 在加拿大承担条约义务时，加拿大受其约束，就推定议会的立法与这些义务一致。至于国际习惯法，则是直接并入加拿大国内法，除非有相反的法律的明确规定，而且国内法的解释应尽可能地与这些义务相一致，尤其是在涉及国际习惯法中的强行法规范义务时更是如此。[2] 当然，不管加拿大的条约或国际习惯法义务如何，加拿大都可以制定相反的立法，只是违反其国际法义务需要承担国际责任而已。

（二）本案是否存在普遍民事管辖权

在上诉程序中，上诉人认为，因为禁止酷刑是国际习惯法中的强行法规范，有权根据普遍民事管辖权（universal civil jurisdiction）来起诉。大赦国际也主张存在普遍民事管辖权，即不管与本法域是否有任何联系，原告也有在安大略省对酷刑行为提起民事诉讼的权利。对此，Greenwood 教授与

---

[1] See René Provost, *Judging in Splendid Isolation*, 56 Am. J. Comp. L. 125 (2008). 该文第 165-166 页也对 Bouzari 案作了简单评论。

[2] See Jutta Brunnée and Stephen J. Toope, *A Hesitant Embrace: The Application of International Law by Canadian Courts*, 40 Canadian Journal of International Law 3 (2002).

Morgan 教授作为专家证人分别发表了各自的看法。Greenwood 教授的证言侧重点是国际法的现状，而 Morgan 教授更多地是侧重于国际法的走向。所以一审法院和上诉法院采纳了前者的观点，即没有国家将《联合国禁止酷刑公约》解释为要求缔约国对于发生在法院地国领域外的外国国家的行为行使民事管辖权。

上诉法院承认国际法规范之间是具有等级的，其中的国际强行法规范是更高形式的规范，优于与其相抵触的国家豁免这样的习惯法，但是法院最后又认为，根据各国的实践，对酷刑行为进行豁免仍然是国际习惯法。① 所以，上诉法院认为，《国家豁免法》以及对加拿大具有约束力的国际条约都没有要求安大略省适用普遍管辖权规则，也不存在这样的国际习惯法规范。

另外，上诉法院区分了刑事诉讼和民事诉讼中的豁免，认为虽然有英国的皮诺切特案，但是该案不予豁免是针对刑事诉讼而言的，而本案涉及的是民事诉讼，不能因为刑事诉讼中不予豁免就认为民事诉讼中不予豁免，至于是否要豁免，还是要看各国的实践以及加拿大的国内法。根据加拿大《国家豁免法》，本案不存在豁免的例外，所以被告应享有豁免。

自 *Bouzari* 案后，2005 年 2 与 9 日，安大略省高级法院对与该案案情类似的 *Arar v. Syria* (*Arab Republic*) 作出了判决，在参考 *Bouzari* 案的基础上，驳回了原告对叙利亚和约旦的起诉。② 有学者认为，安大略省上诉法院对 *Bouzari* 案的判决开了一个不好的先例，让受害人求助无门。③ 为此，有学者认为，加拿大应该制定对于涉及严重违反国际人权法的侵权诉讼的普遍管辖权的立法，就如同美国的《酷刑受害人保护法》一样。④

---

① *Bouzari v. Islamic Republic of Iran* (Ontario Superior Court of Justice), [2002] OJ No. 1624, Court File No. 00-CV-201372; *Bouzari v. Islamic Republic of Iran* (Court of Appeal for Ontario), 30 June 2004, Docket: C38295.

② Arar v. Syria (Arab Republic), 2005 CarswellOnt 768, 28 C. R. (6th) 187, 127 C. R. R. (2d) 252. See also, J. -G. Castel, *The Arar Case: Public and Private International Law Aspects*, http: //www. ccil-ccdi. ca/index. php? option = com_ content&task = view&id = 28&Itemid = 76 (last visited August 20, 2008).

③ Noah Benjamin Novogrodsky, *Immunity for Torture: Lessons from Bouzari v. Iran*, 18 Eur. J. Int'l L. 939, 945 (2007).

④ Caroline Davidson, *Tort Au Canadien: A Proposal for Canadian Tort Legislation on Gross Violations of International Human Rights and Humanitarian Law*, 38 Vand. J. Transnat'l L. 1403 (2005).

第三节　意大利与希腊的案例

一、意大利的 *Ferrini* 案

（一）案情简介

在 *Ferrini v. Federal Republic of Germany* 案中，① 原告 Luigi Ferrini 是一名意大利公民，声称德国军队在"二战"期间占领意大利时强迫他劳动和充军。1998 年 9 月 23 日，Ferrini 在意大利的 Arezzo 裁判庭对德国提起诉讼，为其被监禁期间所遭受的身体上和精神上的损害向德国寻求战争赔偿。2000 年 11 月 3 日，意大利的 Arezzo 裁判庭以缺乏管辖权为由撤销了案件，支持了德国提出的在国际习惯法上所享有的主权豁免抗辩。② 原告不服，上诉至佛罗伦萨上诉法院。2001 年 11 月 16 日，佛罗伦萨上诉法院作出判决，驳回上诉，维持一审判决。之后，原告继续上诉到意大利最高法院。2004 年 3 月 21 日，意大利最高法院推翻了佛罗伦萨上诉法院的判决，认定外国国家不能从被视为国际犯罪的主权行为中获得主权豁免的收益。③ 意大利最高法院依据意大利和外国案例来证明自己的判断正确，④ 特别参考了美国对于侵犯人权的民事诉讼的管辖权。⑤ 意大利最高法院认为，在涉及严重违反人权的公共行为的侵权诉讼中，外国主权豁免并不适用。为了支持这种观

---

① See Andrea Bianchi, *International Decision: Ferrini v. Federal Republic of Germany*, 99 Am. J. Int'l. L. 242, 248 (2005); Carlo Focarelli, *Denying Foreign State Immunity for Commission of International Crimes: The Ferrini Decision*, 54 ICLQ 951 (2005).

② See Pasquale De Sena & Francesca De Vittor, *State Immunity and Human Rights: The Italian Supreme Court Decision on the Ferrini Case*, 16 Eur. J. Int'l. L. 89, 92 (2005).

③ See Andrea Gattini, *War Crimes and State Immunity in the Ferrini Decision*, 3 J. Int'l Crim. Just. 224 (2005).

④ See Pasquale De Sena & Francesca De Vittor, *State Immunity and Human Rights: The Italian Supreme Court Decision on the Ferrini Case*, 16 Eur. J. Int'l. L. 89, 93 (2005); Andrea Bianchi, *International Decision: Ferrini v. Federal Republic of Germany*, 99 Am. J. Int'l. L. 242, 243 (2005). See also Maria Gavouneli & Ilias Banterkas, *Prefecture of Voiotia v. Federal Republic of Germany. Case No.* 11/2000, 95 Am. J. Int'l. L. 198 (2001).

⑤ See Pasquale De Sena & Francesca De Vittor, *State Immunity and Human Rights: The Italian Supreme Court Decision on the Ferrini Case*, 16 Eur. J. Int'l. L. 89, 100-101 (2005).

点，意大利最高法院特别注意到了根据《外国人侵权请求法》提起的诉讼，① 也参考了美国《外国主权豁免法》的 1996 年修正案来支持外国主权豁免的侵权例外②以及希腊最高法院对 *Prefecture of Voiotia v. Federal Republic of Germany* 案（该案我们下面将专门讨论）的判决。鉴于《外国主权豁免法》是对外国国家进行管辖的唯一依据，而《外国主权豁免法》将一些严重的人权犯罪分类，包括酷刑、法外处决、劫持人质，认为它们阻止国家官员主张主权豁免的抗辩。③ 因此，意大利最高法院援引《外国主权豁免法》来加强其对严重侵犯人权的立场，在民事诉讼中支持人权优先于遵从外国主权的利益。④

意大利最高法院认为，各种法律规范不能孤立地解释，因为各种规范相互补充、相互融合，在适用时相互影响，与其他规范的这种互动导致承认豁免的例外，其中就是承认强行法规范的上位性和优先性，因为这是保障整个国际社会核心价值所必须的。贯穿于整个判决意见，意大利最高法院强烈信奉国际规范的等级结构，将人权作为国际法的至上原则，认为人权是根本的、不可侵犯的，并将国际犯罪界定为严重危害人权圣洁的行为，从而进一步支持了其判决。同样地，意大利最高法院认为，对于国际犯罪而言不适用诉讼时效的限制。在这样推理论证的基础上，意大利最高法院进一步支持了自己的观点，即人权规范是强行法规范或强制规范，胜过所有其他规范，包括主权豁免，在外国国家实施了侵犯人权的行为的情形下，普遍民事管辖权是存在的。因此，意大利最高法院认为，强迫劳动和充军是国际犯罪，进而否定了德国的主权豁免抗辩。

（二）分析讨论

通过对严重侵犯人权的行为授予普遍民事管辖权，意大利最高法院在

---

① See Pasquale De Sena & Francesca De Vittor, *State Immunity and Human Rights：The Italian Supreme Court Decision on the Ferrini Case*, 16 Eur. J. Int'l. L. 89, 101 (2005).

② See 28 USC § 1605 (a) (7) (2000); see also *Argentina Republic v. Amerada Hess Shipping Corp.*, 488 U. S. 428, 434 (1989).

③ See *In re Estate of Marcos Human Rights Litig.*, No. 91-15891, 1992 U. S. App. LEXIS 26517, 26523 (9th Cir. 1992).

④ See Andrea Bianchi, *International Decision：Ferrini v. Federal Republic of Germany*, 99 Am. J. Int'l. L. 242, 244 (2005).

Ferrini 案中极大地扩大了包括法院地国境内外所实施的国际犯罪的范围。① 值得注意的，意大利最高法院拒绝主权豁免的理由是强制规范或者强行法优先于所有其他国际规范，主权豁免也不例外。同样地，意大利最高法院判决不管侵犯人权的行为发生在哪里都允许外国人寻求民事救济，这支持了违反国际法的侵权诉讼。② 学者们期望 *Ferrini* 案促成在意大利的侵权诉讼的浪潮。

此外，在 *Ferrini* 案中，为了给受害人提供救济，法院认可了普遍民事管辖权，而且在与《外国人侵权请求法》诉讼比较时将差别最小化。即使 *Ferrini* 案涉及发生在法院地境内的国际犯罪，法院也明确尊重国际人权法，不管主权豁免和其他管辖权要求，例如与法院地的联系，③ 这进一步为法院对诉讼时效不适用于民事案件中的国际犯罪的观点所证明。④

在 *Ferrini* 案中，意大利最高法院审查了具体的《外国人侵权请求法》案例，并将它们的基本前提作为最终判决的基础，⑤ 这说明意大利广泛地利用其他国家的判例法来阐明在违反国际法的侵权诉讼的各个国内法院之间的跨国司法对话。⑥ 由于这是一种相对新的诉讼，导致对于如何合适地解决涉及复杂的国际法事项的司法不确定性。⑦ 因此，像意大利最高法院在审理

---

① See Pasquale De Sena & Francesca De Vittor, *State Immunity and Human Rights: The Italian Supreme Court Decision on the Ferrini Case*, 16 Eur. J. Int'l. L. 89, 194 (2005); See also Andrea Bianchi, *International Decision: Ferrini v. Federal Republic of Germany*, 99 Am. J. Int'l. L. 242, 245 (2005).

② See generally Pasquale De Sena & Francesca De Vittor, *State Immunity and Human Rights: The Italian Supreme Court Decision on the Ferrini Case*, 16 Eur. J. Int'l. L. 89, 90 (2005).

③ See Andrea Bianchi, *International Decision: Ferrini v. Federal Republic of Germany*, 99 Am. J. Int'l. L. 242, 246 (2005).

④ See Pasquale De Sena & Francesca De Vittor, *State Immunity and Human Rights: The Italian Supreme Court Decision on the Ferrini Case*, 16 Eur. J. Int'l. L. 89, 100 (2005).

⑤ See generally Andrea Gattini, *War Crimes and State Immunity in the Ferrini Decision*, 3 J. Int'l Crim. Just. 224 (2005).

⑥ See Andrea Bianchi, *International Decision: Ferrini v. Federal Republic of Germany*, 99 Am. J. Int'l. L. 242, 246 (2005); see also Melissa A. Waters, *Mediating Norms and Identity: The Role of Transnational Judicial Dialogue in Creating and Enforcing International Law*, 93 Geo. L. J. 487, 490 (2005).

⑦ See Pasquale De Sena & Francesca De Vittor, *State Immunity and Human Rights: The Italian Supreme Court Decision on the Ferrini Case*, 16 Eur. J. Int'l. L. 89, 100 (2005).

Ferrini 案中一样，有必要寻求适当地适用国际法的外国判决的指导,① 而这进一步说明，虽然各国法院在具体实践上存在不同，但是都在密切注意其他法域的法院的做法。

虽然 *Ferrini* 案的判决被批评为未经一国允许就对该国行使管辖权,② 但是有学者认为这个批评是站不住脚的，因为不然的话法院将要承认严重违反强行法规范的行为的效力。毕竟，未经相关国家同意，也可以对该国的商业行为拒绝豁免。③

当然，也有学者在总体上赞同意大利最高法院的判决时，委婉地就法院的推理和论证以及对国家官员的职能豁免的论述提出批评，同时认为法院对 *Ferrini* 案的判决一定程度上是价值优先于规范。④

虽然学理上对于豁免是否与免除处罚一样有争论，因为前者是程序性事项，而后者是实体事项,⑤ 但是现实却是相反，因为面临国家豁免障碍的个人没有其他选择来维护自己的权利。

需要注意的是，*Ferrini* 案之后，意大利针对德国作出 100 多起类似的判决，引发了两国之间的纠纷，为此德国向国际法院起诉意大利,⑥ 认为意大利法院的实践侵犯了德国的豁免权，国际法院将如何判决，值得我们进一步关注。

二、希腊的 *Voiotia* 案

在 *Prefecture of Voiotia v. Federal Republic of Germany* 案中，原告于 1995年 11 月对德国提起诉讼，要求被告对于"二战"期间的行为承担损害赔偿责任。1997 年 10 月 30 日，希腊的利瓦迪亚（Levadia）法院否定了德国提

① See Pasquale De Sena & Francesca De Vittor, *State Immunity and Human Rights: The Italian Supreme Court Decision on the Ferrini Case*, 16 Eur. J. Int'l. L. 89, 100 (2005); Andrea Bianchi, *International Decision: Ferrini v. Federal Republic of Germany*, 99 Am. J. Int'l. L. 242, 245 (2005).

② Hazel Fox, *State Immunity and the International Crime of Torture*, 2006 EHRLR 142, 144 (2006).

③ Alexander Orakhelashvili, *State Immunity and Hierarchy of Norms: Why the House of Lords Got It Wrong*, 18 Eur. J. Int'l L. 955, 967 (2007).

④ Pasquale De Sena & Francesca De Vittor, *State Immunity and Human Rights: The Italian Supreme Court Decision on the Ferrini Case*, 16 Eur. J. Int'l. L. 89 (2005).

⑤ Xiaodong Yang, *State Immunity in the European Court of Human Rights: Reaffirmations and Misconceptions*, 74 BYIL 333, 343 (2003).

⑥ http://www.icj-cij.org/docket/files/143/14923.pdf (last visited May 3, 2009).

出的豁免的抗辩，判决德国应向原告支付 55000000 德国马克的赔偿。对于判决的理由，法院提出了默示放弃理论，认为实施了违反强行法行为的国家就对这些行为放弃了主权豁免的权利，而且这些行为是非法的，不能为行为人带来任何诸如豁免这样的合法利益，对违反国际强行法的行为承认豁免等同于国内法院共谋促进国际公共秩序强烈谴责的行为。① 2000 年 5 月 4 日，希腊最高法院确认了该判决以及违反强行法规范不能享有豁免的原则。② 然而，2002 年 6 月 28 日，希腊最高法院却又拒绝执行利瓦迪亚法院的判决。对此，当事人申诉到欧洲人权法院，而欧洲人权法院于 2002 年 12 月 12 日决定不予受理。③ 2002 年 9 月 17 日，作为有权审理涉及国际法解释的希腊特别最高法院以 6 比 5 的多数意见作出判决，认为目前发展阶段的国际法仍然赋予国家以豁免权，不论所指之行为是否违反强行法，所以推翻了希腊最高法院之前的判决。④

　　由于资料的不足，所以此处不对希腊法院的判决进行述评。另外，德国最高法院没有对此案给予既判力的效力，相关的评论可以参见不来梅大学

① Case No. 137/1997, Distorno Massacre, *Multi-member Court of Levadia*, *30 Oct. 1997*, 50 Revue Hellenique de droit international (1997) 599, quoted in Alexander Orakhelashvili, *State Immunity and Hierarchy of Norms: Why the House of Lords Got It Wrong*, 18 Eur. J. Int'l L. 955, 966 (2007). See also Sabine Pittrof, *Compensation Claims for Human Rights Breaches Committed by German Armed Forces Abroad during the Second World War: Federal Court of Justice Hands Down Decision in the Distomo Case*, 5 German LJ 15 (2004); Alexander Orakhelashvili, *State Immunity and Hierarchy of Norms: Why the House of Lords Got It Wrong*, 18 Eur. J. Int'l L. 955, 966 (2007).

② Maria Gavouneli & Ilias Banterkas, *Prefecture of Voiotia v. Federal Republic of Germany. Case No. 11/2000*, 95 Am. J. Int'l. L. 198 (2001); Alexander Orakhelashvili, *State Immunity and Hierarchy of Norms: Why the House of Lords Got It Wrong*, 18 Eur. J. Int'l L. 955, 966 (2007).

③ Kerstin Bartsch & Björn Elberling, *Jus Cogens vs. State Immunity, Round Two: The Decision of the European Court of Human Rights in the Kalogeropoulou et al. v. Greece and Germany Decision*, 4 German LJ 478 (2003).

④ Case No. 6/2002, Distorno Massacre, *Special Supreme Court*, *17 Sept. 2002*, 56 Revue Hellenique de droit international (2003) 56, quoted in Alexander Orakhelashvili, *State Immunity and Hierarchy of Norms: Why the House of Lords Got It Wrong*, 18 Eur. J. Int'l L. 955, 966 (2007). See also Andrea Gattini, *To What Extent are State Immunity and Non-Justiciability Major Hurdles to Individuals' Claims for War Damages?* 1 J. Int'l Crim. Just. 348 (2003); Lee M. Caplan, *State Immunity, Human Rights, and Jus Cogens: A Critique of the Normative Hierarchy Theory*, 97 Am. J. Int'l. L. 741 (2003); Andrea Gattini, *War Crimes and State Immunity in the Ferrini Decision*, 3 J. Int'l Crim. Just. 224 (2005).

2006 年的一篇博士论文的论述①以及《德国法律杂志》2005 年发表的一篇论文。② 另外，一些论文和著作在讨论国家豁免与强行法的关系时也论述了该案。③

第四节　其他国家缺乏类似实践的原因

一、法律文化的影响

在美国，民事诉讼长期以来都是作为促进社会改革的工具，*Filártiga* 案的判决已经被称为跨国法诉讼的布朗诉教育委员会案，后者废除了美国境内的合法的种族隔离。④ 这可能部分地说明了美国的律师和积极分子倾向于对侵犯人权的行为提起民事诉讼：这样的诉讼是美国法律文化中重要的一部分。Chayes 教授将此类案件贴上"公法诉讼"（public law litigation）的标签，强调这些案件并不仅关注私人争议，而且也指向"拥护《宪法》或者制定法的政策"。⑤

确实，在一些诉讼案件中，"诉讼的标的不是私人之间就私权发生的争

---

① Eric Engle, *Private Law Remedies for Extraterritorial Human Rights Violations*, Inauguraldissertation, zur Erlangung der Doktorwürde, der Fakultät für Rechtswissenschaft, der Universität Bremen, 2006, pp. 178-180.

② Markus Rau, *State Liability for Violations of International Humanitarian Law - The Distomo Case before the German Federal Constitutional Court*, 7 German LJ 701 (2005).

③ See e. g., Lorna McGregor, *State Immunity and Jus Cogens*, 55 ICLQ 437 (2006); Rainer Hofmann, *Compensation for Victims of War: German Practice after 1949 and Current Developments*, Meeting of The Japanese Society for International Law, Sapporo, 8 and 9 October 2005, http: //wwwsoc. nii. ac. jp/jsil/annual_ documents/2005/2005_ autumn/Hofmann. pdf (last visited August 16, 2008). See also Ernest K. Bankas, *The State Immunity Controversy in International Law: Private Suits against Sovereign States in Domestic Courts*, Springer Berlin Heidelberg, 2005, pp. 271-272; Wolfgang Kaleck, Michael Ratner, Tobias Singelnstein and Peter Weiss (eds.), *International Prosecution of Human Rights Crimes*, Springer Berlin Heidelberg, 2007, pp. 73-74.

④ Harold Hongju Koh, *Transnational Public Law Litigation*, 100 Yale L. J. 2347, 2366 (1991).

⑤ Abram Chayes, *The Role of the Judge in Public Law Litigation*, 89 Harv. L. Rev. 1281, 1284 (1976).

议，而是关于公共政策运作的不平"。① 在美国，通常为寻求救济的诉讼着眼于未来的观念而满意，预期救济的目标代替或者补充了对过往冤情的救济。②

相反，在很多其他国家，解决这样的问题被认为是政府的义务，他们主要把精力放在推动公共官员来改变政策，而不是提起诉讼。③ 那些认为需要让个人或公司对一个特定行为负责的人更可能是推动政府提起刑事诉讼，而不是提起一个独立的民事请求，他们认为民事诉讼是私人的事，而刑事诉讼影响公益，④ 这些对法院和私人请求的作用的理解的差异可能影响了何时以及如何利用民事诉讼的选择。按照一位观察家所说，"一起法国民事诉讼不仅是一个对抗的论坛"，而是"一个规制的工具"，以"维持社会成员间的对称"。同样地，法国诉讼人更不可能利用侵权诉讼来作为作出象征性声明或者惩罚被告的手段。⑤

另一方面，利用民事诉讼作为政策改革、惩罚侵犯人权的行为人、救济受害人的决定必然要求对当地司法机关的高度信任。如果受害人及其代理人预计案件久拖不决或者因不良的法律判决或者政治压力而被撤销，则不会花费时间和资源来进行诉讼。⑥ 而在有的国家里，司法制度常常被认为是社会控制的工具，而不是解决社会冲突的机制，而且司法机关并不能完全独立，不能挑战权力的滥用，⑦ 这就进一步导致人们不愿意利用民事诉讼机制了。

二、管辖权规则的影响

在第三章，我们论述了对人管辖权和事项管辖权，宽松的管辖依据为美

---

① Abram Chayes, *The Role of the Judge in Public Law Litigation*, 89 Harv. L. Rev. 1281, 1302 (1976).

② Abram Chayes, *The Role of the Judge in Public Law Litigation*, 89 Harv. L. Rev. 1281, 1292-1293 (1976).

③ See Mauro Cappelletti, *Governmental and Private Advocates for the Public Interest in Civil Litigation: A Comparative Study*, 73 Mich. L. Rev. 794, 878 n. 380 (1975).

④ Richard B. Cappalli & Claudio Consolo, *Class Actions for Continental Europe? A Preliminary Inquiry*, 6 Temp. Int'l & Comp. L. J. 217, 269-270 (1992).

⑤ Richard Azarnia, *Tort Law in France: A Cultural and Comparative Overview*, 13 Wis. Int'l L. J. 471, 484-488 (1995).

⑥ See Maria Dakolias, *Court Performance Around the World: A Comparative Perspective*, 2 Yale H. R. & Dev. L. J. 87 (1999).

⑦ Joseph R. Thome, *Heading South But Looking North: Globalization and Law Reform in Latin America*, 2000 Wis. L. Rev. 691, 705 (2000).

国的《外国人侵权请求法》诉讼大开方便之门。相反，在其他国家，由于对域外管辖权的限制，人们难以在法院成功地就域外的侵犯人权的行为提起民事诉讼。

目前，原告就被告是各地都接受的基本原则：

> 原告就被告……在管辖权争议中，不管请求或者诉因是关于什么的，被告的住所是唯一无人质疑的……总之，基于被告住所或者公司主营业地的司法管辖权是一般管辖权……①

对当地被告的一般管辖权允许对这些被告主张任何请求，包括产生于被告在另一国实施的侵犯人权的行为的请求。同时，所有法律制度均主张对因在当地实施的行为而产生的请求行使管辖权（即特别管辖权）。因此，对因在当地实施的行为而产生的人权请求也不会引起管辖权问题。

然而，*Filártiga* 案之类的案件是对在国外实施行为的外国被告主张请求。在美国，由于可以对暂时过境的个人或者营业的公司主张管辖权，这样的请求是可能的。然而，这样的管辖权仅在英美法系中才是共同的。② 正是对域外管辖权的限制，导致美国之外的很多国家不能对 *Filártiga* 案之类的案件行使管辖权。

三、诉讼发起方式的影响

美国法对侵犯人权的主要救济就是私法上的侵权，而欧洲则相反，以刑法救济为主。③ 在法国等大陆法系国家，一般都是通过刑事附带民事诉讼来

---

① Andreas F. Lowenfeld, *International Litigation and the Quest for Reasonableness*, 245 Recueil Des Cours 9, 81 (1994). See also Hans Smit, *Common and Civil Law Rules of In Personam Adjudication Authority: An Analysis of Underlying Policies*, 21 Int'l & Comp. L. Q. 335, 336 (1972).

② Andreas F. Lowenfeld, *International Litigation and the Quest for Reasonableness*, 245 Recueil Des Cours 9, 87 (1994). 当然，过境管辖权在世界各国受到广泛的批评。

③ Eric Engle, *Private Law Remedies for Extraterritorial Human Rights Violations*, Inauguraldissertation, zur Erlangung der Doktorwürde, der Fakultät für Rechtswissenschaft, der Universität Bremen, 2006, p. 134.

解决侵权行为人的责任问题。① 例如，在法国，犯罪受害人可以作为民事当事人参与刑事诉讼，以寻求民事赔偿，如果不服判决的还可以上诉。② 在西班牙，寻求赔偿的受害人是刑事诉讼的当事人。另外，在欧洲，私人一般可以通过提交要求公共检察官（public prosecutor）提起公诉的正式请求或者自己作为私人检察官（private prosecutor）而发起刑事追诉程序。例如在西班牙的皮诺切特案首先就是由一个私人组织提出刑事请求的，③ 而民事请求则附带在这些私人发起的指控中。④ 根据一些学者的研究，大概有 20% 的刑事案件都是附带了民事请求的。⑤

事实上，刑事附带民事诉讼起到了与美国的民事诉讼一样的作用。然而，刑事附带民事诉讼有一个问题，在刑事判决确定前，难以提起民事诉讼；即使提起民事诉讼，民事诉讼也要中止直到刑事诉讼结束。此外，如果在刑事诉讼中作出无罪判决，则受害人要寻求民事赔偿就不大可能了。在有的国家，受害人难以得到有效的救济。⑥ 还有一点值得注意，即使得到赔偿，那么也更多地是象征性判决，而不是充分的赔偿。⑦

---

① 有学者曾经在其博士论文中用整章的篇幅来论述欧洲各国的外国人侵权诉讼问题。See Eric Engle, *Private Law Remedies for Extraterritorial Human Rights Violations*, Inauguraldissertation, zur Erlangung der Doktorwürde, der Fakultät für Rechtswissenschaft, der Universität Bremen, 2006, pp. 133-194. . See also, Beth Van Schaack, *In Defense of Civil Redress: The Domestic Enforcement of Human Rights Norms in the Context of the Proposed Hague Judgments Convention*, 42 Harv. Int'l L. J. 141, 145-147 (2001).

② See Eric Engle, *Private Law Remedies for Extraterritorial Human Rights Violations*, Inauguraldissertation, zur Erlangung der Doktorwürde, der Fakultät für Rechtswissenschaft, der Universität Bremen, 2006, pp. 150-156.

③ Naomi Roht-Arriaza, *The Pinochet Precedent and Universal Jurisdiction*, 35 New Eng. L. Rev. 311, 311-312 (2001).

④ See Richard S. Frase, *Comparative Criminal Justice as a Guide to American Law Reform: How Do the French Do It, How Can We Find Out, and Why Should We Care?*, 78 Calif. L. Rev. 539, 613 n. 400, 669-670 (1990).

⑤ See Richard S. Frase, *Comparative Criminal Justice as a Guide to American Law Reform: How Do the French Do It, How Can We Find Out, and Why Should We Care?*, 78 Calif. L. Rev. 539, 613 n. 400 (1990).

⑥ *Xuncax v. Gramajo*, 886 F. Supp. 162, 178 (D. Mass. 1995).

⑦ See *Consideration of Reports Submitted by State Parties under Article 19 of the Convention (The Netherlands)*, Committee against Torture, U. N. Doc. CAT/C/9/Add. 1, at 31 (Mar. 20, 1990).

四、具体民事程序规则的影响

事实上,尽管有些国家对 *Filártiga* 案的原则有很大兴趣,但国际法协会(英国分会)人权委员会的研究表明,在英国进行此类诉讼的可能性渺茫。① 同样是英美法系的英国尚且难以复制美国的实践,其他国家就更是如此了。这个结果不是源于对国际法的不同观点,相反,而是在细节上不同,以至于使此类诉讼难以成功并且要冒很大财务风险,这也反映了对作为法律改革手段的民事诉讼的不同态度。

(一)败诉方付费

在大多数法律制度中,"败诉方付费"(loser pays)制度的存在影响了诉讼的提起。因为根据该制度,败诉的民事原告必须支付胜诉被告所花的律师费,② 这明显是不鼓励民事诉讼,为此有学者认为这是在英国法院进行人权诉讼的关键障碍。③ 在涉及一些新奇法律问题的案件中,这会让很多人放弃诉讼的尝试。④ 因为人权案件通常都涉及新问题,风险比较大,败诉方付费制度会极大地阻碍人权诉讼。在德国法院审理的 *Malenkovic* 案中,原告在德国法院起诉德国轰炸南联盟的一座桥梁而造成损害,结果被判决败诉,还要承担被告的律师费。⑤

相反,在美国,实施败诉不处罚(No Penalty for Losing)原则,不支持"败诉方付费"(loser pays)制度,只要满足专业责任和民事程序规则的最低要求,提起不大可能成功的诉讼就不会受到处罚。⑥

① Human Rights Committee, International Law Association (British Branch), *Report on Civil Actions in the English Courts for Serious Human Rights Violations Abroad*, reprinted in 2001 Eur. Hum. Rts. L. Rev. 129, 165-169 (2001).

② Werner Pfennigstorf, *The European Experience with Attorney Fee Shifting*, 47 Law & Contemp. Probs. 37, 44 (1984).

③ Beth Stephens, *Translating Filártiga: A Comparative and International Law Analysis of Domestic Remedies for International Human Rights Violations*, 27 Yale J. Int'l L. 1 (2002).

④ See J. Robert S. Prichard, *A Systemic Approach to Comparative Law: The Effect of Cost, Fee, and Financing Rules on the Development of the Substantive Law*, 17 J. Legal Stud. 451, 460-461 (1988). See also Hein Kotz, *Civil Litigation and the Public Interest*, 1 Civ. Just. Q. 237, 248 (1987).

⑤ Eric Engle, *Private Law Remedies for Extraterritorial Human Rights Violations*, Inauguraldissertation, zur Erlangung der Doktorwürde, der Fakultät für Rechtswissenschaft, der Universität Bremen, 2006, p. 174.

⑥ *Rule 11 (b) of the Federal Rules of Civil Procedure.*

（二）胜诉分成（Contingency Fees）

胜诉分成安排刺激律师事务所及律师参与可能获得巨额赔偿的公益案件。当然，在有的案件中，律师是免费代理进行公益性援助，① 而且美国法律也是禁止公益性组织与当事人达成胜诉分成协议的。②

在大多数国家，包括几乎所有大陆法系国家，胜诉分成安排是禁止的。③ 没有这样一个费用，私人律师是不大可能在一个风险性诉讼中投入时间和金钱的，因为可能的报酬不够吸引人——虽然人权诉讼中巨大的胜诉分成也引发了对所收集到的资金的公平分配的关注。在 Sarei 案中，美国法院就以巴布亚新几内亚不允许胜诉分成制度等为由而不承认被告提出的巴布亚新几内亚法院是合适的替代法院的动议，不同意适用不方便法院原则。④

（三）法律援助

在得以扣减税收的捐赠资助下，美国拥有一个强有力的公益网络、非营利诉讼部门可以不用花费费用就提起诉讼。⑤ 如果没有这个支持，那么昂贵的诉讼费和律师费对原告而言是难以负担的。⑥ 举个简单的例子，美国宪法权利中心在《外国人侵权请求法》案件中就起了重大的作用，曾经发起或协助过不少具有重大影响的诉讼。⑦ 为此，有学者将这样的非政府组织归结

---

① See *Hilao v. Estate of Marcos*, 103 F. 3d 789（9th Cir. 1996）.

② See George N. Stavis, *Collecting Judgments in Human Rights Torts Cases — Flexibility for Non-Profit Litigators*? 31 COLUM. HUM. RTS. L. REV. 209, 214-15（1999）.

③ Tsuneo Matsumoto, *Beyond Compensation*, 15 U. Haw. L. Rev. 578（1993）.

④ See *Sarei v. Rio Tinto*, 221 F. Supp. 2d 1116（C. D. Cal. 2002）.

⑤ David M. Trubek, Yves Dezalay, Ruth Buchanan, John R. Davis, *Global Restructuring and the Law*: *Studies of the Internationalization of Legal Fields and the Creation of Transnational Arenas*, 44 Case W. Res. L. Rev. 407, 458-460（1994）.

⑥ Robert C. Thompson, *A Comparative Survey of Private Sector Liability for Grave Violations of International Law in National Jurisdictions*: *Survey of Laws in the United States of America*, p. 24, http: // www. fafo. no/liabilities/US. pdf（last visited August 14, 2008）.

⑦ See *Kadic v. Karadzic*, 70 F. 3d 232（2d Cir. 1995）, cert. denied, 116 S. Ct. 2524（1996）; *Abebe-Jira v. Negewo*, 72 F. 3d 844（11th Cir.）, cert. denied, 117 S. Ct. 96（1996）; *Doe v. Unocal Corp.*, 963 F. Supp. 880（C. D. Cal. 1997）; *Xuncax v. Gramajo*, 886 F. Supp. 162（D. Mass. 1995）; *Todd v. Panjaitan*, Civ. A-No. 92-12255-PBS, 1994 WL 827111（D. Mass. Oct. 26, 1994）; *Paul v. Avril*, 812 F. Supp. 207（S. D. Fla. 1993）; *Forti v. Suarez-Mason*, 694 F. Supp. 707（N. D. Cal. 1988）. See also, Joan Fitzpatrick, *The Future of the Alien Tort Claims Act of 1789*: *Lessons from In Re Marcos Human Rights Litigation*, 67 St. John's L. Rev. 491, 510 n. 113（1993）; Jean-Marie Simon, *The Alien Tort Claims Act*: *Justice or Show Trials*? 11 B. U. INT'L L. J. 1, 4-5（1993）.

为利益团体，认为这样的利益团体对《外国人侵权请求法》诉讼的原告帮助很大。①

相反，在其他国家就要考虑到律师费的问题，这也是第二巡回法院拒绝撤销 Wiwa 案的一个重要考虑。② 这个问题在一些第三世界国家更为严重，英国上议院在一个判决中宣布，由于当事人难以获得有效的法律代理人，所以虽然诉讼起因于在南非、纳米比亚发生的行为，但是仍然拒绝撤销在英国的诉讼。③

（四）惩罚性赔偿制度

作出惩罚性赔偿的可能性由于以下两个原因而使得在美国进行民事诉讼更有吸引力：第一，它增加了比补偿限额高很多倍的裁决，这对原告及其代理人而言是非常具有吸引力的；第二，作出惩罚性赔偿的裁决将判决转化为惩罚被告，表明社会反对他们的行为而且将该行为转化为与刑事追诉具有共同点的诉讼，因为"惩罚性赔偿推进了惩罚和震慑的利益，这也是刑法所推进的利益……"。④

除美国外，很少有国家承认惩罚性赔偿，更别说巨额的赔偿了，而损害赔偿是以失去的收入为基础来计算的，可以获得的数额比较低。至于精神损害赔偿，很多国家是不支持的。通过比较研究可以发现，美国的赔偿不但比第三世界国家高，而且比同样是发达国家的欧洲国家和日本都高。⑤ 如果难以寻求巨额赔偿，原告及其律师都不愿意参与，因为很可能在投入大量的心血、精力、物力和财力后，收获很少。

（五）证据开示程序（Discovery）

在美国，允许证据开示程序，而宽泛的证据开示程序规则使原告能从被告处获得大量与案件有关的事实与信息。⑥ 相反，在其他国家，一般是禁止证据开示程序的，这样在缺少作为调查工具的证据开示程序时，原告必须准

---

① See Jeffrey Davis, *Justice without Borders: Human Rights Cases in U. S. Courts*, 28 Law & Policy 60 (2006). See also, Howard Tolley, *Interest Group Litigation to Enforce Human Rights*, 105 Political Science Quarterly 617 (1990-1991).

② *Wiwa v. Royal Dutch Petroleum Co.*, 226 F. 3d 88, 108 n. 13 (2d Cir. 2000).

③ *Lubbe v. Cape Plc (No. 2)*, 1 W. L. R. 1545 (H. L. 2000).

④ See *Browning-Ferris Industries of Vermont, Inc. v. Kelco Disposal, Inc.*, 492 U. S. 257, 275 (1989); *Beckwith v. Bean*, 98 U. S. (8 Otto) 266, 277 (1878).

⑤ Beth Stephens, *Translating Filártiga: A Comparative and International Law Analysis of Domestic Remedies for International Human Rights Violations*, 27 Yale J. Int'l L. 1 (2002).

⑥ See Fed. R. Civ. P. 26.

备用可以获得的信息来证明自己的案件，这对一般的民事诉讼以及人权案件也是一个障碍。①

（六）诉因与法律适用问题

直到 1995 年《英国国际私法（杂项条款）》主动放弃了双重可诉规则，原来的双重可诉规则非常不利于诉讼。② 因此，在 Wiwa 案中，如果尼日利亚法认为被告的行为不是侵权行为，那么在英国也得不到任何救济，这样的要求将对原告的请求的控制返还到了行为地法——一个要对侵犯人权行为负责的政府控制之下的法律制度，而且不可能为原告的损害提供救济。

在有些国家，认定特赦或者其他放弃责任或者不承认警察的侵犯人权行为非法违反了公共政策，因而不应得到法院地的遵循而可能避免这样的结果，但是这不一定能得到保证。③ 这样的例外适用起来是非常保守的，而且对诉讼的发起创设了巨大的障碍。④ 这个障碍通过败诉者付费的影响而放大了：如前所述，在很多国家，败诉的当事人一般都必须支付胜诉方的律师费，因此，基于史无前例的理论提起的诉讼变得非常冒险。相反，在美国，《外国人侵权请求法》和《酷刑受害人保护法》的存在被法院解读为表明立法政策支持在联邦法院解决人权请求。换句话说，法院不需要猜测公共政策，而可以遵循立法机关的指引，允许对严重侵犯人权的行为提起联邦请求。⑤

最后，在没有授权这样的请求的国内立法时，一些国内法律制度不愿意认定基于国际规范的诉因。这一点，是很多学者所非常关注的。在 Craig Scott 教授主编的《作为酷刑的侵权》一书中，有几篇论文专门讨论了在没有授权这样的请求的国内立法时承认基于国际公共人权规范的私人诉权的理论障碍，有的撰稿人认为，现存的理论允许法院克服这个障碍，然而他们承

---

① Tsuneo Matsumoto, *Beyond Compensation*, 15 U. Haw. L. Rev. 578, 578-579 (1993).

② Human Rights Committee, International Law Association (British Branch), *Report on Civil Actions in the English Courts for Serious Human Rights Violations Abroad*, reprinted in 2001 Eur. Hum. Rts. L. Rev. 129, 159-160 (2001).

③ Human Rights Committee, International Law Association (British Branch), *Report on Civil Actions in the English Courts for Serious Human Rights Violations Abroad*, reprinted in 2001 Eur. Hum. Rts. L. Rev. 129, 163 (2001).

④ See *Wiwa v. Royal Dutch Petroleum Co.*, 226 F. 3d 88, 100-101 (2d Cir. 2000).

⑤ See *Wiwa v. Royal Dutch Petroleum Co.*, 226 F. 3d 88, 103-106 (2d Cir. 2000).

认法院认定这一步可能很困难。①

综上所述，美国独特的法律文化、管辖权规则、民事程序规则等因素结合在一起，使得在美国联邦法院的民事诉讼是一个具有吸引力的选择。然而，要强调的是这些动机不是人权诉讼中所独有的，而是适用于所有民事诉讼的。② 这样，好讼的美国社会提供了一项重要的服务，允许小部分外国原告利用美国法律制度来寻求在其本国不能获得的救济。③ 相反，由于其他国家不存在这样的环境与制度，所以《外国人侵权请求法》诉讼在美国比较繁荣，而在其他国家就难以出现类似的实践。

小　结

美国的《外国人侵权请求法》诉讼涉及的是对违反万国法或美国的条约的侵权的诉讼，加上其国际性，实际上是一种跨国公法诉讼，说明了美国对跨国公法诉讼的探索。与美国相对应，英国、加拿大、意大利、希腊等国以及欧洲人权法院都曾经处理过类似诉讼，它们的经验与视角有助于我们更好地理解、反思美国《外国人侵权请求法》诉讼的立场与实践。

从美国之外的实践来看，除了意大利最高法院外，其他国家的法院以及欧洲人权法院目前都还是比较谨慎的，并没有越过传统国际法的疆界，也没有行使所谓的普遍民事管辖权。虽然对于国际法规范之间是否存在等级以及强行法规范是否高于其他国际法规范并使与其相抵触的其他国际法规范无效等问题各国存在分歧，但是对于跨国民事诉讼中的国家豁免问题，各国立场基本一致，倾向于支持国家豁免，并不认为违反国际法就成了豁免的例外，更没有因此而有普遍民事管辖权。

鉴于《外国人侵权请求法》的特殊性、美国独特的法律文化、管辖权规则、民事程序规则等因素的影响，《外国人侵权请求法》诉讼在美国比较繁荣，而在其他国家就难以出现类似的实践。

---

① Craig Scott (eds.), *Torture as Tort: Comparative Perspectives on the Development of Transnational Human Rights Litigation*, Hart Publishing, 2001, pp. 157-158.

② John M. Walker, Jr., *Domestic Adjudication of International Human Rights Violations under the Alien Tort Statute*, 41 St. Louis U. L. J. 539, 539 (1997).

③ Michael J. Bazyler, *Nuremberg in America: Litigating the Holocaust in United States Courts*, 34 U. Rich. L. Rev. 1, 8 (2000).

结　语

关于《外国人侵权请求法》的历史起源，目前已经难以确切考证。从当时的历史资料和时代背景来看，《外国人侵权请求法》的通过，直接原因是回应 Marbois 事件等外交危机，避免因"拒绝司法"而陷联邦政府于不义，给外国以可乘之机；表现在宪政体制上则是联邦主义占据主导，联邦法院成了审理涉及跨州案件以及涉及外国人的案件的主要司法机关。

《外国人侵权请求法》通过之后，民族国家不断兴起，主权观念深入人心，法律实证主义也渐渐地占居主流。《外国人侵权请求法》这样多少有点理想主义的立法渐渐地被人淡忘了，在整个 19 世纪一直都被束之高阁。"二战"的惨绝人寰促使人们反思，保护和促进人权渐成共识。由于美国的法律传统，通过诉讼改变社会，将诉讼作为社会改良的工具，一直是法律人的贡献与追求。随着公益诉讼的开展，美国国内的民权运动风起云涌，社会风气为之一新。加上美国国内对政府官员的诉讼的展开以及国际民事诉讼的影响，让国家及其公务员承担责任，给予受害人以救济渐渐为人们所接受。在这样的背景下，《外国人侵权请求法》走出了故纸堆，走上了历史前台。①

从 1980 年的 *Filártiga v. Pena-Irala* 案算起，近三十年来，以《外国人侵权请求法》为依据，人权受到侵害的受害人在美国联邦法院通过诉讼实践着人权的私法救济。有了《外国人侵权请求法》诸多诉讼的实践，人权的域外保护形式更加多元化。虽然存在着这样那样的问题，然而同样不可否认的是《外国人侵权请求法》发挥着巨大的作用和影响，在让行为人承担责任的同时有助于威慑潜在的行为人、救济受害人，并且为人权法的发展作

---

① 有学者认为，在 *Sosa* 案中法院的认定实际上是认为《外国人侵权请求法》制定时自然法思想占据主导，而现在则是实证主义法学占据主导。See Eric Engle, *Private Law Remedies for Extraterritorial Human Rights Violations*, Inauguraldissertation, zur Erlangung der Doktorwürde, der Fakultät für Rechtswissenschaft, der Universität Bremen, 2006, p. 73.

出贡献。

目前，虽然已经努力创设了很多跨国公司的行为准则，要求其他国际机构或者国家来执行,① 但由于缺乏执行机制，这些行为准则没有多大效果,② 因此，利用《外国人侵权请求法》，针对公司的诉讼不断增加，认为国际法也应与时俱进，适用于个人、非政府组织和公司。③ 当然，大多数诉讼都因没有事项管辖权或者不方便法院而被撤销。④ 此外，请求的事项也在不断扩展，甚至包括环境损害和社会损害。*Beanal v. Freeport-McMoran, Inc.* 案⑤和 *Flores v. Southern Peru Copper Corp.* 案⑥就是典型。在 *Beanal v. Freeport-McMoran, Inc.* 案，原告希望追究被告破坏环境和"文化灭绝"（cultural genocide）的责任。当然，第五巡回法院认定"文化灭绝"并不构成普遍接受的违反国际法的行为。在 *Flores v. Southern Peru Copper Corp.* 案，第二巡回法院否决了原告将《外国人侵权请求法》适用的范围扩大到因环境破坏引起的损害的努力，认为国际法并不禁止国内的环境污染。

目前，《外国人侵权请求法》自身面临着巨大的争议。一方面，美国行政部门和公司希望废除之或者限制其适用范围，减少对商业团体的冲击，也减少行政部门所面临的来自各方面的压力。各种各样的公司团体已经作为法庭之友参与诉讼，认为人权诉讼使它们在海外营业更加困难、增

① See David Weissbrodt & Muria Kruger, *Current Developments: Norms on the Responsibilities of Transnational Corporations and Other Business Enterprises with Regard to Human Rights*, 97 Am. J. Int'l L. 901 (2003).

② See Beth Stephens, *The Amorality of Profit: Transnational Corporations and Human Rights*, 20 Berkeley J. Int'l L. 45, 79 & n.191 (2002).

③ See Dr. Isabella D. Bunn, *Global Advocacy for Corporate Accountability: Transatlantic Perspectives from the NGO Community*, 19 Am. U. Int'l L. Rev. 1265, 1301-1304 (2004); Todd Weiler, *Balancing Human Rights and Investor Protection: A New Approach for a Different Legal Order*, 27 B.C. Int'l & Comp. L. Rev. 429, 440-444 (2004); Shaw W. Scott, *Taking Riggs Seriously: The ATCA Case against a Corporate Abettor of Pinochet Atrocities*, 89 Minn. L. Rev. 1497, 1513 (2004).

④ See Lori Delaney, *Flores v. Southern Peru Copper Corporation: The Second Circuit Fails to Set a Threshold for Corporate Alien Tort Claims Act Liability*, 25 Nw. J. Int'l L. & Bus. 205, 208-209 n.26. (2004).

⑤ 197 F.3d 161 (5th Cir. 1999).

⑥ No. 02-9008, 2003 WL 24049712 (2d Cir. Aug. 29, 2003).

加了更多的成本、面临更多的风险,① 要求改革《外国人侵权请求法》。②
布什政府对在美国的人权诉讼的政策在改变,③ 已经介入了很多案件,认
为这些案件与美国的外交政策相冲突。④ 另一方面,许多受影响的国家对
自己及其公务员因《外国人侵权请求法》在美国被诉而非常恼火,不断
地向美国行政部门施加压力,要求撤销具体的个案。《外国人侵权请求
法》诉讼也会引起相关国家的强烈反应,尤其是在美国法院作出缺席判决
时,更是可能引起对司法帝国主义或者新殖民主义的担忧,以致抵制美国
法院的判决。⑤ 此外,在有些情形下,该法成了利益团体通过诉讼来达到
他们狭隘的政治目的⑥或者原告代理人向深衣袋被告(deep-pocketed
defendants,指的是有钱被告,这样原告及其律师就能得到真正的实惠——
笔者注)施压的工具。⑦

同时,美国联邦法院根据《外国人侵权请求法》对相关案件作出判决

---

① See *Brief of the National Foreign Trade Council*, *Sosa v. Alvarez-Machain*, 124
S. Ct. 2739 (2004) (No. 03-339), available at http: // www. nosafehaven. org/_ legal/
atca_ con_ NFTCsupportingSosa. pdf (last visited March, 9, 2008); *Brief of National
Association of Manufacturers*, *Sosa v. Alvarez-Machain*, 124 S. Ct. 2739 (2004) (No. 03-
339), available at http://www. nosafehaven. org/_ legal/atca _ con _
NAMsupportsSosa. pdf (last visited March, 9, 2008); *Brief of the National Foreign Trade
Council et al*, *Doe v. Unocal Corp.*, Nos. 00-56603, 00-57197, Nos. 00-56628, 00-57195,
2003 U. S. App. LEXIS 2716 (2003), available at http: //www. nftc. org/default/usa%
20engage/unocal% 20amicus. pdf (last visited March, 9, 2008).

② See Jenna Greene, *Gathering Storm*: *Suits that Claim Overseas Abuse Are Putting
U. S. Executives on Alert and Their Lawyers On Call*, Legal Times, July 21, 2003.

③ See *Brief for the United States*, *Sosa v. Alvarez-Machain*, 124 S. Ct. 2739 (2004)
(No. 03-339), available at http: // www. nosafehaven. org/_ legal/atca _ con _
USsupportingSosa. pdf (last visited March, 9, 2008).

④ See generally Brian C. Free, *Awaiting Doe v. Exxon Mobil Corp.* : *Advocating the
Cautious Use of Executive Opinions in Alien Tort Claims Act Litigation*, 12 Pac. Rim L. & Pol'y
467 (2003).

⑤ See Beth Van Schaack, *With All Deliberate Speed*: *Civil Human Rights Litigation as A
Tool for Social Change*, 57 Vand. L. Rev. 2305, 2346 (2004).

⑥ See Jacques de Lisle, *Human Rights, Civil Wrongs and Foreign Relations*: *A
"Sinical" Look at the Use of U. S. Litigation to Address Human Rights Abuses Abroad*, 52
DePaul L. Rev. 473, 481 (2002).

⑦ See Jonathan Birchall, *The Limits of Human Rights Legislation*, The Financial Times
Ltd. , Jan. 20, 2005, at 13.

后，判决的承认与执行仍然是个很大的问题。"法律白条"的存在让受害人得不到真正有效的救济，法律的尊严和权威也因此而受到不利影响。在学术界，对于《外国人侵权请求法》及其实践的反对声音也在增加。随着《军事委员会法》的生效，《外国人侵权请求法》实际上受到了限制。这一切，让人们对于《外国人侵权请求法》的疑虑不断增加。人们担心，美国某一天会关闭外国人在美国寻求救济的大门。当然，在 Sosa 案后，第二和第九巡回法院如以前一样继续审理《外国人侵权请求法》诉讼。有法院曾经坦率地承认其起着"准国际裁判庭"的角色，处理弥补国内宪法和法律不足的国际法问题。①

实践中，存在着原告对于外国国家元首、政府首脑等高级官员的民事诉讼，给这些国家和官员带来了很大的困扰，极大地影响了美国与相关国家的外交关系，增加了摩擦和冲突的可能性，也冲击和挑战着传统的国家豁免等国际法原则、规则和制度。然而，我们应该平和、理性地看待美国的《外国人侵权请求法》及其实践，原告提起诉讼，说明原告与被告对同一问题存在争议。实际上，同一问题，存在不同的看法或者争议是很正常的，不同声音的存在、社会的多元化，是文明和进步的标志之一。《外国人侵权请求法》本身没有罪，它只是一个工具，只为人权受到侵害的受害人提供了救济的可能性，承担不起太多的责任。不能因为实践中的一些偏差就否定《外国人侵权请求法》的作用和价值，那样就是因噎废食。对于存在的问题，美国国内的法律制度本身就存在着制衡约束机制。

在理论上，《外国人侵权请求法》的实践一方面是对传统理论的检验和挑战，另一方面也让传统理论的演化和进步有了可能性。

伴随着国内法的国际化以及国际法的国内化，国际法与国内法之间的融合越来越多，Filártiga 案就是典型的例子。② 因此，根据《外国人侵权请求法》对跨国公司违反国际法侵犯人权的行为提起国内诉讼是符合国际法的发展趋势的。③ 在 Filártiga 案中，美国法院援引了条约、联合国的宣言、各国宪法、法律以及学者的著作来决定被告的行为是否违反了万国法。在

---

①　这是纽约东区地方法院法官 Jack Weinstein 的观点。See 373 F. Supp. 2d 7, 17 (EDNY 2005).

②　See Ralph G. Steinhardt & Anthony D'Amato (eds.), *The Alien Tort Claims Act: An Analytical Anthology*, Transnational Publishers, 1999, p. 3, p. 28.

③　See Ralph G. Steinhardt & Anthony D'Amato (eds.), *The Alien Tort Claims Act: An Analytical Anthology*, Transnational Publishers, 1999, p. 6.

Filártiga 案之后，法院又经常引用它来作为禁止酷刑的国际规范的证明，这反过来又加强了国际法，对此，有学者称为"跨司法沟通"（transjudicial communication）。① 此外，甚至有学者认为，这是国际法国内化的一种方式，而且也是通过国内法来重构国际法。这样，一方面可以在不同的社会更好地执行共同的规范，另一方面可以扩大国际法的影响力。② 同时，这也是执行国际法的一种机制，Harold Koh 教授为此将发展出来并且（大多数情形下）最终得到遵守的各种机制称为"跨国法律过程"（transnational legal process）。这个进程涉及"公共的和私人的行动者——民族国家、国际组织、跨国公司、非政府组织和私人的个人——在各种各样的公开的和私下的、国内的和国际的场合互动地制定、解释、执行而且最终内化国际法的规则"。③ 经过这些复杂的互动，国际规则得以发展、解释并最终内化。它们得以遵守不只是因为遵守法律是方便的，而是因为这些规则成了全球生活所接受的原则。④

除了国际法的执行力与国内法的关系在不断变化外，也引起了对于普遍民事管辖权的争论。有一种观点认为，普遍民事管辖权是存在的，不需要侵权行为与法院地存在任何联系。⑤ 在 *Sosa* 案中，Breyer 法官支持普遍民事管辖权，他认为既然国际社会已经接受了普遍刑事管辖权，那么普遍民事管辖权并不会对国家主权造成更大更多的威胁，而且很多大陆法系国家都允许刑事附带民事诉讼，那么普遍刑事管辖权也必然会对损害赔偿请求具有重大影响了。

虽然国际法对各国法院行使民事管辖权并没有施加任何限制，但是从我们之前的论述可以看出，除了美国之外，利用国内法律制度来对域外发生的侵犯人权行为提供救济、行使民事管辖权并没有成为普遍的国家实践。同

---

① See Anne-Marie Slaughter, *A Typology of Transjudicial Communication*, 29 U. RICH. L. REV. 99 (1995).

② See Philip R. Trimble, *International Law, World Order, and Critical Legal Studies*, 42 STAN. L. REV. 811, 835 (1990).

③ See Harold Hongju Koh, *Transnational Legal Process*, 75 Neb. L. Rev. 181, 183-184 (1996).

④ See Harold Hongju Koh, *Transnational Legal Process*, 75 Neb. L. Rev. 181, 203-205 (1996).

⑤ See Amnesty International, *Universal Jurisdiction: The Scope of Universal Civil Jurisdiction*, July 2007.

时，就算是美国的《外国人侵权请求法》，其行使的也不是普遍民事管辖权，毕竟案件都是与美国存在关联的。

当然，也不排除另外一种可能，即虽然普遍民事管辖权并没有成为国际习惯法规则，也没有被接受为一般的国际法原则，但是根据国际法，各国国内法院是可以行使普遍民事管辖权的，而且这可以为未来形成一项新的国际习惯法规则打下基础。①

美国法院开始倾向于利用国内诉讼来救济人权受到侵害的受害人，除了表现在对于与法院地没什么联系的纠纷行使管辖权之外，还表现在拒绝以不方便法院为由撤销案件、取消诉讼时效的限制或自由地重新计算时效、灵活适用冲突法规则、适用的证据规则比一般非人权案件更灵活、更乐意承认跨国人权诉讼的判决等方面。②

对于侵犯人权的行为，《外国人侵权请求法》诉讼面临着包括主权豁免、国家行为理论等在内的诸多障碍，而且美国也没有希望成为国际法和人权的裁判地。③ 然而，《外国人侵权请求法》毕竟为某些权利受到侵害的受害人提供了某些救济，总比毫无救济要强。

美国法对侵犯人权的主要救济就是私法上的侵权，由于不存在一个全球性的国际裁判机构来解决这些侵犯人权的案件，受害人在母国也得不到有效的救济，因此，《外国人侵权请求法》提供了一个恰当的选择，这也符合美国保护人权、解决提交到法院的争议的义务。④

与美国的私法救济不同，欧洲则以刑法救济为主。⑤ 当然，欧洲也在关注《外国人侵权请求法》，希望借鉴美国的经验。1998 年，欧洲议会下属的

---

① See Kate Parlett, *Universal Civil Jurisdiction for Torture*, 4 E. H. R. L. R. 385 (2007).

② See Paul R. Dubinsky, *Human Rights Law Meets Private Law Harmonization: The Coming Conflict*, 30 Yale J. Int'l L. 211, 302 (2005).

③ See Eric Gruzen, *The United States As A Forum for Human Rights Litigation: Is This the Best Solution?*, 14 Transnat'l Law. 207 (2001).

④ See Ralph G. Steinhardt & Anthony D'Amato (eds.), *The Alien Tort Claims Act: An Analytical Anthology*, Transnational Publishers, 1999, p. 45.

⑤ See Eric Engle, *Private Law Remedies for Extraterritorial Human Rights Violations*, Inauguraldissertation, zur Erlangung der Doktorwürde, der Fakultät für Rechtswissenschaft, der Universität Bremen, 2006, p. 134.

发展与合作委员会要求研究制定欧洲版的《外国人侵权请求法》的可行性。① 2002 年，欧洲议会通过一项决议，认为《布鲁塞尔条例》② 第 2 条已经授权欧盟成员国法院审理对于在各成员国登记或者设有总部的跨国公司的发生在第三国的侵权行为提出的诉讼的案件。同时，欧洲议会促请各成员国在国内立法中制定此类的域外管辖权法律，并且要求欧洲委员会对于各成员国法院适用该原则作进一步研究。③ 2004 年，欧洲委员会指出，包括奥地利、比利时、丹麦、芬兰、法国、德国、希腊、意大利、卢森堡、荷兰、葡萄牙、西班牙和瑞典等在内的许多国家都允许本国法院对于基于普遍刑事管辖权的刑事案件的附带民事诉讼进行管辖。④ 另外，虽然《布鲁塞尔条例》第 5 条第 4 款规定，只要成员国国内法所允许，那么可以对基于刑事诉讼产生的民事损害赔偿请求的没有住所的人行使管辖权。但是，正如我们之前所指出的，鉴于《外国人侵权请求法》的特殊性以及与美国的民事诉讼制度的关联性，其他国家要模仿美国建立与《外国人侵权请求法》类似的制度恐怕难以实现，至少短期内不用指望。⑤

最后，我们同意 John B. Bellinger, III 的观点，⑥ 执行人权最终要解决的问题是外国自身的阻止侵犯人权的行为并且提供救济的法治制度的失败，而这一点上《外国人侵权请求法》起不到什么作用。这些失败不能由任何

---

① See *Report on EU Standards for European enterprises operating in developing countries*: *towards a European Code of Conduct*, Committee on Development and Cooperation, 17 December 1998.

② 该决议的原文用的是《布鲁塞尔公约》。鉴于《布鲁塞尔条例》已经生效，所以这里用《布鲁塞尔条例》代替《布鲁塞尔公约》。

③ See *European Parliament, Resolution A5-0159/2002, 30 May 2002, Social Responsibility of Companies. Resolution of the European Parliament on the Green Book of the Commission*, para. 50.

④ See *Brief of Amicus Curiae the European Commission Supporting Neither Party*, Sosa v. Alvarez-Machain, No. 03-339, U. S. Sup. Ct., 23 January 2004, 21 n. 48.

⑤ See Jan Wouters, Leen De Smet & Cedric Ryngaert, *Tort Claims against Multinational Companies for Foreign Human Rights Violations Committed Abroad*: *Lessons from the Alien Tort Claims Act?* The Institute for International Law of the K. U. Leuven, Working Paper No. 46 - November 2003.

⑥ See John B. Bellinger, III, *Enforcing Human Rights in U. S. Courts and Abroad*: *The Alien Tort Statute and Other Approaches*, available at http://www.state.gov/s/l/rls/103506.htm (last visited August 4, 2008).

单一的政策项目或诉讼能弥补，肯定也不能通过让美国法院成为临时请求的裁判机构而弥补。相反，促进外国尊重法律和人权以及加强法律制度的建设比扩大美国的管辖更重要。

附录：案例目录

A

Abagninin v. AMVAC Chemical Corp. , 545 F. 3d 733 （9th Cir. （Cal.）Sep 24, 2008）.

Abdullahi v. Pfizer, Inc. , 77 Fed. Appx. 48 （2nd Cir. （N. Y.）Oct 08, 2003）.

Abdul-Rahman Omar Adra v. Clift, 195 F. Supp. 857 （D. Md. Jun 30, 1961）.

Abebe-Jira v. Negewo, 72 F. 3d 844 （11th Cir. （Ga.）Jan 10, 1996）.

Abiodun v. Martin Oil Service, Inc. , 475 F. 2d 142 （7th Cir. （Ill.）Mar 14, 1973））.

Abiola v. Abubakar, 267 F. Supp. 2d 907 （N. D. Ill. Jun 17, 2003）.

Abraham v. Volkswagen of America, Inc. , 795 F. 2d 238 （2nd Cir. （N. Y.）Jun 26, 1986）.

Abrams v. Societe Nationale des Chemins de Fer Francais, 332 F. 3d 173 （2nd Cir. （N. Y.）Jun 13, 2003）.

Abur v. Republic of Sudan, 2006 WL 1892066 （D. D. C. Jul 10, 2006）.

Acree v. Republic of Iraq, 271 F. Supp. 2d 179 （D. D. C. Jul 07, 2003）.

Adamu v. Pfizer, Inc. , 399 F. Supp. 2d 495 （S. D. N. Y. Nov 08, 2005）.

Adras v. Nelson, 917 F. 2d 1552 （11th Cir. （Fla.）Nov 30, 1990）.

Aguinda v. Texaco, Inc. , 303 F. 3d 470 （2nd Cir. （N. Y.）Aug 16, 2002）.

Ahmed v. Goldberg, 2001 WL 1842390 （D. N. Mar. I. May 11, 2001）.

Ahmed v. Hoque, 2002 WL 1858776 （S. D. N. Y. Aug 14, 2002）.

Aikpitanhi v. Iberia Airlines of Spain, 553 F. Supp. 2d 872 （E. D. Mich. Mar 31, 2008）.

Ajaj v. Federal Bureau of Prisons, 2008 WL 4610258 （D. Colo. Oct 16,

2008）.

Akbar v. New York Magazine Co., 490 F. Supp. 60 （D. D. C. Feb 12, 1980）.

Al Odah v. U. S., 321 F. 3d 1134 （D. C. Cir. Mar 11, 2003）.

Aldana v. Del Monte Fresh Produce, N. A., Inc., 452 F. 3d 1284 （11th Cir. （Fla.） Jun 23, 2006）.

Alejandre v. Republic of Cuba, 996 F. Supp. 1239 （S. D. Fla. Dec 17, 1997）.

Al-Joudi v. Bush, 406 F. Supp. 2d 13 （D. D. C. Oct 26, 2005）.

Allen v. Figuera, 2008 WL 4829744 （D. Colo. Nov 04, 2008）.

Allen v. Ortiz, 2008 WL 4829854 （D. Colo. Oct 29, 2008）.

Almog v. Arab Bank, PLC, 471 F. Supp. 2d 257 （E. D. N. Y. Jan 29, 2007）.

Alnwick v. European Micro Holdings, Inc., 137 F. Supp. 2d 112 （E. D. N. Y. Mar 22, 2001）.

Alomang v. Freeport-McMoran Inc., 1996 WL 601431 （E. D. La. Oct 17, 1996）.

Alperin v. Vatican Bank, 410 F. 3d 532 （9th Cir. （Cal.） Jun 09, 2005）.

Alvarez-Machain v. U. S., 331 F. 3d 604 （9th Cir. （Cal.） Jun 03, 2003）.

Amerada Hess Shipping Corp. v. Argentine Republic, 830 F. 2d 421 （2nd Cir. （N. Y.） Sep 11, 1987）.

Amlon Metals, Inc. v. FMC Corp., 775 F. Supp. 668 （S. D. N. Y. Oct 16, 1991）.

An v. Chun, 134 F. 3d 376 （9th Cir. （Wash.） Jan 28, 1998）.

Anderman v. Federal Republic of Austria, 256 F. Supp. 2d 1098 （C. D. Cal. Apr 15, 2003）.

Anonymous v. I. N. S., 122 F. 3d 1055 （2nd Cir. （N. Y.） Jul 09, 1997）.

Aquilar-Avellaveda v. Terrell, 478 F. 3d 1223 （10th Cir. （Kan.） Mar 05, 2007）.

Aranda v. Department of Social and Health Services, 73 Fed. Appx. 204 （9th Cir. （Cal.） Jul 25, 2003）.

Arar v. Ashcroft, 532 F. 3d 157 （2nd Cir. （N. Y.） Jun 30, 2008）.

Arce v. Garcia, 434 F. 3d 1254 （11th Cir. （Fla.） Jan 04, 2006）.

Argentine Republic v. Amerada Hess Shipping Corp., 109 S. Ct. 683

(U. S. N. Y. Jan 23, 1989).

Arias v. Dyncorp, 517 F. Supp. 2d 221 (D. D. C. May 21, 2007).

Arndt v. UBS AG, 342 F. Supp. 2d 132 (E. D. N. Y. Nov 01, 2004).

Auguste v. Ridge, 395 F. 3d 123 (3rd Cir. (N. J.) Jan 20, 2005).

B

Backlund v. Hessen, 904 F. Supp. 964 (D. Minn. Nov 06, 1995).

Bagguley v. Bush, 953 F. 2d 660 (D. C. Cir. Dec 27, 1991).

Bagguley v. Matthews, 1992 WL 160945 (D. Kan. Jun 03, 1992).

Bakhtiar v. Islamic Republic of Iran, 571 F. Supp. 2d 27 (D. D. C. Jul 17, 2008).

Banco Nacional de Cuba v. Sabbatino, 84 S. Ct. 923 (U. S. N. Y. Mar 23, 1964).

Bank Julius Baer & Co. Ltd v. Wikileaks, 535 F. Supp. 2d 980 (N. D. Cal. Feb 29, 2008).

Bano v. Union Carbide Corp., 273 F. 3d 120 (2nd Cir. (N. Y.) Nov 15, 2001).

Bansal v. Lamar University, 2002 WL 32075771 (E. D. Tex. Aug 27, 2002).

Bansal v. Russ, 513 F. Supp. 2d 264 (E. D. Pa. Apr 05, 2007).

Bao Ge v. Li Peng, 201 F. Supp. 2d 14 (D. D. C. Aug 28, 2000).

Bauman v. Daimlerchrysler AG, 2007 WL 486389 (N. D. Cal. Feb 12, 2007).

Beanal v. Freeport-McMoran, Inc., 197 F. 3d 161 (5th Cir. (La.) Nov 29, 1999).

Beaty v. Republic of Iraq, 480 F. Supp. 2d 60 (D. D. C. Mar 20, 2007).

Beck v. Manufacturers Hanover Trust Co., 481 N. Y. S. 2d 211 (N. Y. Sup. Aug 16, 1984).

Beets v. Hickman, 2007 WL 963161 (M. D. Ga. Mar 28, 2007).

Begum v. Miner, 213 F. 3d 639 (5th Cir. (Tex.) Apr 20, 2000).

Belgrade v. Sidex Intern. Furniture Corp., 2 F. Supp. 2d 407 (S. D. N. Y. Mar 31, 1998).

Belhas v. Ya'alon, 515 F. 3d 1279 (D. C. Cir. Feb 15, 2008).

Benas v. Baca, 2001 WL 485168 (C. D. Cal. Apr 23, 2001).

Benjamins v. British European Airways, 572 F. 2d 913 (2nd Cir. (N. Y.) Mar 06, 1978).

Bennett v. Stephens, 1989 WL 17751 (D. D. C. Feb 23, 1989).

Ben-Rafael v. Islamic Republic of Iran, 540 F. Supp. 2d 39 (D. D. C. Feb 25, 2008).

Bieregu v. Ashcroft, 259 F. Supp. 2d 342 (D. N. J. May 01, 2003).

Bigio v. Coca-Cola Co., 239 F. 3d 440 (2nd Cir. (N. Y.) Dec 07, 2000).

Bodimetric Health Services, Inc. v. Aetna Life & Cas., 903 F. 2d 480 (7th Cir. (Ill.) May 25, 1990).

Bodner v. Banque Paribas, 114 F. Supp. 2d 117 (E. D. N. Y. Aug 31, 2000).

Bowater S. S. Co. v. Patterson, 303 F. 2d 369 (2nd Cir. (N. Y.) Mar 28, 1962).

Bowoto v. Chevron Corp., 557 F. Supp. 2d 1080 (N. D. Cal. May 30, 2008).

Brancaccio v. Reno, 964 F. Supp. 1 (D. D. C. Apr 25, 1997).

Brandtscheit v. Britton, 239 F. Supp. 652 (N. D. Cal. Mar 24, 1965).

Brock v. Taylor, 2006 WL 1361118 (W. D. Ark. May 16, 2006).

Bromfield v. Mukasey, 543 F. 3d 1071 (9th Cir. Sep 15, 2008).

Brown v. Gropper, 2008 WL 4809924 (E. D. Va. Oct 30, 2008).

Brown v. U. S. Bureau of Immigration and Customs Enforcement Dept., 2008 WL 4813083 (N. D. Ill. Oct 28, 2008).

Burger-Fischer v. Degussa AG, 65 F. Supp. 2d 248 (D. N. J. Sep 13, 1999).

Burnett v. Al Baraka Inv. and Development Corp., 274 F. Supp. 2d 86 (D. D. C. Jul 25, 2003).

C

Cabello v. Fernandez-Larios, 402 F. 3d 1148 (11th Cir. (Fla.) Mar 14, 2005).

Cabiri v. Assasie-Gyimah, 921 F. Supp. 1189 (S. D. N. Y. Apr 18, 1996).

Campuzano v. Islamic Republic of Iran, 281 F. Supp. 2d 258 (D. D. C. Sep 10, 2003).

Canadian Overseas Ores Ltd. v. Compania de Acero Del Pacifico S. A., 528 F. Supp. 1337 (S. D. N. Y. Jan 07, 1982).

Canadian Transport Co. v. U. S., 663 F. 2d 1081 (D. C. Cir. Sep 05, 1980).

Carmichael v. United Technologies Corp., 835 F. 2d 109 (5th Cir. (Tex.) Jan 07, 1988).

Carrizosa v. Chiquita Brands Intern., Inc., 2007 WL 3458987 (S. D. Fla. Nov 14, 2007).

Casas v. Booker, 2007 WL 647563 (E. D. Ky. Feb 26, 2007).

Castillo v. Spiliada Maritime Corp., 732 F. Supp. 50 (E. D. La. Mar 09, 1990).

Centre for Independence of Judges and Lawyers of U. S., Inc. v. Mabey, 19 B. R. 635 (D. Utah Mar 12, 1982).

Chance v. Taiwan, 86 F. 3d 1146 (1st Cir. (Mass.) May 23, 1996).

Chapalain Compagnie v. Standard Oil Co. (Indiana), 467 F. Supp. 181 (N. D. Ill. Dec 07, 1978).

Chavez v. Carranza, 413 F. Supp. 2d 891 (W. D. Tenn. Oct 26, 2005).

Chen v. China Central Television, 2007 WL 2298360 (S. D. N. Y. Aug 09, 2007).

Cheng v. Boeing Co., 708 F. 2d 1406 (9th Cir. (Cal.) Jun 20, 1983).

Chiminya Tachiona v. Mugabe, 216 F. Supp. 2d 262 (S. D. N. Y. Aug 07, 2002).

Chowdhury v. WorldTel Bangladesh Holding, Ltd., 2008 WL 5101622 (E. D. N. Y. Dec 05, 2008).

Cicippio v. Islamic Republic of Iran, 18 F. Supp. 2d 62 (D. D. C. Aug 27, 1998).

Cisneros v. Aragon, 485 F. 3d 1226 (10th Cir. (Wyo.) May 21, 2007).

Cohen v. Clemens, 2008 WL 4533944 (D. Colo. Oct 01, 2008).

Cohen v. Hartman, 634 F. 2d 318 (5th Cir. (Fla.) Jan 16, 1981).

Collett v. Socialist Peoples' Libyan Arab Jamahiriya, 362 F. Supp. 2d 230 (D. D. C. Mar 24, 2005).

Comollari v. Ashcroft, 378 F. 3d 694 (7th Cir. Aug 10, 2004).

Corrie v. Caterpillar, Inc., 503 F. 3d 974 (9th Cir. (Wash.) Sep 17, 2007).

Courant v. International Photographers of Motion Picture Industry Local 659, 176 F. 2d 1000 (9th Cir. (Cal.) Sep 13, 1949).

Cruz v. Gulf Fleet Intern. , Inc. , 1986 A. M. C. 763 (E. D. La. Jun 20, 1984).

Czetwertynski v. U. S. , 514 F. Supp. 2d 592 (S. D. N. Y. Sep 26, 2007).

D

Daliberti v. Republic of Iraq, 146 F. Supp. 2d 19 (D. D. C. May 25, 2001).

Damaskinos v. Societa Navigacion Interamericana, S. A. , Panama, 255 F. Supp. 919 (S. D. N. Y. Jan 11, 1966).

Dammarell v. Islamic Republic of Iran, 2005 WL 756090 (D. D. C. Mar 29, 2005).

DaSilva v. Esmor Correctional Services Inc. , 215 F. R. D. 477 (D. N. J. Jun 10, 2003).

Daventree Ltd. v. Republic of Azerbaijan, 2005 WL 2585227 (S. D. N. Y. Oct 13, 2005).

De Blake v. Republic of Argentina, 1984 WL 9080 (C. D. Cal. Sep 28, 1984).

De Letelier v. Republic of Chile, 502 F. Supp. 259 (D. D. C. Nov 05, 1980).

De Los Santos Mora v. Brady, 2007 WL 981605 (D. Del. Mar 30, 2007).

De Los Santos v. Bradenham, 205 Fed. Appx. 182 (4th Cir. (Va.) Nov 13, 2006).

De Los Santos v. Police Dept. of Newport News, Va, 2006 WL 5616324 (E. D. Va. Aug 22, 2006).

De Los Santos-Mora v. Bradenham, 194 Fed. Appx. 100 (4th Cir. (Va.) Aug 10, 2006).

De Wit v. KLM Royal Dutch Airlines, N. V. , 570 F. Supp. 613 (S. D. N. Y. Sep 07, 1983).

Deirmenjian v. Deutsche Bank, A. G. , 526 F. Supp. 2d 1068 (C. D. Cal. Dec 14, 2007).

Denegri v. Republic of Chile, 1992 WL 91914 (D. D. C. Apr 06, 1992).

Deutsch v. Turner Corp. , 324 F. 3d 692 (9th Cir. (Cal.) Mar 06, 2003).

DiRienzo v. Philip Services Corp. , 232 F. 3d 49 (2nd Cir. (N. Y.) Nov

08, 2000).

Do Rosario Veiga v. World Meteorological Organisation, 486 F. Supp. 2d 297 (S. D. N. Y. May 07, 2007).

Dodge v. Islamic Republic of Iran, 2004 WL 5353873 (D. D. C. Aug 25, 2004).

Doe I v. The Gap, Inc., 2001 WL 1842389 (D. N. Mar. I. Nov 26, 2001).

Doe I v. Unocal Corp., 395 F. 3d 932 (9th Cir. (Cal.) Sep 18, 2002).

Doe v. Al Maktoum, 2008 WL 4965169 (E. D. Ky. Nov 18, 2008).

Doe v. Bolkiah, 74 F. Supp. 2d 969 (D. Hawai'i Jan 05, 1998).

Doe v. Exxon Mobil Corp., 393 F. Supp. 2d 20 (D. D. C. Oct 14, 2005).

Doe v. Islamic Salvation Front, 257 F. Supp. 2d 115 (D. D. C. Mar 31, 2003).

Doe v. Karadzic, 182 F. R. D. 424 (S. D. N. Y. Oct 23, 1998).

Doe v. Qi, 349 F. Supp. 2d 1258 (N. D. Cal. Dec 08, 2004).

Doe v. Rafael Saravia, 348 F. Supp. 2d 1112 (E. D. Cal. Nov 24, 2004).

Doe v. Unocal Corp., 110 F. Supp. 2d 1294 (C. D. Cal. Aug 31, 2000).

Doe v. Xudong, 123 Fed. Appx. 727 (7th Cir. (Ill.) Feb 15, 2005).

Drexel Burnham Lambert Group Inc. v. Committee of Receivers for A. W. Galadari, 810 F. Supp. 1375 (S. D. N. Y. Jan 14, 1993).

Dreyfus v. Von Finck, 534 F. 2d 24 (2nd Cir. (N. Y.) Apr 06, 1976).

E

Eastman Kodak Co. v. Kavlin, 978 F. Supp. 1078 (S. D. Fla. Sep 09, 1997).

Elahi v. Islamic Republic of Iran, 124 F. Supp. 2d 97 (D. D. C. Dec 20, 2000).

Elmaghraby v. Ashcroft, 2005 WL 2375202 (E. D. N. Y. Sep 27, 2005).

El-Masri v. Tenet, 437 F. Supp. 2d 530 (E. D. Va. May 12, 2006).

El-Masri v. U. S., 479 F. 3d 296 (4th Cir. (Va.) Mar 02, 2007).

El-Shifa Pharmaceutical Industries Co. v. U. S., 402 F. Supp. 2d 267 (D. D. C. Nov 29, 2005).

Empagran S. A. v. F. Hoffman-La Roche, Ltd., 2001 WL 761360 (D. D. C. Jun 07, 2001).

Empresa Hondurena de Vapores, S. A. v. McLeod, 300 F. 2d 222 (2nd Cir.

（N. Y. ）Jan 12, 1962）.

Enahoro v. Abubakar, 408 F. 3d 877 （7th Cir. （Ill. ）May 23, 2005）.

Erby v. Pfizer Pharmaceutical Co. , 2008 WL 3318730 （E. D. Mich. Aug 08, 2008）.

Esquivel v. GAC Express Inc. , 2005 WL 3454114 （W. D. Tex. Nov 28, 2005）.

Estate of Bayani v. Islamic Republic of Iran, 530 F. Supp. 2d 40 （D. D. C. Dec 28, 2007）.

Estate of Cabello v. Fernandez-Larios, 157 F. Supp. 2d 1345 （S. D. Fla. Aug 10, 2001）.

Estate of Heiser v. Islamic Republic of Iran, 2006 WL 1530243 （D. D. C. Jun 06, 2006）.

Estate of Klieman v. Palestinian Authority, 424 F. Supp. 2d 153 （D. D. C. Mar 30, 2006）.

Estate of Rodriquez v. Drummond Co. , *Inc.* , 256 F. Supp. 2d 1250 （N. D. Ala. Apr 14, 2003）.

F

Fagan v. Deutsche Bundesbank, 438 F. Supp. 2d 376 （S. D. N. Y. Jul 11, 2006）.

Fagge v. Carbone, 2007 WL 608976 （D. N. J. Feb 23, 2007）.

Faulder v. Johnson, 178 F. 3d 741 （5th Cir. （Tex. ）Jun 16, 1999）.

Fayoade v. Cline, 2007 WL 2740644 （N. D. Ill. Sep 11, 2007）.

Fayoade v. Spratte, 284 Fed. Appx. 345 （7th Cir. （Ill. ）Jul 07, 2008）.

Ferguson v. Christie, 2005 WL 3201065 （D. D. C. Oct 12, 2005）.

Filartiga v. Pena-Irala, 630 F. 2d 876 （2nd Cir. （N. Y. ）Jun 30, 1980）.

Fisher v. Great Socialist People's Libyan Arab Jamahiriya, 541 F. Supp. 2d 46 （D. D. C. Mar 27, 2008）.

Flatow v. Islamic Republic of Iran, 999 F. Supp. 1 （D. D. C. Mar 11, 1998）.

Flores v. Southern Peru Copper Corp. , 343 F. 3d 140 （2nd Cir. Aug 29, 2003）.

Ford ex rel. Estate of Ford v. Garcia, 289 F. 3d 1283 （11th Cir. （Fla. ）Apr 30, 2002）.

Forti v. Suarez-Mason, 694 F. Supp. 707 (N. D. Cal. Jul 06, 1988).

Frazer v. Chicago Bridge and Iron, 2006 WL 801208 (S. D. Tex. Mar 27, 2006).

Freund v. Republic of France, 2008 WL 5272744 (S. D. N. Y. Dec 19, 2008).

Friedman v. Bayer Corp., 1999 WL 33457825 (E. D. N. Y. Dec 15, 1999).

Frolova v. Union of Soviet Socialist Republics, 761 F. 2d 370 (7th Cir. (Ill.) May 01, 1985).

G

Gandara v. Bennett, 528 F. 3d 823 (11th Cir. (Ga.) May 22, 2008).

Ganguly v. Charles Schwab & Co., Inc., 2004 WL 213016 (S. D. N. Y. Feb 04, 2004).

Ganguly v. Swiss American Securities, Inc., 229 Fed. Appx. 51 (2nd Cir. (N. Y.) Jul 20, 2007).

Garcia v. U. S., 2008 WL 4610042 (W. D. N. C. Oct 16, 2008).

Gardner v. Meggs, 2007 WL 3231734 (N. D. Fla. Oct 30, 2007).

Gill v. Gill, 412 F. Supp. 1153 (E. D. Pa. Apr 08, 1976).

Giro v. Estevill, 1998 WL 63407 (S. D. N. Y. Feb 13, 1998).

Goins v. Goins, 777 F. 2d 1059 (5th Cir. (Miss.) Dec 10, 1985).

Goldstar (Panama) S. A. v. U. S., 967 F. 2d 965 (4th Cir. (Va.) Jun 16, 1992).

Goldstein v. U. S., 2003 WL 241081821 (D. D. C. Apr 23, 2003).

Gonzalez-Vera v. Kissinger, 449 F. 3d 1260 (D. C. Cir. Jun 09, 2006).

Granville Gold Trust-Switzerland v. Commissione Del Fallimento/Interchange Bank, 928 F. Supp. 241 (E. D. N. Y. Jun 07, 1996).

Greenham Women against Cruise Missiles v. Reagan, 591 F. Supp. 1332 (S. D. N. Y. Jul 31, 1984).

Grieveson v. Anderson, 538 F. 3d 763 (7th Cir. (Ind.) Aug 18, 2008).

Gross v. The German Foundation Industrial Initiative, 499 F. Supp. 2d 606 (D. N. J. Aug 15, 2007).

Guinto v. Marcos, 654 F. Supp. 276 (S. D. Cal. Oct 31, 1986).

Gutch v. Federal Republic of Germany, 444 F. Supp. 2d 1 （D. D. C. Jul 27, 2006）.

H

Hamid v. Price Waterhouse, 51 F. 3d 1411 （9th Cir. （Cal. ）Apr 07, 1995）.

Handel v. Artukovic, 601 F. Supp. 1421 （C. D. Cal. Jan 31, 1985）.

Hanoch Tel-Oren v. Libyan Arab Republic, 517 F. Supp. 542 （D. D. C. Jun 30, 1981）.

Harbury v. Hayden, 522 F. 3d 413 （D. C. Cir. Apr 15, 2008）.

Hawkins v. Comparet-Cassani, 33 F. Supp. 2d 1244 （C. D. Cal. Jan 25, 1999）.

Heanue v. Johnson, 1999 WL 33227638 （S. D. Fla. Mar 29, 1999）.

Heinrich ex rel. Heinrich v. Sweet, 49 F. Supp. 2d 27 （D. Mass. Apr 30, 1999）.

Herero People's Reparations Corp. v. Deutsche Bank, A. G. , 370 F. 3d 1192 （D. C. Cir. Jun 11, 2004）.

Hereros ex rel. Riruako v. Deutsche Afrika-Linien Gmblt & Co. , 232 Fed. Appx. 90 （3rd Cir. （N. J. ）Apr 10, 2007）.

Hilao v. Estate of Marcos, 103 F. 3d 762 （9th Cir. （Hawai'i）Dec 17, 1996）.

Hirsh v. State of Israel, 133 F. 3d 907 （2nd Cir. （N. Y. ）Dec 31, 1997）.

Holland v. Islamic Republic of Iran, 496 F. Supp. 2d 1 （D. D. C. Oct 31, 2005）.

Hughes v. State of Ohio, 2005 WL 2000674 （S. D. Ohio. Aug 19, 2005）.

Hurst v. Socialist People's Libyan Arab Jamahiriya, 474 F. Supp. 2d 19 （D. D. C. Feb 01, 2007）.

Huynh Thi Anh v. Levi, 586 F. 2d 625 （6th Cir. （Mich. ）Oct 20, 1978）.

Hwang Geum Joo v. Japan, 413 F. 3d 45 （D. C. Cir. Jun 28, 2005）.

I

Ibrahim v. Titan Corp. , 391 F. Supp. 2d 10 （D. D. C. Aug 12, 2005）.

Igartua-De La Rosa v. U. S. , 417 F. 3d 145 （1st Cir. （Puerto Rico）Aug 03, 2005）.

IIT v. Cornfeld, 462 F. Supp. 209 （S. D. N. Y. Dec 06, 1978）.

IIT v. Vencap, Ltd., 519 F. 2d 1001 (2nd Cir. (N. Y.) Apr 28, 1975).

In Matter of Extradition of Sandhu, 1996 WL 469290 (S. D. N. Y. Aug 19, 1996).

In re African-American Slave Descendants Litigation, 304 F. Supp. 2d 1027 (N. D. Ill. Jan 26, 2004).

In re Agent Orange Product Liability Litigation, 373 F. Supp. 2d 7 (E. D. N. Y. Mar 10, 2005).

In re AHN Homecare, LLC, 222 B. R. 804 (Bankr. N. D. Tex. Jun 10, 1998).

In re Bank of Credit and Commerce Intern. l Depositors Litigation, 1992 WL 696398 (C. D. Cal. Apr 30, 1992).

In re Chevron Fire Cases, 2005 WL 1077516 (Cal. App. 1 Dist. May 06, 2005).

In re Estate of Ferdinand Marcos, Human Rights Litigation, 25 F. 3d 1467 (9th Cir. (Hawai'i) Jun 16, 1994).

In re Guantanamo Detainee Cases, 355 F. Supp. 2d 443 (D. D. C. Jan 31, 2005).

In re Healthback, L. L. C., 226 B. R. 464 (Bankr. W. D. Okla. Jul 31, 1998).

In re House of Mercy, Inc., 353 B. R. 867 (Bankr. W. D. La. Apr 25, 2006).

In re Iraq and Afghanistan Detainees Litigation, 479 F. Supp. 2d 85 (D. D. C. Mar 27, 2007).

In re Sinaltrainal Litigation, 474 F. Supp. 2d 1273 (S. D. Fla. Sep 29, 2006).

In re South African Apartheid Litigation, 346 F. Supp. 2d 538 (S. D. N. Y. Nov 29, 2004).

In re St. Mary Hosp., 123 B. R. 14 (E. D. Pa. Jan 15, 1991).

In re Terrorist Attacks on September 11, 2001, 464 F. Supp. 2d 335 (S. D. N. Y. Dec 14, 2006).

In re World War II Era Japanese Forced Labor Litigation, 164 F. Supp. 2d 1153 (N. D. Cal. Sep 17, 2001).

Industria Panificadora, S. A. v. U. S., 763 F. Supp. 1154 (D. D. C. Apr 30, 1991).

16, 2006）.

Kent v. U. S. , 1994 WL 68669 （D. Or. Feb 11, 1994）.

Keszthelyi v. Bowman, 2007 WL 626221 （E. D. Tenn. Feb 23, 2007）.

Khalid v. Bush, 355 F. Supp. 2d 311 （D. D. C. Jan 19, 2005）.

Khedivial Line, S. A. E. v. Seafarers' Intern. Union, 278 F. 2d 49 （2nd Cir. （N. Y. ） May 04, 1960）.

Khulumani v. Barclay Nat. Bank Ltd. , 504 F. 3d 254 （2nd Cir. （N. Y. ） Oct 12, 2007）.

Kilburn v. Socialist People's Libyan Arab Jamahiriya, 376 F. 3d 1123 （D. C. Cir. Jul 30, 2004）.

King v. U. S. , 159 Fed. Appx. 807 （9th Cir. （Cal. ） Dec 21, 2005）.

Kiobel v. Royal Dutch Petroleum Co. , 456 F. Supp. 2d 457 （S. D. N. Y. Sep 29, 2006）.

Klinghoffer v. S. N. C. Achille Lauro Ed Altri-Gestione Motonave Achille Lauro in Amministrazione Straordinaria, 937 F. 2d 44 （2nd Cir. （N. Y. ） Jun 21, 1991）.

Koohi v. U. S. , 976 F. 2d 1328 （9th Cir. （Cal. ） Oct 08, 1992）.

Kruman v. Christie's Intern. PLC, 129 F. Supp. 2d 620 （S. D. N. Y. Jan 29, 2001）.

Kyler v. Montezuma County, 203 F. 3d 835 （10th Cir. （Colo. ） Jan 28, 2000）.

L

Lafontant v. Aristide, 844 F. Supp. 128 （E. D. N. Y. Jan 27, 1994）.

Leka v. U. S. , 2008 WL 686797 （N. D. N. Y. Mar 10, 2008）.

Licea v. Curacao Drydock Co. , Inc. , 2008 WL 4808725 （S. D. Fla. Oct 31, 2008）.

Linder v. Calero Portocarrero, 747 F. Supp. 1452 （S. D. Fla. Sep 17, 1990）.

Littlejohn v. International Court of Justice, 2007 WL 601645 （D. S. C. Feb 21, 2007）.

Lloyd's Syndicate 609 v. U. S. , 780 F. Supp. 998 （S. D. N. Y. Dec 06, 1991）.

Lopes v. Reederei Richard Schroder, 225 F. Supp. 292 （E. D. Pa. Nov 05,

21, 2004).

Mora v. New York, 524 F. 3d 183 (2nd Cir. (N. Y.) Apr 24, 2008).

Morris v. Weinberger, 401 F. Supp. 1071 (D. Md. Jun 19, 1975).

Mother Doe I ex rel. R. M. v. Al Maktoum, 2007 WL 2209258 (S. D. Fla. Jul 30, 2007).

Mousa v. Islamic Republic of Iran, 238 F. Supp. 2d 1 (D. D. C. Sep 19, 2001).

Mujica v. Occidental Petroleum Corp., 381 F. Supp. 2d 1134 (C. D. Cal. Jun 28, 2005).

Munusamy v. McClelland Engineers, Inc., 579 F. Supp. 149 (E. D. Tex. Jan 30, 1984).

Mushikiwabo v. Barayagwiza, 1996 WL 164496 (S. D. N. Y. Apr 09, 1996).

Mwani v. bin Laden, 417 F. 3d 1 (D. C. Cir. Aug 05, 2005).

N

Nabulsi v. Nahyan, 2008 WL 1924235 (S. D. Tex. Apr 29, 2008).

National Coalition Government of Union of Burma v. Unocal, Inc., 176 F. R. D. 329 (C. D. Cal. Nov 05, 1997).

Nelson v. Saudia Arabia, 1989 WL 435302 (S. D. Fla. Aug 11, 1989).

Nguyen Da Yen v. Kissinger, 528 F. 2d 1194 (9th Cir. (Cal.) Nov 05, 1975).

Nikbin v. Islamic Republic of Iran, 517 F. Supp. 2d 416 (D. D. C. Sep 28, 2007).

O

Oliva v. U. S. Dept. of Justice, 433 F. 3d 229 (2nd Cir. Dec 30, 2005).

O'Reilly De Camara v. Brooke, 28 S. Ct. 439 (U. S. N. Y. Mar 16, 1908).

Oveissi v. Islamic Republic of Iran, 498 F. Supp. 2d 268 (D. D. C. Aug 03, 2007).

Owens v. Republic of Sudan, 412 F. Supp. 2d 99 (D. D. C. Jan 26, 2006).

P

Papa v. U. S., 281 F. 3d 1004 (9th Cir. (Cal.) Feb 25, 2002).

Papageorgiou v. Lloyds of London, 436 F. Supp. 701 （E. D. Pa. Jul 27, 1977）.

Park v. Korean Broadcasting System, 2008 WL 4724374 （C. D. Ill. Oct 24, 2008）.

Paul v. Avril, 812 F. Supp. 207 （S. D. Fla. Jan 14, 1993）.

Pauling v. McElroy, 278 F. 2d 252 （D. C. Cir. Apr 12, 1960）.

Plaintiffs A, B, C, D, E, F v. Jiang Zemin, 282 F. Supp. 2d 875 （N. D. Ill. Sep 12, 2003）.

Presbyterian Church of Sudan v. Talisman Energy, Inc., 453 F. Supp. 2d 633 （S. D. N. Y. Sep 12, 2006）.

Price v. Socialist People's Libyan Arab Jamahiriya, 294 F. 3d 82 （D. C. Cir. Jun 28, 2002）.

Provencio-Barraza v. U. S. Marshals Service, 2007 WL 315362 （W. D. Okla. Jan 31, 2007）.

Puentes-Rosabal v. Fine, 2008 WL 323232 （D. Colo. Feb 01, 2008）.

Pugh v. Socialist People's Libyan Arab Jamahiriya, 2006 WL 2384915 （D. D. C. May 11, 2006）.

R

Ralk v. Lincoln County, Ga., 81 F. Supp. 2d 1372 （S. D. Ga. Jan 18, 2000）.

Ramirez de Arellano v. Weinberger, 724 F. 2d 143 （D. C. Cir. Dec 22, 1983）.

Rasul v. Bush, 124 S. Ct. 2686 （U. S. Jun 28, 2004）.

Rasul v. Myers, 512 F. 3d 644 （D. C. Cir. Jan 11, 2008）.

Rasul v. Rumsfeld, 414 F. Supp. 2d 26 （D. D. C. Feb 06, 2006）.

Regier v. Islamic Republic of Iran, 281 F. Supp. 2d 87 （D. D. C. Sep 08, 2003）.

Rein v. Rein, 1996 WL 273993 （S. D. N. Y. May 23, 1996）.

Remoi v. I. N. S., 2001 WL 225240 （S. D. N. Y. Mar 02, 2001）.

Reyes-Sanchez v. Kingston, 2006 WL 272758 （E. D. Wis. Feb 02, 2006）.

Ritchie v. Black, 2006 WL 2975933 （Mass. Land Ct. Oct 19, 2006）.

Robert v. Bell Helicopter Textron, Inc., 2002 WL 1268030 （N. D. Tex. May 31, 2002）.

Robinson v. Government of Malaysia, 269 F. 3d 133 (2nd Cir. (N. Y.) Oct 11, 2001).

Roe v. Bridgestone Corp., 2008 WL 2732192 (S. D. Ind. Jul 11, 2008).

Roe v. Unocal Corp., 70 F. Supp. 2d 1073 (C. D. Cal. Aug 10, 1999).

Romero v. Drummond Co., Inc., 2008 WL 5274192 (11th Cir. (Ala.) Dec 22, 2008).

Rosner v. U. S., 231 F. Supp. 2d 1202 (S. D. Fla. Aug 28, 2002).

Rubin v. Islamic Republic of Iran, 408 F. Supp. 2d 549 (N. D. Ill. Dec 15, 2005).

Ruiz v. Federal Government of Mexican Republic, 2007 WL 2978332 (W. D. Tex. Sep 28, 2007).

Ruiz v. Martinez, 2007 WL 1857185 (W. D. Tex. May 17, 2007).

Rux v. Republic of Sudan, 495 F. Supp. 2d 541 (E. D. Va. Jul 25, 2007).

Rzayeva v. U. S., 492 F. Supp. 2d 60 (D. Conn. May 31, 2007).

S

S. R. v. U. S., 2008 WL 4826090 (S. D. Fla. Nov 05, 2008).

Sahu v. Union Carbide Corp., 548 F. 3d 59 (2nd Cir. (N. Y.) Nov 03, 2008).

Salazar v. Burresch, 47 F. Supp. 2d 1105 (C. D. Cal. Apr 28, 1999).

Salazar v. Islamic Republic of Iran, 370 F. Supp. 2d 105 (D. D. C. Mar 29, 2005).

Saleh v. Titan Corp., 436 F. Supp. 2d 55 (D. D. C. Jun 29, 2006).

Saltany v. Reagan, 886 F. 2d 438 (D. C. Cir. Sep 29, 1989).

Saludes v. Republica de Cuba, 577 F. Supp. 2d 1243 (S. D. Fla. Sep 12, 2008).

Sampson v. Federal Republic of Germany, 250 F. 3d 1145 (7th Cir. (Ill.) May 23, 2001).

Sanchez-Espinoza v. Reagan, 770 F. 2d 202 (D. C. Cir. Aug 13, 1985).

Sandoval v. Reno, 166 F. 3d 225 (3rd Cir. (Pa.) Jan 26, 1999).

Saperstein v. Palestinian Authority, 2006 WL 3804718 (S. D. Fla. Dec 22, 2006).

Sarei v. Rio Tinto, PLC, 2008 WL 5220286 (9th Cir. (Cal.) Dec 16, 2008).

Schneider v. Kissinger, 310 F. Supp. 2d 251 （D. D. C. Mar 30, 2004）.

Security Pacific Nat. Bank v. Derderian, 872 F. 2d 281 （9th Cir. （Cal. ）Mar 21, 1989）.

Serra v. Lappin, 2008 WL 929525 （N. D. Cal. Apr 03, 2008）.

*Seth v. British Overseas Airways Corp. *, 329 F. 2d 302 （1st Cir. （Mass. ）Mar 23, 1964）.

Sewraz v. Guice, 2008 WL 3926443 （E. D. Va. Aug 26, 2008）.

Shaoulian-Tehrani v. Khatami, 2008 WL 708252 （S. D. N. Y. Mar 17, 2008）.

Siderman de Blake v. Republic of Argentina, 965 F. 2d 699 （9th Cir. （Cal. ）May 22, 1992）.

Simon v. Republic of Iraq, 529 F. 3d 1187 （D. C. Cir. Jun 24, 2008）.

Simpson v. Socialist People's Libyan Arab Jamahiriya, 529 F. Supp. 2d 80 （D. D. C. Jan 10, 2008）.

*Sinaltrainal v. Coca-Cola Co. *, 256 F. Supp. 2d 1345 （S. D. Fla. Mar 28, 2003）.

*Sinaltrainal, Estate of Gil v. Coca-Cola Co. *, 2003 WL 1846195 （S. D. Fla. Mar 31, 2003）.

Sisso v. Islamic Republic of Iran, 2007 WL 2007582 （D. D. C. Jul 05, 2007）.

Smith v. Olsen, 1995 WL 672569 （D. Ariz. Aug 30, 1995）.

Smith v. Socialist People's Libyan Arab Jamahiriya, 101 F. 3d 239 （2nd Cir. （N. Y. ）Nov 26, 1996）.

Sosa v. Alvarez-Machain, 124 S. Ct. 2739 （U. S. Jun 29, 2004）.

Soudavar v. Islamic Republic of Iran, 67 Fed. Appx. 618 （D. C. Cir. Jun 10, 2003）.

Spindel v. Spindel, 283 F. Supp. 797 （E. D. N. Y. Apr 11, 1968）.

Stern v. Islamic Republic of Iran, 271 F. Supp. 2d 286 （D. D. C. Jul 17, 2003）.

Stutts v. De Dietrich Group, 2006 WL 1867060 （E. D. N. Y. Jun 30, 2006）.

Surette v. Islamic Republic of Iran, 231 F. Supp. 2d 260 （D. D. C. Nov 01, 2002）.

T

Tachiona v. Mugabe, 234 F. Supp. 2d 401 (S. D. N. Y. Dec 11, 2002).

Tachiona v. U. S., 386 F. 3d 205 (2nd Cir. (N. Y.) Oct 06, 2004).

Tamari v. Bache & Co. (Lebanon) S. A. L., 730 F. 2d 1103 (7th Cir. (Ill.) Mar 30, 1984).

Tannenbaum v. Rabin, 1996 WL 75283 (E. D. N. Y. Feb 13, 1996).

Taveras v. Taveraz, 477 F. 3d 767 (6th Cir. (Ohio) Feb 16, 2007).

Telesat De Panama, S. A. v. U. S. Dept. of Defense, 976 F. 2d 746 (Fed. Cir. (Va.) Aug 07, 1992).

Tel-Oren v. Libyan Arab Republic, 726 F. 2d 774 (D. C. Cir. Feb 03, 1984).

The Fund of Funds, Ltd. v. Vesco, 1976 WL 800 (S. D. N. Y. Jul 12, 1976).

The Hereros v. Deutsche Afrika-Linien GMBLT & Co., 2006 WL 182078 (D. N. J. Jan 24, 2006).

Times Newspapers Ltd. (Of Great Britain) v. McDonnell Douglas Corp., 387 F. Supp. 189 (C. D. Cal. Dec 02, 1974).

Tjonaman v. A/S Glittre, 340 F. 2d 290 (2nd Cir. (N. Y.) Jan 11, 1965).

Tobar v. U. S., 2008 WL 4350539 (S. D. Cal. Sep 19, 2008).

Todd v. Panjaitan, 1994 WL 827111 (D. Mass. Oct 26, 1994).

Topo v. Dhir, 210 F. R. D. 76 (S. D. N. Y. Sep 13, 2002).

Torrez v. Correctional Corp. of America, 2008 WL 191983 (D. Ariz. Jan 22, 2008).

Trajano v. Marcos, 878 F. 2d 1439 (9th Cir. (Hawai'i) Jul 10, 1989).

Trans-Continental Inv. Corp., S. A. v. Bank of Commonwealth, 500 F. Supp. 565 (C. D. Cal. Oct 17, 1980).

Turedi v. Coca Cola Co., 460 F. Supp. 2d 507 (S. D. N. Y. Nov 02, 2006).

Turkmen v. Ashcroft, 2006 WL 1662663 (E. D. N. Y. Jun 14, 2006).

U

U. S. v. Bush, 794 F. Supp. 40 (D. Puerto Rico Apr 28, 1992).

U. S. v. Hendron, 813 F. Supp. 973 （E. D. N. Y. Mar 01, 1993）.

U. S. v. Joseph E. Wolf, 2004 WL 3204323 （W. D. Okla. Dec 23, 2004）.

U. S. v. Yousef, 327 F. 3d 56 （2nd Cir. （N. Y.) Apr 04, 2003）.

Ungaro-Benages v. Dresdner Bank AG, 379 F. 3d 1227 （11th Cir. （Fla.) Aug 03, 2004）.

United Bank for Africa PLC v. Coker, 2003 WL 22741575 （S. D. N. Y. Nov 18, 2003）.

United Civil Liberty Union ex rel. Cohee v. U. S. , 2006 WL 1319804 （C. D. Ill. May 15, 2006）.

Upper Lakes Shipping Limited v. International Longshoremen's Ass'n, 33 F. R. D. 348 （S. D. N. Y. Jun 28, 1963）.

U-Series Intern. Services, Ltd. v. U. S. , 1995 WL 671567 （S. D. N. Y. Nov 07, 1995）.

V

Valanga v. Metropolitan Life Ins. Co. , 259 F. Supp. 324 （E. D. Pa. Oct 04, 1966）.

Van Tu v. Koster, 364 F. 3d 1196 （10th Cir. （Utah) Apr 16, 2004）.

Verlinden B. V. v. Central Bank of Nigeria, 647 F. 2d 320 （2nd Cir. （N. Y.) Apr 16, 1981）.

Vietnam Ass'n for Victims of Agent Orange v. Dow Chemical Co. , 517 F. 3d 104 （2nd Cir. （N. Y.) Feb 22, 2008）.

Villeda Aldana v. Fresh Del Monte Produce, Inc. , 2007 WL 3054986 （S. D. Fla. Oct 16, 2007）.

Von Dardel v. Union of Soviet Socialist Republics, 736 F. Supp. 1 （D. D. C. Mar 09, 1990）.

W

Wachsman ex rel. Wachsman v. Islamic Republic of Iran, 537 F. Supp. 2d 85 （D. D. C. Feb 28, 2008）.

Wagner v. Islamic Republic of Iran, 172 F. Supp. 2d 128 （D. D. C. Nov 06, 2001）.

Walsh v. Ford Motor Co. , 588 F. Supp. 1513 （D. D. C. Mar 14, 1984）.

Washington Post Co. v. U. S. Dept. of State, 840 F. 2d 26, 35 （D. C. Cir.

Feb 05, 1988).

　　Weiss v. American Jewish Committee, 335 F. Supp. 2d 469 (S. D. N. Y. Sep 14, 2004).

　　Weixum v. Xilai, 568 F. Supp. 2d 35 (D. D. C. Aug 01, 2008).

　　White v. Paulsen, 997 F. Supp. 1380 (E. D. Wash. Mar 16, 1998).

　　Wiwa v. Royal Dutch Petroleum Co., 226 F. 3d 88 (2nd Cir. (N. Y.) Sep 14, 2000).

　　Wong-Opasi v. Tennessee State University, 229 F. 3d 1155 (6th Cir. (Tenn.) Aug 16, 2000).

　　Wyatt v. Syrian Arab Republic, 362 F. Supp. 2d 103 (D. D. C. Mar 03, 2005).

X

　　Xiao v. Reno, 837 F. Supp. 1506 (N. D. Cal. Oct 06, 1993).

　　Xuncax v. Gramajo, 886 F. Supp. 162 (D. Mass. Apr 12, 1995).

Y

　　Ye v. Zemin, 383 F. 3d 620 (7th Cir. (Ill.) Sep 08, 2004).

　　Yousuf v. Samantar, 451 F. 3d 248 (D. C. Cir. Jun 16, 2006).

Z

　　Zapata v. Quinn, 707 F. 2d 691 (2nd Cir. (N. Y.) May 17, 1983).

　　Zhou v. Peng, 286 F. Supp. 2d 255 (S. D. N. Y. Sep 30, 2003).

参 考 文 献

一、中文文献

（一）中文著作

1. M. 谢里夫·巴西奥尼. 国际刑法导论 ［M］. 赵秉志、王文华等，译. 北京：法律出版社，2006.

2. 陈致中. 国际法案例 ［M］. 北京：法律出版社，1998.

3. 龚刃韧. 国家豁免问题的比较研究 ［M］. 北京：北京大学出版社，2005.

4. 黄进. 国家及其财产豁免问题研究 ［M］. 北京：中国政法大学出版社，1987.

5. 梁西. 国际法 ［M］. 武汉：武汉大学出版社，2000.

6. 路易斯·亨金. 国际法：政治与价值 ［M］. 张乃根等，译. 北京：中国政法大学出版社，2005.

7. 王铁崖. 国际法引论 ［M］. 北京：北京大学出版社，1998.

8. 张茂. 美国国际民事诉讼法 ［M］. 北京：中国政法大学出版社，1999.

（二）中文论文

1. 丁晓阳. 论跨国公司环境侵权责任的承担与追究 ［D］. 武汉：武汉大学硕士学位论文，2004.

2. 管建强. 中国民间战争受害者对日索偿的法律基础 ［D］. 上海：华东政法学院博士学位论文，2005.

3. 胡城军. 评海盗罪的确立对普遍管辖制度的作用 ［J］. 湖南社会科学，2007（2）.

4. 林欣. 论酷刑案件与美国国际人权司法 ［J］. 外国法译评，1994（1）.

5. 刘满达. 跨国公司的人权责任 ［J］. 法学，2003（9）.

6. 宋永新，夏桂英. 跨国公司的国际人权责任 ［J］. 浙江大学学报

（人文社会科学版），2006（6）.

7. 汪自勇. 恐怖主义受害者的救济与主权豁免——美国公民针对支持恐怖主义国家的诉讼评介 [J]. 武大国际法评论，2006（5）.

8. 徐涛，张晨曦. 论跨国公司保护人权的社会责任 [J]. 政治与法律，2005（2）.

二、英文文献

（一）英文著作

1. Beth Stephens & Michael Ratner. International Human Rights Litigation in US Courts [M]. Irvington-on-Hudson, N. Y: Transnational Publishers Inc. , 1996.

2. Beth Stephens, Judith Chomsky, Jennifer Green et al. International Human Rights Litigation in US Courts [M]. Boston /Leiden: Martinus Nijhoff Publishers, 2008.

3. Craig Scott. Torture as Tort: Comparative Perspectives on the Development of Transnational Human Rights Litigation [C]. Oxford Portland Oregon: Hart Publishing, 2001.

4. Ernest K. Bankas, The State Immunity Controversy in International Law: Private Suits against Sovereign States in Domestic Courts [M]. Berlin / New York: Springer Berlin Heidelberg, 2005.

5. Gary B. Born & Peter B. Rutledge. International Civil Litigation in United States Courts: Commentary & Materials [M]. New York: Aspen Publishers, 2007.

6. Gary Clyde Hufbauer & Nicholas K. Mitrokostas. Awakening Monster: the Alien Tort Statute of 1789 [M]. Washington, DC: Institute for International Economics, 2003.

7. Jeffrey Davis. Justice across Borders: the Struggle for Human Rights in U. S. Courts [M]. New York: Cambridge University Press, 2008.

8. Jürgen Bröhmer. State Immunity and the Violation of Human Rights [M]. Boston /Leiden: Martinus Nijhoff Publishers, 1997.

9. Ralph G. Steinhardt & Anthony D'Amato. The Alien Tort Claims Act: An Analytical Anthology [C]. Irvington-on-Hudson, N. Y: Transnational Publishers, 1999.

10. William J. Aceves. The Anatomy of Torture: A Documentary History of

Filartiga v Pena Irala [M]. Boston /Leiden : Martinus Nijhoff Publishers, 2007.

11. William M. Richman & William L. Rieynolds. Understanding Conflict of Laws [M]. New York: Matthew Bender & Company, Inc. , 2002.

（二）英文论文

A

1. Abigail Heng Wen. Suing the Sovereign's Servant: The Implications of Privatization for the Scope of Foreign Sovereign Immunities [J]. COLUM. L. REV. , 2003 (103).

2. Abram Chayes. The Role of the Judge in Public Law Litigation [J]. Harv. L. Rev. , 1976 (89).

3. Adam C. Belsky, Mark Merva & Naomi Rhot-Arriaza. Implied Waiver under FSIA: A Proposed Exception to Immunity for Violations of Peremptory Norms of International Law [J]. Calif. L. Rev. , 1989 (77).

4. Adam Karp. Genitorts in the Global Context: Female Genital Mutilation as a Tort under the Alien Tort Claims Act, the Torture Victim Protection Act, and the Foreign Sovereign Immunities Act [J]. WOMEN'S RTS. L. REP. , 1997 (18).

5. Adjoa A. Aiyetoro. Formulating Reparations Litigation through the Eyes of the Movement [J]. N. Y. U. Ann. Surv. Am. L. , 2003 (58).

6. Akhil Reed Amar. The Two-Tiered Structure of the Judiciary Act of 1789 [J]. U. Penn. L. Rev. , 1990 (138).

7. Alan Frederick Enslen. Filàrtiga's Offspring: The Second Circuit Significantly Expands the Scope of the Alien Tort Claim Act with Its Decision in Kadic v. Karadzic [J]. Ala. L. Rev. , 1997 (48).

8. Alexander Orakhelashvili. State Immunity and Hierarchy of Norms: Why the House of Lords Got It Wrong [J]. Eur. J. Int'l L. , 2007 (18).

9. Alfred P. Rubin. Professor D'Amato's Concept of American Jurisdiction is Seriously Mistaken [J]. Am. J. Int'l L. , 1985 (79).

10. Alfred P. Rubin. U. S. Torts Suits by Aliens Based on International Law [J]. FALL Fletcher F. World Aff. , 1994 (18).

11. Amanda Sue Nichols. Alien Tort Statute Accomplice Liability Cases: Should Courts Apply the Plausibility Pleading Standard of Bell Atlantic v. Twombly? [J]. Fordham L. Rev. , 2008 (76).

12. Amy Apollo. Mujica v. Occidental Petroleum Corporation: A Case Study of

the Role of the Executive Branch in International Human Rights Litigation [J].
Rutgers L. J. , 2006 (37).

13. Amy E. Eckert. Kadic v. Karadzic: Whose International Law? [J].
Denv. J. Int'l L. & Pol'y, 1996 (25).

14. Andrea Bianchi. Denying State Immunity to Violators of Human Rights
[J]. Austrian Journal of Public and International Law, 1994 (46).

15. Andrea Bianchi. Human Rights and the Magic of Jus Cogens [J].
Eur. J. Int'l L. , 2008 (19).

16. Andrea Bianchi. International Decision: Ferrini v. Federal Republic of
Germany [J]. Am. J. Int'l. L. , 2005 (99).

17. Andrea Gattini. To What Extent are State Immunity and Non-Justiciability
Major Hurdles to Individuals' Claims for War Damages? [J]. J. Int'l Crim. Just. ,
2003 (1).

18. Andrea Gattini. War Crimes and State Immunity in the Ferrini Decision
[J]. J. Int'l Crim. Just, 2005 (3).

19. Andreas Zimmerman. Sovereign Immunity and Violations of International
Jus Cogens—Some Critical Remarks [J]. Mich. J. Int'l L. , 1995 (16).

20. Andrew Farrelly. Foreign Policy in the Courts - the ATCA and In Re South
African Apartheid Litigation: What Sosa Makes Courts Do [J]. Seton Hall
Legis. J. , 2006 (30).

21. Andrew M. Scoble. Enforcing the Customary International Law of Human
Rights in Federal Court [J]. Cal. L. Rev. , 1986 (74).

22. Andrew Ridenour. Doe v. Unocal Corp. , Apples and Oranges: Why
Courts Should Use International Standards to Determine Liability for Violation of
the Law of Nations under the Alien Tort Claims Act [J]. Tul. J. Int'l &
Comp. L. , 2001 (9).

23. Anne Bayefsky & Joan Fitzpatrick. International Human Rights Law in
United States Courts: A Comparative Perspective [J]. Mich. J. Int'l L. , 1992
(14).

24. Anne-Marie Burley. The Alien Tort Statute and the Judiciary Act of 1789:
A Badge of Honor [J]. Am. J. Int'l L. , 1989 (83).

25. Anne-Marie Slaughter & David Bosco. Plaintiff's Diplomacy [J]. Foreign
Aff. , 2000 (79).

26. Anthony D'Amato. Judge Bork's Concept of the Law of Nations is Seriously

Mistaken [J]. Am. J. Int'l L. , 1985 (79).

27. Anthony D'Amato. The Alien Tort Statute and the Founding of the Constitution [J]. Am. J. Int'l L. , 1988 (82).

28. Anthony Jones. Jogi v. Voges: Has the Seventh Circuit Opened the Floodgates to Vienna Convention Litigation in U. S. Courts? [J]. Minn. J. Int'l L. , 2005 (15).

29. Antonio Cassese. When May Senior State Officials Be Tried for International Crimes? Some Comments on the Congo v. Belgium Case [J]. EJIL, 2002 (13).

30. Aric K. Short. Is the Alien Tort Statute Sacrosanct? Retaining Forum Non Conveniens in Human Rights Litigation [J]. N. Y. U. J. Int'l L. & Pol. , 2001 (33).

31. Armin Rosencranz & Richard Campbell. Foreign Environmental and Human Rights Suits against U. S. Corporations in U. S. Courts [J]. Stan. Envtl. L. J. , 1999 (18).

32. Aron Ketchel. Deriving Lessons for The Alien Tort Claims Act from the Foreign Sovereign Immunities Act [J]. Yale J. Int'l L. , 2007 (32).

33. Arthur M. Weisburd. State Courts, Federal Courts, and International Cases [J]. Yale J. Int'l L. , 1995 (20).

34. Arthur M. Weisburd. The Executive Branch and International Law [J]. Vand. L. Rev. , 1988 (41).

35. Arthur R. Miller. The Pretrial Rush to Judgment: Are the " Litigation Explosion, " " Liability Crisis, " and Efficiency Cliches Eroding Our Day in Court and Jury Trial Commitments? [J]. N. Y. U. L. REV. , 2003 (78).

B

36. Benjamin Berkowitz. Sosa v. Alvarez-Machain: United States Courts as Forums for Human Rights Cases and the New Incorporation Debate [J]. HARV. C. R. -C. L. L. REV. , 2005 (40).

37. Beth Stephens. Corporate Liability: Enforcing Human Rights through Domestic Litigation [J]. Hastings Int'l & Com L. Rev. , 2001 (24).

38. Beth Stephens. Federalism and Foreign Affairs: Congress's Power to "Define and Punish … Offenses against the Law of Nations" [J]. Wm. & Mary L. Rev. , 2000 (42).

39. Beth Stephens. Filartiga v. Pena-Irala: From Family Tragedy to Human Rights Accountability [J]. Rutgers L. J., 2006 (37).

40. Beth Stephens. Individuals Enforcing International Law: The Comparative and Historical Context [J]. DePaul L. Rev., 2002 (52).

41. Beth Stephens. Judicial Deference and the Unreasonable Views of the Bush Administration [J]. Brook. J. Int'l L., 2008 (33).

42. Beth Stephens. Sosa v. Alvarez-Machain: "The Door is Still Ajar" for Human Rights Litigation in U. S. Courts [J]. Brooklyn L. Rev., 2004 (70).

43. Beth Stephens. Taking Pride in International Human Rights Litigation [J]. Chi. J. Int'lL L., 2001 (2).

44. Beth Stephens. The Amorality of Profit: Transnational Corporations and Human Rights [J]. BERKELEY J. INT'L L., 2002 (20).

45. Beth Stephens. The Civil Lawsuit as a Remedy for International Human Rights Violations against Women [J]. Hastings Women's L. J., 1994 (5).

46. Beth Stephens. Translating Filartiga: A Comparative and International Law Analysis of Domestic Remedies for International Human Rights Violations [J]. Yale J. Int'l L., 2002 (27).

47. Beth Stephens. U. S. Foreign Policy and Human Rights: Upsetting Checks and Balances: The Bush Administration's Efforts to Limit Human Rights Litigation [J]. Harv. Hum. Rts. J., 2004 (17).

48. Beth Stevens. The Law of Our Land: Customary International Law as Federal Law after Erie [J]. Fordham L. Rev., 1997 (66).

49. Beth Van Schaack. In Defense of Civil Redress: The Domestic Enforcement of Human Rights Norms in the Context of the Proposed Hague Judgments Convention [J]. HARV. INT'L L. J., 2001 (42).

50. Beth Van Schaack. The Civil Enforcement of Human Rights Norms in Domestic Courts [J]. ILSA J. Int'l & Comp. L., 2000 (6).

51. Beth Van Schaack, Unfulfilled Promise: The Human Rights Class Action [J]. U. Chi. Legal F., 2003 (2003).

52. Beth Van Schaack. With All Deliberate Speed: Civil Human Rights Litigation as A Tool for Social Change [J]. Vand. L. Rev., 2004 (57).

53. Borchien Lai, The Alien Tort Claims Act: Temporary Stopgap Measure or Permanent Remedy? [J]. Nw. J. Int'l L. & Bus., 2005 (26).

54. Bruce A. Barenblat. Torture as a Violation of the Law of Nations: An

Analysis of 28 U. S. C. § 1350 [J]. Tex. Int'l L. J. , 1981 (16).

C

55. Caleb Nelson. Sovereign Immunity as a Doctrine of Personal Jurisdiction [J]. Harvard L. Rev. , 2002 (115).

56. Caleb Nelson. The Persistance of General Law [J]. Colum. L. Rev. , 2006 (106).

57. Carlo Focarelli, Denying Foreign State Immunity for Commission of International Crimes: The Ferrini Decision [J]. 54 ICLQ 951 (2005).

58. Carlos M. Vazquez. Direct vs. Indirect Obligations of Corporations under International Law [J]. Colum. J. Transnat'l L. , 2005 (43).

59. Caroline Davidson. Tort Au Canadien: A Proposal for Canadian Tort Legislation on Gross Violations of International Human Rights and Humanitarian Law [J]. Vand. J. Transnat'l L. , 2005 (38).

60. Charles D. Siegal. Deference and Its Dangers: Congress' Power to "Define…Offenses against the Law of Nations". Vand. J. Transnat'l L. , 1988 (21).

61. Charles F. Hollis, III. Perpetual Mistrial: The Impropriety of Transnational Human Rights Litigation in United States Courts [J]. Santa Clara J. Int'l L. , 2003 (1).

62. Charles F. Marshall. Re-Framing the Alien Tort Act after Kadic v. Karadzic [J]. N. C. J. Int'l L. & Com. Reg. , 1996 (21).

63. Charles Warren. New Light on the History of the Federal Judiciary Act of 1789 [J]. Harv. L. Rev. , 1923 (37).

64. Charlotte Ku & Christopher J. Borgen. American Lawyers and International Competence [J]. Dick. J. Int'l L. , 2000 (18).

65. Christopher Keith Hall. The Duty of States Parties to the Convention against Torture to Provide Procedures Permitting Victims to Recover Reparations for Torture Committed Abroad [J]. Eur. J. Int'l L. , 2007 (18).

66. Christopher Keith Hall. UN Convention on State Immunity: The Need for A Human Rights Protocol [J]. Int'l & Comp. L. Q. , 2006 (55).

67. Clyde H. Crockett. The Role of Federal Common Law in Alien Tort Statute Cases, B. C. [J]. Int'l & Comp. L. Rev. , 1991 (14).

68. Craig Forcese. ATCA's Achilles Heel: Corporate Complicity, International

Law and the Alien Tort Claims Act [J]. YALE. J. INT'L. L. , 2001 (26).

69. Craig Forcese. De-Immunizing Torture: Reconciling Human Rights and State Immunity [J]. McGill L. J. , 2007 (52).

70. Craig Scott. The Alien Tort Claims Act under Attack [J]. ASIL PROC, 2004 (98).

71. Cristopher Haffke. The Torture Victim Protection Act: More Symbol Than Substance [J]. Emory L. J. , 1994 (43).

72. Curtis A. Bradley & Jack L. Goldsmith. Customary International Law as Federal Common Law: A Critique of the Modern Position [J]. Harv. L. Rev. , 1997 (110).

73. Curtis A. Bradley & Jack L. Goldsmith. The Current Illegitimacy of International Human Rights Litigation [J]. Fordham L. Rev. , 1997 (66).

74. Curtis A. Bradley. The Alien Tort Statute and Article III [J]. Va. J. Int'l L. , 2002 (42).

75. Curtis A. Bradley. The Costs of International Human Rights Litigation [J]. Chi. J. Int'l L. , 2001 (2).

D

76. D'Amore. Sosa v. Alvarez-Machain and the Alien Tort Statute: How Wide Has the Door to Human Rights Litigation Been Left Open? [J]. Akron L. Rev. , 2006 (39).

77. Dana Howard. The Consistency of Sosa: A Comparison of the Supreme Court's Treatment of Customary International Law with Other Types of Federal Common Law [J]. Ky. L. J. , 2005-2006 (94).

78. Daniel Diskin. The Historical and Modern Foundations for Aiding and Abetting Liability under the Alien Tort Statute [J]. Ariz. L. Rev. , 2005 (47).

79. Daniel J. Meltzer. The History and Structure of Article III [J]. U. Penn L. Rev. , 1990 (138).

80. David D. Christensen. Corporate Liability for Overseas Human Rights Abuses: The Alien Tort Statute after Sosa v. Alvarez-Machain [J]. Wash. & Lee L. Rev. , 2005 (62).

81. David E. Chawes. Time Is Not on Your Side: Establishing A Consistent Statute of Limitations for the Alien Tort Claims Act [J]. Seattle U. L. Rev. , 2003 (27).

82. David Friedman. Beyond the Tort/Crime Distinction [J]. B. U. L. Rev. , 1996 (76).

83. David H. Moore. An Emerging Uniformity for International Law [J]. Geo. Wash. L. Rev. , 2006 (75).

84. David I. Becker. A Call for the Codification of the Unocal Doctrine [J]. CORNELL INT'L L. J. , 1998 (32).

85. David J. Bederman. Dead Man's Hand: Reshuffling Foreign Sovereign Immunities in U. S. Human Rights Litigation [J]. Ga. J. Int'l & Comp. L. , 1996 (25).

86. David J. Bederman. Deference or Deception: Treaty Rights As Political Questions [J]. U. Colo. L. Rev. , 1999 (70).

87. David J. Bederman. International Law Advocacy and its Discontents [J]. Chi. J. Int'l L. , 2001 (2).

88. Donald Francis Donovan & Anthea Roberts. The Emerging Recognition of Universal Civil Jurisdiction [J]. A. J. I. L. , 2006 (100).

89. Donald Francis Donovan. Universal Civil Jurisdiction — The Next Frontier? [J]. ASIL PROC. , 2005 (99).

90. Donald J. Kochan. Constitutional Structure as a Limitation on the Scope of the "Law of Nations" in the Alien Tort Claims Act [J]. Cornell Int'l L. J. , 1998 (31).

91. Donald J. Kochan. No Longer Little Known But Now a Door Ajar: An Overview of the Evolving and Dangerous Role of the Alien Tort Statute in Human Rights and International Law Jurisprudence [J]. Chap. L. Rev. , 2005 (8) .

92. Doug Cassel. Corporate Aiding and Abetting of Human Rights Violations: Confusion in the Courts [J]. Nw. U. J. Int'l Hum. Rts. , 2008 (6).

E

93. Ed Bates. State Immunity for Torture [J]. Hum. Rts. L. Rev. , 2007 (7).

94. Ed Bates. The Al-Adsani Case, State Immunity and the International Legal Prohibition on Torture [J]. Human Rights Law Review, 2003 (3).

95. Edward A. Amley, Jr.. Sue and Be Recognized: Collecting § 1350 Judgments Abroad [J]. Yale L. J. , 1998 (107).

96. Edwin D. Dickinson. The Law of Nations as Part of the National Law of the

United States [J]. U. Pa. L. Rev. , 1952 (101).

97. Emeka Duruigbo. Exhaustion of Local Remedies in Alien Tort Litigation: Implications for International Human Rights Protection [J]. Fordham Int'l L. J. , 2006 (29).

98. Eric Engle. Private Law Remedies for Extraterritorial Human Rights Violations [D]. Inauguraldissertation, zur Erlangung der Doktorwürde, der Fakultät für Rechtswissenschaft, der Universität Bremen, 2006.

99. Ernest A. Young. Federal Suits and General Laws: A Comment on Judge Fletcher's Reading of Sosa v. Alvarez-Machain [J]. VA. L. REV. IN BRIEF, 2007 (93).

100. Ernest A. Young. Foreign Law and the Denominator Problem [J]. Harv. L. Rev. , 2005 (119).

101. Ernest A. Young. Sorting Out the Debate over Customary International Law [J]. Va. J. Int'l L. , 2002 (42).

102. Ernest A. Young. Sosa and the Retail Incorporation of International Law [J]. Harv. L. Rev. F. , 2007 (120).

103. Eugene Kontorovich. Implementing Sosa v. Alvarez-Machain: What Piracy Reveals About the Limits of the Alien Tort Statute [J]. Notre Dame L. Rev. , 2004 (80).

F

104. Francisco Forrest Martin. The International Human Rights & Ethical Aspects of the Forum Non Conveniens Doctrine [J]. U. Miami Inter-Am. L. Rev. , 2003-2004 (35).

G

105. Gabriel D. Pinilla. Corporate Liability for Human Rights Violations on Foreign Soil: A Historical and Prospective Analysis of the Alien Tort Claims Controversy [J]. St. Thomas L. Rev. , 2004 (16).

106. Gabriel M. Wilner. Filartiga v. Pena-Irala: Comments on Sources of Human Rights Law and Means of Redress for Violations of Human Rights [J]. Ga. J. Int'l & Comp. L. , 1981 (11).

107. Gary Clyde Hufbauer & Nicholos K. Mitrokostas. International Implications of the Alien Tort Statute [J]. St. Thomas L. Rev. , 2004 (16).

108. Genc Trnavci. The Meaning and Scope of the Law of Nations in the Context of The Alien Tort Claims Act and International Law [J]. U. Pa. J. Int'l Econ. L. , 2005 (26).

109. George Norris Stavis. Collecting Judgments in Human Rights Torts Cases: Flexibility for Non-Profit Litigators? [J]. Colum. Hum. Rts. L. Rev. , 1999 (31).

110. Gerald L. Neuman. Sense and Nonsense about Customary International Law: A Response to Professors Bradley and Goldsmith, Fordham L. Rev. , 1997 (66).

111. Gerald L. Neuman. The Uses of International Law in Constitutional Interpretation, Am. J. Int'l L. , 2004 (98).

112. Gerald P. McGinley. Of Pirates and Privateers: The Historical Background of the Alien Tort Claims Act with Some Suggestions for its Future Use [J]. Anglo-Am. L. Rev. , 1992 (21).

113. Gordon A. Christenson. Customary International Human Rights Law in Domestic Court Decisions [J]. Ga. J. Int'l & Comp. L. , 1995-1996 (25).

H

114. Halina Ward. Securing Transnational Corporate Accountability through National Courts: Implications and Policy Options [J]. Hastings Int'l & Comp. L. Rev. , 2001 (24).

115. Hannah R. Bornstein. The Alien Tort Claims Act In 2007: Resolving the Delicate Balance Between Judicial and Legislative Authority [J]. Ind. L. J. , 2007 (82).

116. Harlan Grant Cohen. Supremacy and Diplomacy: The International Law of the U. S. Supreme Court [J]. Berkeley J. Int'l L. 273, 2006 (24).

117. Harold Hongju Koh. Civil Remedies for Uncivil Wrongs: Combating Terrorism through Transnational Public Law Litigation [J]. Tex. Int'l L. J. , 1987 (22).

118. Harold Hongju Koh. International Law as Part of Our Law [J]. Am. J. Int'l L. , 2004 (98).

119. Harold Hongju Koh. Is International Law Really State Law [J]. Harv. L. Rev. , 1998 (111).

120. Harold Hongju Koh. Transnational Public Law Litigation [J]. Yale L. J. , 1991 (100).

121. Harold J. Berman. The Alien Torts Claim Act and The Law of Nations [J]. Emory Int'l L. Rev. , 2005 (19).

122. Harold J. Berman. World Law [J]. Fordham Int'l L. J. , 1995 (18).

123. Hazel Fox. State Immunity and the International Crime of Torture [J]. EHRLR, 2006 (2).

124. Hein Kotz. Civil Litigation and the Public Interest [J]. Civ. Just. Q. , 1987 (1).

125. Howard S. Fredman. The Offenses Clause: Congress' International Penal Power [J]. Colum. J. Transnat'l L. , 1969 (8).

126. Howard Tolley. Interest Group Litigation to Enforce Human Rights [J]. Political Science Quarterly, 1990-1991 (105).

127. Hugh King. Sosa v Alvarez-Machain and the Alien Tort Claims Act [J]. Vict. U. Wellington L. Rev. , 2006 (37).

128. Human Rights Committee, International Law Association (British Branch) . Report on Civil Actions in the English Courts for Serious Human Rights Violations Abroad [J]. Eur. Hum. Rts. L. Rev. , 2001.

I

129. Igor Fuks. Sosa v. Alvarez-Machain and the Future of ATCA Litigation: Examining Bonded Labor Claims and Corporate Liability [J]. Colum. L. Rev. , 2006 (106).

130. Ivan Poullaos. The Nature of the Beast: Using the Alien Tort Claims Act to Combat International Human Rights Violations [J]. Wash. U. L. Q. , 2002 (80).

J

131. Jack Alan Levy. As between Princz and King: Reassessing the Law of Foreign Sovereign Immunity as Applied to Jus Cogens Violators [J]. Geo. L. J. , 1998 (86).

132. Jacques de Lisle. Human Rights, Civil Wrongs and Foreign Relations: A "Sinical" Look at the Use of U. S. Litigation to Address Human Rights Abuses Abroad [J]. DePaul L. Rev. , 2002 (52).

133. Jaykumar A. Menon. The Alien Tort Statute: Blackstone and Criminal/ Tort Law Hybridities [J]. Journal of International Criminal Justice, 2006 (4).

134. Jean-Marie Simon. The Alien Tort Claims Act: Justice or Show Trials? [J]. B. U. Int'l L. J. , 1993 (11).

135. Jeffrey Davis. Human Rights in US Courts: Alien Tort Claims Act Litigation after Sosa v. Alvarez-Machain [J]. Human Rights Review, 2007 (8).

136. Jeffrey Davis. Justice without Borders: Human Rights Cases in U. S. Courts, Law & Policy, 2006 (28).

137. Jeffrey E. Baldwin. International Human Rights Plaintiffs and the Doctrine of Forum Non Conveniens [J]. Cornell Int'l L. J. , 2007 (40).

138. Jeffrey M. Blum & Ralph G. Steinhardt. Federal Jurisdiction over International Human Rights Claims: the Alien Tort Claims Act after Filartiga v. Peña-Irala [J]. Harv. Int'l L. J. , 1981 (22).

139. Jeffrey Rabkin. Universal Justice: The Role Federal Courts in International Civil Litigation [J]. Colum. L. Rev. , 1995 (95).

140. Joel R. Paul. Comity in International Law [J]. Harv. Int'l L. J. , 1991 (32).

141. Joel Slawotsky. Doing Business around the World: Corporate Liability under the Alien Tort Claims Act [J]. Mich. St. L. Rev. , 2005 (2005).

142. John F. Carella. Of Foreign Plaintiffs and Proper Fora: Forum Non Conveniens and ATCA Class Actions [J]. U. Chi. Legal F. , 2003 (2003).

143. John F. Murphy. Civil Liability for the Commission of International Crimes as an Alternative to Criminal Prosecution [J]. Harv. Hum. Rts. J. , 1999 (12).

144. John Haberstroh. The Alien Tort Claims Act & Doe v. Unocal: A Paquete Habana Approach to the Rescue [J]. Denv. J. Int'l L. & Pol'y, 2003 (32).

145. John M. Rogers. The Alien Tort Statute and How Individuals "Violate" International Law [J]. Vand. J. Transnat'l L. , 1988 (21).

146. John M. Walker, Jr. . Domestic Adjudication of International Human Rights Violations under the Alien Tort Statute [J]. ST. LOUIS L. J. , 1997 (41).

147. Jonathan L. Zittrain. An Objection to Sosa—and to the New Federal Common Law [J]. Harv. L. Rev. , 2006 (119).

148. Jordan J. Paust. Litigating Human Rights: A Commentary on the Comments [J]. Houston J. Int'l L. , 1981 (4).

149. Jorge Cicero. The Alien Tort Statute of 1789 as a Remedy for Injuries to Foreign Nationals Hosted by the United States [J]. Colum. Hum. Rts. L. Rev. ,

1992 (23).

150. Joseph Modeste Sweeney. A Tort Only in Violation of the Law of Nations [J]. Hastings Int'l & Comp. L. Rev. , 1995 (18).

151. Julian G. Ku. The Third Wave: The Alien Tort Statute and the War on Terrorism [J]. Emory Int'l L. Rev. , 2005 (19).

K

152. Kate Parlett. Universal Civil Jurisdiction for Torture [J]. E. H. R. L. R. , 2007 (4).

153. Katherine C. Sheehan. Predicting the Future: Personal Jurisdiction for the Twenty-First Century [J]. U. Cin. L. Rev. , 1998 (66).

154. Katherine Reece Thomas & Joan Small. Human Rights and State Immunity: Is there Immunity from Civil Liability for Torture? [J]. Netherlands Int'l L Rev. , 2003 (50).

155. Kathryn L. Pryor. Does The Torture Victim Protection Act Signal the Imminent Demise of the Alien Tort Claims Act? [J]. Va. J. Int'l L. , 1989 (29).

156. Kathryn Lee Boyd. the Inconvenience of Victims: Abolishing Forum Non Conveniens in U. S. Human Rights Litigation [J]. Va. J. Int'l L. , 1998 (39).

157. Kelsy Deye. Can Corporations be Held Liable under the Alien Tort Claims Act? [J]. Ky. L. J. , 2005-2006 (94).

158. Kenneth C. Randall. Federal Jurisdiction Over International Law Claims: Inquiries into the Alien Tort Statute [J]. N. Y. U. J. Int'l L. & Pol. , 1985 (18).

159. Kenneth C. Randall. Further Inquiries into the Alien Tort Statute and A Recommendation [J]. N. Y. U. J. Int'l L. & Pol. , 1986 (18).

160. Kenneth C. Randall. Universal Jurisdiction under International Law [J]. Tex. L. Rev. , 1988 (66).

161. Kerstin Bartsch & Björn Elberling. Jus Cogens vs. State Immunity, Round Two: The Decision of the European Court of Human Rights in the Kalogeropoulou et al. v. Greece and Germany Decision [J]. German LJ, 2003 (4).

162. Kevin R. Carter. Amending the Alien Tort Claims Act: Protecting Human Rights or Closing off Corporate Accountability? [J]. Case W. Res. J. Int'l L. , 2006-2007 (38).

163. Kevin R. Johnson. Why Alienage Jurisdiction? Historical Foundations and

Modern Justifications for Federal Jurisdiction over Disputes Involving Noncitizens [J]. YALE J. INT'L L. , 1996 (21).

164. Kevin Scott Prussia. NAFTA & the Alien Tort Claims Act: Making a Case for Actionable Offenses Based on Environmental Harms and Injuries to the Public Health [J]. Am. J. L. & Med. , 2006 (32).

165. Kristen D. A. Carpenter. The International Covenant on Civil and Political Rights: A Toothless Tiger? [J]. N. C. J. Int'l L. & Com. Reg. , 2000 (26).

L

166. Lawrence R. Jacobs & Benjamin I. Page. Who Influences U. S. Foreign Policy? [J]. Am. Pol. Sci. Rev. , 2005 (99).

167. Leandro de Oliveira Moll. Case Note: Al-Adsani v United Kingdom - State Immunity and Denial of Justice with respect to Violations of Fundamental Human Rights [J]. Melbourne Journal of International Law, 2003 (4).

168. Lee M. Caplan. State Immunity, Human Rights and Jus Cogens: A Critique of the Normative Hierarchy Theory [J]. Am. J. Int'l L. , 2003 (97).

169. Logan Michael Breed. Regulating Our 21st Century Ambassadors: A New Approach to Corporate Liability for Human Rights Violations Abroad [J]. VA. J. INT'L. L. , 2002 (42).

170. Lorelle Londis. The Corporate Face of the Alien Tort Claims Act: How an Old Statute Mandates a New Understanding of Global Interdependence [J]. Me. L. Rev. , 2005 (57).

171. Lorna McGregor. State Immunity and Jus Cogens [J]. Int'l & Comp. L. Q. , 2006 (55).

172. Louis B. Sohn. The New International Law: Protection of the Rights of Individuals Rather than States [J]. Am. U. L. Rev. , 1982 (32).

173. Louis Henkin. Act of State Today: Recollections in Tranquility [J]. Colum. J. Transnat'l L. , 1972 (6).

174. Louis Henkin. International Law as Law in the United States? [J]. Mich. L. Rev. 1984 (82).

175. Louis Henkin. Is There a "Political Question" Doctrine? [J]. Yale L. J. , 1976 (85).

176. Lucien J. Dhooge, A Modest Proposal to Amend the Alien Tort Statute to Provide Guidance to Transnational Corporations [J]. U. C. Davis J. Int'l L. &

Pol'y, 2007 (13).

177. Luis Enrique Cuervo. The Alien Tort Statute, Corporate Accountability, and the New Lex Petrolea [J]. Tul. Envtl. L. J., 2006 (19).

M

178. Magdalini Karagiannakis. State Immunity and Fundamental Human Rights [J]. Leiden J. Int'l L, 1998 (11).

179. Micaela Frulli. When are States Liable towards Individuals for Serious Violations of Humanitarian Law? The Markovic Case [J], J. Int'l Crim Justice, 2003 (1).

180. M. W. Janis. Jeremy Bentham and the Fashioning of "International Law". Am. J. Int'l L., 1984 (78).

181. Marcia Coyle. Justices Open Door with Alien Tort Case; What Kind of Claims Remain is Contested [J]. Nat'l L. J., 2004 (26).

182. Margaret G. Perl. Not Just Another Mass Tort: Using Class Actions to Redress International Human Rights Violations [J]. Georgetown L J, 2000 (88).

183. Margarita S. Clarens. Deference, Human Rights and the Federal Courts: the Role of the Executive in Alien Tort Statute Litigation [J]. Duke J. Comp. & Int'l L., 2007 (17).

184. Maria A. Mazzola. Forum Non Conveniens and Foreign Plaintiffs: Addressing the Unanswered Questions of Reyno [J]. Fordham Int'l L. J., 1983 (6).

185. Maria Dakolias. Court Performance around the World: A Comparative Perspective [J]. Yale H. R. & Dev. L. J., 1999 (2).

186. Maria Gavouneli & Ilias Banterkas. Prefecture of Voiotia v. Federal Republic of Germany. Case No. 11/2000, Am. J. Int'l. L., 2001 (95).

187. Marina Spinedi. State Responsibility v Individual Responsibility for International Crimes: Tertium Non Datur [J]. Eur. J. Int'l L., 2002 (13).

188. Mark E. Rosen. The Alien Tort Statute: An Emerging Threat to National Security [J]. St. Thomas L. Rev., 2004 (16).

189. Markus Rau. State Liability for Violations of International Humanitarian Law - The Distomo Case Before the German Federal Constitutional Court [J]. German L. J., 2005 (7).

190. Michael C. Small. Enforcing International Human Rights Law in Federal Courts: The Alien Tort Statute and the Separation of Powers [J]. Geo. L. J., 1985 (74).

191. Michael D. Ramsey. Escaping "International Comity". Iowa L. Rev., 1998 (83).

192. Michael D. Ramsey. Multinational Corporate Liability under the Alien Tort Claims Act: Some Structural Concerns [J]. Hastings Int'l & Comp. L. Rev., 2001 (24).

193. Michael G. Collins. The Federal Courts, the First Congress, and the Non-Settlement of 1789 [J]. Va. L. Rev., 2005 (91).

194. Michael Giuseppe Congiu. From Rights to Remedies: the Alien Tort Claims Act, Sosa v. Alvarez-Machain and the State Action Requirement [J]. S. C. J. Int'l L. & Bus., 2005-2006 (2).

195. Michael Goldsmith & Vicki Rinne. Civil RICO, Foreign Defendants, and "ET" [J]. Minn. L. Rev., 1989 (73).

196. Michael J. Bazyler. Abolishing the Act of State Doctrine [J]. U. Pa. L. Rev., 1986 (134).

197. Michael T. Morley. The Law of Nations and the Offenses Clause of the Constitution: A Defense of Federalism [J]. Yale L. J., 2002 (112).

N

198. Nancy Morisseau. Seen But Not Heard: Child Soldiers Suing Gun Manufacturers under The Alien Tort Claims Act [J]. Cornell L. Rev., 2004 (89).

199. Natalie L. Bridgeman, Human Rights Litigation under ATCA as a Proxy for Environmental Claims [J]. YALE HUM. RTS. & DEV. L. J., 2003 (6).

200. Noah Benjamin Novogrodsky. Immunity for Torture: Lessons from Bouzari v. Iran [J]. Eur. J. Int'l L., 2007 (18).

O

201. Owen M. Fiss. The Forms of Justice [J]. Harv. L. Rev., 1979 (93).

P

202. Pamala Brondos. International Law — The Use of the Torture Victim

Protection Act as an Enforcement Mechanism [J]. Land & Water L. Rev. , 1997 (32).

203. Pamela J. Stephens. Spinning Sosa: Federal Common Law, the Alien Tort Statute, and Judicial Restraint [J]. B. U. Int'l L. J. , 2007 (25).

204. Paola Gaeta. Ratione Materiae Immunities of Former Heads of State and International Crimes: The Hissene Habre Case [J]. J. Int'l Crim. Just. , 2003 (1).

205. Pasquale De Sena & Francesca De Vittor. State Immunity and Human Rights: The Italian Supreme Court Decision on the Ferrini Case [J]. Eur. J. Int'l. L. , 2005 (16).

206. Patrick J. Borchers. The Death of the Constitutional Law of Personal Jurisdiction: From Pennoyer to Burnham and Back Again [J]. U. C. Davis L. Rev. , 1990 (24).

207. Paul B. Stephan. Export/Import: American Civil Justice in a Global Context: A Becoming Modesty — U. S. Litigation in the Mirror of International Law [J]. DePaul L. Rev. , 2002 (52).

208. Paul L. Hoffman & Daniel Zaheer. The Rules of the Road: Federal Common Law and Aiding and Abetting under the Alien Tort Claims Act [J]. Loyola L. A. Int'l & Comp. L. Rev. , 2003 (26).

209. Paul L. Hoffman. The "Blank Stare Phenomenon": Proving Customary International Law in U. S. Courts [J]. Ga. J. Int'l & Comp. L. , 1995/1996 (25).

210. Philip A. Scarborough. Rules of Decision for Issues Arising under The Alien Tort Statute [J]. Colum. L. Rev. , 2007 (107).

211. Philip C. Jessup. The Doctrine of Erie Railroad v. Tompkins Applied to International Law [J]. Am J. Int'l L. , 1939 (33).

212. Philip Mariani. Assessing the Proper Relationship Between the Alien Tort Statute and the Torture Victim Protection Act [J]. U. Pa. L. Rev. , 2008 (156).

Q

213. Quincy Wright. National Courts and Human Rights: The Fujii Case [J]. Am. J. Int'L. L. , 1951 (45).

R

214. Racheal E. Schwartz. "And Tomorrow?" The Torture Victim Protection Act [J]. Ariz. J. Int'l & Comp. L. , 1994 (11).

215. Richard B. Lillich. Damages for Gross Violations of International Human Rights Awarded by US Courts [J]. Hum. Rts. Q. , 1993 (15).

216. Richard B. Lillich. Invoking International Human Rights Law in Domestic Courts [J]. U. Cin. L. Rev. , 1985 (54).

217. Richard B. Lillich. The Growing Importance of Customary International Human Rights Law [J]. Ga. J. Int'l & Comp. L. , 1996 (25).

218. Richard Garnett. Access to Justice; Right to Fair Trial; State Immunity. State Immunity Triumphs in the European Court of Human Rights [J]. Law Quarterly Review, 2002 (118).

219. Richard Henry Seamon. U. S. Torture as A Tort [J]. Rutgers L. J. , 2006 (37) .

220. Richard Meeran. Accountability of Transnationals for Human Rights Abuses [J]. New L. J. , 1998 (148).

221. Richard Pierre Claude. The Case of Joelito Filártiga and the Clinic of Hope [J]. Hum. Rts. Q. , 1983 (5).

222. Richard S. Frase. Comparative Criminal Justice as a Guide to American Law Reform: How Do the French Do It, How Can We Find Out, and Why Should We Care [J]. Calif. L. Rev. , 1990 (78).

223. Richard T. Marooney & George S. Branch. Corporate Liability under the Alien Tort Claims Act: United States Court Jurisdiction over Torts [J]. Currents: Int'l Trade L. J. , 2003 (12).

224. Robert L. Rabin. Lawyers for Social Change: Perspectives on Public Interest Law [J]. Stan. L. Rev. , 1976 (28).

225. Roger P. Alford. Arbitrating Human Rights [J]. Notre Dame L. Rev. , 2008 (83).

S

226. Saad Gul. The Supreme Court Giveth and the Supreme Court Taketh Away: An Assessment of Corporate Liability under § 1350 [J]. W. Va. L. Rev. , 2007 (109).

227. Spencer Weber Waller. The Twilight of Comity [J]. Colum. J. Transnat'l L. , 2000 (38).

228. Stephen W. Yale-Loehr. The Exhaustion of Local Remedies Rule and Forum Non Conveniens in International Litigation in U. S. Courts [J]. Cornell Int'l L. J. , 1980 (13).

229. Stewart Jay. Origins of Federal Common Law: Part Two [J]. U. Pa. L. Rev. , 1985 (133).

230. Stewart Jay. The Status of the Law of Nations in Early American Law [J]. Vand. L. Rev. , 1989 (42).

231. Symeon C. Symeonides. Choice of Law in the American Courts in 2002: Sixteenth Annual Survey [J]. Am. J. Comp. L. , 2003 (51).

T

232. Terry Collingsworth. "Corporate Social Responsibility" Unmasked [J]. ST. THOMAS L. REV. , 2004 (16).

233. Thomas H. Lee. The Safe-Conduct Theory of the Alien Tort Statute [J]. Colum. L. Rev. , 2006 (106).

234. Toni M. Massaro. Empathy, Legal Storytelling, and the Rule of Law: New Words, Old Wounds [J]. Mich. L. Rev. , 1989 (87).

235. Tsuneo Matsumoto. Beyond Compensation [J]. U. Haw. L. Rev. , 1993 (15).

V

236. Virginia Monken Gomez. The Sosa Standard: What Does It Mean For Future ATS Litigation [J]. PEPP. L. REV. , 2006 (33).

W

237. William R. Casto. The Federal Courts' Protective Jurisdiction over Torts Committed in Violation of the Law of Nations [J]. Conn. L. Rev. , 1986 (18).

238. William R. Casto. The First Congress's Understanding of its Authority over the Federal Courts' Jurisdiction [J]. B. C. L. Rev. , 1985 (26).

239. William S. Dodge. The Constitutionality of the Alien Tort Statute: Some Observations on Text and Context [J]. Va. J. Int'l L. , 2002 (42).

240. William S. Dodge. The Historical Origins of the Alien Tort Statue: A

Response to the "Originalists" [J]. Hastings Int'l & Comp. L. Rev. , 1996 (19).

241. William S. Dodge. Which Torts in Violation of the Law of Nations [J]. Hastings Int'l & Comp. L. Rev. , 2001 (24).

242. Wythe Holt. "To Establish Justice": Politics, the Judiciary Act of 1789, and the Invention of the Federal Courts [J]. Duke L. J. , 1989 (1989).

X

243. Xiaodong Yang. State Immunity in the European Court of Human Rights: Reaffirmations and Misconceptions [J]. BYBIL, 2003 (74).

Y

244. Yoav Gery. The Torture Victim Protection Act: Raising Issues of Legitimacy [J]. Geo. Wash. J. Int'l L. & Econ. , 1993 (26).

Z

245. Zachary S. Kahn. How Far is the 'Door Ajar'? Whether Rape as Torture is Actionable under the Alien Tort Statute after Sosa [J]. Cardozo J. L. & Gender, 2006 (12).

后　记

本书是在我的博士论文基础上修改完成的，当初选择美国《外国人侵权请求法》为研究对象，有些偶然。在使用 Westlaw 数据库的过程中，发现《外国人侵权请求法》竟然是其中的一大类，与《外国主权豁免法》并列，而在我国却没有人研究。考虑到该问题的理论与现实意义、自己对美国国际民事诉讼制度的兴趣，我最终决定以美国《外国人侵权请求法》为博士论文的研究对象。博士论文答辩后，虽然作了一些修改，但还是存在诸多疏漏与不足之处，恳求各位读者指正。本书最终得以出版，离不开众多师友的关怀和帮助，下面挂一漏万地列出部分人。

感谢导师黄进教授。承蒙不弃，两次收归名下。硕士两年，博士三年，学生受惠甚多。当然，文责自负，文中所有的错误皆是我本人的，希望以后有机会再修改完善。

感谢肖永平教授、郭玉军教授、宋连斌教授、何其生教授、杜志华副教授、邓朝晖老师等多年的关心、指点和帮助。感谢华东政法大学刘晓红教授、厦门大学于飞教授、广东外语外贸大学袁泉教授三位论文评审专家、台湾玄奘大学赖来焜教授、中南财经政法大学刘仁山教授在博士论文评审和答辩过程中提出的诸多宝贵意见，让本书得以进一步修改和完善。

感谢江西财经大学马德才教授、山东政法学院王立武副教授、邹国勇博士、刘正中博士、徐祥博士、王葆莳博士、牟笛博士等师兄、王定贤、杨玲、李洁、蔡鑫、王思思、靳婷、龙威狄等同学提供的资料和帮助。

博士毕业后，我有幸进入中国社会科学院国际法研究所工作。感谢中国社会科学院法学研究所、国际法研究所的领导和各位同事，让我很快适应了新的工作环境，也让我在工作之余，还能修改出版本书。

感谢本书策划编辑张琼老师和责任编辑张欣学长为本书付出的诸多心血与艰辛劳动。

李庆明

2010 年 1 月 31 日